Felix Czeike

W0189186

Das Burgenland

Land der Störche und der Burgen

Kultur, Landschaft und Geschichte
zwischen Ostalpen und Pußta

EX·LIBRIS

DuMont Buchverlag Köln

Umschlagvorderseite: Burg Schlaining im südlichen Burgenland
Umschlagklappe vorn: Eisenstadt, Schloß Esterházy, Haydnsaal, Deckenfresken
Umschlagrückseite: Mörbisch am Neusiedler See, typische Hofgasse
Frontispiz S. 2: Burg Lockenhaus, Kupferstich von Matthias Greischer, um 1680

CIP-Kurztitelaufnahme der Deutschen Bibliothek

Czeike, Felix:
Das Burgenland : Land d. Störche u. d. Burgen: Kultur,
Landschaft u. Geschichte zwischen Ostalpen u. Pussta / Felix
Czeike. – Köln : DuMont, 1988
    (DuMont-Dokumente : DuMont-Kunst-Reiseführer)
    ISBN 3-7701-2089-2

© 1988 DuMont Buchverlag, Köln
Alle Rechte vorbehalten
Satz und Druck: Rasch, Bramsche
Buchbinderische Verarbeitung: Bramscher Buchbinder Betriebe

Printed in Germany   ISBN 3-7701-2089-2

Kunst-Reiseführer in der Reihe DuMont Dokumente

In der vorderen Umschlagklappe: Übersichtskarte Burgenland, nördlicher Teil

In der hinteren Umschlagklappe: Übersichtskarte Burgenland, südlicher Teil

ARX LEKA, vel LVKAHAVS

Inhalt

Vorwort

Österreich ist als Kultur- und Fremdenverkehrsland im Herzen Mitteleuropas bekannt. Werden einzelne Städte, im besonderen die Bundeshauptstadt Wien und die Landeshauptstadt Salzburg, als kulturelle Zentren, einzelne Bundesländer, wie etwa Tirol oder Kärnten, wegen ihrer Naturschönheiten aufgesucht, so differieren nicht selten die Meinungen, wenn es sich um zu Unrecht unterschätzte Regionen handelt, wie das oberösterreichische Mühlviertel, das niederösterreichische Waldviertel oder die Oststeiermark. Nicht selten hat sich der Reisende zu entscheiden, ob er der Kultur oder der Natur den Vorzug geben will, ob der Bildungs- oder der Erholungswert für ihn einen größeren Stellenwert besitzt.

Beim Burgenland, das sich seit vielen Jahren in steigendem Maße zu einem beliebten Urlaubsziel entwickelt, scheint es einfacher zu sein: Die Bezeichnung ›Burgenland‹ wird nämlich zum Synonym eines Grenzlandes zwischen Alpen und Pußta, eines Landes, das zum Teil durch den Neusiedler See dominiert wird; nicht selten werden in diesem Zusammenhang die Vogelparadiese des Schilfgürtels, die ›Lacken‹ des Seewinkels, die Bade- und Wassersportangebote oder der Reiz der nahen Grenze höher bewertet als die Zeugnisse einer jahrhundertealten Kultur. Günstigstenfalls wird das ›pannonische Erbe‹ ins Gespräch gebracht, das die Entwicklung des Landes beeinflußt hat: eines Landes, das in den Jahrhunderten seit dem Hochmittelalter abwechselnd Bollwerk gegen den Westen und Bollwerk gegen den Osten gewesen ist, aber nicht selten auch durch die Fehden der im Lande ansässigen und um die Vorherrschaft kämpfenden Adelsgeschlechter zerrissen wurde; eines Landes auch, das trotz überwiegend deutschsprachiger Bevölkerung erst seit den zwanziger Jahren unseres Jahrhunderts zu Österreich gehört; eines Landes schließlich, das seither ein harmonisches Zusammenleben mit völkischen und religiösen Minderheiten möglich gemacht hat (wenngleich die Vernichtung des jüdischen Bevölkerungsteiles während der Jahre des Nationalsozialismus einen tragischen Schatten geworfen hat).

Oft wird in diesem Buch der Begriff ›Burgenland‹ Verwendung finden, obwohl es diese Bezeichnung erst seit dem Ende des Ersten Weltkrieges gibt. Der Leser möge daher Verständnis dafür haben, daß in unserer Darstellung dieser ›moderne‹ Begriff weitgehend auch dann gebraucht wird, wenn es sich um die mittelalterliche ›Mark‹ oder um das zur transleithanischen Reichshälfte gehörende ›Westungarn‹ handelt. ›Burgenland‹ ist immer und überall als eine Region zu verstehen, die dem heutigen Gebietsumfang des Bundeslandes entspricht.

Dieser Führer will dazu beitragen, das Burgenland zugleich als eine Einheit und eine Vielfalt zu erkennen, als ein Land, in dem Naturschönheiten und Kulturstätten gleichberechtigt nebeneinanderstehen, als ein Land auch, in dem man wie kaum anderswo auf vielschichtige Relikte der Vergangenheit stößt, darunter auch solche, die in Mitteleuropa

Seltenheitswert besitzen. Eines sei dem Besucher allerdings empfohlen: Das Burgenland will in Ruhe bereist werden, man wird nur dann alle Nuancen des Landes erkennen und genießen können, wenn man die Eindrücke in Muße aufnimmt und auf sich einwirken läßt, wenn man vermeidet, den Aufenthalt zu einer Pflicht-Sightseeing-Tour abzuwerten.

Betrachtet man das kulturelle Angebot, so wird man – bei aller Bedeutung von Städten, Burgen, Schlössern, Kirchen und sonstigen Denkmälern – mit Erstaunen feststellen, daß auf dem Boden des Burgenlandes so manches größere oder kleinere Unikat anzutreffen ist: Die ›Venus von Draßburg‹ ist (neben der Venus von Willendorf) die zweitälteste weibliche Skulptur der europäischen Geschichte; in Winden am See konnte die älteste römische Weinpresse aufgefunden werden, in Purbach die älteste Baumpresse; in Donnerkirchen stieß man nicht nur auf eine berühmte Stierkopfurne, sondern hier läßt sich auch die älteste frühchristliche Kirche nachweisen, und in Loretto befindet sich das älteste Loretto-Gnadenbild Europas. Die größte Burgruine (vielleicht Mitteleuropas) ist Landsee, der bedeutendste historische Profanbau (mit dem größten Rittersaal ganz Österreichs) Burg Lockenhaus, das älteste Kloster des Burgenlandes Klostermarienberg, das berühmteste und bedeutendste Barockschloß (mit den großartigsten Barockfresken) Halbturn, die bekannteste und schönste Wallfahrtskirche Frauenkirchen, in Lockenhaus kann man nicht nur der Magie der Tempelritter nachspüren, sondern auch die ältesten Fresken des Burgenlandes besichtigen, auf Burg Forchtenstein hängt die älteste burgenländische Glocke. Die denkmalgeschützte und vorbildlich gepflegte Altstadt von Rust ist für den europäischen Denkmalschutz beispielgebend geworden, die Hofgassen von Mörbisch suchen ihresgleichen, Purbach besitzt die besterhaltene Marktummauerung (hier wurde übrigens auch der größte Münzschatz des Burgenlandes gehoben) und Heiligenbrunn das ausgedehnteste historische Kellerviertel. Die großen musealen Schätze, die Eisenstädter Bergkirche mit dem unvergleichlichen Kalvarienberg und die vielen Erinnerungen, die sich an Joseph Haydn und Franz Liszt knüpfen, runden ein Bild ab, das mit dieser Aufzählung keineswegs erschöpfend skizziert werden konnte.

Auch die Natur stellt sich mit Besonderheiten ein: Die Bärenhöhle bei Winden am See ist die einzige burgenländische Höhle mit eiszeitlicher Fauna, der Römersteinbruch von St. Margarethen findet weit und breit kein Pendant, der Seewinkel weist die westlichste Salzflora und Salzfauna Europas auf, wie ja überhaupt der Neusiedler See der westlichste Steppensee unseres Kontinents ist und über eine europaweit einmalig reichhaltige Vogelwelt verfügt.

Die infrastrukturelle Erschließung, die gepflegten Fremdenverkehrs- und Freizeiteinrichtungen, die abwechslungsreiche Gastronomie und der bodenständige Wein sowie, nicht zuletzt, die weitgehend unberührt gebliebene Landschaft, die freundlichen Bewohner und das stabile pannonische Klima bilden einen Rahmen, der für den Aufenthalt von Bedeutung ist. Ebenso wichtig erscheint es allerdings, sich mit den Eigenheiten eines Landes, das man zu besuchen gedenkt, rechtzeitig vertraut zu machen, um nicht durch falsche Erwartungen eine Enttäuschung zu erleben. Dieser Führer will dazu beitragen, diese Voraussetzungen zu schaffen.

Geschichte und Landschaft

Geschichte des Burgenlandes

Die ältesten Siedlungsspuren im Burgenland reichen bis ins 5. Jahrtausend v. Chr. zurück, sind aber nur für den Fachmann von Interesse. Jungsteinzeitliche Ackerbauern waren, wie zahlreiche Funde beweisen, in verschiedenen Teilen des Landes, so etwa im Pinka-, Lafnitz- und Raabtal, seßhaft. Um 2200 v. Chr. hinterließen die Burgställe Eisenstadt, Donnerskirchen und Purbach archäologisch bemerkenswerte Überreste. Um 1800 v. Chr. folgte die ›Glockenbecherkultur‹, danach bis 800 v. Chr. die Bronzezeit.

Illyrer, Kelten, Römer und Germanen

In diese Epoche fällt – etwa um 1300 v. Chr. – das Auftreten der *Illyrer*, deren ›Urnenfelderkultur‹ bedeutende Hügelgräberfelder hinterlassen hat. In jenen Jahrhunderten, die man großräumig als ›Hallstattkultur‹ (auch als ältere Eisenzeit) klassifiziert, also zwischen etwa 800 und 400 v. Chr., hatten sich beachtliche Siedlungen der Illyrer zwischen Leithagebirge und Neusiedler See entwickelt, die als große Volks- und Fluchtburgen einen Sperrgürtel gegen die vordringenden Skythen bildeten. Donnerskirchen (mit der berühmten Stierkopfurne, Burgenländisches Landesmuseum, Eisenstadt) und Purbach gehören zu den bekanntesten Örtlichkeiten jener Zeit.

Um 400 v. Chr. kamen die *Kelten* ins Land und drückten diesem für vier Jahrhunderte ihren Stempel auf. Wenn sie sich auch über den ganzen pannonischen Raum ausbreiteten, so stammt der bedeutendste Fund doch aus dem südlichen Burgenland, aus dem Raum von Güssing, wo man einen Münzschatz, bestehend aus rund 180 keltischen Großsilbermünzen,

Stierkopfurne (Hallstattkultur) von Donnerskirchen. Burgenländisches Landesmuseum, Eisenstadt

11

ausgrub. Die Kelten beuteten die Erzvorkommen systematisch aus, bauten eine florierende und exportorientierte Eisenverarbeitung auf und begründeten auf diese Weise den Wohlstand der Bevölkerung.

Als die *Römer* unter Kaiser Augustus um 15 v. Chr. die Grenzen ihres Reiches aus Sicherheitsgründen an die Donau vorschoben und bei dieser Gelegenheit auch das Gebiet des heutigen Burgenlandes in die neugeschaffene römische Provinz Pannonien eingliederten, verlief die Hauptverbindungsstraße von Aquileja über Emona (Laibach, Ljubljana), Celeia (Cilli, Celje), Poetorio (Pettau, Ptuj) und Savaria (Steinamanger, Szombathely) nach Scarabantia (Ödenburg, Sopron), um sich hier zu verzweigen; eine Straße ging zum römischen Hauptlager Carnuntum, zwei andere Straßen hatten Vindobona (Wien) zum Ziel: alle drei verliefen zu einem guten Teil über burgenländisches Gebiet. Pannonien wurde in Etappen erobert, der westliche Teil zwischen Donau und Drau (mit dem Burgenland) gehörte zu den frühesten Erwerbungen.

Trotz der Präsenz römischer Legionen behielten die rund drei Jahrzehnte danach als letzter keltischer Stamm eingewanderten *Boier* weitgehend ihre Selbständigkeit. Nur allmählich begannen die Römer die bodenständige Bevölkerung zu überlagern: Um die Mitte des 1. Jhs. gründeten sie Veteranenkolonien und im 2. Jh. dürfte die Romanisierung ihren Abschluß gefunden haben. Über das ganze Land verstreut haben die Archäologen römische Siedlungsreste aufgefunden.

Gegen Ende des 4. Jhs. befand sich das Burgenland im Besitz der *Goten*. Die allmähliche Ausbreitung des Christentums dokumentiert sich in einer frühchristlichen Gebetsstätte in Donnerskirchen, wo man eine Altarplatte ausgegraben hat.

433 übernahmen die *Hunnen* unter ihrem König Attila die Herrschaft in Pannonien, dann drangen in rascher Folge wieder germanische Völker vor: zunächst nochmals die Goten, schließlich im 6. Jh. die Langobarden.

Awaren, Slawen, Franken und Magyaren

Mit dem Abzug der Langobarden entstand in Pannonien ein Vakuum, das von germanischen Völkern nicht mehr gefüllt werden konnte. Damals strömte das aus dem asiatischen Raum stammende Nomadenvolk der *Awaren* ins Land, deren Herrschaft das gesamte 7. und 8. Jh. überdauerte. Daneben treten erstmals auch *Slawen* in unser Gesichtsfeld.

Karl dem Großen gelang es, das Awarenreich weiträumig zu zerschlagen. Um 800 gründete er die Karolingische Ostmark, die bis zum Plattensee reichte und somit auch das Burgenland umfaßte. Bairische Kolonisten überschwemmten das Land, die Reste der awarischen Bevölkerung wurden zwischen Neusiedler See und Plattensee angesiedelt. Mit der Zerstörung des Awarenreiches, das bis in die Karpatenebene reichte und anderen Völkern keine Konsolidierungschance ließ, kam das gesamte Gebiet in Bewegung. Die von der awarischen Vorherrschaft befreiten Slawen schlossen sich zu eigenen Reichen zusammen (Großmährisches Reich und andere Fürstentümer). Der Sieg über die Awaren war deshalb auf längere Sicht ein Pyrrhussieg, um so mehr, als in das im Osten entstandene Vakuum ein neues Volk einströmte, das, aus Südrußland vertrieben, auf der Suche nach neuem Siedlungsraum energisch nach Westen drängte und jahrhundertelang zu kriegerischen Auseinandersetzungen Anlaß gab: die *Magyaren*. Um 900 stießen sie ins westliche Pannonien vor und vermochten bereits im ersten Ansturm 907 den bairischen Heerbann bei Preßburg vernichtend zu schlagen. Die Karolingische Mark brach unter ihrem Druck zusammen.

Erst fünf Jahrzehnte später, als es gelungen war, sie 955 auf dem Lechfeld entscheidend zu schlagen, zogen sich die Magyaren wieder nach Osten zurück, wurden seßhaft und wählten Pannonien zu ihrer neuen Heimat. Zu ihrem Schutz errichteten sie im westlichen Bereich – zwischen Leitha und Lafnitz – eine aus Wällen und Pfählen bestehende Verteidigungslinie. Diese Entscheidung bestimmte die Entwicklung der folgenden Jahrhunderte: Das Burgenland, von den deutschen und den ungarischen Fürsten gleichermaßen beansprucht, sollte nicht mehr zur Ruhe kommen. Alle Versuche der deutschen Könige und Kaiser, Ungarn in Lehensabhängigkeit zu bringen, waren zum Scheitern verurteilt; die ungarische Staatenbildung stoppte auch mit Erfolg den Ostdrang der Babenberger, obwohl es nicht an Versuchen fehlte, Grenzkorrekturen zu erreichen.

Ende des 11. Jh. siedelten die Ungarn an der Waag, an der Leitha, am Neusiedler See und im Süden bis Güssing ›Grenzwächter‹ an, unter anderem – und damit kam wieder ein neues völkisches Element in diesen Raum – Petschenegen, ein Reitervolk aus der Gegend des Aralsees; man vertraute ihnen auch die Verteidigung des ›Wiener Neustädter Tors‹ zwischen Leitha- und Rosaliengebirge an.

Als Stephan I. nach der Christianisierung Ungarns im Jahre 1000 von Papst Sylvester II. die ungarische Königskrone (die legendäre ›Stephanskrone‹) empfangen und zwei Jahre danach die Schwester Kaiser Heinrichs II., die bairische Herzogstochter Gisela, geheiratet hatte, ließ dies auf eine friedliche Entwicklung hoffen; jedenfalls siedelten sich daraufhin zahlreiche deutsche Adels- und Rittergeschlechter im Burgenland an, womit sich die merkwürdige Situation ergab, daß das zu Ungarn gehörende Land überwiegend deutsch besiedelt war.

Von den Babenbergern bis zu Maximilian I.

Die folgende Zeit andauernder Kämpfe steht in so engem Zusammenhang mit den im Land errichteten Burgen (oder umgekehrt), daß es vorteilhaft erscheint, diese Entwicklung in einem eigenen Kapitel ausführlich darzustellen (s. S. 31 ff.). Nach dem Tod des letzten Babenbergers, Herzog Friedrichs II., in der Schlacht an der Leitha am 15. Juni 1246 prallten im Burgenland jedenfalls die verschiedensten Interessen aufeinander: Böhmen, Ungarn und heimische Herrschaftsbesitzer rangen um die Vorherrschaft, unter ihnen das Ende des 12. Jhs. aus Aragonien eingewanderte Geschlecht der Grafen von Mattersdorf, die sich im Raum von Mattersburg einen ansehnlichen Herrschaftsbereich aufgebaut hatten und sich später die Burg Forchtenstein erbauen ließen, sowie die Grafen von Güssing, die sowohl gegen Österreicher als auch Ungarn kämpften.

1273 wurde der Habsburger Rudolf I. zum deutschen König gewählt. Nach dem Sieg über König Ottokar II. von Böhmen (1276/78) und der Niederschlagung eines Aufstands der Wiener Bürger (1288) fühlte sich Rudolfs Sohn Albrecht frei und stark genug, sich den

Problemen an der östlichen Landesgrenze zu widmen. Hier hatten sich lokale Grafenge-schlechter inzwischen allzu große Rechte gesichert. In der ›Güssinger Fehde‹ vermochte Albrecht 1289/90 die mächtigen Grafen von Güssing und deren Verbündete zu schlagen; 34 Burgen und feste Plätze wurden vom Habsburger überwunden. Die Ungarn, die von kriegsstarken Herren an ihren Grenzen ebenfalls nicht viel hielten, vollendeten 1327 das Werk: sie warfen die Güssinger endgültig nieder.

Das 14. Jh. brachte eine Verquickung von militärischen und politischen mit wirtschaftli-chen Interessen. Während nach Ungarn vor allem westeuropäisches Tuch, alpenländischer Loden und von den Wiener Kaufleuten importierte venezianische Waren geliefert wurden, brachte man von Ungarn nach Wien überwiegend Ochsen; und diese ›Ochsenstraße‹, die von Wiener Ratsbürgern mit gutem Gewinn dominiert wurde, führte durch das nördliche Burgenland. Wenige Jahrzehnte später, noch im 14. Jh., tritt auch Eisenstadt mehrfach in unseren Gesichtskreis: 1371, als die Herren von Kanizsai auf Hornstein dem Ort das Recht zur Befestigung erteilten, und 1373, als Eisenstadt das Stadtrecht verliehen wurde.

Als sich gegen Ende des 14. Jh. das politische Klima drastisch verschlechterte und die Ungarn immer wieder Wiener Kaufleute gefangennahmen, sicherte König Sigismund 1402 österreichischen Kaufleuten freien Handel über Preßburg zu. So ging es einige Jahrzehnte mehr schlecht als recht, doch die ungelösten Probleme trugen nicht zur Befriedung des Grenzgebietes bei. Deshalb suchte Friedrich V. (der spätere Kaiser Friedrich III.), als er 1440 an die Macht kam, sein Heil in einer militärischen Lösung der Ungarnfrage. Von 1445 bis 1459 eroberte er den größten Teil der Burgherrschaften und glaubte, damit jene günstige Ausgangsposition geschaffen zu haben, die ihm die Erwerbung Ungarns für die Habsburger ermöglichen würde. Jahrzehntelang wurde das Burgenland in der Folge zum Spielball der hohen Politik.

1459 wurde Friedrich III. auf der Burg Güssing von 25 westungarischen Magnaten zum ungarischen König gewählt. Die unausbleibliche Folge waren Kämpfe gegen Johann Hunyadi, den erfolgreich gegen die Türken kämpfenden Nationalhelden, und seinen Sohn Matthias Corvinus, der 1485 sogar Wien erobern und bis zu seinem überraschenden Tod

Friedrich III. von Habsburg (1440–93), rö-misch-deutscher König und Kaiser, König von Ungarn

Matthias Corvinus (1443–90), König von Un-garn (1458–90), der bedeutendste Renais-sancefürst nördlich der Alpen

Ostern 1490 behaupten konnte. Erst jetzt unternahm Friedrichs Sohn Maximilian einen Gegenstoß, gewann Niederösterreich und Westungarn (Burgenland) zurück und erzwang 1491 den Frieden von Preßburg. Eine Reihe von Burgherrschaften blieb unter österreichischer Verwaltung; sie wurden zum Teil an Adelige verpfändet, wodurch das deutsche Element wieder eine Stärkung erfuhr.

Türken, Protestanten und Siebenbürger

Das Jahr 1526 war nicht nur für Österreich und Ungarn im allgemeinen, sondern auch für das Burgenland im besonderen ein Schicksalsjahr. Als der Ungarnkönig Ludwig II. in der Schlacht bei Mohács im Kampf gegen die Türken den Tod fand, traten die von Johannes Cuspinian entworfenen und 1515 durch eine glanzvolle Doppelhochzeit zwischen den habsburgischen und jagellonischen Erben in Wien bekräftigten Erbverträge in Kraft. Die Habsburger, die natürlich das ihnen zufallende ungarisch-böhmische Erbe beanspruchten, riefen damit zwangsläufig die Türken auf den Plan, die ihre Stoßrichtung zwar weiterhin gegen Ungarn, nunmehr aber im besonderen gegen die Habsburger lenkten. Diese waren jedoch für den auf sie zukommenden Kampf, wie sich rasch herausstellen sollte, nur höchst unzureichend gerüstet. Neben den ungarischen waren es vor allem die burgenländischen Befestigungen, die den ersten Sturm abzufangen hatten, als die Türken bereits 1529 unter ihrem Sultan Sulejman mit einem mächtigen Heer gegen Wien zogen. Da die Türken sich jedoch im Gegensatz zu mittelalterlichen Angreifern nicht auf die Burgen konzentrierten, sondern auch das unbefestigte freie Land mit seinen zahlreichen kleinen Dörfern angriffen, hatte die Zivilbevölkerung des Burgenlandes harte Zeiten zu erdulden.

Verwüstungen, Verschleppungen und Hinmetzelungen der Bewohner, aber auch die den Krieg begleitende allgemeine Wirtschaftskrise zwangen die Grundherren nach 1530, neue Siedler ins Land zu ziehen, wobei vor allem die Kroaten diesem Ruf folgten. Sie waren vor den Türken aus dem Küstenland bis ins Burgenland geflüchtet und hatten sich nur vorübergehend hier niederlassen wollen. Später entschlossen sich viele, für immer hier zu bleiben.

Zur selben Zeit, da die Türken das Land bedrohten, kam es auch zu einem Glaubenskrieg. 1517 hatte Martin Luther seine ›Thesen‹ verkündet, und schon um 1520 trat der Protestantismus auch im Burgenland in Erscheinung. Das überwiegend deutsche Bürgertum wandte sich dem Luthertum, der ungarische Adel hingegen dem Kalvinismus zu. Nach einem halben Jahrhundert hatte sich die evangelische Lehre weitgehend durchgesetzt, am wenigsten allerdings bei den Kroaten. Um 1600 zählte man in Westungarn rund 60 evangelische Gemeinden und 14 reformatorische Druckereien, darunter jene des Johann Manlius zu Eberau. Damals hatte sich das Güssinger Gebiet unter Balthasar Graf Batthyány zu einem evangelischen Kulturzentrum entwickelt, insbesondere die Burg selbst.

Gleichzeitig blieb die Türkengrenze Kampffront. 1598 gelang es, wenigstens Raab den Türken zu entreißen; zum Andenken an dieses denkwürdige Ereignis wurden in verschiedenen Orten des Burgenlandes ›Raaber Kreuze‹ errichtet, von denen sich mehrere erhalten haben.

Um 1600 setzte im Burgenland – ähnlich wie in Wien – die von Kardinal Melchior Khlesl eingeleitete Gegenreformation ein, doch erst um 1750 war der größere Teil der Bevölkerung dem katholischen Glauben zurückgewonnen. Unter den Orden, die sich um die Rekatholisierung besondere Verdienste erwarben, stehen die Franziskaner an vorderer Front; sie ließen sich 1625 in Eisenstadt und 1648 in Güssing nieder. Bis heute ist jedoch der Anteil der Protestanten an der Bevölkerung im Burgenland wesentlich größer als im übrigen Österreich.

Auch das 17. Jh. verlangte dem Burgenland hohe Opfer ab, diesmal allerdings nicht von seiten der Türken. 1604 kommt es unter der Führung des siebenbürgischen Fürsten Stephan Bocskai zu einem weite Teile Ungarns erfassenden Aufstand gegen die habsburgische Herrschaft, der Verwüstungen in Nordungarn sowie in steirischen und niederösterreichischen Gebieten zur Folge hatte; wieder einmal war es das Burgenland, das von den Kampfhandlungen besonders stark betroffen war. Erst die Niederwerfung des Aufstandes drängte Bocskai zurück: Sein Einfluß blieb in der Folge auf Siebenbürgen und Nordostungarn beschränkt. Es sollte aber nicht lange dauern, bis ein neuer Sturm losbrach. Diesmal war es der Siebenbürger Gabor (Gabriel) Bethlen, der den Kampf mit den Habsburgern aufnahm und ins Burgenland eindrang. Die denkwürdige und siegreiche Schlacht von Lackenbach, in der sich erstmals die Trabantentreue der Esterházy erwies, entschied 1620 mehr als den Kampf um eine Burg: Hier setzt der rasante Aufstieg einer Familie ein, den wir noch gesondert betrachten müssen, weil er die Geschicke des Burgenlandes wesentlich beeinflußte.

Das letzte Drittel des 17. Jhs. verlief für das Burgenland in vielfacher Hinsicht unheilvoll und dramatisch. Es begann mit einer militärischen Auseinandersetzung im südlichsten Teil

Schlacht bei Mogersdorf, 1. August 1664, aquarellierte Federzeichnung

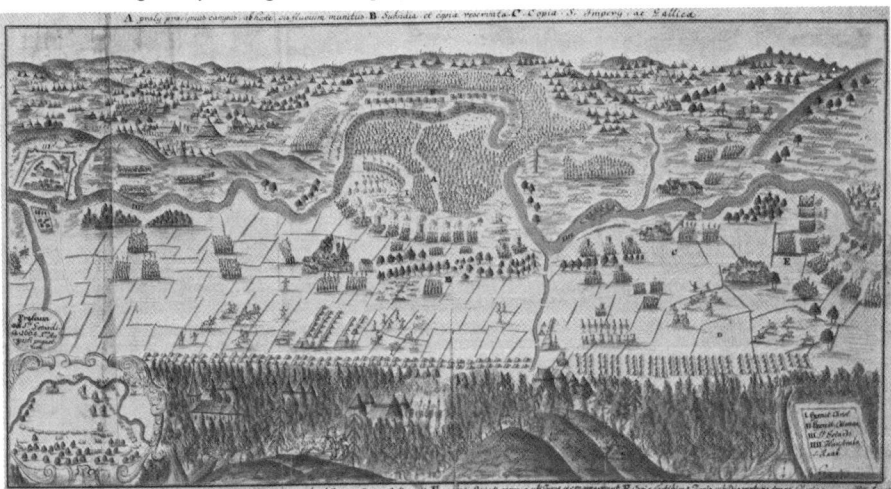

des Landes: mit der Schlacht bei Mogersdorf und St. Gotthard im Jahre 1664, als die Österreicher unter ihrem Oberbefehlshaber Montecuccoli den Türken eine derart vernichtende Niederlage bereiteten, daß diese sich zu einem zwanzigjährigen Frieden bereit erklärten. Das Land atmete auf, doch nur für kurze Zeit. Wenige Jahre später erschütterte der ungarische Magnatenaufstand das Haus Habsburg; wenn auch der Anführer Franz Graf Nádasdy 1671 im Wiener Rathaus enthauptet wurde und aller Güter verlustig ging, so sollte damit doch der Friede im Land nicht gewonnen sein. Die Spannung zwischen Österreich und Ungarn fand ihren Ausdruck in einem sich Jahrzehnte hinziehenden Kleinkrieg, dem ›Kuruzzenkrieg‹.

Wieder stand einer der mächtigsten Männer Ungarns an der Spitze der Aufständischen: der Großgrundbesitzer Emmerich Graf Thököly. Zwar wird er isoliert, als Kaiser Leopold I. 1681 einen Reichstag nach Ödenburg einberuft, die Verfassung in Ungarn wiederherstellt und Paul Esterházy zum Palatin gewählt wird, doch verbündet sich Thököly mit den Türken und wird damit noch bedrohlicher. Auf dem Ödenburger Reichstag wird übrigens auch Rust am Neusiedler See zur Königlichen Freistadt erhoben.

Dann kommt das in die europäische Geschichte eingegangene Jahr 1683: der Zug Kara Mustaphas gegen Wien und die zweimonatige Belagerung der Haupt- und Residenzstadt. Wieder erweist sich die Vielschichtigkeit der burgenländischen Szenerie: Während Paul Esterházy auf der Seite des Kaisers gegen die Türken kämpft, huldigen die Batthyány sowie die Freistädte Eisenstadt und Rust dem Grafen Thököly. Weite Teile des Burgenlandes wurden verwüstet.

Vom Barock zur Gegenwart

Die erfolgreiche Entsatzschlacht von Wien am 12. September 1683, verbunden mit dem Namen des Polenkönigs Jan III. Sobieski, ließ Österreich und Ungarn Hoffnung schöpfen. Diesmal war es möglich, die Türken weit nach Osten zu verfolgen, 1686 entrissen ihnen die Kaiserlichen ihren Hauptsitz Ofen. Die unmittelbare militärische Bedrohung war zu Ende, als es in den folgenden Jahrzehnten unter der Führung des Prinzen Eugen gelang, die Türken weit auf den Balkan zurückzudrängen.

Nicht nur rund um Wien kam es zu einer enormen Bautätigkeit des Hofes, der Kirche, des Adels und des gehobenen Bürgertums, auch im Burgenland setzte im Zeichen des Barock ein ungeheurer Bauboom ein, den die Kirche zur Glorifizierung des Sieges über die ›Ungläubigen‹, der Adel zur Manifestierung des wiedergewonnenen Wohlstandes nützte. Auf den Schlössern der Adelsgeschlechter, allen voran auf jenen der Esterházy, wurde ein Prunk entfaltet, wie man ihn sich zuvor nicht hätte vorstellen können; es war aber auch jene Zeit, in der die Kultur im Burgenland eine Blüte erlebte wie in keiner anderen Epoche. Neben Architekten, Stukkateuren und Freskanten kamen auch andere Kunstrichtungen zur Geltung. Dies gilt vor allem für die Musik, und hier war es der große Joseph Haydn, der mit Eisenstadt und den Esterházy aufs engste verbunden war.

Berühmte Besucher begannen, das Burgenland zu bereisen und zu entdecken, so etwa 1798 der Gelehrte und Schriftsteller Ernst Moritz Arndt, später die Weltreisende Karoline

Pichler oder 1822 Nikolaus Lenau, der im Nordburgenland – ›am Leithastrand‹ – Gedichte schrieb (sein Gedicht ›Die Heideschenke‹ wird geradezu als ›klassische‹ Beschreibung der Pußtastimmung angesehen); Österreichs größter Dichter, Franz Grillparzer, suchte 1852 zur Kur Bad Tatzmannsdorf auf; Ludwig van Beethoven kam 1807 nach Eisenstadt, wo er in der Esterházyschen Schloßkapelle seine C-Dur-Messe aufführte, jedoch verärgert abreiste, weil Fürst Nikolaus eine ihm unpassend erscheinende Bemerkung gemacht hatte; kurz vor seinem Tod weilte auch Franz Schubert in Eisenstadt; 1818 bereiste der französische Mineraloge und Geologe Beudant Ungarn und veröffentlichte in seinem in Paris erschienenen Werk die älteste geologische Karte des Burgenlandes. Sie alle traten in die Fußstapfen des frühesten Besuchers, des englischen Arztes Dr. Edward Brown, der 1670 die burgenländischen Bäder besucht hatte.

Den ersten Anschluß an die ›moderne Zeit‹ bringt das Jahr 1847: die Eröffnung der Bahnlinie Wiener Neustadt – Ödenburg (als Zweiglinie der von Wien abgehenden Südbahnstrecke).

Die Revolution des Jahres 1848 ging am Burgenland nicht spurlos vorüber, wenn ihm auch große Erschütterungen erspart blieben. Im Nordburgenland gab es Kämpfe mit den Aufständischen, die Besitzer der von den Grundherren abgelösten Gemeinschaftsgründe schlossen sich in eigenen ›Urbarialgemeinden‹ zusammen. Es gab aber auch andere Auswirkungen, die sich damals bemerkbar zu machen begannen: Saisonarbeiterabwanderung (bis heute stellt das Burgenland einen wesentlichen Teil der in Wien tätigen Saisonarbeiter), Auswanderung (in erheblichem Ausmaß nach Übersee) und beginnende Industrialisierung (die aber im Burgenland nirgends größeren Umfang angenommen hat); die landwirtschaftliche Nutzung – nicht nur Weinbau, sondern auch Feldfrüchte und, eine Besonderheit, Erdbeerplantagen – hat bis in unsere Tage ihren Stellenwert behalten, nicht zuletzt als wichtige Produktion für den Wiener Markt (mit dieser Begründung wurde nach dem Ersten Weltkrieg sogar international für einen Anschluß des Burgenlandes an Österreich argumentiert!).

Unmittelbar nach dem Ende des Ersten Weltkrieges setzten 1918/19 Autonomie- und Anschlußbestrebungen in Deutsch-Westungarn ein. Überraschenderweise unterstützte sogar Clemenceau eine Grenzänderung im burgenländischen Raum. Der am 10. September 1919 unterzeichnete Friedensvertrag von Saint-Germain-en-Laye enthält schließlich die Bestimmung, daß ein Gebiet von rund 4300 km² mit einer Gesamtbevölkerung von fast 341 000 Bewohnern an Österreich abzutreten sei; bei verschiedenen Gelegenheiten wird Deutsch-Westungarn als ›Vierburgenland‹ (so benannt nach den Komitatsstädten Preßburg, Wieselburg, Ödenburg und Eisenburg) bezeichnet.

Die Ungarn wollten die Entscheidung jedoch nicht akzeptieren; erst unter dem Druck Italiens verpflichtete sich Ungarn im ›Venediger Protokoll‹ vom 13. Oktober 1921, das Burgenland ordnungsgemäß an Österreich zu übergeben – allerdings mußte Österreich einer Volksabstimmung in Ödenburg und Umgebung zustimmen. Am 14. Dezember 1921 wurde die Abstimmung durchgeführt; ihre korrekte Durchführung und damit das Ergebnis wurden allgemein in Zweifel gezogen, doch vergeblich: Ödenburg, die Hauptstadt des Landes, blieb bei Ungarn. Österreich hatte ein neues Bundesland, aber dieses suchte eine neue Hauptstadt!

Der Aufbau des Landes gestaltete sich von Anfang an schwierig, doch unter allgemeiner Anstrengung gelang er. Am 30. April 1925 wurde Eisenstadt zur Landeshauptstadt bestimmt. Noch einmal kam ein Rückschlag, als die Nationalsozialisten das Burgenland von der Landkarte strichen – der nördliche Teil wurde mit dem ›Reichsgau Niederdonau‹, der südliche mit dem ›Reichsgau Steiermark‹ vereinigt. 1945 wurde der alte Zustand wiederhergestellt: Seither ist das Burgenland eines der neun österreichischen Bundesländer, das jüngste und kleinste, wenn man vom Bundesland Wien absieht, das am 1. Jänner 1922 von Niederösterreich abgetrennt wurde. Im Gegensatz zu den Jahrzehnten der Ersten Republik hat sich jedoch etwas verändert: Das Burgenland ist wieder ›Grenzland‹ im engsten Sinne des Wortes, ein Land unmittelbar am ›Eisernen Vorhang‹, der 1948 entstand und erst in den letzten Jahren gelockert wurde. Diese Grenzlandlage wirkte sich vor allem 1956 aus, als während des Ungarnaufstandes binnen weniger Monate rund 200000 Ungarn ihre Heimat verließen und in das damals bereits von den Besatzungsmächten freie Österreich kamen.

Der wirtschaftliche und kulturelle Aufstieg, den das Burgenland in den vergangenen Jahrzehnten genommen hat, ist gewaltig. Ein ausgezeichnetes Straßennetz, der Ausbau der Infrastruktur, eine vorbildliche Denkmalpflege und ein dichtes Netz von Fremdenverkehrseinrichtungen machen das an Kultur- und Naturschönheiten reiche Land zu einem interessanten Reiseziel.

Die Landschaft

Das Burgenland wird von vielen Menschen in vereinfachender Weise mit einigen wenigen Begriffen gleichgesetzt, zu denen vornehmlich der Neusiedler See mit seinen Vogelreservaten und die Weite der Pußta zählen, sofern das Synonym nicht noch viel klischeehafter bei Störchen, Ziehbrunnen und Wein gefunden wird. Doch diese Beurteilung wird weder der burgenländischen Bevölkerung mit ihren signifikanten Minderheiten noch der burgenländischen Landschaft in ihrer Vielfalt und Polarisierung gerecht; vor allem dann nicht, wenn man den von Nord nach Süd, aber auch von West nach Ost typisch wechselnden Landschaftscharakter in die Betrachtung einbezieht. Die von den Bewohnern ausgehenden Veränderungen der Kulturlandschaft sind seit der Römerzeit – Steinbrüche, Straßenzüge, Wasserleitungen – deutlich erkennbar, haben allerdings seit dem Mittelalter – durch Rodungen, die Flora und Fauna wesentlich veränderten, und den im 11. Jh. einsetzenden Burgenbau – größere Ausmaße angenommen; gar nicht zu reden von den letztvergangenen Jahrhunderten, in denen Siedlungsausdehnungen, Kultivierungen, Straßenbauten und Freizeitveränderungen größere Eingriffe mit sich brachten.

Die physikalische Landkarte zeigt deutlich, daß ins Burgenland die östlichen Ausläufer der Österreichischen Alpen vorstoßen – und zwar sowohl die der nördlichen Kalkalpen als auch jene der ihr in Richtung Donau vorgelagerten Flyschzone – und sich hier mit der

Ungarischen Tiefebene verzahnen. Die im Landschaftsbild erkennbaren Gebirgshügel bilden für den Besucher lockende Ziele: das Rosaliengebirge (bei der Esterházy-Burg Forchtenstein), das Bernsteiner Gebirge (beim Höhenkurort Bernstein mit seiner Batthyány-Burg) und das Günser Gebirge (zwischen Lockenhaus, Schlaining und Rechnitz) mit dem 884 m hohen Geschriebenstein. Nordwestlich des Neusiedler Sees erhebt sich aus der umliegenden Ebene, losgelöst vom Gebirgszug der Alpen, der langgestreckte Kalkrücken des Leithagebirges, nordöstlich dehnt sich die Parndorfer Heide, ein mittelalterliches Rodungsgebiet, das seine Landschaftsstruktur völlig verändert hat und nördlich der Leitha im Haidboden eine Fortsetzung findet, und im Osten erstreckt sich der ›Seewinkel‹ mit seinen in die Pußta eingebetteten Salzlacken – um den Blick auf einige weitere markante Landschaften zu lenken. Ihre Aufzählung allein läßt bereits die landschaftlichen Gegensätze erkennen, denen man begegnen wird.

Alfred Schmeller schrieb einmal, über dem Burgenland liege »ein leichter östlicher Flor«, und er meinte in diesem Zusammenhang, daß jeder, der das Leithagebirge überquere, eine andere, eine mildere Luft verspüre, ein helleres Land vorfinde, dessen Weite ihn umfange. Die Wurzeln dieser Veränderung sind in der Erdgeschichte zu suchen, in den geologischen Bewegungen, die das Land gestalteten, bevor noch Menschen es veränderten, die Wurzeln liegen in jenen Formationen, die die Wissenschaftler als Brüche, Senkungen oder Becken beschreiben, sie liegen in jenen Jahrmillionen, in denen Gebirgsketten aufgetürmt wurden oder zusammenbrachen und in denen sich über *Pannonien* ein Ozean ergoß, dessen Ablagerungen sich dem Menschen der Gegenwart in vielfältiger Weise präsentieren.

Ungarn ist in der ›Pannonischen See‹ des Pliozäns geradezu vorgezeichnet; und dieses ›Pannonische‹, mit dem man in unseren Tagen mehr umschreibt als die Grenzen einer römischen Provinz im Norden des gewaltigen Mittelmeerreiches, sollte man sich stets vor Augen halten, wenn man das Burgenland bereist. Man sollte ›Pannonien‹ im Zusammenhang mit einer fremdartigen Fauna und Flora betrachten, aber auch als einen – auch heute noch grenzübergreifenden – Kulturraum sehen, der von den Völkern in West und Ost als Gemeinsamkeit akzeptiert wird.

Gegen Ende des Pannons trocknete das Gebiet aus, das Burgenland wurde festes Land, die Wasser gingen nach Süden zurück – aber die Relikte blieben für die Menschen von heute: der Leithakalk, der Basalt, der Serpentin, die Mineralwasserquellen und die Thermen.

Es gehört zu den charakteristischen Eigenschaften Österreichs, daß große Landesteile von *Wald* bedeckt sind. Mit über 40 Prozent Waldanteil an der Fläche des Staates liegt Österreich an dritter Stelle in Europa, wobei 96 Prozent Hochwälder sind und von diesen wieder – wenn man die Baumarten betrachtet – 84 Prozent Nadel- und nur 16 Prozent Laubhölzer. Das Burgenland macht keine Ausnahme, wenn auch infolge der weiten Ebenen der Wald nur rund ein Viertel der Fläche einnimmt. Wettgemacht wird dies durch ein Charakteristikum: den hohen Prozentsatz an Eichen- und Buchenwäldern im Leithagebirge, die in Österreich Seltenheitswert besitzen.

Im nördlichen Burgenland herrscht das ›pannonische Klima‹, das die höchsten Durchschnittstemperaturen Österreichs bewirkt, zugleich aber diesen Landesteil zum sonnigsten

Gebiet von ganz Mitteleuropa macht; hohe Luftfeuchtigkeit (durch Verdunstungen großer Wassermengen des Sees), steter leichter Wind (der die Hitze mindert) und ein bis in den Spätherbst stabiles mild-warmes Wetter sind für dieses Klima charakteristisch. Im mittleren und südlichen Burgenland sind die Unterschiede zum Norden beträchtlich: Im Hügelland sind die Sommer weniger heiß und die Winter mild.

Die *Flüsse* des Burgenlandes nehmen ihren Weg durchwegs nach Osten. Dies gilt auch für die Leitha, die im niederösterreichischen Wechselgebiet entspringt und schließlich in Ungarn in die Donau mündet. Die Leitha ist – neben der Raab im Süden des Landes – der wohl geschichtsträchtigste Fluß des Landes, weil sie jahrhundertelang die Einflußgebiete von West und Ost begrenzte. Die Raab wiederum ist durch die Schlacht bei Mogersdorf und St. Gotthard (1664) in die europäische Geschichte eingegangen.

Die übrigen Flüsse des Burgenlandes sind dem Besucher wohl weniger geläufig, wenn man davon absieht, daß sich einige Ortsnamen von Gewässern ableiten, wie Pinkafeld von der Pinka oder Wulkaprodersdorf von der Wulka; die Wulka ist übrigens die einzige größere Flußlauf, der seine Wasser in den Neusiedler See ergießt.

Die *Landschaften* des Burgenlandes im einzelnen zu charakterisieren bleibt den regional gegliederten Abschnitten dieses Buches vorbehalten. Einleitend wollen wir lediglich in Form eines kurzen Streifzuges die Gegend durchwandern.

Der Charakter des *nördlichen Burgenlandes* wird durch die Heide- und Seenplatte mit der Parndorfer Heide, den Neusiedler See und den ›Seewinkel‹, das Leithagebirge mit seinen

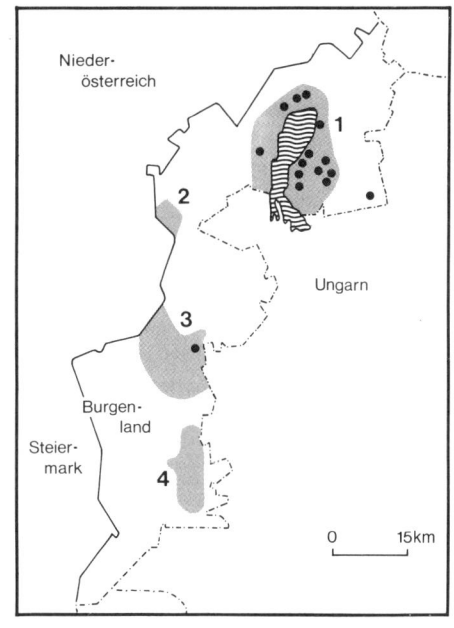

Landschafts- und Naturschutz
Vollnaturschutzgebiete gibt es 15, davon liegen 13 rund um den Neusiedler See (vor allem im See-winkel). Vollnaturschutzgebiete dürfen nicht be-treten werden, ihre Grenzen sind durch Tafeln mit dem Landeswappen gekennzeichnet. Bei naturkundlichen Wanderungen ist daher die Mit-nahme eines Fernglases anzuraten!
Teilnaturschutzgebiete sichern Pflanzen, Tieren und Lebensräumen besonderen Schutz, weshalb strenge Vorschriften bestehen.
Landschaftsschutzgebiete sind wesentlich groß-räumiger und dienen durch die Erhaltung der landschaftlichen Schönheit der Erholung und da-mit dem Tourismus. Die größten von ihnen sind:
1 Neusiedler See und Umgebung (Seewinkel)
2 Rosaliengebirge (Forchtenstein)
3 Gebiet zwischen Bernstein und Lockenhaus bis Rechnitz
4 Südburgenländisches Hügel- und Terrassen-land (samt dem Kellerviertel Heiligenbrunn).
In der Karte sind die Landschaftsschutzgebiete grau eingezeichnet, Vollnaturschutzgebiete durch schwarze Punkte hervorgehoben.

21

Laubwäldern und dem berühmten Römersteinbruch von St. Margarethen, das Ruster Hügelland mit seinen Weinrieden und das Rosaliengebirge mit seinen Mischwäldern und Obstbaumplantagen bestimmt. Hier, vor allem im Seewinkel, liegen auch einige Vollnaturschutzgebiete: der Illmitzer Zicksee, der Obere und Untere Stinkersee und der Kirchsee – alle in der Gegend von Illmitz gelegen –, aber auch andere, in der Umgebung von Apetlon gelegene flache ›Lacken‹, die infolge ihres Salzgehaltes in Europa Seltenheitswert besitzen. In der Umgebung von Jois gehören auch der Hackelsberg mit seinem Flaumeichenbuschwald und seiner seltenen Flora sowie der Junger Berg zu den vollgeschützten Gebieten. Hingegen ist der Zurndorfer Eichenwald eines der burgenländischen Teilnaturschutzgebiete. Eine Besonderheit ist noch das frühere ›Weltnaturschutzgebiet‹ des World Wildlife Fund an der Langen Lacke, das jetzt von der Landesregierung gepachtet wurde: die Apetloner Pußta.

Im *mittleren Burgenland* begegnen wir einer weitläufig-welligen Hügel- und Terrassenlandschaft. Das Oberpullendorfer Becken ist eine an Burgen und Kastellen besonders reiche Landschaft: Die Ruine Landsee, Kobersdorf, Lackenbach, Deutschkreutz, Nikitsch und weiter im Süden Lockenhaus, umgeben in großem Bogen diesen Raum. Vom höchsten Gipfel des Bernsteiner Waldgebirges, dem Steinstückel, genießt man eine überwältigende Fernsicht, die an klaren Tagen den Blick auf die Bucklige Welt – ja, wie manche Besucher berichten, bis zu den Kärntner Karawanken – und bis zu den Kleinen Karpaten schweifen läßt.

Das Bernsteiner und das Günser Gebirge hinter sich lassend, gelangt man ins *südliche Burgenland*. Voll landschaftlicher Reize leitet es in Nachbargebiete über: zwischen Pinka und Lafnitz in die Oststeiermark, am südlichen Dreiländereck um Neuhaus hingegen ins Slowenische Hügelland. Der Geschriebenstein im Norden, die Pinkafelder Weinstraße, das historische Heiligenbrunner Kellerviertel, das noch seinem ursprünglichen Zweck dient, die über das Land verteilten ›pannonischen‹ Freilichtmuseen, die teilweise vom Fremdenverkehr genutzt werden (wie ein Dörfchen in Heiligenkreuz im Lafnitztal, in dem man logieren kann) – das sind einige der interessantesten Punkte, zu denen man wohl auch den Badestausee im Faludital (auf dem Weg vom Geschriebenstein nach Rechnitz), das Wandergebiet bei Neuhaus am Klausenbach oder den Herzkurort Bad Tatzmannsdorf zu zählen hat.

Alle Gegenden des Burgenlandes haben ewas gemeinsam: das Ineinandergreifen natürlich gewachsener und menschlich veränderter Landschaft, die geglückte Symbiose von unberührter Schönheit und kultivierter Zivilisation, die ideale Kombination von Erholung, Sport oder Kur mit Kultur, Bildung und Sightseeing.

Kunst im Burgenland

Die unruhigen Zeiten, die das Burgenland im Laufe seiner Geschichte erlebte, waren nicht dazu angetan, viele sakrale oder profane Bauwerke der älteren Zeit zu erhalten. Dies gilt vor allem für die *Romanik*, deren Bausubstanz zum größten Teil verlorengegangen ist. Ein besonders beachtenswertes Beispiel findet man im südlichen Burgenland: die um 1200 erbaute Pfarrkirche von Güssing; dem hl. Jakobus dem Älteren geweiht, steht sie außerhalb der Altstadt am Osthang des Burgberges. Bedeutende Reste einer romanischen Kleinkirche des 12. Jh. haben sich auch im Nordburgenland erhalten: In der Ruster Fischerkirche sieht man noch die mit Spuren von Fresken versehene West- und Nordmauer des ursprünglichen romanischen Kirchleins, der älteren, von Friedhof und Wehrmauer umgebenen Pfarrkirche des Ortes, deren malerische Lage jedem Besucher ins Auge fällt. Eine weitere romanische Kirche stand in Zahling, nördlich von Eltendorf im Bezirk Jennersdorf: die Laurentiuskirche, erbaut nach 1200; erhalten blieben allerdings nur die Rundapsis und das Rundbogenportal. Reste von Skulpturen und Reliefs kann man in den reichhaltigen Sammlungen des Burgenländischen Landesmuseums besichtigen. Verschiedene romanische Kirchen haben sich als Ruinen erhalten.

Wesentlich reicher ist der Bestand an kirchlichen Zeugnissen der *Gotik*, und zwar sowohl aus der frühgotischen wie aus der spätgotischen Epoche. Auch Profanbauten begegnen uns bereits, wenn auch noch beschränkt auf Teile von Burgen und Schlössern. In Bürgerbauten verbergen sich die gotischen Bauteile hinter erneuerten Fassaden oder in den Kellern. Von den Kirchenbauten der *Frühgotik* des 13. und 14. Jh. haben sich beachtenswerte Bauteile erhalten. Die Marienkapelle in der Ruster Fischerkirche wurde in der zweiten Hälfte des 13. Jh. südlich an das romanische Kirchlein angebaut; ein halbes Jahrhundert später kam ein gotischer Chor hinzu. In der Pfarrkirche in Zurndorf, einem bedeutenden romanisch-frühgotischen Quaderbau, erhebt sich die Westempore auf einem frühgotischen Bandrippengewölbe, der östliche Turmunterbau hat sich ebenfalls erhalten, und im Presbyterium wechseln romanische mit gotischen Architekturteilen.

Frühgotische Relikte gibt es auch in anderen Kirchen des Landes: In Oslip ist es das Langhaus, in Rattersdorf an der Güns, einer alten Wallfahrtskirche, die Turmkapelle, das Mittelschiff und der Chor, in Mannersdorf an der Rabnitz der Chor der Dreifaltigkeitskirche mit Resten gotischer Wandmalereien, in Deutsch-Schützen, in der Pinkaebene nahe der ungarischen Grenze, als Überrest der romanisch-gotischen Pfarrkirche St. Martin ein heute wie eine Kapelle frei im Feld stehendes Sanktuarium und in St. Margarethen südöstlich von Eisenstadt der wuchtige mittelalterliche Kirchturm samt Kirche und Karner, umgeben von einer Wehrmauer; nicht zuletzt haben wir die Martinskirche in Mattersburg und Teile des Eisenstädter Doms als wichtige Zeugnisse der Frühgotik zu nennen.

Unter den Profanbauten sind der frühgotische Rittersaal auf Burg Lockenhaus aus dem 13. Jh., Freskenreste im Kapellenturm aus der Zeit um 1270 sowie der kurz nach 1300 errichtete mächtige Bergfried der Burg Forchtenstein zu nennen. In zahlreichen anderen Burgen sind die frühgotischen Bauteile für den Laien kaum noch zu erkennen, obwohl zweifellos bereits damals an den Anlagen gebaut wurde.

Zwei Details aus der Epoche der Frühgotik müssen noch herausgegriffen werden: als Beispiel für die frühgotische Wandmalerei das Portaltympanon der Pfarrkirche Marz aus dem 14. Jh., als Beispiel für die Bildhauerkunst die wohl schönste holzgeschnitzte Marienstatue des Burgenlandes, zugleich der kostbarste Schatz der Frühgotik: die Gnadenstatue

›Madonna mit Kind‹, die aus der Zeit um 1350 stammt und nach wechselvollem Schicksal in die berühmte Wallfahrtskirche in Frauenkirchen gebracht wurde.

Was die *Spätgotik* betrifft, so stoßen wir neuerlich auf die Fischerkirche in Rust, deren Schiff spätgotische Stilformen aufweist. Oftmals trifft man im Burgenland auf Kirchen, deren frühgotischer Chor durch ein spätgotisches Langhaus ergänzt wird. Zu den wichtigsten spätgotischen Kirchen des Landes zählen der dem hl. Martin geweihte Eisenstädter Dom und die Pfarrkirche von Stadtschlaining, im Eisenstädter Raum haben wir die Pfarrkirchen von Mariasdorf, Kleinhöflein, Großhöflein, St. Georgen und St. Margarethen zu nennen, im südlichen Burgenland jene von Mattersburg, Gaas und Eberau.

Aus dem Ende des 15. Jhs. stammen auch verschiedene Ölbergreliefs, das bedeutendste derselben sicherlich in der nördlichen Vorhalle der Eisenstädter Domkirche, andere – eher provinziell und nicht so gut erhalten – in den Pfarrkirchen von Breitenbrunn, St. Margarethen und Purbach sowie am Friedhof in Winden am See. Auch Skulpturen aus der spätgotischen Epoche haben sich erhalten, vor allem eine Madonna mit Kind am Hochaltar der Kirche in Forchtenau, aber auch die graziösen Schreinfiguren am Dreiheiligenaltar in der Ruster Fischerkirche – den wohl qualitätvollsten der ganzen Epoche, beide aus der zweiten Hälfte des 15. Jh., weiters zahlreiche Kleinkunstwerke, unter denen dem Kanizsai-Kelch in Eisenstadt, der ältesten Goldschmiedearbeit dieser Art (um 1440), besondere Bedeutung zukommt; spätgotisch sind auch die Malerei am Flügelaltar im Güssinger Schloß Draskovich, das Reliquienkreuz von Hornstein und die Monstranz von Steinbrunn.

Erstmals stoßen wir, allerdings nur vereinzelt, auf Wohnhäuser aus jener Zeit, die sich, wenn auch teilweise verändert, etwa in Eisenstadt und Rust auffinden lassen. Gotische Bildstöcke sind übers ganze Land verteilt und werden vielfach gar nicht mehr beachtet; hervorgehoben seien nur das Halterkreuz in Mattersburg und die Lichtsäule in Marz. Von den Ritterhöfen und befestigten Edelhöfen haben nur wenige die Kriege überdauert.

Die *Renaissance* ist in der Architektur nur geringfügig vertreten: Zu sehr war das ganze Land durch die Türkenkriege und andere militärische Ereignisse in Anspruch genommen, zu sehr richtete sich das gesamte Bauwesen auf die Erfordernisse des Kriegshandwerks aus. Wo immer Baukapazitäten frei waren, wurde am ehesten daran gedacht, den Festungsbau zu forcieren; die Architekten selbst trugen dieser Sachlage Rechnung und spezialisierten sich auf diese Aufgabe. Kirche und Adel, von alters her als Auftraggeber besonders prädestiniert, waren vielfach verarmt und deshalb vorrangig darauf bedacht, wenigstens das Vorhandene zu erhalten bzw. zu schützen. Nur wenige waren in der Lage, Aufträge für Neubauten zu vergeben – zum Teil einfach auch deshalb, weil man außerhalb der Burgen und befestigten Plätze nicht bauen konnte, ohne Vernichtungen zu riskieren.

Die Kirchen wurden mit Wehrmauern umgeben (›Wehrkirchen‹), die mittelalterlichen Burgen, deren Verteidigungskraft gegenüber modernen Waffen zu schwach geworden war, nach italienischem Vorbild verstärkt und umgestaltet, die Dörfer befestigt, die Kirchen auf Verteidigung ausgerichtet: mit mächtigen Stützpfeilern, schmalen Fenstern und Schießscharten in der Attika.

Man sollte deshalb nicht das oft fälschlicherweise ausgesprochene Urteil übernehmen, das Burgenland habe die Zeit der Renaissance ›verschlafen‹, die Barockzeit schließe übergangslos an die Spätgotik an. Das 16. Jh. hat nicht unwesentliche Grabdenkmäler hinterlassen, wie etwa jenes des Franz Batthyány in Güssing oder den Sarkophag der Nádasdy unter der Lockenhauser Augustinerkirche mit seinem ›aufgelegten Epitaph‹ eines oberitalienischen Künstlers. Auch die aus der Reformationszeit stammenden Fresken im Querschiff der Ruster Fischerkirche mit ihren profanen Motiven sollen nicht unerwähnt bleiben.

Zweifellos ist die Epoche des *Barock* auch im Burgenland die große Zeit der Architektur und bestimmend für das Bild, das sich heute dem Besucher darbietet, wenn er sich auf kulturell bedeutsame Bauwerke konzentriert. Im bürgerlichen Wohnbau ist im Burgenland, wie auch andernorts in Österreich, der Barock vielfach durch gründerzeitliche, secessionistische oder moderne Bauten überschichtet worden. Dieser Umgestaltung sind in nicht unwesentlichem Ausmaß auch zahlreiche typisch bäuerliche Objekte zum Opfer gefallen – wenigstens soweit es die ins Auge springenden Fassaden vieler Dorfplätze und Dorfstraßen betrifft, die seit der zweiten Hälfte des 19. Jhs. verändert wurden.

Das 17. und 18. Jh. haben jedenfalls zahlreiche Prachtbauten – Kirchen, Klöster, Schlösser, Edelsitze – hervorgebracht. Der sich mit seiner Hofhaltung realen europäischen Machtpositionen anpassende Kaiserhof in Wien, die durch die Gegenreformation gestärkte Kirche und der nach den Umwälzungen des Dreißigjährigen Krieges und durch den Türkenkrieg zu ungeheurem Reichtum gelangte Adel, dazu das allseits in Erscheinung tretende Repräsentationsbedürfnis, nicht selten mit Mäzenatentum verbunden, sowie der deutlich erkennbare Wunsch, die militärischen und religiösen Siege entsprechend zu glorifizieren und für die Nachwelt zu dokumentieren, boten eine geradezu ideale Ausgangsposition. Nichts hätte bessere Möglichkeiten zur Realisierung geboten als der Barock mit seinem zur Ewigkeit geöffneten Lebensgefühl, seiner weltlich-sakralen Symbiose und seiner Musik und Theater in unvergleichlicher Weise in die Kulturentwicklung einbindenden Art.

Die Bauleidenschaft des Barock hatte ihre Wurzeln zugleich im materiellen wie im geistigen Bereich. Abgesehen davon, daß die Zerstörungen des Türkenkrieges Neu- und Wiederaufbauten in großem Maßstab erzwangen, trug auch die Wirtschaftsstruktur der damaligen Zeit zu einer Baukonjunktur bei, da Adelige, Geistliche und Bürgerliche in Ermangelung anderweitiger ertragreicher Kapitalanlagemöglichkeiten (etwa im Großgewerbe, wie dies im Ausland möglich war) ihre finanziellen Mittel lieber zum Bauen einsetzten, als sie – wegen des Mißtrauens in das heimische Währungssystem – zu horten. Daß dabei die hohen Herren ihre eigene Kapazität und Liquidität oftmals erheblich überschätzten, steht auf einem anderen Blatt.

Da die Zahl der Barockbauten im Burgenland recht groß ist, erscheint es nicht sinnvoll, sie hier im einzelnen aufzulisten; wir wollen uns daher auf besonders markante Zeugnisse dieser Kunstepoche beschränken und das übrige bei den Ortsdarstellungen behandeln. Bei Kirchen, Klöstern und Kapellen kamen von der Kirche, bei Schlössern, Kastellen und Edelsitzen vom Hochadel die meisten Bauaufträge. Bei den Gotteshäusern beschränkte man sich zunächst – weil die Kirche durch die jahrzehntelangen Glaubenskämpfe finanziell ausgeblutet war – auf Barockisierungen bestehender gotischer Kirchen: Im Zuge des Wiederaufbaues erhielten diese barocke Gewölbe, ihre Türme wurden durch charakteristische Zwiebelhelme geschmückt. Gegen Ende des 18. Jh., nach dem Sieg über die Türken, wurden die Kirchen in ihrem Inneren allmählich wertvoller ausgestaltet: Die einfachen Tonnengewölbe erhielten samt den Langhauswänden und Säulen prächtige Marmor- oder Stuckverkleidungen, die Hochaltäre, im allgemeinen auf hohem Sockel stehend, meist einen Säulenaufbau, der mit Statuen und anderen dekorativen Zieraten geschmückt wurde; außerdem wurde der Malerei – seien es Fresken oder Altargemälde bedeutender Künstler – ein besonderer Stellenwert zugemessen.

Die frühbarocke Epoche, die mit dem Einsetzen der Gegenreformation zusammenfällt, sieht vor allem die Familien Esterházy, Nádasdy und Stotzingen unter den Auftraggebern. Es ist jene Zeit, in der vergleichsweise in Wien zwischen 1600 und 1630 die von Kardinal Melchior Khlesl vorangetriebene ›Klosteroffensive‹ mit ihren frühbarocken Kirchen- und Klosterbauten einsetzte. Ähnlich etwa in Eisenstadt, wo seit 1616 die Ruine der katholischen Pfarrkirche neu eingewölbt wurde, oder bei der Schloßkapelle von Deutschkreutz (nach 1625), die von den Kunsthistorikern immer wieder in eine Vergleichsbeziehung zur Wiener Franziskanerkirche gebracht wird.

Man sollte bei der Betrachtung des 17. Jhs. jedoch nicht übersehen, daß Kirche und Adel die Architektur von verschiedenen Gesichtspunkten aus betrachteten: Die Kirche knüpfte damals noch bewußt an die vorreformatorische Gotik an, wollte diese – wenn auch gewandelt – wiedererstehen lassen, bestenfalls ausschmücken. Der Adel hingegen wandte sich, dank seiner selbstgewählten humanistisch-liberalen Gesinnung aufgeschlossen für das aus Italien nach Norden strömende Gedankengut, dem ›neuen Stil‹ des Barock zu: teils noch beeinflußt durch den italienisch dominierten Burgenbau der Renaissance, teils gelenkt durch die im 17. Jh. verstärkt einsetzende Zuwanderung italienischer Künstler. Nur die Stuckarbeiten sind gleichmäßig auf Kirchen (etwa um 1630 Stuckaltäre in der Eisenstädter Franziskanerkirche) und Profanbauten (etwa Rittersaal auf Burg Bernstein) verteilt.

Einige andere Aspekte des 17. Jh. mögen am Rande vermerkt werden, weil sie im Burgenland bis in unsere Tage Spuren hinterlassen haben: die Wiederbelebung der Wallfahrten als probates Mittel der Gegenreformation (Bau der großen Wallfahrtskirchen in Frauenkirchen und Loretto neben der Forcierung des Klosterbaues), die Erneuerung des Marienkults (ursprünglich standen wohl jene großen Marienstatuen, die sich bis auf unsere Tage erhalten haben, mitten in den Kirchen) und der Bau evangelischer Kirchen auch noch in der zweiten Hälfte des 17. Jhs.

Wie wir bei der Behandlung der Burgen und Schlösser sehen werden (s. S. 31 ff.), wandelten sich die Burgen – bis dahin wehrhafte Anlagen – allmählich zu Wohnschlössern, sofern sie nicht – militärisch überflüssig geworden – dem Verfall preisgegeben und durch Kastelle ersetzt wurden. Diese entsprachen dem steigenden Bedürfnis nach gehobenem Wohnkomfort, den mittelalterliche Gemäuer nicht zu bieten vermochten: charakteristisch in ihrem Grundriß, meist ein geschlossenes Viereck mit turmartigen Eckvorsprüngen und einem Innenhof, der durch Laubengänge geziert wurde, beginnend mit Lackenbach und Deutsch-

Burg Bernstein, Stuckdecke im Rittersaal

kreutz, dann quer durch das Land fortschreitend, insgesamt rund drei Dutzend an der Zahl, doch nicht mehr alle erhalten.

Mit den Bauherren, an hervorragender Stelle die Familie Esterházy im Norden (s. S. 37ff.) und die Familie Batthyány im Süden (s. S. 41ff.), werden wir uns gesondert beschäftigen; übersehen sollte man jedoch nicht, daß sich die Landsitze der Esterházy – um diese als Beispiel herauszugreifen – auch im heutigen westlichen Ungarn befinden, so daß man bei einem Ausflug ins Nachbarland immer wieder auf ähnliche Gebäude stößt wie im Burgenland. Unter den burgenländischen Schlössern ragt das von Johann Lukas von Hildebrandt errichtete und von Franz Anton Maulbertsch meisterhaft mit Fresken ausgestattete Harrachsche Lustschloß Halbturn, ein Barockjuwel Österreichs, hervor, daneben das sich am Wiener Hochbarock orientierende Schloß Kittsee; eine Reihe zu Unrecht weniger bekannter Gartenschlösser, wie jene in Nikitsch, Kohfidisch oder Nebersdorf, sollten nicht unbeachtet bleiben. Unter den kirchlichen Bauwerken stechen einige besonders hervor: der Kalvarienberg in Eisenstadt, eine der eigenwilligsten und faszinierendsten Schöpfungen des Barock, die prächtigen Wallfahrtskirchen von Frauenkirchen und Loretto, aber auch die monumentale spätbarocke Pfarrkirche in Pinkafeld; die prächtige Ausstattung der Pfarrkirche von Kleinhöflein wird von Fremden leicht übersehen, andere Interieurs sind weitgehend unbekannt (wie Weiden, Schlaining, Oberwart, Moschendorf oder Kaisersdorf, ja, selbst Mönchhof,

27

Joseph Emanuel Fischer von Erlach
(1693–1742)

Johann Lukas von Hildebrandt
(1668–1745)

wo Statuen von Giovanni Giuliani und Ölgemälde von Martino Altomonte anzutreffen sind). Daneben entstanden in der Spätzeit des Barock seit dem Toleranzedikt Kaiser Josephs II. verschiedene protestantische Emporenkirchen; der künstlerisch bedeutendste Bau steht in Schlaining, die eindrucksvollste kalvinische Kirche in Oberwart, doch verdienen auch Pinkafeld, Oberschützen, Neuhaus und einige andere Beachtung.

Erstmals haben sich aus einer kunsthistorischen Epoche auch bürgerliche Wohnbauten in größerer Zahl erhalten und dominieren teilweise bis heute Stadt- und Ortsbilder. Da sich Grundsätze des modernen Denkmalschutzes durchgesetzt haben, können wir Städte und Märkte besichtigen, die noch ziemlich geschlossen ihren historischen Charakter bewahrt haben, wie etwa die Zentren von Eisenstadt, Rust oder Mörbisch.

Mit Marien-, Pest- und Dreifaltigkeitssäulen der Barockzeit ist das Burgenland – nicht zuletzt infolge der beiden großen Pestepidemien von 1679/80 und 1713 – reichlich ausgestattet. Mit ihrer Gestaltung fließt volkstümliches Kunstschaffen ein, das seine Wurzeln im ausgehenden Mittelalter hat, jedoch der Zeit entsprechend einen Wandel erfahren hat: von der spätgotischen Lichtsäule zum barocken Tabernakelbildstock, von einfachen Säulen zu monumentalen Schöpfungen. Die mit dem ›Raaber Kreuz‹ bei Leithaprodersdorf Ende des 16. Jhs., mit Pestsäulen 1680 und mit Johannes-Nepomuk-Statuen um 1730 einsetzenden Denkmale überspannen in den verschiedensten Facetten – vom ›Schmerzensmann‹ über Vesperbilder und Mariendarstellungen – das ganze Land.

Letztlich ist auf die großen Begräbnisstätten hinzuweisen: die Gruft der Esterházy unter der Eisenstädter Franziskanerkirche und jene der Batthyány in Güssing – übrigens auch unter der Franziskanerkirche! –, für die sogar Balthasar Moll gearbeitet hat (der bekanntlich den monumentalen Doppelsarkophag für Maria Theresia und Franz Stephan von Lothringen in der Wiener Kapuzinergruft geschaffen hat).

Damit kommen wir überhaupt zu dem Phänomen, daß sich der burgenländische Adel – ähnlich wie wir es beim Festungsbau der Renaissance registrieren können – der prominentesten Künstler der Zeit bediente, zum Teil jener, die dem Wiener Hof zur Verfügung standen: Neben Hildebrandt begegnen wir auch Josepn Emanuel Fischer von Erlach, neben Maulbertsch Martino Altomonte und Stephan Dorfmeister sowie, wahllos herausgegriffen, Mitgliedern der Künstlerfamilien Carlone, Tencala, Giuliani und anderen, in der nachfolgenden Epoche etwa Antonio Canova oder Carl Rösner.

Das 19. Jh. ist in der Architektur des Burgenlandes sehr stark vertreten, beginnend mit Bauten im Stil des *Klassizismus*, wie etwa Schloß Draskovich in Güssing oder die Erweiterung, die Charles von Moreau am Eisenstädter Esterházy-Schloß vorgenommen hat, bis zur *Gründerzeit*, die das Ortsbild vieler Dörfer radikal gewandelt hat.

Aber auch die Architektur des 20. Jh. hat sich im Burgenland ihren Platz gesichert; die Kirchenbauten in Stegersbach oder Oberwart sind markante und von Kennern beachtete Beispiele.

Werfen wir abschließend noch einen Blick auf die *Dorf- und Hausformen*, weil sich der Besucher im Burgenland sehr häufig mit bäuerlichen Erscheinungsbildern konfrontiert sieht. Grundsätzlich unterscheidet man im südlichen Burgenland zwischen dem Haufendorf (mit regellos verteilten Höfen) – typisch das Batthyány-Dorf Kitzladen – und dem Angerdorf (mit seinem in der Regel 20 bis 40 m breiten Anger, der nicht ausschließlich vom Verkehr beansprucht, sondern für landwirtschaftliche Tätigkeiten verwendet wird); zu den Linsenangerdörfern (mit linsenförmigem Anger) zählen Güssing und Mogersdorf, zu den Dreiecksangerdörfern Stegersbach und Eisenberg. Ein Beispiel für ein Waldhufendorf (bei dem die Grundstücke als ›Hufen‹ direkt ans Gehöft anschließen) ist Oberrabnitz. Im nördlichen Burgenland dominieren Straßen- und Angerdörfer, meistens Bachangerdörfer.

Bei den *Hausformen*, die sehr oft das Ortsbild prägen, begegnet man im Burgenland immer wieder drei Typen: dem Streckhof, dem Hakenhof und dem Zwerchhof. Der *Streckhof* steht mit dem Giebel zur Straße und zieht sich in rechtem Winkel zu dieser in die Tiefe

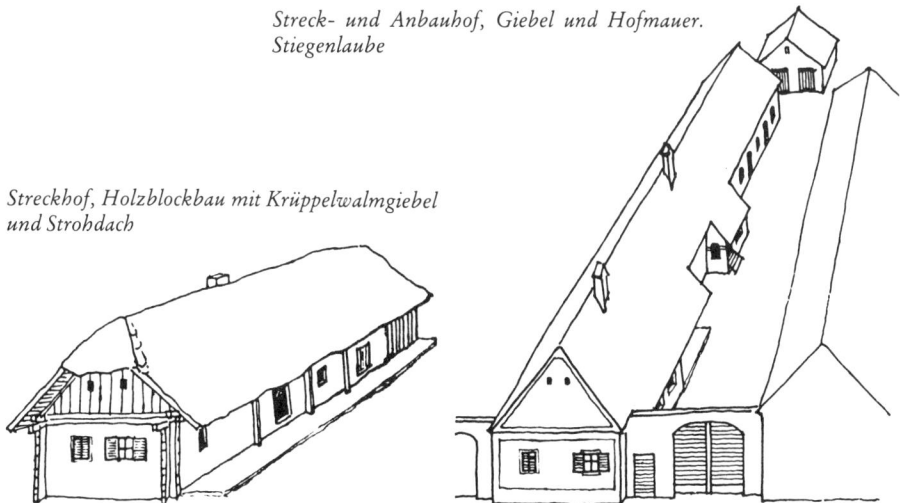

Streck- und Anbauhof, Giebel und Hofmauer.
Stiegenlaube

Streckhof, Holzblockbau mit Krüppelwalmgiebel
und Strohdach

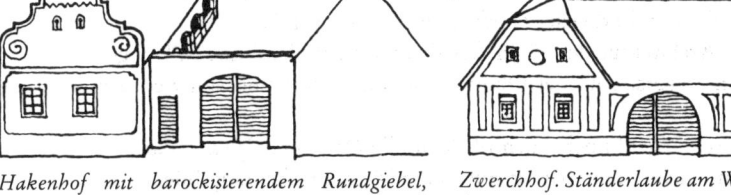

Hakenhof mit barockisierendem Rundgiebel,   *Zwerchhof. Ständerlaube am Wirtschaftsteil*
Hofmauer. Hoflaube mit Rundbogenarkaden

des Grundstücks. In Mörbisch haben die Streckhöfe durch oftmalige Erbteilungen eine besonders langgestreckte Form erhalten, so daß die auffälligen und typischen ›Hofgassen‹ entstanden. Der *Hakenhof* ist nur eine Abart des Streckhofes, dessen Hofraum hinten durch ein quergestelltes Gebäude abgeschlossen ist. Ist in der Breite auf dem Grundstück genügend Raum vorhanden, weitet sich der Hakenhof durch Verbauung der gegenüberliegenden Seite zum Dreiseithof; an der Straßenseite befindet sich im allgemeinen ein breiterer Trakt mit Durchfahrt in den Hof. Der *Zwerchhof* ist ein Streck- bzw. Hakenhof, der an der Straßenseite neben dem Giebel einen Quertrakt mit Durchfahrt besitzt.

Zwischen der Bauweise im Nord- und Südburgenland gibt es erkennbare Unterschiede; hinsichtlich der Hausformen bildet der Zöbernbach die geographische Grenze. Im Südburgenland fallen die Arkadengänge mit gedrungenen Säulen oder Pfeilern auf; sie sind von künstlerischem Wert, wobei Kirchenemporen und Schloßarkaden dem einfachen Volk gewiß ein Vorbild geliefert haben. Auch die in die Obstgärten eingebetteten frei stehenden Weinkeller sind für das südliche Burgenland typisch. Eine Besonderheit sind die Stiegenlauben in Mörbisch, über die man die über den Preßhäusern liegenden Wohnstuben erreicht. Die alten Bauernhäuser wurden im Laufe der Zeit durch sogenannte Söllnerhäuser (Neuplanung der Barockzeit) ergänzt (ihre Besitzer hatten angrenzend keinen Grundbesitz); eine Söllnersiedlung, die kaum verändert ist, befindet sich in Neusiedl am See (›Saliterhof‹).

Charakteristisch für den Seewinkel sind die ›Tschardaken‹ (luftige hölzerne Stadel für die Aufbewahrung von Mais). So manches an bäuerlicher Architektur ist vom Aussterben bedroht, manches konnte nur noch mit Hilfe des Denkmalamtes in prägnanten Beispielen erhalten werden (wie etwa der Kreuzstadel in Illmitz). Selten geworden sind auch die Stroh- und Schilfdächer, die in früheren Zeiten wegen ihrer selbstverständlichen Verwendung gar nicht aufgefallen sind.

Burgen und Schlösser

Die historische Lage des Burgenlandes am Rand der Interessensphären der österreichischen Landesfürsten bzw. der seit dem 15. Jh. oftmals mit ihnen identischen römisch-deutschen Kaiser einerseits und der ungarischen Könige verschiedener Dynastien andererseits, die das Land gleichermaßen als ihr ureigenstes Territorium betrachteten, führte zu nicht enden wollenden Machtkämpfen, die diesen Raum jahrhundertelang nicht zur Ruhe kommen ließen. Dazu verzeichnen wir im Mittelalter und in der frühen Neuzeit noch zahlreiche Einfälle fremder Völker, angefangen – wenn man die Völkerwanderungszeit außer Betracht läßt – mit den Mongolen in den vierziger Jahren des 13. Jhs. bis zu den Türken seit den zwanziger Jahren des 16. Jhs.

Über diesen die Geschicke ganz Mittel- und Osteuropas entscheidend beeinflussenden Auseinandersetzungen darf man aber auch nicht jene oft mit großer Verbissenheit geführten Kämpfe oder Scharmützel übersehen, die zwischen bodenständigen Grafen- und Fürstengeschlechtern zur Verbesserung ihrer jeweiligen Positionen ausgetragen wurden. Alle diese Komponenten, und noch einige andere, haben dazu geführt, daß sich im Burgenland zahlreichere Wehranlagen entwickelten als vergleichsweise anderswo, Anlagen, die zum Teil noch heute als intakte Burgen und Schlösser oder als imposante Ruinen das Landschaftsbild prägen, obwohl sie längst andere Funktionen erhalten haben: als private Wohnsitze, als Kommunikationszentren oder Museen, als Hotels oder Restaurants.

Da man im Burgenland kaum eine Route wählen kann, bei der man nicht auf eine Burg, ein Kastell und ein Schloß stößt, soll zum besseren Verständnis der kausalen Zusammenhänge ein kurzer Überblick über die Genese dieses weite Teile des Landes überspannenden militärischen Netzes gegeben werden. So hat die große Zahl an Burgen dazu beigetragen, daß aus dem alten ›Heanzenland‹ – ›Heanzen‹ oder ›Hienzen‹ war der Spottname für die deutschsprachigen Gebiete Westungarns – das ›Burgenland‹ geworden ist. Gewiß hat zur Namensbildung ›Burgenland‹ auch beigetragen, daß die Namen der vier alten Komitate (mit ihren alten Burgen) zu einer solchen Ableitung geradezu aufforderten: *Preßburg* (ungar. Pozsony, heute Bratislava/ČSSR), *Wieselburg* (ungar. Moson, heute Stadtteil von Wieselburg – Ungarisch-Altenburg, ungar. Mosonmagyaróvár), *Ödenburg* (ungar. Sopron) und *Eisenburg* (ungar. Vasvár). Es ist eine Pikanterie am Rande, daß sich keiner der ›namengebenden‹ Orte auf dem Gebiet des heutigen Burgenlandes befindet!

Die im Laufe der Jahrhunderte entstandene Burgenkette, reizvoll durch ihren oftmaligen Wandel und das sich daraus ableitende Nebeneinander der verschiedensten Stilrichtungen, ist jedenfalls noch heute eine Attraktion.

Die Grenzlandsituation ist verantwortlich dafür, daß viele Burgen über Jahrhunderte hinweg in gutem Zustand erhalten wurden, ja, daß hier mehr als andernorts darauf geachtet wurde, sie mit den jeweils modernsten Verteidigungseinrichtungen auszustatten.

Wenn wir aus der Karolingerzeit auch nur ein einziges Sicherungswerk kennen – jenes am Leithagebirge bei *Kaisersteinbruch* – und die nach dem Abschluß der Awarenkriege im 9. Jh. installierte fränkische Verwaltung der bis zum Plattensee reichenden karolingischen ›Ostmark‹ schon bald durch die Magyaren zerschlagen wurde (Vernichtung eines bairischen Heeres in der Schlacht bei Preßburg 907 und anschließender Zusammenbruch der Ostmark), so können wir daraus doch erkennen, wie weit zurück in die Vergangenheit sich die nach militärischen Gesichtspunkten errichteten Sicherungslinien verfolgen lassen. Nach der Schlacht auf dem Lechfeld (955), durch die der Vorstoß der Ungarn nach Westen abgefangen werden konnte, legten die sich zurückziehenden Ungarn im heutigen Burgenland ›Sperrlinien‹ an. Obwohl sich Stephan I. im Jahr 1000 vom Papst zum König krönen ließ und das Volk den katholischen Glauben annahm, setzten die Ungarn ihre expansive Politik fort. Ein Feldzug Kaiser Konrads II. im Jahre 1030, zu dem er bei Wien seine Truppen gesammelt hatte, brachte zwar einen Mißerfolg, aber zum erstenmal wurde eine Grenzlinie festgesetzt: die Leitha.

Im 11. Jh. waren die Ungarn dominierend, wenngleich unser Gebiet nur im Vorfeld ihrer ›Verhaulinie‹ lag und von österreichischen und deutschen Adelsgeschlechtern besiedelt wurde. 1074 wird der Neusiedler See zum erstenmal genannt. In der zweiten Hälfte des 12. Jhs. trat ein grundlegender, streckenweise noch heute erkennbarer Wandel ein, als an der Ostgrenze des Herrschaftsgebietes der Babenberger ein ausgedehnter Burgengürtel entstand, bald verstärkt durch die im Hinterland gelegenen befestigten Städte Hainburg, Bruck an der Leitha und Wiener Neustadt.

Die Zeit der Babenberger

Die 976 mit Teilen von Nieder- und Oberösterreich belehnten Markgrafen – ein fränkisches Geschlecht, für dessen Herrschaftsgebiet 996 erstmals in einer Urkunde die Bezeichnung ›Ostarrîchi‹ verwendet wird – konnten ihre Residenz im Laufe der Zeit immer weiter nach Osten vorschieben: von Melk nach Tulln, dann unter Leopold III. zunächst in eine Pfalz in Klosterneuburg, die samt dem 1114 von ihm gegründeten Kloster durch eine auf dem Wiener Leopoldsberg errichtete Burg Flankenschutz erhielt, dann unter seinem Sohn Heinrich II. ›Jasomirgott‹ 1155/56 nach Wien. Die vierziger Jahre hatten für die Babenberger eine die militärische Lage an der Ostgrenze beeinflussende Entwicklung gebracht. Mit dem Kaiserhaus verwandt, wurden Leopold IV. und nach ihm (seit 1141) Heinrich II. mit dem Herzogtum Baiern belehnt, nachdem der Staufer Konrad III. dieses den Welfen entrissen hatte. Die in Regensburg residierenden Herzöge konnten sich in dieser Zeit um Österreich nur wenig kümmern, was die Ungarn für ihre Ziele nutzten. Als Friedrich I. Barbarossa den Streit mit den Welfen beendete, verlor Heinrich II. Baiern. Er verlegte seine Residenz nach Wien, konnte aber zur Entschädigung die Erhebung der Markgrafschaft Österreich zum Herzogtum erreichen (›Privilegium minus‹ 1156).

Die Ungarn hatten inzwischen – teilweise zu ihrem Schutz, überwiegend jedoch als Ausgangspunkte für Angriffsbewegungen – eine Reihe von Befestigungen errichtet: die Komitatsburgen *Wieselburg, Ödenburg, Lutzmannsburg* und *Eisenburg*. Die Rodung und Besiedlung des Gebietes im Vorfeld dieser Burgen wurde von den Ungarn – ohne daß sich ein besonderer Grund für dieses Vorgehen erkennen ließe – vorwiegend deutschen Geschlechtern übertragen. Damit bildeten sich Kerne von Herrschaftsbezirken mit Burgen

– die man damals ›castra‹ nannte – und dazugehörigen Verwaltungszentren. Gleichzeitig kam es aber auch zur Vergabe von Land an solche Orden, von denen man aus Erfahrung wußte, daß sich deren Angehörige auf Rodungen und Kultivierungen verstanden, wie etwa an die Zisterziensermönche von Heiligenkreuz, denen 1203 Königshof übergeben wurde. Die Zisterzienser, ein aus Burgund stammender Zweig der Benediktiner, siedelten sich überwiegend in entlegenen Waldgebieten an und schufen im Laufe der Zeit landwirtschaftliche Musterbetriebe.

Erst Herzog Friedrich II. (1230–46), wegen seiner ständigen Waffengänge nicht zu Unrecht ›der Streitbare‹ genannt, wandte sein Augenmerk wieder in verstärktem Maße dem Burgenland zu. Der Aufbau der Residenz sowie die Erweiterung und Befestigung Wiens seit dem Ende des 12. Jhs. hatten seine Vorgänger voll in Anspruch genommen.

Nachdem Friedrich II. eine Aufstandsbewegung des mächtigen Geschlechts der Kuenringer niedergeschlagen hatte, brachte er um 1235 die Burg *Bernstein* in seinen Besitz und stellte damit in Richtung der ungarischen Könige eindeutig fest, daß er seine Interessen in diesem Grenzland zu wahren gewillt war. Sehr eindrucksvoll war sein Auftreten allerdings nicht, denn Friedrich geriet rasch unter zweifachen Druck: Einmal gab es Auseinandersetzungen mit dem Kaiser, seinem Namensvetter Friedrich II., zum andern drohte Ende der dreißiger Jahre eine neue, unheimliche Gefahr aus dem Osten, als die Mongolen die russischen Rurikidenfürstentümer zerschlugen und nach Mitteleuropa vordrangen. Der Konflikt des Babenbergers mit dem Kaiser und die 1235 auf dem Reichstag zu Mainz über ihn verhängte Acht führten dazu, daß er sich immer mehr dem Osten zuwandte, wo er die mißliche Lage, in die die Ungarn durch die Mongolen gekommen waren, für sich nutzte und 1241 die Komitate Wieselburg, Ödenburg und Eisenburg besetzte. Als die Mongolen sich zurückzogen, konnte der Babenberger, nun wieder der ungeschwächten Kraft der Ungarn ausgesetzt, seine Eroberungen nicht lange halten.

Recht unvermittelt kam das Ende: In der ansonsten für die österreichischen Waffen recht günstig verlaufenden Schlacht an der Leitha am 15. Juni 1246 fand Friedrich II. den Tod, und mit ihm starb das Geschlecht der Babenberger im Mannesstamm aus. Daß Friedrich seine Ziele nicht erreichte und zudem erbenlos starb, sollte nachhaltige Folgen für den gesamten böhmisch-österreichisch-ungarischen Raum haben. In den Jahrzehnten des sogenannten Interregnums versuchten Böhmen (unter seinem König Przemysl Ottokar II.) und Ungarn (unter seinem König Bela IV.) verbissen, wenn letztlich auch vergeblich, Österreich unter ihre Herrschaft zu bringen.

Die Güssinger Fehde

Allen Bemühungen wurde ein Ende gesetzt, als Rudolf von Habsburg 1273 zum deutschen König gewählt wurde und seinen Anspruch auf Österreich geltend machte. Der Habsburger war keineswegs ein unbedeutender Graf, wie man oft behauptet, sondern ein vermögender, in Staatsgeschäften erfahrener Mann, der seine Interessen zu wahren wußte. 1283 allein mit den ›Erblanden‹ belehnt, setzte Rudolfs Sohn Albrecht I. die babenbergische Politik im

Güssing, Johann Lendentu, 1639, lavierte Federzeichnung

Grenzraum konsequent fort, wie die uns noch des öfteren begegnende ›Güssinger Fehde‹ von 1289/90 hinlänglich beweist.

Die Güssinger, besonders Heinrich II. (1228–1274), waren in der zweiten Hälfte des 13. Jhs. bestrebt, ihren Einfluß auszudehnen. Geschickt zwischen den streitenden Parteien taktierend, verstanden sie ihren Vorteil zu wahren, erwarben 1260 Bernstein, vor 1278 *Schlaining* und vor 1289 Rechnitz, Pinkafeld, Willersdorf und Schachen. Sie wandten sich im allgemeinen gegen die Ungarn, ergriffen jedoch zu einem Zeitpunkt die Partei Ottokars von Böhmen, als sich dieser anschickte, endgültig in die Nachfolgekämpfe in Österreich militärisch einzugreifen; die Parteinahme des Güssingers war für den Böhmenkönig unbestreitbar eine wichtige Hilfe und Flankensicherung, führte Ottokar aber auch mit seinen Truppen in das burgenländische Gebiet, wo sie u. a. kleinere Befestigungswerke, die damals in St. Margarethen, Oslip, Trausdorf, Leithaprodersdorf und Purbach bestanden, angriffen und die beiden letztgenannten auch dem Erdboden gleichmachten.

So wie die Güssinger kleinere Herrschaftsbezirke aufgesogen und zu einem größeren Machtkomplex vereinigt hatten, taten es auch die Mattersdorfer, die mit ihnen konkurrierten. Mehr und mehr zeichneten sich mächtige Herrschaftsblöcke ab, die die ursprünglich im burgenländischen Raum vorherrschenden kleineren Bezirke ablösten, damit aber auch für die Habsburger zu einer erkennbaren Gefahr wurden.

Als Albrecht I. – diesmal im Einverständnis mit dem Ungarnkönig, dem ebenfalls daran gelegen sein mußte, geregelte Verhältnisse an seinen Grenzen vorzufinden – 1289/90 daranging, den ›Unruheherd‹ rücksichtslos zu beseitigen, sah er sich einer Allianz der Güssinger mit den im nördlichen und mittleren Burgenland dominierenden Herren gegenüber. In dem als ›Güssinger Fehde‹ in die Geschichte eingegangenen Feldzug nahm Albrecht I. nicht weniger als 34 größere und kleinere Befestigungsanlagen der Güssinger und ihrer Verbündeten ein, darunter *Mattersdorf,* Ödenburg, Kobersdorf, Landsee, Eisenburg, *Stegersbach, Schlaining* und *Güssing* selbst.

Zu Hainburg wurde 1291 Friede geschlossen. In diesem wurde zwar vereinbart, daß alle eroberten Plätze zurückzustellen seien, aber erst nach deren Schleifung, ausgenommen nur zwei: Güssing und Kobersdorf. Tatsächlich kam es aber anders: Nur Mattersdorf wurde geschleift, bei den anderen nagte dann der Zahn der Zeit so lange, bis sie unbrauchbar geworden waren.

Bestehen blieben – mehr oder weniger gut erhalten – im Süden *Güssing, Eberau, Schlaining, Rotenturm* und *Bernstein,* im mittleren Burgenland *Kobersdorf, Landsee* und *Lockenhaus.* Was dem Habsburger nur zum Teil gelungen war, vollendete im 14. Jh. der in Ungarn herrschende Karl Robert von Anjou, der die Güssinger 1327 niederzwang. Der Großherrschaftskomplex zerfiel daraufhin (›Güssinger Teilungen‹), und es bildeten sich verschiedene ›Linien‹: die Güssinger, die Rechnitzer, die Bernsteiner und die Lockenhauser Linie.

Zu Beginn des 14. Jhs. taucht aber auch ein neuer Name auf: *Forchtenstein,* ein gegen die Ungarn gerichtetes Bollwerk. Und auf der anderen Seite der Front wurde um die Mitte des 14. Jhs., als Schutzburg gegen Österreich konzipiert, mit königlich-ungarischer Genehmigung Burg *Hornstein* errichtet: 1364 von den Kanizsai erworben, die jedoch um 1400 ihren Sitz nach Eisenstadt verlegten und die Burg ihrem Schicksal überließen; um 1460 bereits zerstört, zählt sie daher zu den kurzlebigsten Befestigungen in unserem Raum. Um 1400 kam es zu einer weiteren Neugründung: *Eberau,* eine von den Ellerbachern errichtete Wasserburg; dasselbe Geschlecht begründete noch *Rotenturm,* eine der letzten mittelalterlichen Burgen.

In der Gotik erhielten die Burgen durch den Übergang zum regelmäßigen Vierflügelbau – Beispiele sind die Kanizsai-Burg Eisenstadt, das ältere Kittsee und das jüngere Eberau – ein völlig neues Aussehen.

Kastelle und Edelhöfe

Die Türkenkriege des 16. und 17. Jhs. erzwangen ein Umdenken in den Verteidigungsbemühungen, hatte man es doch jetzt mit einem Feind zu tun, der neben seiner Truppenzahl auch neuzeitliche Waffen (Kanonen) einsetzte. Es kam damals einerseits zur Umgestaltung von Burgen, zum Teil im Stile italienischer Renaissancefestungen, andererseits zur Ummauerung vieler Ortschaften mittels steinerner Wehren mit stark befestigten Toren.

Güssing, Rust, Oggau, Donnerskirchen und Purbach sind einige der Orte, die auf diese Weise geschützt wurden (und deren Mauern zum Teil noch gut erhalten sind), Bernstein, Burg Güssing, Forchtenstein und Landsee hingegen sind typische Beispiele für den Festungsbau. Unterscheiden wir genauer, so steht dem Typus mit mächtigen eckigen Basteien (Eisenstadt, Rust, Deutschkreutz oder Forchtenstein) jener gegenüber, bei dem Rundbasteien und Rundtürme dominierten (Bernstein, Kobersdorf oder Ödenburg).

Noch eine Neuerung der Renaissancezeit ist hervorzuheben, weil wir den Überresten ebenfalls in vielen Landesteilen begegnen: das Kastell, eine Art von ›Gutsfestung‹ auf dem ungeschützten Land. Der Wohnkomfort, mit dem sich die wohlhabende Gesellschaft der Renaissanceepoche, angeregt durch ausländische Vorbilder, umgeben wollte, war innerhalb der Gemäuer mittelalterlicher Burgen ebensowenig zu realisieren wie in den riesigen Festungen, die teilweise aus ihnen entstanden waren. Die neue Bauform des ›Kastells‹ sollte Bequemlichkeit mit Schutzbedürfnis verbinden; ein typisches Beispiel für diese Baugattung ist *Lackenbach*.

Den Magnaten und Fürsten wollten die Angehörigen des mittleren Adelsstandes nicht nachstehen, und so dauerte es nicht allzulange, bis diese – den ihnen zur Verfügung stehenden Ressourcen entsprechend gegebenenfalls in bescheidenerem Rahmen – ihre mittelalterlichen Ritterhöfe in Edelhöfe und kleine Kastelle umwandelten. So stößt man bei einer Fahrt durch das Burgenland neben Burgen auch auf viele große Kastelle – zu den bedeutenderen zählen neben Lackenbach *Jormannsdorf* (bei Bad Tatzmannsdorf), *Stegersbach* oder *Draßburg* – und Edelhöfe, wie *Donnerskirchen, Raiding, Forchtenau, Kittsee* oder *Pöttsching*.

Das 18. Jh. brachte den nächsten grundlegenden Wandel. Die erfolgreiche Abwehr der türkischen Belagerung Wiens, die Verfolgung des Feindes bis tief in seinen eigenen Machtbereich (1686 Rückeroberung von Ofen, 1688 Einnahme von Belgrad, nach Rückschlägen 1697 Sieg bei Zenta unter dem neuen Oberbefehlshaber Prinz Eugen) und die damit erreichte Befriedung und Sicherung des ehemals grenznahen Landes signalisierten im Burgenland wesentliche Veränderungen. Nach den Kuruzzenunruhen im ersten Jahrzehnt des 18. Jhs. sanken die Wehrfunktionen der burgenländischen Befestigungsanlagen endgültig zur Bedeutungslosigkeit herab. Sie wurden zu Zentren der Herrschaftsverwaltung und des adeligen Landlebens umgestaltet.

Von da an nahm die Entwicklung im nördlichen und südlichen Burgenland einen eklatant verschiedenartigen Verlauf, weil es zwei hochadeligen Familien, im Norden den Esterházy, im Süden den Batthyány, gelang, die Macht völlig an sich zu reißen, indem sie Herrschaft für Herrschaft aufkauften. Im Gegensatz zu den Esterházy, die ihre Güter zentral verwalteten, blieben bei den Batthyány einzelne Burgen und Kastelle dezentrale Verwaltungssitze.

Die Esterházy und Batthyány

Zwei Adelsgeschlechter, die Familien Esterházy und Batthyány, beide jahrhundertelang durch die hohen Funktionen ihrer Angehörigen mit der politischen und militärischen, ebenso auch mit der kulturellen Entwicklung Österreichs und Ungarns sehr eng verknüpft, dominieren die Geschichte des Burgenlandes und sind bis in unsere Tage aus der Entwicklung des Landes nicht wegzudenken.

Die Batthyány schufen sich ihr Imperium seit dem 16. Jh. – beginnend 1524 mit dem Erwerb von Güssinger Gütern, abgeschlossen mit der modernen Befestigung des Familienbesitzes Bernstein in der zweiten Hälfte des 17. Jhs. – hauptsächlich im Süden des Burgenlandes; die Esterházy hingegen begannen in den ersten Jahrzehnten des 17. Jhs., von ihrem Familiengut in Oberungarn kommend, in zügiger Weise vor allem im mittleren und nördlichen Burgenland mit dem Aufbau eines riesigen Herrschaftskomplexes, in dem besonders Eisenstadt und Forchtenstein zu Zentren emporwuchsen. Einige der Familienmitglieder dominierten infolge ihres ausgeprägten Sinnes für Kunst und Kultur nicht nur ökonomisch-administrativ oder militärisch-politisch das Leben ihrer Zeit, sondern wirkten auch als Mäzene besonderer Art.

Die Familie Esterházy

Gleich zu Beginn steht eine überragende Persönlichkeit des beginnenden 17. Jh.: der 1583 geborene *Nikolaus Esterházy*. Er gilt als der Begründer des auf materiellem Wohlstand basierenden Ansehens seiner Familie. Sein Vermögen erlangte er durch zwei Ehen mit begüterten Witwen. Ursula, seine erste Frau, eine geborene Dersffy, brachte als Witwe eines Obergenerals neben dem in Oberungarn gelegenen Munkács zwei Herrschaften im heutigen Bezirk Oberpullendorf mit in die Ehe: die aus dem Mittelalter stammende mächtige Burg *Landsee* sowie das Kastell *Lackenbach*. Christine, Nikolaus' zweite Ehefrau, trug zur weiteren Vergrößerung des Familienbesitzes entscheidend bei.

Wappen der Fürsten von Esterházy

Nikolaus sicherte sich dank geschickten politischen Taktierens eine Traumkarriere: Bereits im Alter von 42 Jahren wurde er 1625 zum Palatin gewählt, womit er die höchste Würde erlangte, die in Ungarn zu vergeben war, nämlich Stellvertreter des Königs zu sein. Die entscheidende Weichenstellung lag darin, daß Nikolaus im Kampf der Habsburger mit dem aufständischen siebenbürgischen Fürsten Gabor Bethlen (1620–22) die Partei der Krone ergriff und Kaiser Ferdinand II. unterstützte. Er hielt selbst dann treu zum Kaiser, als ihn der Siebenbürger mit dem Angebot der ungarischen Königskrone zu ködern suchte, und seine militärische Potenz ermöglichte es ihm, 1620 Schloß Lackenbach gegen den Feldherrn Bethlens, Tarrody, zu halten und gleichzeitig gegen die Türken zu kämpfen. Zur Erinnerung an den Sieg von Lackenbach ließ Nikolaus 1629/30 die Eisenstädter Franziskanerkirche neu aufbauen.

Das für die Geschichte des Burgenlandes wichtigste Jahr war 1621: Nikolaus verzichtete freiwillig auf die Herrschaft Munkács in Oberungarn zugunsten Gabor Bethlens und machte damit den Weg frei für den Nikolsburger Frieden. Als Entschädigung erhielt er 1622 von dem sich als dankbar erweisenden Kaiser die Herrschaften Forchtenstein und Eisenstadt. Dem weiteren Aufstieg der Familie waren nun keine Schranken mehr gesetzt: Nach der Bestellung zum Palatin erfolgte 1626 die Erhebung in den Grafenstand und 1629 die Verleihung des Goldenen Vlieses.

Die Parteinahme des Nikolaus Esterházy war in der damaligen Situation von so großer Bedeutung, daß sich durch sie die Lage in Westungarn stabilisierte. Der das ganze Land am Rande der Pußta von Norden nach Süden durchziehende Gürtel verteidigungsstarker Burgen stellte einen auch von den Türken respektierten militärischen Machtfaktor dar, weil diese an wichtigen Straßenverbindungen lagen oder am Ostrand der Alpenausläufer ›Sperrriegel‹ bildeten, die man nicht umgehen konnte.

Der Sohn des Nikolaus, *Ladislaus,* der 1645 die Herrschaft antrat, konnte 1648 das erbliche Eigentum an den Herrschaften Eisenstadt und Forchtenstein erwerben, dem sich die Bürgerschaft der Stadt allerdings zu entziehen verstand: Am 26. Oktober 1648 wurde Eisenstadt von Kaiser Ferdinand III. zur ›Königlichen Freistadt‹ erklärt.

Die ständig das Land durchstreifenden türkischen Scharen machten den Gutsherren damals überall im Land schwer zu schaffen. Immer wieder sahen sie sich genötigt, an der Spitze von Aufgeboten auszuziehen, um ihr Gut und das Leben ihrer Untertanen zu schützen. In einem solchen Gefecht kam es 1652 zu einer Familientragödie: Ladislaus und mit ihm drei seiner Vettern, Kaspar, Thomas und Franz, fielen in der Nähe von Vezekény in Oberungarn.

Paul Graf Esterházy

In dieser äußerst komplizierten Situation wurde 1652 *Graf Paul,* der erst siebzehnjährige jüngere Bruder des Ladislaus, Oberhaupt der Familie: ein in jeder Hinsicht bemerkenswerter Mann, der sich dank seiner Fähigkeiten und seiner Erfolge einen festen Platz in der Geschichte gesichert hat, durch sein langes Leben (er starb erst 1713) aber auch für die so wichtige Kontinuität und Stabilität sorgte. Paul war 1635 als erstes Familienmitglied in der (alten) Eisenstädter Burg zur Welt gekommen, wurde bei den Jesuiten erzogen und verstand es, militärisches Engagement mit humanistisch-künstlerischer Gesinnung zu verknüpfen. Sein Kunstsinn zeigte sich auch in der Einstellung zur Architektur und zu den schönen Künsten. Er ließ die Eisenstädter Burg 1632–72 zu einem repräsentativen Barockpalais umgestalten sowie den Eisenstädter Kalvarienberg und die Gnadenkirche Mariä Heimsuchung auf dem Eisenstädter Oberberg erbauen (1701–07). Auf Paul gehen aber auch das Franziskanerkloster in Frauenkirchen (1702) und die Wiederherstellung der von den Türken verwüsteten Wallfahrtskirche von Loretto (1707) zurück. Die Bautätigkeit der Familie Esterházy brachte viele italienische Künstler ins Land, darunter Angehörige der Familie Carlone (Carlo Martino, Antonio und Domenico) sowie Carpoforo Tencala, Philiberto Lucchese oder Francesco Martinelli; einige von ihnen arbeiteten auch am Wiener Hof. Daß sich die Esterházy diese kostspieligen Aufträge leisten konnten, geht auch darauf zurück, daß Paul, als sein Schwager Franz Graf Nádasdy 1671 wegen seiner Beteiligung am ungarischen Magnatenaufstand hingerichtet wurde, dessen Güter an sich brachte.

Zwei Jahre vor der zweiten Türkenbelagerung Wiens wurde Paul Esterházy 1681 zum Palatin gewählt und trat damit in die Fußstapfen seines Vaters. Im 58. Lebensjahr stehend, nahm er an der Entsatzschlacht bei Wien teil, danach wirkte er 1686 als Oberkommandierender an der Rückgewinnung von Ofen mit. Für seine nachdrückliche Unterstützung der habsburgischen Ansprüche auf die ungarische Krone wurde Paul 1687 von Kaiser Leopold I. ad personam mit der Fürstenwürde belohnt; außerdem erlaubte ihm der Monarch – als Ausdruck besonderer Gunst – im Familienwappen ein goldenes ›L‹ (Leopold) zu führen. So vollendete Paul den Aufstieg der Familie in materieller und gesellschaftlicher Hinsicht. Noch kurz vor Pauls Tod dehnte Kaiser Karl VI. das Recht zur Führung des Fürstentitels auf alle erstgeborenen Söhne der Familie aus; 1783 hob Kaiser Joseph II. auch diese Beschränkung auf.

Zur Zeit Fürst Pauls besaßen die Esterházy unvorstellbar reichen Besitz: Rund 30 Herrschaftsbezirke mit Grundstücken im Ausmaß von etwa einer halben Million Hektar wurden 1696 zu einem Familienfideikommiß zusammengefaßt. Um sich eine Vorstellung von diesem Imperium machen zu können, sollte man einen Vergleich anstellen: Es handelt sich um rund 5000 km², die in verschiedenen Teilen Ungarns lagen – das heutige Bundesland Burgenland umfaßt demgegenüber eine Fläche von 3965 km²! Nur die Thököly- und Rákoczi-Großgrundbesitze konnten mit dem Esterházy-Imperium konkurrieren; aber allein der Esterházy-Besitz überdauerte, wenigstens diesseits des ›Eisernen Vorhangs‹, den Zweiten Weltkrieg.

Nikolaus I. ›der Prachtliebende‹ und Nikolaus II. ›Il Magnifico‹
Das nächste Familienoberhaupt von überragender Bedeutung war *Fürst Nikolaus I.* Mit ihm, der fast drei Jahrzehnte das Fideikommißvermögen der Familie verwaltete, erreichte

Nikolaus I. ›der Prachtliebende‹ Fürst Esterházy (1714–1790)

die prunkvolle Lebensführung der Esterházy einen ersten Höhepunkt. Die glanzvolle barocke Hofhaltung, die dem Fürsten bald den ehrenden, zugleich aber mit kritischem Unterton verbundenen Beinamen ›der Prachtliebende‹ eintrug, äußerte sich vor allem im kulturellen Bereich im weitesten Sinn dieses Wortes. Zwei Fakten dürfen in diesem Zusammenhang nicht übersehen werden: einmal die fast unbegrenzten finanziellen Ressourcen, die es Nikolaus ermöglichten, seine hochfliegenden Pläne zu realisieren, zum andern aber sein Ehrgeiz und seine Liebe zur Macht, die sich in dem ihm zugeschriebenen Satz »Was der Kaiser kann, das kann auch ich!« manifestierten.

Jedenfalls entschloß sich Nikolaus 1778, seine Residenz von Eisenstadt in das 26 km südöstlich von Ödenburg neu erbaute Schloß Eszterháza zu verlegen, das derart aufwendig gebaut worden war, daß die Zeitgenossen es voller Bewunderung und Neid das ›ungarische Versailles‹ nannten. Der grenzenlose Luxus und die ›Sommerspiele‹ machten das Schloß weithin bekannt. Gäste aus vielen Ländern Europas waren bei den Esterházy zu Gast. Hier gastierte auch die Wiener Oper, und Joseph Haydn – der seit 1761 als Kapellmeister in Esterházyschen Diensten stand – schrieb in der Residenz viele seiner Meisterwerke.

Der Sohn des Fürsten Nikolaus, *Fürst Anton*, suchte das Ruder herumzureißen, ergriff drastische Maßnahmen zur Eindämmung der aufwendigen Hofhaltung seines Vaters, löste sogar das bereits weltbekannt gewordene Haydn-Orchester auf, entließ das Opernensemble und schaffte noch andere, ihm überflüssig erscheinende höfische Einrichtungen ab. Mit einer Gräfin Erdödy vermählt, verlegte er die Residenz von Eszterháza wieder nach Eisenstadt. Hier widmete er sich vor allem Verwaltungsangelegenheiten, weshalb er 1792 den Bau des Verwaltungsgebäudes in der Haydngasse veranlaßte: Im aufgehobenen Augustinerinnenkloster wurde der Sitz der Esterházyschen Güterverwaltung eingerichtet.

Nikolaus II., beim Tode seines Vaters Anton noch nicht 30 Jahre alt, übernahm das Majorat mit so hochfliegenden Plänen, daß man ihn zu Recht mit seinem gleichnamigen Großvater auf eine Stufe stellen darf, ja, er leistete sich einen derartigen Aufwand, daß es ihm fast gelungen wäre, die schier unerschöpflichen finanziellen Mittel der Familie Esterházy stärker zu beanspruchen, als es dem gewaltigen Wirtschaftsimperium guttat. Er wandte zunächst sein Augenmerk einer Erweiterung des Eisenstädter Schlosses zu, um für die ihm vorschwebende Hofhaltung den adäquaten Rahmen zu schaffen; die grandiosen Ausbaupläne, die er in Auftrag gab, wurden allerdings nur zum Teil realisiert.

Hatte man den Großvater ›den Prachtliebenden‹ genannt, so fand man für den Enkel im Hinblick auf seine überaus großzügige Förderung der schönen Künste den Beinamen ›Il Magnifico‹ – in Erinnerung an den berühmten Lorenzo de Medici der italienischen Renaissance. Von neuem kam es zu einer Entfaltung des Musiklebens: Der 1778 zu Preßburg geborene und 1837 zu Weimar verstorbene Komponist Johann Nepomuk Hummel, der von 1804 bis 1811 der Hofkapelle in Eisenstadt als Kapellmeister vorstand, und Johann Nepomuk Fuchs, ein Schüler Haydns, der nach ihm die Leitung der Kapelle übernahm und 1839 zu Eisenstadt starb, legen beredtes Zeugnis dafür ab. 1804 erwarb Nikolaus die ehemalige Abtei Edelstätten in Baiern, und damit sicherte er sich die Aufnahme in den Stand der Reichsfürsten. Nikolaus starb 1833.

Nikolaus' Sohn *Fürst Paul* entschied sich für die diplomatische Laufbahn, wurde Gesandter, in der napoleonischen Zeit in Dresden, dann in Rom; er gehörte zu jenen, die das Zustandekommen der Heirat zwischen Napoleon und der Habsburgertochter Maria Louise vorbereiteten. Im März 1848 übernahm er, allerdings nur für ein halbes Jahr, den Posten eines ungarischen ›Außenministers‹ am Wiener Hof – zur gleichen Zeit, als Ludwig Graf Batthyány in Ungarn eine Regierung bildete, in der Kossuth die führende Rolle spielte.

Seine Güter hatten ihn wohl kaum gesehen, als er 1866 im Alter von 80 Jahren starb; kurz vor seinem Tod verfügte er noch die Transferierung der Gemäldegalerie der Esterházy von Wien nach Budapest, wo sie im Palais der Ungarischen Akademie untergebracht wurde, und sein Sohn *Nikolaus* war es dann, der 1870 seinen patriotischen Gefühlen freien Lauf ließ und die aus 637 Gemälden, 3535 Radierungen und 51301 Stichen bestehende Sammlung um einen minimalen Preis dem ungarischen Staat überließ.

Die Familie Batthyány

Im Gegensatz zur Familie Esterházy waren die Batthyány ein ungarisches Magnatengeschlecht, das sich trotz seines in Deutsch-Westungarn liegenden Herrschaftszentrums über viele Generationen hinweg ausschließlich dem Königreich Ungarn und nur vorübergehend, im 16. und 17. Jh., dem Haus Habsburg verpflichtet und verbunden fühlte. 1683 und danach, kam es sogar zu einer offenen Kooperation mit den Feinden des Kaiserhauses, woraus sich problematische Situationen für beide Teile ergaben. Seit den zwanziger Jahren des 16. Jhs. hatten die Batthyány ihren Stammsitz im südlichen Burgenland, wo sie ausgedehnten Herrschaftsbesitz erwarben; die Burg Bernstein und seit etwa 1740 das Kastell Güssing wurden von der Familie bewohnt.

Unter *Franz Batthyány* (1497–1566), der die erste Türkenbelagerung Wiens miterlebte, begründete die Familie ihren Ruf und legte zugleich den Grundstock zu ihrem späteren Reichtum. Zwei Jahre bevor er in der Schlacht bei Mohács gegen die Türken Thron und Leben verlor, schenkte der Ungarnkönig Ludwig II. 1524 dem Franz Batthyány aus Dankbarkeit für den von ihm bei Jaice über die Türken errungenen Sieg Burg und Herrschaft Güssing, die durch den Tod des siebenbürgischen Fürsten Lorenz Ujlaky herrenlos geworden waren. Franz bekleidete damals bereits trotz seiner Jugend hohe Ämter: Er war Oberge-

Wappen der Familie Batthyány

span von Eisenburg, königlicher Kämmerer und Obermundschenk sowie Banus von Kroatien und Slavonien. 1527 stellte er sich – nach kurzem Schwanken – gemeinsam mit der Familie Esterházy an die Seite des jugendlichen habsburgischen Erzherzogs Ferdinand, dem 1526 aufgrund der 1515 geschlossenen Erbverträge Böhmen und Ungarn zugefallen waren. Es ist dabei rückblickend schwer zu beurteilen, ob dieser Entscheidung nicht handfeste materielle Überlegungen zugrunde lagen: Hätte sich Franz im anderen Fall doch der Partei des siebenbürgischen Woiwoden Johann Zapolya anschließen müssen, der die Schenkung Güssings an die Batthyány von Anfang an vehement bekämpft und angefochten hatte. Jedenfalls ging die Rechnung auf: Ferdinand bestätigte ihm noch im selben Jahr in Anerkennung seiner Loyalität den Besitz von Güssing und übereignete ihm später weitere Herrschaftsbereiche, darunter 1544 die Hälfte von Stadtschlaining samt Rechnitz. Merkwürdigerweise wandten sich die Batthyány – im Gegensatz zu den Intentionen König Ferdinands – einige Jahrzehnte später dem Protestantismus zu.

Balthasar Batthyány, der zweiten Generation ›nach Mohács‹ entstammend, kämpfte als General gegen die Türken, wurde in Anerkennung seiner Verdienste zum Bannerherrn und Obertruchseß ernannt, errang schließlich die Stellung eines Stellvertretenden Palatins; er starb 1590. Da er mit einer Tochter des Nikolaus Zriny verheiratet war, wurde so mancher Sieg – 1578 bei der Festung Kanizsa, 1580 bei Gobornok oder 1587 bei Koppána – gemeinsam mit der Familie Zriny, teilweise auch mit Unterstützung der Nádasdy, errungen.

Balthasar war eine der letzten Persönlichkeiten Ungarns, die sich der Kultur der Renaissance verpflichtet fühlten, ja, man sieht in ihm gern den Inbegriff eines von der Kultur der Renaissance geprägten Fürsten, wie ja im Ungarn des ausgehenden 15. Jhs. auch König Matthias Corvinus als Mäzen und Humanist eine herausragende Rolle gespielt hatte. Balthasar verband humanistische Bildung, gesamteuropäische Orientierung und weitreichendes Mäzenatentum mit jenen Erfordernissen, die an ihn als Kriegsherr und Diplomat gestellt wurden. Unter ihm entwickelte sich Güssing zum geistig-kulturellen Mittelpunkt eines Herrschaftsgebietes, das allerdings aus familiären Gründen im Laufe der Jahrzehnte eine unökonomische Aufsplitterung erfuhr. Balthasar, 1549 mit dem Freiherrentitel ausgezeichnet, kam 1550 an den Wiener Hof, bereiste im Auftrag König Ferdinands Frankreich und studierte 1561/62 in Paris.

Der Tatbestand, daß Güssing sich bereits 1534 weitgehend zur protestantischen Lehre bekannte und der ›ungarische Luther‹ Matthias Décai Biró hier tätig war, konnte auf die Dauer auch an der Familie Batthyány nicht spurlos vorübergehen, die ja in Güssing ihren Hauptsitz hatte. Es muß zwar die Frage offenbleiben, ob die Batthyány von Anfang an aktiv die neue Lehre förderten oder ob sich die Glaubensverbreitung in ihrem Stammgebiet letztlich auch auf sie auswirkte: jedenfalls bekannte sich Balthasar um 1570 offen zum Kalvinismus – in einer Zeit also, in der nicht mehr der von den Jesuiten strenggläubig in Spanien erzogene Ferdinand I. (seit 1556 Nachfolger seines Bruders Karl V. auf dem Kaiserthron) regierte, sondern der gegenüber der lutherischen Lehre tolerantere Kaiser Maximilian II. (1564–76), jener Monarch also, unter dem es sogar möglich war, daß kurze Zeit selbst die Haupt- und Residenzstadt Wien einen lutherischen Bürgermeister hatte.

Wir wissen, daß sich der Protestantismus unter Balthasar Batthyány festigte und die Batthyány-Residenz in Güssing zum Sammelpunkt eines übernational ausgerichteten Kulturkreises unter Betonung liberal-toleranten Denkens wurde. Da die Batthyány seit der Wiener Türkenbelagerung von 1529 im südlichen Burgenland über ein Völkergemisch herrschten – deutschsprachige Untertanen, ungarische Kleinadelige, kroatische Siedler –, wurde die Liberalität gefördert, wenn nicht überhaupt erst ermöglicht.

Die Anwesenheit der *Kroaten* bedarf wohl einer gesonderten Erklärung, ist sie doch im Burgenland keine Selbstverständlichkeit. Auf den Herrschaftsterritorien der Batthyány und der Nádasdy war es seit dem Ende des 16. Jh. – als Folge des gewaltigen Bevölkerungsverlustes, den die Türkenkriege vor allem rund um den Neusiedler See verursacht hatten – zur Ansiedlung von Kroaten aus dem adriatischen Küstenland gekommen, die auf der Flucht vor den bis in die Steiermark vordringenden Türken hierhergekommen waren und nun von den Herrschaftsbesitzern im Burgenland und im östlichen Niederösterreich zu dauernder Niederlassung ermuntert wurden.

Diese ›Wasserkroaten‹ (wie sie wegen ihrer Herkunft im Volksmund gern genannt wurden) bilden seither den Kern einer Minderheit, die einen für die burgenländische Kultur bedeutsamen Faktor darstellt. Die in Niederösterreich angesiedelten Kroaten konnten sich – im Gegensatz zum Burgenland, wo sich noch in unseren Tagen rund 10 Prozent der Bevölkerung zur kroatischen Sprache oder zur Zweisprachigkeit bekennen – als eigene Volksgruppe nicht erhalten; in den niederösterreichischen Orten am Leithagebirge ist die kroatische Sprache bereits im 18. und 19. Jh. erloschen. Die burgenländischen Kroaten leben überwiegend im Grenzraum des deutschen und magyarischen Sprachgebietes, vor allem in den Bezirken Neusiedl am See, Eisenstadt, Oberpullendorf und Güssing; ein typisches Ortsbild finden wir in Oslip.

Humanismus und Reformation fanden im 16. Jh. besonders durch den Buchdruck weite Verbreitung. Die Zuwendung der Batthyány zur protestantischen Lehre brachte es daher mit sich, daß sich in ihrem Einflußgebiet – unter ihrem Schutz und mit ihrer Förderung – Prediger, Lehrer und natürlich auch Buchdrucker niederließen. In Güssing wurde eine Druckerei in der vor 1574 aufgelassenen Augustiner-Eremitage eingerichtet. Die Anstellung herrschaftlicher Prediger, die Eröffnung von Schulen, die sich der neuen Lehre zuwandten, aber auch der Aufbau einer Bibliothek, in der so gut wie alle Wissensgebiete – von der Theologie über Geschichte und Naturwissenschaften bis hin zu den Klassikern der Antike und der Gegenwart – berücksichtigt wurden, bildeten das geistige Ambiente.

Zwei Namen treten besonders hervor: der Hofprediger Stephan Beythe und der Buchdrucker Johannes Manlius, der für das südliche Burgenland hohe Bedeutung erlangte, weil er 1587 in Eberau die erste Zeitung des Burgenlandes druckte, die ›Newe Zeitung ausz Ungern‹. Wir begegnen aber auch bedeutenden Wissenschaftlern, wie dem Botaniker Charles de l'Ecluse (Carolus Clusius). Um 1570 hatte sich das Luthertum im burgenländischen Raum weitgehend durchgesetzt, am wenigsten allerdings bei den Kroaten.

Jene beiden Faktoren, die das Habsburgerreich des 17. und 18. Jhs. in entscheidender Weise beherrschten – Klerus und Militär –, waren auch verantwortlich für den weiteren

Eleonore Batthyány-Strattmann

Aufstieg der Familie Batthyány. Die dominierende Persönlichkeit des 17. Jhs. war *Adam Batthyány*, der von 1610 bis 1659 gelebt hat. Er wandte sich vom kalvinischen Glauben ab und unterstützte die seit dem frühen 17. Jh. in ihr entscheidendes Stadium tretende Gegenreformation Kardinal Melchior Khlesls sowie des 1619 auf den Thron gekommenen Kaisers Ferdinand II., der den Zwanzigjährigen 1630 in Anerkennung seines erfolgreichen gegenreformatorischen Wirkens in den Grafenstand erhob. 1636 konnte Adam die Herrschaft Bernstein erwerben, 1644 Schloß Jormannsdorf, wobei in beiden Fällen die Familie Königstein Vorbesitzer war; Adam brachte aber 1648 auch Burg Schlaining endgültig und zur Gänze in seinen Besitz und ließ Schloß Rechnitz prächtig ausbauen; weitere Erwerbungen folgten, wie etwa Pinkafeld, wo sich Adam 1658, kurz vor seinem Tod, ein Schloß als Residenz errichten ließ, das er ahnungsvoll zum Witwensitz seiner Frau Eleonore bestimmte. Schon 1648 hatte Adam in der Kirche zu Güssing die berühmt gewordene Familiengruft der Batthyány begründet, 1649 gründete er das dortige Franziskanerkloster.

Der Herrschaftsbereich der Batthyány war damit so gewaltig angewachsen, daß ihnen die Vorherrschaft im südburgenländisch-westungarischen Raum endgültig gesichert war. Man darf sich daher auch nicht wundern, wenn man im südlichen Burgenland – und zwar keineswegs nur auf den ›prominenten‹ Familiensitzen, sondern auch an Kirchen und zahlreichen anderen Bauwerken – immer wieder auf das Wappen der Familie Batthyány stößt, so wie das Wappen der Esterházy im nördlichen Teil des Landes zur Selbstverständlichkeit geworden ist.

Das Türkenjahr 1683 war auch ein Schicksalsjahr für die Familie Batthyány. Während die Familie Esterházy auch diesmal Schulter an Schulter mit den Kaiserlichen kämpfte, stellten sich die Batthyány auf die Seite der Feinde Habsburgs und betrieben auch in der Folge hauptsächlich ungarische, das heißt habsburgfeindliche Politik.

In das ausgehende 17. Jh. fällt eine wesentliche Entscheidung: Adam Graf Batthyány erwarb von den Grafen Sinzendorf einen Hof in der Wiener Renngasse, ließ ihn niederreißen und beauftragte 1699 den großen Barockbaumeister Johann Bernhard Fischer von Erlach, der 1686 nach Wien gekommen war, ein Palais zu erbauen, das noch heute besteht. Adams

Witwe *Eleonore,* eine geborene Gräfin Strattmann, war seit 1703 Alleinbesitzerin des Anwesens. Sie war auch die Bauherrin der auf gotischen Fundamenten neu errichteten Bernsteiner Pfarrkirche (1733). Ihr Sohn *Karl Joseph* (1697–1772), ein bedeutender Heerführer, nahm im Zuge der von Eleonore auf ihre Söhne übertragenen Erbrechte auch deren Geburtsnamen an, so daß sich das Geschlecht seither Batthyány-Strattmann nannte.

Im 19. Jh. erlangte *Franziska Gräfin Batthyány,* die von 1802 bis 1881 lebte, besondere Bedeutung, weil sie im Schloß von Pinkafeld den geistigen Mittelpunkt des Romantikerkreises um den berühmten Clemens Maria Hofbauer bildete, dem neben anderen Prominenten auch Zacharias Werner, J. E. Veith und Steinle angehörten. Franziska begründete 1851 das Nonnenkloster in Pinkafeld, dem Schule, Waisenhaus und Spital angeschlossen wurden.

Es gibt kaum einen anderen österreichischen Landesteil, in dem sich über Jahrhunderte hinweg der Einfluß von zwei großen Familien so stark bemerkbar macht und die Ansammlung von Gütern derartige Ausmaße annahm, wie dies im Burgenland bei den Familien Esterházy und Batthyány der Fall ist. Der Abriß der Familiengeschichte sollte vor allem deshalb diese besondere Situation verdeutlichen, weil wir bei der Darstellung der Geschichte einzelner Burgen, Schlösser und Orte immer wieder auf Mitglieder dieser beiden Geschlechter und ihre Aktivitäten stoßen werden.

Die Freistadt Eisenstadt

Im nördlichen Teil des Burgenlandes, am klimabegünstigten Südhang des westlichen Leithagebirges, liegt die **Freistadt Eisenstadt:** die östlichste und an Einwohnern kleinste Landeshauptstadt von Österreich. Eisenstadt liegt nur knapp über 40 km vom Wiener Stadtrand entfernt; auf einer Fläche von nicht ganz 43 km^2 leben rund 10000 Bewohner, davon im Kern – Eisenstadt mit Ober- und Unterberg – nur rund 8000.

Dennoch ist Eisenstadt längst nicht nur ein wirtschaftliches und kulturelles Zentrum für die Burgenländer, sondern auch eine für Besucher äußerst attraktive Stadt mit sehenswerten Gebäuden und bemerkenswerten Zeugnissen seiner kulturell-künstlerischen Vergangenheit: einer Vergangenheit, die in vielfältiger Weise mit dem fürstlichen Geschlecht der Esterházy und dem großen Komponisten Joseph Haydn verknüpft ist.

Geschichte der Stadt

Das Gebiet um Eisenstadt war, wie archäologische Funde aus der Jungsteinzeit und der Bronzezeit sowie am Burgstallberg, der als ›Wiege Eisenstadts‹ bezeichneten isoliert stehenden Kuppe des Leithagebirges, auch aus der Hallstattzeit beweisen, schon frühzeitig besiedelt; ebenso war es zur Zeit der Kelten. Im Osten der Stadt, auf dem Gelände der heutigen Martinskaserne und weiter in Richtung St. Georgen, stieß man auf eine Siedlung aus der Römerzeit, in der Skulpturen, Keramiken und Münzen zutage gefördert werden konnten; die Ansiedlung muß eine beträchtliche Ausdehnung gehabt haben, man entdeckte auch eine villa rustica aus dem 2. Jh., die am Kreuzungspunkt von Römerstraßen lag. Aus dem 5. Jh. stammt ein gotisches Gräberfeld. Fast alle zutage geförderten frühzeitlichen Funde kamen ins Burgenländische Landesmuseum in Eisenstadt.

Während der Völkerwanderung ließen sich die verschiedensten Stämme, wenn auch nur vorübergehend, hier nieder: Germanen, Hunnen und Awaren, schließlich unter Karl dem Großen am Ende des 8. Jh. Baiern. Die Folge war eine Konfrontation mit den nach Westen expandierenden Ungarn.

Ältere Historiker vertraten die Ansicht, daß es eine verlorengegangene mittelalterliche Burganlage gegeben hat, und beziehen sich in ihrer Beweisführung auf ein 1118 in der Chronik des Otto von Freising erwähntes »castrum quod ferreum vocatur«, welches der Babenbergermarkgraf Leopold III., der damals noch in Klosterneuburg residierte, auf einem Feldzug gegen die Ungarn eroberte und niederbrannte. In jüngerer Zeit wird diese

Stadtwappen der Landeshauptstadt Eisenstadt

Gleichsetzung jedoch abgelehnt; Harald Prickler bezieht die Chronikstelle wohl zu Recht auf die Komitatsburg Eisenburg (Vasvár), die seit 1100 belegt ist.

Gesichert beginnt die Geschichte der Stadt erst mit der in das Jahr 1264 fallenden ältesten urkundlichen Erwähnung einer »capella sancti Martini de minore Mortin« (Kleinmartinsdorf, wie man sagen könnte), deren romanische Reste nach dem Zweiten Weltkrieg im Bereich der heutigen Domkirche gefunden wurden. Am Ende des 13. Jh. – seit 1296 ist auch eine Judengemeinde in Eisenstadt nachzuweisen – hatte Eisenstadt wahrscheinlich das Aussehen eines Angerdorfes (an der heutigen Hauptstraße), an das sich im 14. Jh. die nördliche (Joseph-Haydn-Gasse) und die südliche Parallelgasse (Pfarrgasse) anschlossen. Im östlichen Teil entstanden später in linsenförmigen Erweiterungen jene drei großen Baublöcke, die noch heute diese Gegenden beherrschen: in der Joseph-Haydn-Gasse das spätere Franziskanerkloster, in der Hauptstraße das Rathaus und in der Pfarrgasse die Kirche (Dom).

Im Jahre 1371 erhielt die Familie Kanizsai vom ungarischen König Ludwig I. das Recht, Eisenstadt mit einer Befestigung zu umgeben; sie wollte es zum Zentrum ihres Besitzes machen. Am 6. Jänner 1373 gaben die Kanizsai Eisenstadt ein Stadtrecht, und am 4. Oktober 1388 verlieh König Sigismund der Stadt das Recht auf Abhaltung zweier Jahrmärkte. Wenige Jahre später, 1394, war Sigismund, ein großer Gönner der Familie Kanizsai, bei dieser zu Gast auf ihrer Eisenstädter Burg. Um diese Zeit stehen noch die alten Namen Zabomortung (1300) und Wenig Mertesdorf (Kleinmartinsdorf, 13. Jh.) neben dem (jüngeren) deutschen Eisenstadt (1373) und dem ungarischen Kismarton (1388).

In jüngster Zeit (1983) haben Grabungen im Hof des Esterházy-Schlosses dazu geführt, daß H. Prickler im Zuge seiner Forschungen für den ›Österreichischen Städteatlas‹ die Frühgeschichte Eisenstadts und die Baugeschichte der Burg im chronologischen Ablauf neu überdacht hat.

Wer waren die bereits mehrfach erwähnten Kanizsai? Ihren Namen trugen sie nach ihrer ungarischen Stammbesitzung Kanizsa, die ihnen 1321 verliehen wurde. Vier Jahrzehnte später, 1364, erwarben Stefan Kanizsai, Bischof von Agram, und sein Bruder Johann die Herrschaft und Grenzburg Hornstein, zu der damals auch Eisenstadt gehörte. Wann die Familie seßhaft geworden war und woher sie ursprünglich gekommen ist, läßt sich wohl niemals mehr klären. Für uns von Interesse ist es vor allem, daß die Familie Kanizsai 1371 Eisenstadt ummauerte und danach – über den genauen Zeitpunkt gehen die Meinungen der Historiker auseinander – mit dem Bau einer Burg begann; sie baute einen aus dem späten 13.

oder frühen 14. Jh. stammenden verfallenen Herrensitz, dessen von Wehrmauern umgebener Palas auf dem Areal des heutigen Schloßhofes lag, zu einer verteidigungsfähigen Residenz aus; zwei Jahre später, 1373, kam es zu der erwähnten Stadtrechtsverleihung, der noch andere Privilegien folgen sollten.

Die mittelalterliche Befestigung – möglicherweise an einigen Stellen (wie bei der Pfarrkirche im Süden) durch Bastionen verstärkt – schlug sich in der neuen deutschen Namensform Eisenstadt (›Eysenstat‹) nieder, die seit dem 14. Jh. immer gebräuchlicher wurde und das ungarische Kismarton verdrängte. 1420 gaben die Kanizsai – vor allem Johannes Kanizsai, nachmals Erzbischof von Gran – dem seit 1414 urkundlich erwähnten Minoritenkloster (seit 1625 Franziskanerkloster), das auch dazu bestimmt war, die schwache Nordflanke der Befestigung zu sichern, durch erhebliche Zuwendungen eine solide wirtschaftliche Basis.

Als die Habsburger 1445 Eisenstadt und Hornstein in ihren Besitz brachten, war die Vorrangstellung der Kanizsai gebrochen; vergeblich bemühten sie sich eine Zeitlang, die Herrschaften wieder in ihre Hand zu bekommen. Der Kanizsai-Kelch in der Stadtpfarrkirche, ein Geschenk der Familie, erinnert unter anderem an das Geschlecht: ein vergoldeter Silberbecher auf sechspassigem Fuß, mit sechs Kreismedaillons verziert und dem Kanizsai-Wappen (einer Adlerklaue) geschmückt. Der 23 cm hohe Kelch ist eine schöne Goldschmiedearbeit aus der ersten Hälfte des 15. Jhs.

Je mehr sich im 15. Jh. die wirtschaftliche Entwicklung Eisenstadts positiv gestaltete, desto stärker wurden die Bestrebungen sowohl Österreichs wie Ungarns, die Marktsiedlung in die eigene Machtsphäre einzugliedern. Rund ein Jahrhundert wechselte die Stadt immer wieder ihren Besitzer, bis König Friedrich IV. sie 1445 vorübergehend und sein Sohn Maximilian 1491 nach dem Tode des Ungarnkönigs Matthias Corvinus endgültig in habsburgische Hand bringen konnte: Eisenstadt wurde im Frieden zu Preßburg ein »zu Österreich gehörender« habsburgischer Besitz innerhalb der ungarischen Landesgrenzen.

Einige ruhige Jahrzehnte folgten, dann kam es 1526, als das ungarische Heer bei Mohács vernichtend geschlagen und Ungarn mit seiner Hauptstadt Ofen in türkische Hand gefallen war, zu einer grundlegenden Veränderung der mittel- und osteuropäischen Machtverhältnisse. Der bereits erwähnte Tatbestand, daß König Ludwig II. in der Schlacht sein Leben verloren und keine männlichen Nachkommen hinterlassen hatte, setzte die 1515 geschlossenen Erbverträge in Kraft und machte die Habsburger zu den legitimen Herren von Ungarn und Böhmen.

Damit änderte sich aber auch für die Türken die Situation; mußten sie sich doch in der Folge mit den Habsburgern auseinandersetzen. Sultan Sulejman II. entschloß sich deshalb, so rasch wie möglich gegen Wien zu ziehen. 1529 brach er mit einem gewaltigen Heer gegen die habsburgische Hauptstadt auf, bevor sich in dieser die Verhältnisse konsolidieren konnten; die Niederschlagung eines Aufstandes, der sich gegen den nach dem Tode Kaiser Maximilians I. aus Spanien herbeieilenden Habsburger Erzherzog Ferdinand gerichtet hatte (1522), die Folgen eines verheerenden Stadtbrandes (1525), die Unterdrückung bürgerlicher Freiheiten in einer neuen Stadtordnung (1526) und seine in Ungarn erzielten militärischen Erfolge ließen den Sultan hoffen, daß ihm Wien als leichte Beute in die Hände fallen würde.

1 EISEN-
STADT
Dreifaltig-
keitssäule
(Pestsäule),
Detail

2 EISENSTADT   Rathaus, Fassadendetail
3 EISENSTADT   Hof des Haydnhauses,
   Joseph-Haydn-Gasse 21

4   EISENSTADT   Glockenmadonna (1586),
    Hauptstraße 19

5   EISENSTADT   Dom, Ansicht von Süden

7   EISENSTADT   Schloß Esterházy
◁ 6   EISENSTADT   Dom, Blick zum Chor
8   EISENSTADT   Dom, Ölbergrelief

10   EISENSTADT   Schloß Esterházy, Haydnsaal ▷
9   EISENSTADT   Schloß Esterházy, Fassadenteil
    über dem Haupteingang

11   EISENSTADT   Schloß Esterházy, Raum im 1. Stock

12   EISENSTADT   Schloß Esterházy, Galerie

13   EISENSTADT   Schloß Esterházy, Raum im 1. Stock

14   EISENSTADT   Wertheimerhaus, jüdischer
     Haustempel
16   EISENSTADT   Kalvarienberggruppe

15   EISENSTADT   Bergkirche, Haydn-Mauso-
     leum

17 EISENSTADT Burgenländisches Landesmuseum, bäuerlicher Wohnraum

18 EISENSTADT Burgenländisches Landesmuseum, Liszt-Gedenkraum

19 EISENSTADT Alter Jüdischer Friedhof

20 KLEINHÖFLEIN Pfarrkirche   21 LORETTO Wallfahrtskirche, Blick zum Chor ▷

22 LORETTO Pietà auf dem Dorfplatz

24 ST. MARGARETHEN Pfarrkirche, Kanzel

23 LORETTO Wallfahrtskirche, Gnadenkapelle
25 ST. MARGARETHEN Karner neben der
Pfarrkirche

27 OSLIP Cselleymühle
26 ST. MARGARETHEN Bauernhof
28 MÖRBISCH Hofgasse

29 Römersteinbruch bei St. Margarethen ▷

Auf dem Zug nach Wien fügten die türkischen Truppen Eisenstadt schwere Schäden zu, wenn die Stadt auch im Vergleich zu anderen Orten des Burgenlandes noch relativ gut davonkam. Ähnlich wie in Wien wurde die Türkenbedrohung zum Anlaß genommen, die längst fällige Verstärkung der mittelalterlichen Stadtmauern in Angriff zu nehmen: In den folgenden Jahrzehnten entstanden große Basteien nach dem Vorbild italienischer Renaissancefestungen – wir begegnen ihnen auch bei einzelnen Burgen des Landes (Bernstein) –, und diese wurden mit Kanonen bestückt.

Dennoch konnte sich die Stadt nicht erholen: Was der ›Erbfeind‹ begonnen hatte, setzte unter anderen Vorzeichen der Pfandherr Hans von Weißpriach fort, der von 1554 bis 1571 die Herrschaft ausübte. Wohl war er in toleranter Weise ein großer Protektor der Juden, denen er am stadtseitigen Fuße der Burg ein erstes Getto einrichtete, und der Protestanten, doch gleichermaßen ist er als rücksichtsloser Unterdrücker seiner Untertanen in die Geschichte eingegangen. Daß er einen Tierpark im Schloßpark einrichtete und in der Stadt ein herrschaftliches Brauhaus erbauen ließ, kann das negative Gesamturteil kaum verändern. Als die Klagen über grobe Rechtsverletzungen immer lauter wurden, entschloß sich Kaiser Maximilian II. 1572 zur Einlösung der Herrschaft und gelobte zur Beruhigung der Bürger, diese niemals wieder zu verpfänden. Die in den folgenden Jahrzehnten amtierenden kaiserlichen Pfleger oder Rentmeister dürften im Vicedomgebäude (neben der heutigen Domkirche) ihren Amtssitz gehabt haben.

Der große Stadtbrand vom 16. August 1589, der große Teile der Stadt in Schutt und Asche legte, hatte weitreichende Auswirkungen: Das Wirtschaftsleben stagnierte für lange Zeit, die Bürger verarmten. Die Zeit des Wiederaufbaues führte aber auch dazu, daß die Reste der alten städtischen Bausubstanz durch Neubauten des 17. Jhs. überschichtet wurden, so daß sich das Stadtbild – noch verstärkt im 18. Jh. – nachhaltig veränderte: Gebäude der Gotik und der Renaissance wurden durch solche des Früh- und Hochbarock verdrängt.

Die Türkenkriege (1593–1606) sowie ein aufsehenerregendes Scharmützel mit den Truppen Bocskays vor den Toren (1605), das von der Bürgerschaft hohe Blutopfer forderte, waren nicht dazu angetan, die Lage der Stadt zu verbessern. Die Habsburger suchten die Bürgerschaft zwar durch Stadtrechtsbestätigungen (1611 und 1621), ein neues Weinhandelsprivileg (1611) und die Gewährung eines weiteren Jahrmarktes (1623) zu unterstützen, doch blieb diesen Maßnahmen ein durchschlagender Erfolg versagt.

Ein halbes Jahrhundert wurde das kaiserliche Versprechen, die Herrschaft in keine fremden Hände zu geben, gehalten. 1622 übergab dann Kaiser Ferdinand II. die Burgherrschaft Eisenstadt – allerdings unter Ausklammerung der bürgerlichen Stadt – dem Grafen Nikolaus Esterházy, und 1648 konnte dessen Sohn Ladislaus dieselbe als Eigentum erwerben. Ladislaus' jüngerer Bruder Paul war 1635 als erster Esterházy in der Eisenstädter Burg zur Welt gekommen: in einer Burg, in der sein Vater noch keinerlei Investitionen vorgenommen hatte, weil er sich offenbar nicht sicher war, ob sein Geschlecht die Herrschaft jemals würde als Eigentum erwerben können.

Die ›Gegenmaßnahmen‹ der Stadtväter gegen die Eigentumsübertragung an Graf Ladislaus folgten dem kaiserlichen Entschluß auf dem Fuße: Es gelang ihnen, von Kaiser Ferdinand III. am 26. Oktober 1648 die Erhebung Eisenstadts zur Königlichen Freistadt zu erkaufen und sich damit dem Einfluß des neuen Burgherrn förmlich zu entziehen. Sieben Jahre danach fiel allerdings eine andere Entscheidung, die das Schicksal der Stadt für mehr als ein Vierteljahrtausend bestimmen sollte: 1655 wurde sie nämlich im Zuge der Rückstellung von Grenzherrschaften dem ungarischen Staat einverleibt, bei dem sie bis 1921 verbleiben sollte. Gewiß war diese Veränderung in der Monarchie von nur untergeordneter Bedeutung – der Kaiser war im allgemeinen zugleich König von Ungarn –, aber nach dem Ende des Ersten Weltkriegs ergab sich die Zugehörigkeit zu einem anderen Nachfolgestaat, die erst durch den Friedensvertrag von Saint-Germain-en-Laye korrigiert wurde: das Burgenland – noch mit seiner Hauptstadt Ödenburg – wurde Österreich zugesprochen.

Nach der Mitte des 17. Jhs. begann ein neues Kapitel der Eisenstädter Geschichte. Die Familie Esterházy, die auch andernorts – man denke etwa an Forchtenstein – mit dem Land aufs engste verbunden ist, und das Geschlecht der Batthyány sind seither aus der burgenländischen Geschichte nicht mehr wegzudenken. Bleiben wir bei Eisenstadt und ›seinen‹ Esterházy. Zum Burgbezirk (samt dem herrschaftlichen Schloßareal) und zur ›Königlichen Freistadt‹ kam 1671 als dritte Komponente das neue jüdische Getto westlich der Burg, das an der Stelle aufgelassener Wirtschaftsgebäude der Weißpriach angelegt wurde und sich im Laufe der Zeit als ›Unterberg‹ zu einer selbständigen jüdischen Gemeinde entwickeln sollte.

Inzwischen war es auch zu wesentlichen baulichen Veränderungen gekommen: Die Stadt ließ um 1650 ein neues Rathaus, danach auch ein städtisches Zeughaus und einen Getreidekasten erbauen, Paul hingegen entschloß sich, die mittelalterliche Burg in ein prächtiges Barockschloß umgestalten zu lassen (1663–1672); 1674 errichtete er auf der Anhöhe gegen Kleinhöflein zu eine Kapelle, neben dieser 1692 ein Spital.

Die in ihrem Kern aus dem 14. Jh. stammende Stadtbefestigung, die auch Burg und Pfarrkirche in das Wehrsystem einbezogen hatte, konnte nach Meinung der Bürgerschaft trotz der im 16. Jh. vorgenommenen Verstärkungen durch Basteien keinen hinlänglichen Schutz gewähren, als Kara Mustapha 1683 mit einem riesigen Heer neuerlich gegen Wien zog: sie entschied sich für eine Unterwerfung unter den mit den Türken verbündeten ungarischen Grafen Thököly. Die Rechnung ging offensichtlich auf: Eisenstadt blieb von den Türken verschont. Nicht so günstig konnte man sich danach mit den Kuruzzen arrangieren, die 1704 und 1707 die Stadt verwüsteten. Wenige Jahre später, 1713, war es dann noch eine furchtbare Pestepidemie, die die Bevölkerung dezimierte.

Die Familie Esterházy machte Eisenstadt im 18. und 19. Jh. zu einem Kulturzentrum, dessen Anziehungskraft weit über die Grenzen des Landes hinausreichte. 1707 wurde der westlich der Burg angelegte Kalvarienberg mit der Kapelle ›Maria Einsiedeln‹ vollendet, das wohl bedeutendste Kunstwerk Eisenstadts. Vier Jahre zuvor waren Angehörige des Franziskanerklosters aus der Stadt in das Spital auf dem ›Oberberg‹ übersiedelt, und 1711 übergab ihnen Paul Esterházy dasselbe als Residenz für den hier gegründeten zweiten Konvent; 1757–1766 entstand weiter südlich ein neues Klostergebäude. Schon zu Beginn des 18. Jhs. war beim Kalvarienberg auch eine Handwerkersiedlung entstanden, aus der sich später Eisenstadt-Oberberg entwickelte und die baulich mit dem Getto zusammenwuchs.

Eisenstadt, Matthias Greischer, um 1695, Kupferstich

Neben der Architektur waren es Musik, Theater und Kunst, die von den Mitgliedern der überaus begüterten Familie gleichermaßen gefördert wurden. Von besonderer Bedeutung war jedoch die Berufung des Komponisten Joseph Haydn an den Hof zu Eisenstadt durch Fürst Nikolaus II. im Jahre 1761, mit der ein fast drei Jahrzehnte umfassendes Wirken in Eisenstadt und im fürstlichen Schloß Eszterháza begann. Die betont kulturell-künstlerisch dominierte Entwicklung führte dazu, daß Eisenstadt seinen Verteidigungscharakter weitgehend einbüßte, Stadttore und Mauern demoliert wurden; bedeutende Reste der Wehranlage kann man noch besichtigen.

Neben Joseph Haydn, der über ein Jahrzehnt in Eisenstadt wohnte (heute Joseph-Haydn-Gasse 21), sind auch andere Persönlichkeiten des kulturellen und wissenschaftlichen Lebens mit Eisenstadt verbunden. So entstammten die weltbekannte Biedermeiertänzerin Fanny Elßler, deren Großvater Mitte des 18. Jhs. nach Eisenstadt gekommen war (er und sein Sohn Johann Florian standen im Dienste der Esterházy, aber auch in jenen Joseph Haydns), der bedeutende Anatom Joseph Hyrtl, dessen Denkmal den gleichnamigen Platz ziert, oder der als ›Retter der Mütter‹ in die Medizingeschichte eingegangene Ignaz Philipp Semmelweis, der die Ursachen des Kindbettfiebers erkannte und als Begründer der Antisepsis zu bezeichnen ist, Eisenstädter Familien. Die Wiener Schauspielerin Therese Krones, als ideale Verkörperung der ›Jugend‹ in Ferdinand Raimunds romantischem Zaubermärchen ›Der Bauer als Millionär‹ berühmt geworden, trat als junges Mädchen in der Schauspielertruppe ihres Vaters auf dessen Wanderbühne in Eisenstadt vor die Öffentlichkeit. So mancher Straßenname erinnert an Persönlichkeiten, die mit Eisenstadt verbunden waren, nicht zuletzt die Lisztgasse an den »großen Sohn des Burgenlandes«, den (deutschsprachigen) Komponisten Franz Liszt.

Allmählich begann die Stadt auch in andere Richtungen zu wachsen. Im Süden entwickelte sich die Rochusvorstadt, die die St.-Rochus-Straße, die St.-Antoni-Gasse und (nach Osten hin) die Neusiedler Straße umfaßt. Ein großer Brand, der die Stadt 1768 heimsuchte, bildete nur einen vorübergehenden Rückschlag (Gedenktafel im Haus Hauptstraße 10). Als in der Zeit des franzisko-josephinischen Neoabsolutismus und als Nachhall der Revolution von 1848 auch in Eisenstadt militärische Bauten entstanden, mußte 1853 dem Bau des K. k. Kadetteninstituts der östliche Teil der (unbrauchbar gewordenen) Stadtmauer (am unteren Ende der Klostergasse) weichen, um eine neue Zufahrtsstraße bauen zu können.

Nach dem Ende des Ersten Weltkriegs fiel Eisenstadt 1921 im Friedensvertrag von Saint-Germain-en-Laye an Österreich, und es wurde das Bundesland Burgenland gebildet; am 30. April 1925 beschloß der Burgenländische Landtag, Eisenstadt zur Landeshauptstadt zu machen, und 1926 erhielt das neue Bundesland eine Verfassung. Die Wahl Eisenstadts hatte eine unerfreuliche Vorgeschichte. Entgegen den Bestimmungen des Friedensvertrages hatten sich die Ungarn nämlich zunächst geweigert, das burgenländische Gebiet an Österreich zu übergeben, und als dies endlich durchgesetzt werden konnte, erreichten sie eine Volksabstimmung im Gebiet von Ödenburg, die unter der Kontrolle des ungarophilen Italien abgewickelt wurde. Obwohl die Landgemeinden mehrheitlich für Österreich votierten, gab das für Ungarn günstige, jedoch umstrittene Ergebnis in Ödenburg den Ausschlag. Das Burgenland hatte damit seine natürliche Hauptstadt verloren, und man mußte sich um eine neue Lösung bemühen.

1927 erhielt Eisenstadt durch das Landesverfassungsgesetz das Recht, den Titel ›Freistadt‹ zu führen, und zwar im Range einer Stadt mit eigenem Statut. Im Ostteil der Stadt wurde nunmehr das Regierungsviertel mit dem Landhaus (1926–29) und den Wohnhäusern für die Beamten (1929/30) errichtet, gleichzeitig entstanden im Westen in der Gegend des Esterházy-Schlosses die Filialen der Oesterreichischen Nationalbank (1930) und der Gebietskrankenkasse (1932/33). Im März 1930 übersiedelte die Burgenländische Landesregierung mit dem Großteil der Beamtenschaft aus ihrem provisorischen Amtssitz in Sauerbrunn nach Eisenstadt; in ihrem Gefolge siedelten sich auch zahlreiche Geschäftsleute in der neuen Hauptstadt an, so daß sich die Bevölkerung, die über Jahrhunderte von Bauern, Weinhauern und Handwerkern dominiert wurde, in ihrer sozialen Struktur entscheidend verändert wurde. Dennoch konnte Eisenstadt nicht einmal die Größe einer mittleren Stadt erreichen, da – nicht zu seinem Nachteil – größere Industrieanlagen fehlten.

In der nationalsozialistischen Ära kam es zu Gebietserweiterungen. Oberberg und Unterberg, bis dahin eigene politische Gemeinden, wurden 1939 mit Eisenstadt ebenso verbunden wie Kleinhöflein und St. Georgen. ›Groß-Eisenstadt‹ – eine damals gern gebrauchte

Bezeichnung, wenn man an ›Groß-Wien‹ denkt – erreichte dennoch nur eine Einwohnerzahl von knapp 9000 Personen. Gleichzeitig verlor Eisenstadt am 1. Oktober 1938 die Funktion einer Landeshauptstadt, da das Bundesland Burgenland zu diesem Zeitpunkt aufgelöst wurde: Der nördliche und mittlere Teil wurden mit Niederösterreich (nach der damaligen Terminologie ›Niederdonau‹), der südliche Teil mit der Steiermark vereinigt. 1944 wurden 20 Häuser bei einem Bombenangriff zerstört, 1945 ging die Front über die Stadt hinweg; am 1. April marschierten die Russen ein.

Bereits wenige Monate nach Kriegsende wurde das Bundesland Burgenland am 29. August 1945 wiederhergestellt, wenige Jahre später (1948) wurden die nationalsozialistischen Gebietserweiterungen rückgängig gemacht. Das Burgenland und seine Landeshauptstadt gehörten bis zum Abschluß des Österreichischen Staatsvertrages (15. Mai 1955) zur sowjetrussischen Besatzungszone Österreichs; das Landhaus wurde in dieser Zeit von einem russischen Militärkommando benützt; die neue Landesregierung mußte ihren Sitz ins Schloß Esterházy verlegen.

Eisenstadt ist Sitz des Burgenländischen Landesarchivs (Landhaus) und eines Stadtarchivs (Rathaus), der Landesbibliothek (im Anschluß an das Archiv) und des Landesmuseums, weiters des Österreichischen Jüdischen Museums und des Haydnmuseums.

Seit 1955 verlief die Entwicklung von Eisenstadt wieder in normalen Bahnen. Wie viele andere Gebiete im Osten Österreichs war allerdings auch das Burgenland von den Ereignissen in Ungarn im Jahre 1956, in deren Gefolge fast 200000 Flüchtlinge nach Österreich strömten, unmittelbar betroffen. 1960 wurde Eisenstadt Bischofssitz, die Stadtpfarre ist seither Dompfarre. 1970 entschloß sich die Landesregierung, Kleinhöflein und St. Georgen neuerlich mit Eisenstadt zu vereinigen. Heute zählt man auf dem Areal vom Kamm des Leithagebirges im Norden bis über die Wulka nach Süden rund 10000 überwiegend deutschsprachige Bewohner, die mit einer magyarischen und einer kroatischen Minderheit (4 bzw. 2 Prozent) in gutem Einvernehmen leben.

Stadtbeschreibung

Die Altstadt

In Eisenstadt ist der mittelalterliche Stadtgrundriß trotz städtebaulicher Veränderungen noch zu erkennen. Drei fast parallel zueinander verlaufende Straßenzüge durchziehen die Altstadt in westöstlicher Richtung. Der Stadtkern war im Mittelalter von einer *Stadtmauer* umgeben, die in der frühen Neuzeit durch Bastionen verstärkt wurde; von ihr haben sich noch so viele Teile erhalten, daß man sich von ihrem Aussehen und ihrem Verlauf eine klare Vorstellung machen kann. Besonders die Nordseite (hinter den Häusern der Joseph-Haydn-Gasse) und die Südseite (bei der Domkirche, die mit der fünfeckigen Südbastion unmittelbar verbunden ist) sind interessante Beispiele, ebenso der (restaurierte) *Pulverturm* von 1534 im Schloßbereich. Vor der Südbefestigung erstreckte sich die Rochusvorstadt, im Westen war

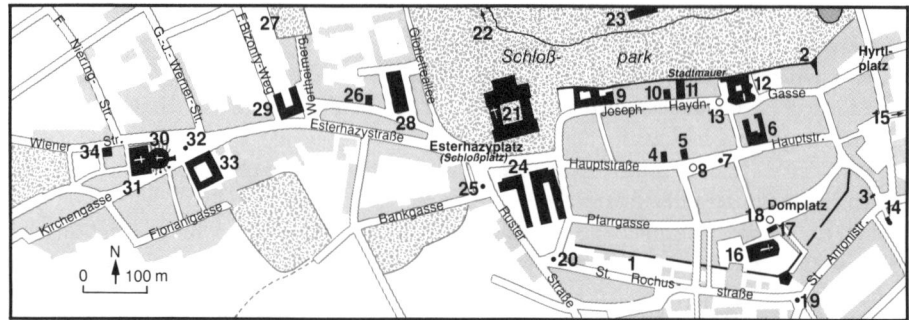

Eisenstadt   1 Stadtbefestigung   2 Pulverturm   3 Ehem. Unteres Stadttor   4 Haus Hauptstr. 19
5 Haus Hauptstr. 25   6 Rathaus   7 Dreifaltigkeitssäule (›Pestsäule‹)   8 Florianibrunnen   9 Ehem.
Esterházysches Verwaltungsgebäude   10 Haus Joseph-Haydn-Gasse 17 (›Zu den vier Jahreszeiten‹)   11 Haydnhaus mit Haydnmuseum (Nr. 21)   12 Franziskanerkirche und -kloster (Esterházy-
Gruft)   13 Marienbrunnen   14 Friedhofskapelle (Magdalenenkapelle)   15 ›Haydn-Häuschen‹
16 Domkirche   17 Vicedomgebäude   18 Stadtbrunnen   19 Antonisäule   20 Rochussäule   21 Schloß
Esterházy   22 Leopoldinentempel   23 Palmenhaus (Orangerie)   24 Ehem. Esterházysches Stallge-
bäude   25 Lisztdenkmal   26 Wertheimerhaus (Jüdisches Museum)   27 Jüdischer Friedhof   28 Burgenländisches Landesmuseum   29 Kirche und Spital der Barmherzigen Brüder   30 Kalvarienberg
31 Bergkirche   32 Mariensäule   33 Ehem. Propstei (Haus der Begegnung)   34 ›Margaretinum‹

die mittelalterliche Stadt durch die Burg der Familie Kanizsai geschützt, die später zum
barocken Schloß der Familie Esterházy umgestaltet wurde.

Im Westen liegen seit alters vor der Stadt das jüdische Getto (Unterberg) sowie, über die
vom Esterházyplatz geradewegs zum Kalvarienbergplatz führende Esterházystraße leicht
erreichbar, der Kalvarienberg mit der späteren Bergkirche, die als ›Haydnkirche‹ bekannt
geworden ist: Hier hat der große Komponist seine letzte Ruhestätte gefunden. Das im Osten
der Stadt gelegene Stadttor wurde zwar 1870 abgerissen, läßt sich aber wenigstens durch
zwei erhaltengebliebene Säulen der alten Maut (gegenüber der Magdalenenkirche) in seiner
örtlichen Lage erahnen.

Vom Schloß nach Osten verläuft die Hauptstraße. Sie beginnt am Esterházyplatz, der
allgemein nur als Schloßplatz bezeichnet wird, und endet beim modernen Komplex des
Hotels Burgenland, der sich ins Ortsbild einfügt. Dort, wo sie sich in ihrem mittleren Teil
marktartig erweitert, wird die Hauptstraße durch eine Pestsäule und den Florianibrunnen
geziert sowie durch das nahe gelegene Rathaus (Nr. 35) in ihrer Bedeutung gehoben. Nördlich verläuft parallel zur Hauptstraße die Joseph-Haydn-Gasse mit dem Haydn-Wohnhaus
(Nr. 21) und der Franziskanerkirche, auf deren Turm man von der Hauptstraße (bei Nr.
33a) durch ein schmales Gäßchen, die Albachgasse, einen reizvollen Blick werfen kann, im
Süden liegt die sich bei der alten Pfarrkirche zum Domplatz weitende Pfarrgasse, an deren
östlichem Ende sich das bereits erwähnte alte Stadttor befunden hatte.

Hauptstraße

Wendet man sich zuerst der Hauptstraße zu, so erblickt man eine Vielfalt bemerkenswerter Hausfassaden, insbesondere des 18. Jh., die man in ihrer Gesamtheit auf sich wirken lassen sollte, obgleich das Bild nicht mehr so einheitlich ist wie in alten Zeiten. Architektonisch betrachtet, stammen viele Bürgerhäuser bereits aus dem 15. bis 17. Jh., also in ihren Grundmauern teilweise noch aus der Zeit vor dem großen Stadtbrand von 1589, sie verbergen jedoch ihr Alter des öfteren hinter jüngeren, nicht selten sogar stillos modernisierten Fassaden. Der Reiz liegt allerdings in den vielen historischen Details, die sich erhalten haben. Gibt es doch kaum ein Haus, an dem nicht wenigstens ein Portal (manchmal mit verziertem oder datiertem Keilstein), ein Erker oder eine – vielleicht sogar gotisch – gewölbte Einfahrt den Blick fesselt oder Nischenskulpturen, Fensterumrahmungen (oft mit Muscheldekor), Fassadenmalereien und Hauszeichen die Aufmerksamkeit auf sich ziehen.

An der *nördlichen Häuserzeile* (vom Schloß her kommend links) sind zunächst die modernisierten Fassaden in der Überzahl, obwohl die Gebäude selbst aus dem 16. bis 18. Jh. stammen. Erst in den Höfen – im Gesamteindruck sehr hübsch gestaltet ist jener von Nr. 13 – erblickt man ältere Pawlatschen (d. s. hölzerne Umgänge, Nr. 1) oder Loggien (Nr. 5, am dörflichen Hintertrakt); über den Fassaden sind nicht selten alte geschweifte Verdachungen (Nr. 1 oder 11), Krüppelwalmgiebel (Nr. 5) und andere alte Dachformen zu erkennen. Bei genauerer Betrachtung findet man hier und dort auch eingemeißelte Jahreszahlen, meist an den Portalen (so etwa 16.. – Rest unleserlich! – auf Nr. 9, 1791 auf Nr. 5 oder 1813 im Hof von Nr. 1); die Portale (wie etwa auf Nr. 23) sind überhaupt an vielen Häusern besonders aufwendig gestaltet.

Das interessanteste und zugleich älteste datierbare Gebäude ist das mit einem schrägen Eckerker verzierte, aus der Häuserzeile markant hervorspringende *Haus Nr. 19* mit seinem im linken Teil erhaltenen Renaissanceportal (im Keilstein Hauszeichen mit Jahreszahl ›1590‹). Eine tonnengewölbte Einfahrt, in der sich ehedem eine (inzwischen vermauerte) Säulenlaube befunden hatte, ein gespitztes Kreuzgratgewölbe und Strebepfeiler an der Hofseite stellen unter Beweis, daß wir es mit einem sehr alten Bürgerhaus zu tun haben.

Straßenseitig fällt eine vor dem Erker stehende Säule mit einer *Glockenmadonna* (Abb. 4) ins Auge (1696); der Name leitet sich von der Art der Bekleidung der Marienstatue ab. Diese Madonnendarstellung ist in Eisenstadt nicht selten; wir finden Glockenmadonnen auch vor der Gnadenkapelle am Kalvarienbergplatz (auf der korinthischen Säule) sowie über dem Portal des Hauses Pfarrgasse 8. Beim Haus Nr. 19 weitet sich die Hauptstraße zu einem marktähnlichen Platz, der vor der gegenüberliegenden Häuserzeile von Florianibrunnen und Pestsäule (s. unten) dominiert wird. Der auffällige Straßenknick ist darauf zurückzuführen, daß von hier an die Straße auf das ehemalige Obere Tor beim Schloß ausgerichtet war.

An der erneuerten Fassade des *Gasthofs* auf *Nr. 25,* der in seinem Baukern ebenfalls aus dem 16. Jh. stammt, kann man die Geschichte des Wirtshauses ablesen: Schon vor 1598 befand sich hier der ›Schwamelwirt‹ und vor 1698 der ›Schwarze Adler‹, dessen Schild am Beginn des 18. Jhs., eventuell beeinflußt durch einen guten Geschäftsgang, einem ›Goldenen

Adler‹ Platz machen mußte (am Portal findet sich die Jahreszahl ›1772‹). Auch die anschließenden Häuser stammen aus dem 16. oder 17. Jh. Hinter der schlichten Fassade des Hauses Nr. 33 verbirgt sich sogar ein altes Haus (mit kreuzgratgewölbter Einfahrt) aus dem 15. Jh.

Nach Überqueren der Albachgasse (Blick auf die Franziskanerkirche) steht man vor dem prächtigsten und bedeutendsten Bauwerk der Hauptstraße, vor dem *Rathaus (Nr. 35)*. Das im Renaissancestil errichtete Gebäude stammt aus der Mitte des 17. Jh., ist in seinem Kern aber wenigstens ein Jahrhundert älter. Sein heutiges Aussehen (Abb. 2) erhielt das Rathaus zu Beginn der zweiten Hälfte des 18. Jhs., als es 1757 barock umgestaltet und mit einem Attikaaufbau versehen wurde. Aus der Barockzeit stammen auch die Fassadenfresken, die kurz nach dem Zweiten Weltkrieg erneuert worden sind. Zwischen den Fenstern sind Frauengestalten zu sehen, die Tugenden symbolisieren (Mäßigkeit, Stärke, Weisheit, Gerechtigkeit, Mildtätigkeit, Hoffnung und Treue), wogegen rechts vom Mittelerker biblische Szenen als Themen gewählt wurden (Urteil des Salomon, Judith und Holofernes, Salomon und die Königin von Saba); am Erker selbst ist nebst einer Sonnenuhr das Wappen der Freistadt Eisenstadt angebracht. In der Vorhalle des Rathauses ist eine Renaissancedecke aus dem 17. Jh. sehenswert. Ursprünglich stand hier ein 1569 erbautes Brauhaus, das nach der Erhebung Eisenstadts zur Freistadt dem Rathaus weichen mußte.

Östlich des Rathauses stößt man nur noch auf ein interessantes Gebäude aus dem 17. Jh. (Nr. 47), das sich mit seinem Rundbogenportal, seiner gewölbten Einfahrt und seinem Kreuzgratgewölbe über der Hofstiege von den übrigen (modernisierten) Fassadenfronten abhebt. Das Nachbarhaus (Nr. 49) ist das einzige des ganzen Straßenzuges, das sich im Gründerzeitdekor des ausgehenden 19. Jhs. präsentiert – es hat glücklicherweise keine Nachahmer gefunden, so daß sich der Gesamtcharakter der Hauptstraße nicht grundlegend verändert hat.

In der *südlichen Häuserzeile* der Hauptstraße – nunmehr in Richtung zum Esterházyplatz zurückkehrend! – haben ebenfalls viele Häuser ein Alter, das ins ausgehende Mittelalter oder in die frühe Neuzeit zurückweist; modernisierte Fassaden sind leider auch hier keine Seltenheit, obwohl sie, vor allem gegen den Esterházyplatz zu, relativ älteren Datums sind. Im östlichen Teil der Hauptstraße stechen nur der gotische Erker am Haus Nr. 40, die aus dem 17. Jh. stammende Fassade des Hauses Nr. 26, das im 15. Jh. erbaute Haus Nr. 24 mit seinem Doppelgiebel, einem Erker auf Halbsäulen mit Konsolen (um 1700) und einer Nischenfigur (Madonna) sowie das Haus Nr. 22 mit einer Fassade des 18. Jhs. besonders ins Auge.

Die *Dreifaltigkeitssäule* erinnert, wie in vielen Städten und Märkten Österreichs, an eine überstandene Pestepidemie und wird daher des öfteren ›Pestsäule‹ genannt (Abb. 1). Die ärgsten, auch die Haupt- und Residenzstadt Wien erfassenden Seuchenjahre waren 1679 (an dieses Jahr erinnert beispielsweise die künstlerisch besonders hochrangige Wiener ›Pestsäule‹ am Graben in der Innenstadt) und 1713 (als Kaiser Karl IV. den Bau der seinem Namenspatron, dem hl. Karl Borromäus, geweihten Wiener Karlskirche gelobte).

Die meisten Pestsäulen Niederösterreichs und des Burgenlandes beziehen sich ebenfalls auf das Jahr 1713, so auch die Eisenstädter Säule mit der sie krönenden Marienstatue. Rund um den Sockel der Säule sieht man Figurengruppen von Heiligen (darunter die ›Pestheiligen‹ Rochus und Sebastian) und Engeln; auch der hl. Karl Borromäus darf – gewiß unter Bezugnahme auf den Kaiser – in diesem Kreis nicht fehlen.

Fast ein Jahrhundert länger, nämlich seit ›1628‹, steht der *Florianibrunnen* auf der Hauptstraße: ziemlich genau im Mittelpunkt der mittelalterlichen Stadtanlage. Seine Heiligenfigur wurde allerdings erst im 19. Jh. hinzugefügt. Einigen Heiligen begegnen wir, wie wir immer wieder sehen werden, im ländlichen Bereich und in den Landstädten sehr häufig: dem hl. Florian, der vor Feuersbrunst, und dem hl. Johannes Nepomuk, der vor Wassergefahr beschützen sollte, zugleich aber auch als Brücken- und Weggabelungsheiliger angesehen wurde, außerdem den beiden ›Pestpatronen‹.

Läßt man Pestsäule und Florianibrunnen hinter sich, so gelangt man zu dem in Richtung Esterházyplatz verlaufenden engeren Teil der Hauptstraße. Wie auf der gegenüberliegenden Straßenseite befindet sich an der Südseite – zweifelsohne mit der alten Burg in unmittelbarem Zusammenhang stehend – eine geschlossene Zeile älterer Häuser (Nr. 12 bis 2). Die Gebäude stammen durchweg aus dem 16. und 17. Jh. – zum Teil also noch aus der Zeit vor dem Stadtbrand von 1589 –, besitzen jedoch vorgeblendete Fassaden im Stile des 18. bis 20. Jh. Nur Details lassen das Alter der Häuser erahnen: ein Konsolerker mit Zopfdekor auf Nr. 12, zweigeschossige Arkaden mit einem Quergang auf Schwibbögen im Hof von Nr. 8 sowie ein Korbbogenportal und alte Türen am Haus Nr. 4. Am Haus Nr. 10 hat sich eine bemerkenswerte Rokokofassade erhalten; die steinernen Fensterverdachungen weisen Muschel- und Rosettendekor auf, in der gewölbten Einfahrt bedeckt noch altes Steinpflaster den Boden, und im ersten Stock gibt es eine tonnengewölbte barocke Halle; auch die Eisengitter stammen aus dem 18. Jh. (datiert ›1746‹). Das Haus Nr. 14 stammt (samt seiner prächtigen Fassade, die durch einen Mittelrisalit, einen Giebel und einen zentralen Erker besondere Akzentuierungen erhält) aus der Barockzeit (Mitte des 18. Jh.); im Hof haben sich Arkaden erhalten, im Inneren Stuckdecken.

Daß die Hauptstraße im Laufe der Zeit nicht nur aus Willkür oder aus Unverstand modernisiert worden ist, läßt sich aus zwei Gedenktafeln ablesen, die an den Häusern Nr. 10 bzw. Nr. 22 angebracht sind und an zwei Großbrände in den Jahren 1768 bzw. 1904 erinnern, die Eisenstadt – und im besonderen sein Zentrum – heimgesucht haben.

Joseph-Haydn-Gasse

Parallel zur Hauptstraße, jedoch etwas weiter nördlich – vom Esterházyplatz aus über eine am Schloßareal entlanglaufende Straßenbiegung erreichbar –, verläuft die Joseph-Haydn-Gasse, eine der schönsten Gassen von Eisenstadt, deren linksseitige (nördliche) Häuserzeile unmittelbar an die noch gut erhaltene Stadtmauer angebaut worden ist. Sie verbindet das Schloß mit dem Franziskanerkloster und war einstens nach den hier erbauten Klöstern der Franziskaner und der Augustinerinnen Klostergasse benannt. Die überwiegend aus dem 17. bis 19. Jh. stammenden Häuser des geradlinigen, geschlossen verbauten Straßenzuges bestechen durch die aus der Zeit des Barock und des Rokoko stammenden Fassaden mit ihren prächtigen Dekorationen, wobei die nördliche Zeile der Gasse der bedeutendere Teil ist.

Beginnen wir unseren Rundgang vom Schloß her, so steht linkerhand sogleich ein monumentales Gebäude *(Nr. 1)*. Ursprünglich hatte sich auf dem Areal unterhalb der Burg – etwa den Häusern Nr. 2 bis 8 und gegenüber bis zur Josef-Weigl-Gasse entsprechend – das älteste jüdische Getto befunden, das 1671 auf Befehl des Kaisers aufgelöst worden war. Danach stand hier von 1678 bis 1787 ein vom späteren Palatin und Fürst Paul Esterházy gegründetes Augustinerinnenkloster, das jedoch Kaiser Joseph II. im Zuge seiner Klosterreform aufhob; 1792 wurde an seiner Stelle von Anton Fürst Esterházy das *Fürstlich-Esterházysche Direktions-, d. h. Verwaltungsgebäude* errichtet – ein mächtiger dreigeschossiger Bau mit strenger Fassadengliederung. Das Esterházy-Wappen über diesem Portal ist verlorengegangen; über den Toren der Nachbarhäuser Nr. 3 und 5 ist es noch zu sehen. Im Bereich des fürstlichen Verwaltungsgebäudes logierte im September 1807 Ludwig van Beethoven, als er seine im Auftrag von Nikolaus II. Fürst Esterházy – den man wegen seines Mäzenatentums in Anlehnung an Lorenzo de Medici gerne ›Il Magnifico‹ nannte – komponierte C-Dur-Messe in der Schloßkirche dirigierte.

Vorbei an zwei alten eingeschossigen Dorfhäusern mit jeweils nur drei Fensterachsen (Nr. 13 und 15) gelangen wir auf *Nr. 17* zu einem Gebäude mit aufwendiger Rokokofassade aus der Mitte des 18. Jh., das Mitte der siebziger Jahre unseres Jahrhunderts restauriert worden ist. Die künstlerischen Reliefdarstellungen an der Fassade haben dem Haus seine Bezeichnung ›*Zu den vier Jahreszeiten*‹ eingetragen: eine Frau mit Rosen symbolisiert den Frühling, ein junger Mann mit einer Getreidegarbe den Sommer, eine Frau mit Trauben den Herbst und ein alter Mann den Winter. Eine Beziehung zu Haydns Oratorium ›Die Jahreszeiten‹ scheint nicht gegeben zu sein, weil er dieses erst 1801 in Wien komponiert hat.

Das Nebenhaus (Nr. 19) mit seinem Korbbogenportal leitet über zu einem für Eisenstadt besonders kulturträchtigen Gebäude, dem *Haydnhaus (Nr. 21)*, das der große Komponist 1766 käuflich erwarb und bis 1778 bewohnte. In diesem Jahr verlegte Nikolaus Fürst Esterházy (1714–1790) seine Residenz in das neuerbaute Schloß Eszterháza südöstlich des Neusiedler Sees (heute Fertöd), das von den Zeitgenossen voll Bewunderung das ›ungarische Versailles‹ genannt wurde.

Das ›Haydnhaus‹ präsentiert sich mit einer schlichten, um nicht zu sagen unscheinbaren Fassade aus dem frühen 18. Jh. (eine Kellertür in der Einfahrt ist ›1712‹ bezeichnet). Das Gebäude ist einstöckig, wird durch ein seitlich angeordnetes Rundportal betreten, besitzt nur vier Fensterachsen und gehört damit zu jenem älteren Baubestand, der noch den dörflichen Charakter der Gegend widerspiegelt. Dafür sprechen auch der schmale Hof mit seiner offenen Stiege sowie ein Hintertrakt, dessen einzige Zierde eine schlichte Madonnenfigur mit Kind in einer Mauernische ist (Abb. 3).

Gedenktafeln in deutscher und ungarischer Sprache erinnern an den Aufenthalt Haydns in diesem Haus, in dem heute ein interessantes Museum eingerichtet ist. Man kann neben Autographen, Porträtstichen und Erstdrucken auch ein Hammerklavier und Streichinstrumente besichtigen, die Haydn und sein Orchester benützt haben. Andere Erinnerungsstücke beziehen sich auf den durch Geburt mit dem Burgenland verbundenen Komponisten und virtuosen Konzertpianisten Franz Liszt, dessen Denkmal am westlichen Schloßplatz vor der Nationalbank steht, und die international berühmt gewordene Biedermeiertänzerin Fanny Elßler, die in besonderer Weise eine Verbindung zu Eisenstadt und zu Haydn hatte, obwohl sie erst 1810, im Jahr nach seinem Tod, das Licht der Welt erblickte; wie Haydn errang auch die Elßler ihre großen Erfolge zunächst nicht in Wien, sondern in London.

Auf der gegenüberliegenden Straßenseite, auf *Nr. 22*, steht ein dörflich anmutender Doppelstreckhof, hinter dessen späterer Straßenfassade sich noch die ursprünglichen Giebeldächer verbergen. Diese Fassade ist einer Betrachtung wert: ein Gnadenstuhl über dem (mit ›1771‹ bezeichneten) Torbogen, flankiert von steinernen Skulpturen des hl. Andreas und des hl. Florian. Daneben *Nr. 24*, ein Rokokohaus, erbaut nach der Mitte des 18. Jhs., dessen Portal und Obergeschoßfenster reiche Rocaillenumrahmungen aufweisen; in der Einfahrt haben sich ornamentierte Gewölbespiegel erhalten. Das Nachbarhaus *Nr. 26* stammt aus der Barockzeit, hat aber eine Fassade aus dem Vormärz (um 1830), ein Tor mit Löwenköpfen und einen Brunnen in der Einfahrt (›1829‹). Das Haus *Nr. 28* ist ein dörfliches Doppelgiebelhaus.

Die drei Häuser zwischen dem Wohnhaus Haydns und der weit in die Straße hineinragenden Franziskanerkirche sind in ihrer Ausschmückung recht bedeutend. Sind es auf *Nr. 23* und *Nr. 25* vor allem die Tore (ein barockes Rundbogenportal bzw. ein Korbbogentor mit Volutenschlußstein) und einige Verzierungen (Nr. 23: Figuren, Seitentüren mit Bandelwerk, außerdem originelle Wendeltreppe; Nr. 25: Erker auf Konsolen im Obergeschoß), so sticht die aus der Mitte des 18 Jhs. stammende Fassade des Hauses *Nr. 27* nicht nur durch ihr Korbbogenportal mit Madonnenrelief im Schlußstein und den rechteckigen Erker über der Tür hervor, sondern vor allem durch einen seitlich des Portals angebrachten Bibelspruch.

Zwischen diesem Haus und der Franziskanerkirche befindet sich ein Durchgang zum Schloßpark, den man deshalb betreten sollte, weil sich von dort aus ein guter Blick auf die mittelalterliche Stadtmauer eröffnet, an die, von hier deutlich sichtbar, die ganze nördliche Häuserzeile der Joseph-Haydn-Gasse angebaut ist; die Mauer bildet meist gleichzeitig die hintere Hausmauer und wurde deshalb nicht selten mit Fensteröffnungen durchbrochen.

Der Bau der *Franziskanerkirche* wurde 1629 im Zuge der österreichischen Gegenreformation begonnen. An ihrer Stelle stand bereits im 15. Jh. eine ältere gotische Kirche, deren Strebepfeiler beim Neubau Verwendung fanden. Bereits vier Jahre vor Beginn des Baues, 1625, hatte Nikolaus Fürst Esterházy auf dem Nachbargrundstück nach der siegreichen Schlacht von Lackenbach (1620) das Franziskanerkloster begründet; auf demselben Areal hatte das 1414 gegründete, jedoch 1529 von den Türken zerstörte Minoritenkloster gestanden, das nicht wieder aufgebaut wurde. Die Kirche wurde dem hl. Erzengel Michael geweiht und erhielt 1777/78 im Zuge des Wiederaufbaues nach einem Brand (1768) ihren heutigen zierlichen Barockturm.

Der Innenraum der Kirche ist beachtenswert, weil er von den aus der Bauzeit (1630) stammenden Renaissancealtären italienischer Künstler mit ihren reichen Stuckverzierungen beherrscht wird. Der Hochaltar (mit Figur des Kirchenpatrons, des hl. Michael, flankiert durch zwei Evangelisten, den hl. Markus und den hl. Matthäus) aus dem zweiten Viertel des 17. Jhs. und die beiden Triumphbogenaltäre, bemerkenswerte Stuckaltäre nach flämischem

*Eisenstadt, Franzis-
kanerkirche, Michael
Mayr, 1826, Aquarell*

Vorbild (links mit Auferstehungs-, rechts mit Himmelfahrt-Mariä-Relief), treten trotz ihrer hohen künstlerischen Bedeutung zurück gegenüber jenem in der Seitenkapelle der Südwand (rechts) befindlichen Altar aus der ersten Hälfte des 18. Jhs., der in einem Rokokorahmen eine Nachbildung der weltbekannten ›Schwarzen Madonna‹ von Czenstochau (Polen) trägt; man spricht gerne von einem ›Zweiten Eisenstädter Gnadenbild‹. Die Rokokokanzel (1752, mit Schnitzreliefs zweier Franziskuslegenden), das Chorgestühl (1630) und die Beichtkapelle hinter dem Hochaltar (Beichtstuhl mit vier polychromierten Heiligenbüsten aus dem 17. Jh.) sollten ebensowenig unbeachtet bleiben wie das Gemälde von Stephan Dorfmeister (Beichtkapelle). An der Seitenfassade der Franziskanerkirche steht auf einer Säule eine steinerne Ecce-homo-Figur (Mitte 17. Jh.), vor dem Turm befindet sich auf einem Plätzchen ein *Marienbrunnen* (17./18. Jh.).

Das *Franziskanerkloster*, ein dreigeschossiger Dreiflügelbau, der an der Nordfront der Kirche anschließt und einen quadratischen Hof umgibt, präsentiert sich erst seit 1978 in seinem heutigen Aussehen: Damals wurden die toskanischen Säulen des Kreuzganges wieder freigelegt. Im Gartentrakt ist die 1856/57 erweiterte und in einer neugotischen Pfeilerhalle eingerichtete *Esterházy-Gruft* von besonderer Bedeutung. In der Mitte steht eine Tumba aus rotem und weißem Marmor mit reichem Reliefdekor für Palatin Paul Fürst Esterházy (gest. 1713) und Joseph Fürst Esterházy (gest. 1721). Mehrere Grabplatten sind im Boden eingelassen; am Fuße der Treppe stehen zwei bemerkenswerte Marmorplastiken (Paul Fürst Esterházy und seine Gattin Ursula) aus dem beginnenden 18. Jh., die wahrscheinlich Paul Strudel geschaffen hat.

Geht man die Gasse ostwärts in Richtung Hyrtlplatz weiter, so gibt es kaum noch Interessantes zu sehen. Biegt man nach rechts in die Lisztgasse ein, so erreicht man, an den

Einmündungen der Hauptstraße und der Pfarrgasse vorübergehend, den Platz ›Beim Alten Stadttor‹: Im Süden stand das Untere Stadttor, von dessen Mautstelle sich beiderseits des heutigen Straßenzuges noch zwei alte Steinpfeiler erhalten haben.

Hier, am Rande der Altstadt, sehen wir nicht nur zwei bemerkenswerte Häuser – Nr. 2, ein stattliches Eckhaus aus dem 16./17. Jh., Nr. 4 (angrenzend), ein Barockhaus, dessen Kern ebenfalls aus dem 16./17. Jh. stammt –, sondern am Beginn der St.-Antoni-Gasse auch die ehemalige (1765 erbaute) *Friedhofskapelle* (Magdalenenkapelle), die inzwischen zu einer Kriegergedenkstätte (nach drei Seiten offene Pfeilervorhalle) umgestaltet worden ist. Neben dem Eingang sind Steinskulpturen beachtenswert (Christus an der Martersäule und Mater Dolorosa).

Weiter östlich, Bürgerspitalgasse 2, liegt noch eine Haydn-Gedenkstätte: ein kleines hölzernes Gartenhäuschen, als ›*Haydn-Häuschen*‹ bekannt geworden, das der Komponist in Besitz hatte und in dem er sich oft aufgehalten, wohl auch – in der damaligen Abgeschiedenheit – gern komponiert hat.

Kehren wir zur *Pfarrgasse* zurück, die als dritter paralleler Straßenzug der Altstadt südlich der Hauptstraße liegt und nach kurzem Verlauf durch den Domplatz unterbrochen wird: der Dombezirk umfaßt die Domkirche, das Vicedomamtsgebäude (heute Stadtkeller) und den (erst nach dem Zweiten Weltkrieg erbauten) Bischofshof (die Residenz des Bischofs von Eisenstadt).

Domkirche

Das Gotteshaus war bis 1960 Pfarrkirche und ist dem hl. Martin geweiht; wir erinnern uns an diesen Heiligen aus den frühen Ortsbezeichnungen für Eisenstadt. Der hl. Martin ist der Patron des Burgenlandes. Dritter Bischof von Tours in Westfrankreich, erblickte er 316/17 in Westungarn (Steinamanger) als Sohn eines römischen Tribuns aus Pavia das Licht der Welt. Als römischer Reiter in Gallien teilte er, wie die Legende berichtet, am Stadttor von Amiens seinen Soldatenmantel mit einem frierenden Bettler. Sein Grab in der Martinsbasilika zu Tours galt im Mittelalter als fränkisches Nationalheiligtum. Der hl. Martin, den sich zahlreiche Handwerkszünfte zu ihrem Patron erwählten, galt als der beliebteste Heilige in Europa und als Beschützer aller Bedrängten.

In seiner Darstellung (als römischer Soldat zu Pferde, den roten Mantel mit dem Schwerte teilend) steht ihm die Gans zur Seite: Die ›Martinigans‹ ist bis heute am 11. November, seinem Festtag, ein Festbraten, bei dem allerdings in Vergessenheit geraten ist, daß damit in früherer Zeit zugleich das letzte üppige Mahl vor dem Beginn der Adventfastenzeit verzehrt wurde. Der hl. Martin hat damit im Burgenland einen weiteren Bezugspunkt: Gelten doch die Gänseherden hier wie im benachbarten Ungarn zu den markanten Erscheinungen des Landes, und die Martinifeste, bei denen das Beste aus Küche und Keller geboten wird, haben sich im Burgenland bis heute ihre Attraktivität bewahrt.

Der Dom steht auf erhöhtem Terrain zwischen dem Domplatz und der Rochusgasse. Er ist nicht das älteste Gotteshaus, das an dieser Stelle stand. Im Chor und in der nördlich davon gelegenen Familienkapelle konnten Bauteile ausgegraben werden, die einer dem 13./14. Jh.

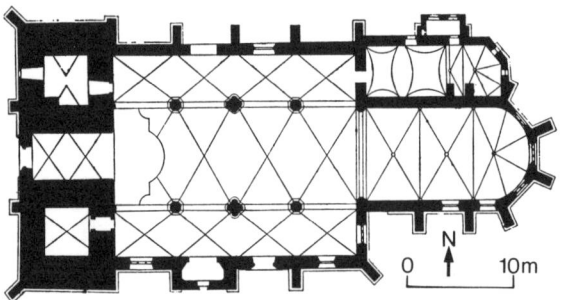

Eisenstadt, Domkirche, Grundriß

zuzuordnenden gotischen Kirche angehören, ja, unter dem Presbyterium stieß man im Zuge von Renovierungsarbeiten sogar auf Fundamente einer romanischen Kleinkirche aus dem 12. Jh. Fällt letztere offenbar in jene Zeit, aus der wir auch die ersten urkundlichen Nachrichten über Eisenstadt besitzen, so haben wir bei der gotischen Kirche, einem wesentlich vergrößerten Bau, an die Stadt- und Markterhebung des 14. Jhs. und den in die Zeit nach 1370 zu datierenden Bau der alten Burganlage zu denken. Die heutige Kirche entstand in jenen Jahrzehnten, in denen Eisenstadt unter die Herrschaft der Habsburger gelangte. Es waren also, wie man sieht, stets äußere Anlässe, die zu einer Neugestaltung der Kirche führten.

Die Domkirche hat sich im Laufe der Jahrhunderte, vor allem hinsichtlich ihrer Innenausstattung, in ihrem Aussehen mehrfach verändert. Von der Architektur her ist sie eine spätgotische Hallenkirche des 15. Jhs. (Abb. 6), der mächtige Nordturm stammt aus der Zeit um 1520; unter seinem Walmdach befinden sich – der Verteidigungsnotwendigkeit der damaligen Zeit entsprechend – vier kleine Ecktürmchen mit Schießscharten (Abb. 5). Aus dem 16. Jh. stammt auch die Einbindung der Kirche in das Verteidigungssystem der Stadt: Sie bildete, von einer mächtigen fünfeckigen Bastion geschützt – deren imposante Reste man von der Rochusgasse aus betrachten kann –, einen zentralen Punkt der frühneuzeitlichen Stadtbefestigung im Süden.

Die kreuzgratgewölbte Vorhalle, deren Zugang sich unter der Orgelempore befindet, stammt aus der Zeit um 1625; die zahlreichen Grabplatten an den Wänden gehören ebenfalls dem 17. Jh. an. In diese Zeit fällt der Abschluß von Wiederherstellungsarbeiten, die nach dem großen Stadtbrand im Jahre 1589 – damals stürzte das Langhausgewölbe ein – notwendig geworden waren. Wie wir bereits wissen, war es jene Zeit, in die der Aufstieg der Familie Esterházy fiel: Nikolaus hatte nach seiner Hilfestellung beim Zustandekommen des Nikolsburger Friedens (1621) die Würde eines Palatins erhalten (1625), war von Kaiser Ferdinand II. in den Grafenstand erhoben (1626) und mit dem Goldenen Vlies ausgezeichnet worden (1629); als ihm Forchtenstein und Eisenstadt als kaiserliches Pfand übergeben wurden (1622), siedelte er die Franziskaner in Eisenstadt an (1625 Gründung des Franziskanerklosters) und suchte sich durch die Instandsetzung der Stadtpfarrkirche bei der Eisenstädter Bevölkerung beliebt zu machen.

Die Weihe der Kirche fällt in das Jahr 1629, dieselbe Jahreszahl trägt eine Stiftungsinschrift am Franziskanerkloster, dessen Kirche 1630 geweiht wurde. Zu Beginn des 18. Jhs. (1716) wurde unter dem Presbyterium die Krypta der Stadtpfarrkirche errichtet. Als Eisenstadt 1960 zum Bischofssitz erhoben wurde (Diözese Eisenstadt), wurde die Pfarrkirche Bischofskirche. Die Krypta wurde 1962 vergrößert und zur Bischofsgruft umgebaut; hier fand eine Bronzepietà des Bildhauers Anton Hanak Aufstellung, der durch seine monumentalen Skulpturen berühmt geworden ist.

Das älteste Kunstwerk der Domkirche ist ein vielfiguriges Ölbergrelief in polychromer Fassung von 1495 in der nördlichen Vorhalle (Abb. 8); aus derselben Zeit stammt auch ein Ölbergfresko an der Außenmauer (westliches Chorjoch des Presbyteriums). Die Inneneinrichtung stammt zwar überwiegend aus der Zeit des Barock, als man die ursprünglich gotische Einrichtung entfernte, doch suchte man zu Beginn des 19. Jhs. eine ›Regotisierung‹ durchzuführen; ihr fiel der barocke Hochaltar samt den Chorfresken von Stephan Dorfmeister zum Opfer.

Dorfmeister, ein um 1728 in Wien geborener Maler, der um 1760 nach Ödenburg ging – wo auch sein Arbeitsschwerpunkt lag –, hat in Eisenstadt eine Reihe von Kunstwerken hinterlassen, so das Hochaltarbild in der Bergkirche oder Gemälde im Refektorium des Franziskanerklosters; auch in anderen burgenländischen Orten begegnen wir Zeugnissen seiner Kunst. Die an der Westwand der Domkirche angebrachte reichverzierte barocke Orgelempore (1759), die nicht der Regotisierung zum Opfer fiel, die Orgel selbst (urkundlich 1778), die nach Anweisungen Joseph Haydns gebaut worden ist, aber auch die Kanzel mit dem Relief ›Christus unter den Schriftgelehrten‹ (1745) und das ehemalige Hochaltarbild ›Apotheose des hl. Martin‹ von Dorfmeister (1777), das jetzt an der Nordwand hängt, sind von der originalen barocken Einrichtung erhalten geblieben, ebenso das barocke Gnadenbild Mariens (das sogenannte Dritte Eisenstädter Gnadenbild) in der (modernen) Marienkapelle (links) sowie die (ursprünglich gotische) Einrichtung der Familienkapelle aus dem 18. Jh. (Nordseite des Chors), unter der sich ebenfalls ein Werk Dorfmeisters befindet (Ölgemälde ›Immaculata‹, 1777); die Barockgruppe der Hl. Familie aus der ersten Hälfte des 18. Jhs. auf dem Hochaltar darf nicht übersehen werden. Von der neuen Einrichtung sind neben dem Hochaltar (mit seinem ungewöhnlichen Tabernakel) die steinerne Triumphbogenfigur des hl. Martin, das Goldmosaik im Chor und die Kirchenfenster beachtenswert.

Am Domplatz steht das bemerkenswerte *Vicedomgebäude (Nr. 42)*, das spätestens im 16. Jh. erbaut worden ist. Zur Zeit der Verpfändung der Herrschaft Eisenstadt war der Vicedom als Vertreter der kaiserlichen Grundherrschaft mit der Überwachung der Finanzverwaltung betraut, hatte also eine sehr einflußreiche Stellung inne. Das Haus, in dem sich heute der Stadtkeller befindet, besitzt eine schöne alte Durchfahrt, einen hübschen langgestreckten Hof (mit Häuschen für die ›Hintersassen‹) und einen großen Zehentkeller. Der auf dem Platz stehende *Stadtbrunnen* stammt aus dem beginnenden 18. Jh. Vom Domplatz nach Osten hat sich die alte Stadtmauer erhalten, sie ist jedoch teilweise verbaut worden.

In der Pfarrgasse gibt es eine Reihe alter Dorfhäuser, doch sind viele neu fassadiert worden, und man kann lediglich bei einem Blick in die Höfe (etwa Nr. 37: Hofarkade) oder an Fassadendetails (etwa Nr. 10, 26 und 48 Portale, Nr. 26 Eisenstädter Gnadenbild in Rundbogennische, Nr. 48 Florianstatue über dem Portal) das alte Aussehen ablesen. Das Haus Nr. 34 besitzt eine hübsche Fassade mit Fensterrahmungen, Nr. 57 schmiedeeiserne Gitter im Stiegenhaus (1785), und bei Nr. 62 hat sich noch die ursprüngliche Fassade erhalten. Eine besondere Stellung nimmt das Haus Nr. 8 mit seinem Korbbogentor, den Steinfiguren (Eisenstädter Gnadenbild, hl. Josef und hl. Florian) und seiner zinnengekrönten Stadtmauer im Hof ein.

Geht man vom Domplatz weiter nach Westen, stößt man auf einen aus dem 17./18. Jh. stammenden Brunnen, und wenn man von diesem nach links in Richtung Bahnhofstraße abzweigt, durchbricht die Straße die mittelalterliche Stadtmauer, die man an dieser Stelle nach beiden Seiten in voller Höhe ein gutes Stück besonders gut betrachten kann, bevor sie sich im Häusergewirr verliert. Dort, wo man auf die St.-Rochus-Straße trifft, die jenseits der Stadtbefestigung verläuft, hat man den eindrucksvollsten Blick auf die noch gut erhaltene mächtige Kirchenbastion der Stadtbefestigung.

Die Rochusstraße ist heute ein moderner Verkehrsweg ohne kunsthistorische Bedeutung, der an seiner Südseite dörfliche Verbauung aufweist und an seinen beiden Endpunkten durch Denkmale markiert ist: Im Osten ist es die *Antonisäule* von 1678 (am sog. Antonibergerl), im Westen, an der Einmündung zur Ruster Straße, die *Rochussäule,* die der Gasse auch ihren Namen gegeben hat. Wieder stehen wir vor einem Erinnerungsmal an die Pest des Jahres 1713: Ein Bindermeister – wie sich aus dem Relief eines Binderzeichens an der Rückseite erkennen läßt – stiftete das Denkmal dem Pestheiligen Rochus, weil er und seine Familie von der Seuche verschont geblieben waren.

Schloß Esterházy

Am westlichen Ende der Hauptstraße, am Hang des Leithagebirges schon von weitem erkennbar (besonders wenn man sich Eisenstadt von Süden her nähert), liegt das mächtige Eisenstädter Schloß, das sich seit über dreieinhalb Jahrhunderten im Besitz der Familie Esterházy befindet: im Typus vergleichbar mit dem ältesten Teil der Wiener Hofburg (dem Schweizertrakt), der Burg von Wiener Neustadt oder dem in Orth an der Donau liegenden Schloß. Sein heutiges Aussehen erhielt das Schloß durch den barocken Umbau der zweiten Hälfte des 17. und die klassizistischen Veränderungen des beginnenden 19. Jhs.

Baugeschichte

Die Anfänge der *gotischen Burganlage* sind mit einer Sage verknüpft, die von einem ›Fürsten Giletus‹ berichtet, der auch die Burg Forchtenstein besessen haben soll. Wie dem auch sei: Die schriftlichen Quellen geben über diese frühe Zeit keine Auskunft. Die Familie Kanizsai, die ihren Wohnsitz in Hornstein gehabt hatte, verlegte diesen in der zweiten Hälfte des 14. Jhs. nach Eisenstadt. Schon 1392 weilte der ungarische König Sigismund, damals 31 Jahre alt, anläßlich der Hochzeit von Stefan Kanizsai in der Burg. Wenn wir erfahren, daß Herzog Wilhelm von Österreich – der zu Beginn des 15. Jhs. in Zeiten kontroverser Erbansprüche mit seinem Bruder Leopold IV. und seinem Vetter Albrecht IV. in Österreich um die Macht kämpfte – im Winter 1405/06 knapp vor seinem Tod die Stadt eroberte, so muß in diesen Zeitläuften die Burg der Kanizsai eine nicht unbedeutende Rolle gespielt haben.

In der Folge versinkt die Geschichte der Burg wieder im Dunkel; in habsburgischer Zeit wird sie kaum noch erwähnt, auch bauliche Veränderungen sind in dieser Zeit eher unwahrscheinlich. Wir wissen jedoch, wie die Burg ausgesehen hat, denn sie ist in dem 1618 in Köln erschienenen Braunschen Städtebuch enthalten, ja, Eisenstadt wird damals, am Beginn des Dreißigjährigen Krieges, zu den schönsten Städten der Welt gezählt. Auch Jacob Hoefnagel, der große Topograph, dem wir u. a. die berühmt gewordene Vogelschauansicht Wiens aus dem Jahre 1609 verdanken, hat Eisenstadt im Stich festgehalten. Die Burg und die damals brandgeschädigte Stadtpfarrkirche – die heutige Domkirche – waren zu seiner Zeit wie auch in den folgenden Jahrhunderten die markantesten Gebäude der Eisenstädter Stadtsilhouette.

1622 kam die im Besitz der Habsburger befindliche Herrschaft Eisenstadt – zunächst als Pfandgut – an die Familie Esterházy. Graf Nikolaus dürfte die Burg, die ja von den kaiserlichen Pflegern nicht als Amtssitz benützt wurde – diese saßen im Vicedomgebäude neben der Kirche –, in recht desolatem Zustand übernommen haben, zögerte aber lange Zeit, ob er sich finanziell stärker engagieren solle: bestand doch die realistische Möglichkeit, daß die Habsburger ihr Pfand auslösten und er damit eine Fehlinvestition getan hätte. So bemühte er sich zunächst um den Bau des Franziskanerklosters, um den Wiederaufbau der Pfarrkirche und manches andere. Obwohl des Grafen Sohn Paul am 8. September 1635 in der Burg zur Welt kam, hatten die Esterházy noch kein positives Verhältnis zu ihrem Eisenstädter Besitz gefunden; viel lieber hielten sie sich im nahe gelegenen Großhöflein auf.

Erst 1663 entschloß sich Graf Paul, damals 28 Jahre alt, einen Umbau der Burg in Angriff zu nehmen. Es gab für diesen Gesinnungsumschwung einen gewichtigen Grund: Die Esterházy hatten 1648 die Herrschaft in ihr Eigentum gebracht und begannen sich seither mit dem Besitz eingehender zu beschäftigen. Graf Paul fand in Carlo Martino Carlone, der einer großen italienischen Künstlerfamilie aus der Gegend von Como angehörte, einen Architekten, der sich schwerpunktmäßig die Modernisierung – und gleichzeitige *Barockisierung* – überalterter Burganlagen zur Aufgabe gestellt hatte; so konnte Paul erwarten, eine seinen Vorstellungen herrschaftlichen Wohnens entsprechende, aber auch dem Zeitgeschmack angepaßte Unterkunft zu erhalten. Der Sieg, den die kaiserlichen Truppen unter Montecuccoli 1664 bei Mogersdorf über die Türken erringen konnten, gab sicherlich den Esterházy-schen Planungen enormen Auftrieb, weil man sich unter diesen Voraussetzungen leichter entschloß, größere Kapitalien in einen Schloßbau zu investieren.

Als Carlone 1667 starb, übertrug Graf Paul die Arbeiten den Baumeistern Sebastiano Bartoletti und Carlo Antonio Carlone, dem Bruder des Verstorbenen, die mit Carlo Martino als dessen ›Poliere‹ eng zusammengearbeitet hatten und daher die Intentionen des verstorbenen Architekten gut kannten. Die beiden versprachen, binnen vier Jahren die erforderlichen Arbeiten durchzuführen. Es sollte länger dauern, weil neuerliche kriegerische Bedrohungen durch die Türken einer ungestörten Ausführung des Bauauftrages entgegenstanden. Das barocke Schloß war erst um 1680, also kurz vor der zweiten Türkenbelagerung Wiens, vollendet; schon 1681 war Kaiser Leopold I. hier zu Gast.

Eisenstadt, Schloß Esterházy, Ferdinand Anton J. Freiherr von Wetzelsberg, 1817, aquarellierte Feder-zeichnung

Der Plan Carlones war verblüffend einfach gewesen und hielt an der mittelalterlichen Idee eines einheitlichen Baublockes mit vier massiven Ecktürmen fest: Unter Erhaltung der gotischen Bausubstanz und des quadratischen Grundrisses wurde die Anlage von außen her ummantelt. Die vorgebauten Trakte (in der Tiefe eines Zimmers) erhielten barocke Fassaden, wogegen das alte Gemäuer im Innenhof kaum verändert wurde. Daraus ergab sich der unbestreitbare Vorteil, daß man die Kosten in überschaubaren Grenzen halten konnte. Im Sinne der barocken Baugesinnung wurden die Ecktürme durch das Aufsetzen von doppelten Zwiebelhelmen ihres Wehrcharakters entkleidet; der südöstliche Turm hat sich mit Sicherheit original erhalten (man beachte die Wappensteine an der inneren Grabenwand!), die drei übrigen dürften – wenigstens in den oberen Stockwerken – neu aufgebaut worden sein. Die nunmehr hinter die Fassade zurücktretenden Türme markieren, imaginär miteinander verbunden, bis heute die Baulinien der gotischen Burg.

Der *klassizistische Umbau* begann im ersten Jahrzehnt des 19. Jhs., 1805, im selben Jahr, in dem Napoleon zum erstenmal in Wien einzog und im Schloß Schönbrunn residierte. Auch bei diesem Umbau war es ein prominenter Architekt seiner Zeit, dem der Auftrag erteilt wurde: Pierre-Charles de Moreau, einer jener Baumeister, die nach der Französischen Revolution aus ihrem Heimatland nach Österreich gekommen waren, vor allem in Wien wirkten und in die Haupt- und Residenzstadt auch den Gedanken klassizistischen Bauens verpflanzt hatten. Man spricht in diesem Zusammenhang gern von einem ›Revolutionsklassizismus‹, weil durch ihn die pompösen Stilrichtungen Rokoko und Empire überwunden wurden. Wenn Moreau auch hinter seinen Landsleuten und Konkurrenten Isidor Canevale und Louis Montoyer zurückstand, so hat er doch bedeutende Werke hinterlassen.

Es war der damals kaum dreißigjährige Fürst Nikolaus II. Esterházy, der Moreau 1794 beauftragte, Umbaupläne für das Eisenstädter Schloß zu erarbeiten, und der ihn 1803 als Hofarchitekten engagierte. Des Fürsten Streben war darauf gerichtet, das Familienstammschloß im Stile des Klassizismus umzugestalten und bei dieser Gelegenheit entsprechend zu erweitern, um für alle seine kühnen kulturellen Planungen Raum zu schaffen. Moreau ließ den Schloßgraben planieren, die ihn überspannende Zugbrücke abbrechen, gab dem Vorplatz die heutige Gestalt und nahm damit der ganzen Anlage das bis dahin noch vorhandene festungsartige Aussehen. Erst dann begann er den Umbau des Schlosses nach den weitreichenden Vorstellungen seines Auftraggebers: Vor die Fassade setzte er die von toskanischen Säulen getragene Altane, die parkseitigen Türme ließ er teilweise abtragen und neu aufbauen, alle vier Türme erhielten anstelle ihrer barocken Zwiebeltürme flache Zeltdächer.

Die vier festungsartigen Türme haben ihre eigene Geschichte. Der südöstliche (vom Schloßplatz gesehen rechte) hieß schon seit alters ›der alte Uhrturm‹, weil ein Wiener Neustädter Meister für ihn ein großes Uhrwerk mit Viertelstundenschlag verfertigt hatte und an allen vier Turmseiten Zifferblätter mit vergoldeten Zeigern angebracht waren. Ähnlich wie der Bergfried von Forchtenstein war auch dieser Turm von einer vergoldeten Statue des Erzengels Michael bekrönt. Noch heute hängt im Uhrturm die zweitgrößte Glocke des Schlosses: Der Wiener Balthasar Herold hat sie 1672 gegossen. Auch die größere, fast zehn Tonnen schwere Glocke im Südwestturm stammt aus der Werkstätte eines Wiener Glockengießers.

An der Gartenfront zog Moreau zwischen die beiden erneuerten Türme einen dem Sommer- oder Speisesaal (dem heutigen ›Haydnsaal‹) vorgelagerten neuen Saal ein, der heute ›Wildschweinsaal‹ genannt wird. Daraus ergaben sich wesentliche Veränderungen: Die Fenster einer Front des Haydnsaales mußten zugemauert werden. Als Ergänzung seiner Barockfresken erhielt der Saal biedermeierliche Blumenfestons, die in die freigebliebenen Flächen eingefügt wurden; an den Schmalseiten wurden Emporen eingebaut, die bei Veranstaltungen von der fürstlichen Musikkapelle benützt wurden. Vor den Wildschweinsaal baute Moreau einen neunachsigen Portikus mit monumentalen korinthischen Säulen. Die einzige Veränderung an der Hauptfassade bestand im Bau einer die Türme verbindenden breiten Balkonpromenade, die von 14 toskanischen Säulen getragen wird, und in der Anbringung des fürstlichen Wappens am schmiedeeisernen Geländer über dem Haupteingang.

Wir erinnern uns, daß Fürst Nikolaus II., in Anlehnung an die florentinische Renaissance gern als ›Il Magnifico‹ glorifiziert, nach Jahren der Zurückhaltung wieder jenen Prunk entfaltete, den seine Vorfahren für richtig gehalten hatten. Daß er eine Vergrößerung des Schlosses ins Auge faßte, stand mit seinen großen kulturellen Plänen in unmittelbarem Zusammenhang: Er brauchte Raum für die Ausweitung des Musik- und Theaterlebens sowie für den Aufbau eines Museums und einer Bibliothek. Unter Nikolaus II. entfaltete sich in der Eisenstädter Residenz ein nicht einmal in den glanzvollsten Zeiten der Vergangenheit vorstellbares Kulturleben; die Gründung einer Bibliothek und einer Bildergalerie – die zum Grundstock des Museums der schönen Künste in Budapest werden sollte – sind besondere Glanzlichter. Er berief die größten Künstler seiner Zeit nach Eisenstadt, und sie folgten seinem Ruf. So gab er anläßlich einer Namenstagsfeier seiner Gattin Maria Josepha Herme-negild 1807 bei Ludwig van Beethoven eine Messe für vier Solostimmen, Chor und Orche-ster (op. 86) in Auftrag, und Beethoven wohnte bei dieser Gelegenheit vom 10. bis 16. September im Sengerschen Haus neben dem fürstlichen Verwaltungsgebäude. Am 13. Sep-tember dirigierte er in der Schloßkapelle seine C-Dur-Messe.

Auch der *Schloßpark* erfuhr zu Beginn des 19. Jhs. eine Umgestaltung; damals erhielt er die bis heute bewahrte Form eines klassizistischen Landschaftsgartens. Über einer pittores-ken Felspartie errichtete Moreau gegenüber der Gartenfassade des Schlosses an einem Teich den *Leopoldinentempel*, einen säulenumrahmten Rundbau, in dem das Denkmal der Prin-zessin Leopoldine Esterházy von Canova stand, bevor es nach dem Zweiten Weltkrieg in den Wildschweinsaal übertragen wurde. Aus der Umgestaltungsepoche Moreaus stammen auch das *Palmenhaus* (Orangerie, heute Ausstellungshalle) und der Obelisk in der Nordost-ecke des Schloßparks. Eine technische Sensation hat es damals ebenfalls gegeben: 1803 wurde die erste in Ungarn betriebene Dampfmaschine als Wasserpumpe aufgestellt (sie befindet sich heute im Wiener Technischen Museum). Durchschreitet man den Park nach Osten, so öffnen sich immer wieder reizvolle Blicke auf die mittelalterliche Stadtmauer und die unmittelbar an sie angebauten Häuser der Joseph-Haydn-Gasse, zu der man in der Höhe der Franziskanerkirche durch einen Mauerdurchbruch gelangen kann.

Der Umbau des Schlosses geriet allerdings alsbald ins Stocken. Zwei das Hauptgebäude flankierende und mit diesem durch Säulengänge verbundene Baukörper, die Moreau zur Unterbringung des Theaters und des Museums vorgesehen hatte – auf einem Stich von Benedikt Piringer aus dem Jahre 1821 sind sie noch überliefert –, kamen nicht mehr zur Ausführung. Die Finanzkraft der Esterházy, so unerschöpflich sie auch schien, war überfor-dert: fast hätte Nikolaus mit seinen hochfliegenden Plänen die Familie an den Rand des Ruins getrieben.

Beschreibung
Nähert man sich dem Schloß vom Esterházyplatz her, so steht man vor einem mächtigen barock-klassizistischen Baukörper, der von einer toskanischen Riesenpilasterordnung gegliedert und gegen das Dach hin von einem stark vorkragenden Gebälk begrenzt wird (Abb. 7). Die Fassade, die durch eine eigentümliche Verflechtung vertikaler und horizonta-ler Bauteile belebt wird, erhält weitere Akzente durch die in Nischen stehenden roten Büsten von 16 ungarischen Heerführern – die man zu Unrecht als Terrakottabüsten bezeichnet hat – und die prächtigen Maskarons (auf Konsolen angebrachte Fratzenköpfe). Über dem Haupt-eingang sind die Bauherren verewigt (Abb. 9). Die beiden Büsten stellen C(omes) N(icolaus) E(sterházy) R(egni) H(ungariae) P(alatinus) und C P(aulus) ERHP dar: Nikolaus (1583–1645), den Begründer des materiellen Wohlstandes der Esterházy, und seinen jünge-ren Sohn Paul (1635–1713), dessen hoher Kunstsinn sich mit ökonomischem Weitblick verband und der für Eisenstadt segensreich wirkte.

Durchschreitet man die Einfahrt und betritt man den Schloßhof, der in den Ausmaßen bis heute jenem der mittelalterlichen Burg entspricht, so sieht man sich unmittelbar in die zweite

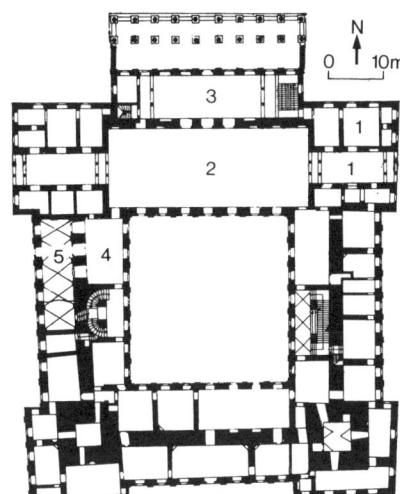

Eisenstadt, Schloß, Hauptgeschoß, Grundriß
1 *Landesgalerie*
2 *Fest- oder Haydnsaal*
3 *Wildschweinsaal*
4 *Haydnzimmer*
5 *Schloßkapelle*

Hälfte des 17. Jhs. versetzt: Die Hoffassaden wurden nämlich seither nur unwesentlich verändert. Eine toskanische Riesenpilasterordnung faßt mehrere Stockwerke zu einer architektonischen Einheit zusammen. Für die Dekoration der Fassaden sorgte Andrea Bertinelli, ein oberitalienischer Meister, der 1665 von Fürst Paul einen Vertrag erhalten hatte; er war allerdings vor allem dazu engagiert worden, die Stuckarbeiten in den Innenräumen durchzuführen. Von Bertinelli stammen auch die Stuckfratzen, die wir bereits an der Hauptfassade kennengelernt haben und die sich an den Hoffassaden sowie an den Sockeln der Pilaster wiederholen.

Gegenüber der Toreinfahrt erblickt man die hohen Fenster des Festsaales, links befindet sich der Eingang in die Schloßkirche, in der die meisten Messen Joseph Haydns ihre Erstaufführung erlebten, rechts gelangt man in den berühmtesten Saal des Schlosses, den Haydnsaal. Die Innenräume des Schlosses können bei einer Schloßführung besichtigt werden. Seit 1972 ist im Schloß auch die gesondert zugängliche Burgenländische Landesgalerie untergebracht.

Schloßkirche

Hatten die Esterházy nach der Herrschaftsübernahme zunächst noch eine Verbindung zur Stadtpfarrkirche gesucht – wie sich aus der von ihnen in Angriff genommenen Wiederherstellung der 1589 abgebrannten Gotteshauses erkennen läßt –, so gab die Erhebung Eisenstadts zur Freistadt (1648) den Ausschlag dafür, das Schloßareal (und damit auch die Mitglieder der Familie Esterházy) der Jurisdiktion der Stadtpfarre zu entziehen. Noch in jenem Jahr, in dem Eisenstadt an das Königreich Ungarn rückgegliedert wurde, 1655, gab der Bischof von Györ (Raab) die Zustimmung zur Errichtung einer eigenen Schloßpfarre – einer »Privatpfarre«, die der »Bequemlichkeit der hohen Familie« dienen sollte.

Man entschied sich zunächst für einen Raum im Erdgeschoß des Schlosses, um mit der Realisierung der Genehmigung nicht in Verzug zu geraten – vielleicht befand sich hier seinerzeit die Burgkapelle der Familie Kanizsai. Anschließend schritt man daran, im Westtrakt der Burg – noch vor dem großen Schloßumbau – einen Raum so weit zu adaptieren, daß ihn der Erzbischof von Esztergom (Gran) 1660 einweihen konnte. Der Wiener Neustädter Orgelmacher Georg Winkler hatte ein passendes Instrument geliefert. Vier Jahre später, 1664, schon im Zuge des Gesamtumbaues und im Jahr des Sieges Montecuccolis bei Mogersdorf gegen die Türken, wurde die Kapelle fertiggestellt. Es spricht für die Wertschätzung, deren sich die Familie Esterházy erfreute, wenn Graf Paul 1685, zwei Jahre vor seiner Erhebung in den Fürstenstand, von Papst Innozenz IX. persönlich für die Kapelle die Reliquien des hl. Konstantin, eines Märtyrers, erhielt, die in einem auf einem Seitenaltar aufgestellten gläsernen Sarg bewahrt werden.

Wenn man die Schloßkirche besichtigt, sollte man dies allerdings nicht allein aus religiösen oder kunsthistorischen Gründen tun, sondern auch daran denken, daß mit ihrer Errichtung ein musikgeschichtlicher Markstein gesetzt wurde: Bereits seit 1674 gab es hier nämlich jenes ständige Kirchenmusikensemble, aus dem sich ein Jahrhundert später die unter der Leitung Joseph Haydns stehende Musikkapelle des Fürsten Nikolaus Esterházy entwickeln sollte, ein Ensemble, das zu Recht Weltruf erlangte.

Der Haydnsaal

Der im hinteren Trakt des Schlosses liegende Saal, der bis zum Bau des Wildschweinsaals eine Fensterfront in den Garten besaß und von diesem über eine Zugbrücke betreten werden konnte, führte im 17. Jh. den Namen Sommer- oder Speisesaal. Der Festsaal, für den wegen seiner engen Verbindung zum hier konzertierenden Musikensemble Joseph Haydns die Bezeichnung ›Haydnsaal‹ geläufig ist, dürfte sich an jener Stelle der alten Burg befinden, an welcher unter der Familie Kanizsai der Rittersaal situiert gewesen war; durch den Umbau der zweiten Hälfte des 17. Jhs. wurde er, wie die gesamte Schloßanlage, um eine Zimmerbreite vergrößert und danach ausgeschmückt.

Betritt man den Saal, so springt zunächst linkerhand die etwas starre, stark durchlöcherte Fensterwand ins Auge, der in der gegenüberliegenden (rechten) Wand eine Nischengliederung entspricht (hier befanden sich die Parkfenster), wodurch der Saal mit seinem in Einzelfeldern ausgemalten Gewölbe einen etwas kühlen Eindruck erweckt (Abb. 10).

Die Ausmalung des Raumes kann hingegen jedem Vergleich standhalten. Die Fresken sind in ihrer Qualität zwar ungleichmäßig und werden an der Decke durch die reichen Umrahmungen fast erdrückt, aber im ganzen gesehen sind sie doch sehr beeindruckend. Wieder ist es ein Italiener, dem wir die künstlerische Arbeit zu danken haben: Es war der aus Bissone am Gardasee stammende Maler Carpoforo Tencalla, der mit Carlone in enger Beziehung stand. Die Schloßfresken gehören zu den bedeutendsten Schöpfungen des Künstlers, der auch in Wien gewirkt hat (Kirche Am Hof, Dominikanerkirche, Servitenkirche, Leopoldinischer Trakt der Hofburg), nicht selten auch dort im Zusammenwirken mit Mitgliedern der Künstlerfamilie Carlone, die ja aus einer nicht weit entfernten Gegend Oberitaliens, nämlich vom Comer See, stammte. Tencalla nahm maßgeblichen Einfluß auf die Entwicklung der barocken Freskenmalerei in Österreich, die in der Mitte des 18. Jhs. unter Maulbertsch ihren glanzvollen Höhepunkt erreichen sollte.

Die Motive der wahrscheinlich nach 1665/70 entstandenen Deckengemälde (Umschlagklappe vorn), satirisch-mystischen Inhalts, sind einem Roman des römischen Schriftstellers Apuleius entnommen, dessen Hauptgestalten Amor und Psyche sind; andere Fresken beziehen sich auf die Geschichte der goldenen Äpfel der Hesperiden; dazu kommen – wie könnte es im 17. Jh. mit der ständig aktuellen Türkengefahr anders sein? – noch jene 16 Ovalbilder, die auf die von den Türken eroberten Provinzen im Südosten und Osten Bezug nehmen, um in aller Deutlichkeit den habsburgisch-ungarischen Herrschaftsanspruch auf diese vorübergehend verlorenen Gebiete anzumelden. Die Ausmalung des Saales war wohl 1681 abgeschlossen.

Schloß Esterházy besitzt heute nicht nur Schauräume, sondern im ersten Stock auch Repräsentationsräume, zu denen unter anderem der Spiegelsaal mit seinen blau gestreiften Seidentapeten und den reich verzierten Boisserien gehört, und wird außerdem von Dienststellen des Landes und der Esterházyschen Verwaltung benützt (im Schloßgewölbe Esterházysche Weinkellerei). Der Haydn- und der Empiresaal finden für kulturelle Veranstaltun-

Eisenstadt, Schloß Esterházy, Gemäldegalerie, ›Römisches Fest‹, Ende 18. Jh.

gen, Konzerte und repräsentative Empfänge Verwendung, die neben dem Haydnsaal eingerichtete Gemäldegalerie (Abb. 12) erfreut sich regen Besuchs, und das fürstliche Familienarchiv bewahrt die Geschichte der wohl bedeutendsten Familie des Burgenlandes.

Kehren wir wieder auf den Schloßplatz zurück, so erblicken wir gegenüber die *alten Stallungen:* zwei mit toskanischen Säulen geschmückte Unterkünfte der ehemaligen fürstlichen Grenadiere und der Dienerschaft, verbunden mit Wagenremisen, Pferdeställen und einer Reitschule. Vorbei an der linkerhand liegenden Filiale der Nationalbank, vor der sich das *Franz-Liszt-Denkmal* befindet, gelangt man zum Stadtteil Unterberg.

Das ehemalige Getto Unterberg

Der Stadtteil Unterberg liegt im Westen vor dem Schloßbereich. Die älteste Erwähnung einer Eisenstädter Judengemeinde fällt bereits in das Jahr 1296. Ein knappes Jahrhundert später, 1388, fanden Juden Zuflucht, die aus anderen Gegenden Österreichs vertrieben worden waren und hier ›Ansiedlungserlaubnis‹ erhielten. Das älteste räumlich faßbare Eisenstädter Getto, unter Johann Weißpriach entstanden, lag östlich des Schlosses zwischen Hauptstraße und Joseph-Haydn-Gasse im sogenannten Schloßgrund.

Später zeichnete sich vor allem die Familie Esterházy dadurch aus, daß sie ihre ›Schutzjuden‹ vor Verfolgung sicherte, wobei politische Klugheit und konsequente Humanität gleichermaßen die Beweggründe waren. Paul Esterházy ließ 1671 das Getto beim Esterházyschen Meierhof neu begründen – wenige Monate, nachdem Kaiser Leopold I. auf Betreiben seiner fanatischen Gattin Margareta Theresia, einer Tochter König Philipps IV. von Spanien, das Wiener Getto in der Leopoldstadt hatte räumen lassen: ein Getto, das den Juden erst wenige Jahrzehnte zuvor, 1625, von Kaiser Ferdinand II., seinem Großvater, eingerichtet worden war.

Der ›Unterberg‹ wurde 1732 eine eigene Gemeinde, und sie blieb es bis 1939, als die Nationalsozialisten sie aufhoben. Das ehemalige Judenviertel, das auch äußerlich von der Bürgerstadt streng abgegrenzt war und eigene Zugänge hatte (wie noch heute Torbogen erkennen lassen), ist charakterisiert durch die aus dem Ende des 17. und aus dem 18. Jh. stammende geschlossene Verbauung der jetzigen Museumgasse (urspr. Meierhofgasse), Wolfgasse, Unterberggasse und Wertheimergasse.

Hier haben sich schöne alte Häuser erhalten, allen voran das zweigeschossige barocke *Wertheimerhaus* des Samson Wertheimer (Unterberggasse 6) mit seinem Runderker an der Ecke, erbaut 1719 und in den heutigen Zustand gebracht 1795; im Hoftrakt war der Haustempel untergebracht, ein rechteckiger Raum mit klassizistischem Aufbau über der hl. Lade (Abb. 14). In diesem Haus ist das berühmte *Jüdische Museum* untergebracht, das weit über die Grenzen Österreichs Beachtung findet. Der Pfosten mit Eisenketten an der Hauswand erinnert noch an jene Zeit, in der am Sabbat auf diese Weise rund um den Tempel die Straßen abgesperrt wurden: eine alte Tradition im Eisenstädter Getto, um den Sabbat und die strenge Einhaltung der religiösen Feste zu gewährleisten, sicherlich ein Unikum in Europa.

Kein Geringerer als Franz Werfel war es, der in einem seiner Werke auf diese Eisenstädter Besonderheit hingewiesen hat: »Seit Menschengedenken«, lesen wir, »ist den Unsrigen in

Eisenstadt eine eigene Gasse eingeräumt. Sie besteht zum größten Teil aus schönen gepflegten Barockhäusern. An ihren beiden Enden kann man noch heute die schweren, schmiedeeisernen Ketten sehen, mit denen während des Sabbats die Fahrbahn abgesperrt wurde ...«

Die Familie Wertheimer ist verschiedentlich in Österreich anzutreffen, auch in Wien, wo Simson Wertheimer mit seinem Onkel Samuel Oppenheimer ein Bankhaus betrieb, das dem Staat enorme Kredite einräumte. Auch Samson Wertheimer, dem das Haus im Unterberger Getto gehörte, war Bankier, zugleich Oberrabiner; er stand beim Kaiser in hohem Ansehen und vermochte sich für seine Glaubensgenossen stets durchzusetzen. Die Synagoge in seinem Haus besteht noch heute.

Die nahe gelegene Wertheimergasse endet an ihrem oberen Ende beim alten *Jüdischen Friedhof* (in einem ummauerten Areal hinter dem Meierhof), auf dem sich zahlreiche kulturhistorisch bedeutsame Grabsteine aus dem 17. bis 19. Jh. erhalten haben (Abb. 19); der früheste ist mit 1679 bezeichnet. Auch auf das Haus Nr. 15 in der Unterberggasse sollte man einen Blick werfen; es stammt aus dem 17. Jh. und weist im Portalschlußstein ein Relief mit Krug und Schale auf (ein Levitenabzeichen, wie es auch auf dem Schlußstein des Tores am Haus Nr. 18 angebracht ist).

Zwei alte Häuser in der Museumsgasse – das *Wolfhaus (Nr. 5)* mit schönen Laubenhöfen und das *Schlesingerhaus (Nr. 7)* mit überdachtem Innenhof – nehmen (gemeinsam mit einem angrenzenden Neubau) das *Burgenländische Landesmuseum* auf. Der Weingroßhändler Sándor Wolf hatte 1939 das ursprünglich in der Ruster Straße untergebrachte Museum mit seinen Privatsammlungen vereinigt und in seinem Haus untergebracht. Heute präsentiert sich der Gebäudekomplex als eine Mischung alter und neuer Architektur, malerisch durch die Verschachtelung seiner Innenhöfe, Stiegenhäuser, Galerien und Durchgänge.

Das 1926 gegründete Museum umfaßt Abteilungen für Archäologie, Kulturgeschichte, Volkskunde (Abb. 17) und Naturwissenschaften und ist heute das museale Zentrum für das ganze Burgenland. Das Franz-Liszt-Zimmer (Abb. 18), das Fanny-Elßler-Zimmer und Abteilungen für burgenländische Geschichte seit 1919 sind hervorzuheben, ebenso die römischen Mosaiken, das Lapidarium und ein Weinmuseum. Das Bodenmosaik eines römischen Gutshofes in der Nähe von Bruckneudorf, das im Museum zu sehen ist, gehört zu den besterhaltenen Funden aus der Römerzeit.

Das alte Getto in Richtung Kalvarienberg verlassend, gelangt man, bereits im angrenzenden Stadtteil Oberberg gelegen, zu *Kirche und Spital der Barmherzigen Brüder* und damit auf die den Schloßplatz mit dem Kalvarienbergplatz verbindende Esterházystraße. Ursprünglich befand sich hier 1713 ein Armenhaus. 1759 übergab Anton Fürst Esterházy das Gebäude dem Spitalsorden der Barmherzigen Brüder, die hier schon sehr frühzeitig ihre segensreiche Tätigkeit begannen.

Wann die Kirche entstanden ist, wissen wir nicht; man nimmt an, daß sie bereits um 1740 gebaut worden ist. Sie präsentiert sich heute, an der Südwestecke des Spitals situiert, als ein dem hl. Antonius geweihter hochbarocker Bau mit schmaler Südfassade, Dachreiter mit Zwiebelhelm und bemerkenswerter Innenausstattung. Der Hochaltar, eine frei stehende Mensa, wird um 1760 datiert, das Altarblatt an der Apsiswand, ein hl. Antonius mit Christ-

Römisches Mosaik aus Bruckneudorf. Burgenländisches Landesmuseum, Eisenstadt

kind in reichem Rokokorahmen, malte Fr. Wagenschön 1768. Beachtenswert sind auch die Wand- und Deckengemälde sowie die Barockorgel und das Schmiedeeisengitter mit dem Wappen der Esterházy. Im Erdgeschoß des Spitals ist eine Apotheke untergebracht, vor deren Eingang noch ehemalige Grenzsteine mit dem Eisenstädter Wappen, bezeichnet 1759, zu sehen sind.

Bergkirche und Kalvarienberg

Der Stadtteil *Oberberg*, der im Westen an das Getto (Unterberg) angrenzt, ist einer der berühmtesten Teile der Stadt: befindet sich hier doch die mit Joseph Haydn so eng verbundene Bergkirche und die stadtwärts vor ihr liegende Kalvarienbergkirche mit dem Kalvarienberg. Oberberg entwickelte sich im beginnenden 18. Jh. als Trabantensiedlung, hier war auch schon frühzeitig die zweite Franziskanerniederlassung begründet worden.

Die *Bergkirche* war ursprünglich als riesige Wallfahrtskirche geplant worden: Sie sollte die größte Ungarns werden. In dieser Hinsicht blieb sie unvollendet; ausgebaut wurde eigentlich nur das Presbyterium der geplanten Kirche. Errichtet wurde sie von 1715 bis 1722 auf Initiative und Kosten der Familie Esterházy.

Die heutige Inneneinrichtung der ›Haydnkirche‹, wie sie gern genannt wird, stammt aus dem ausgehenden 18. Jh.: die Altäre, die Kanzel, aber auch die Landschaftsmalereien mit Figurengruppen. Das Deckenfresko ›Himmelfahrt Christi‹ stammt von Christian Köppl und seinem Sohn Wolfgang und wurde 1772 ausgeführt, das Hochaltarbild ›Heimsuchung Mariens‹ – der die Wallfahrtskirche geweiht ist – schuf 1797 Stephan Dorfmeister (es wurde rund ein Jahrhundert später durch die heute den Altar zierende Kopie ersetzt). Ebenfalls im 18. Jh., nämlich im Jahre 1776, wurde die Orgel eingebaut; da Joseph Haydn auf ihr gespielt hat, wird sie allgemein als ›Haydn-Orgel‹ bezeichnet.

Die Bergkirche ist die Begräbnisstätte des Komponisten, der in Rohrau an der Leitha am 31. März 1732 das Licht der Welt erblickt hatte. Das ältere Grabmal Haydns, ein einfachwürdiges Marmordenkmal mit einem Lorbeerkranz im Giebelfeld, gekrönt von einer halbverhängten Lyra, liegt unter dem Musikchor. Daneben führt ein Zugang zu dem 1932 unter dem Nordturm eingerichteten *Haydn-Mausoleum* mit dem Sarkophag des Komponisten. Es war ein recht abenteuerlicher Weg zu gehen, bis Haydn hier seine letzte Ruhestätte finden konnte. Als er am 31. Mai 1809 in seinem Wohnhaus in der Wiener Vorstadt Windmühle verstarb, wurde er auf dem Hundsturmer Friedhof am Rande des Vorstadtgürtels bestattet.

Als Haydn in die Gruft nach Eisenstadt überführt werden sollte, machte man bei der am 30. Oktober 1820 durchgeführten Exhumierung eine grausige Entdeckung: Der Leiche fehlte der Kopf. Wie sich nach eilig in Angriff genommenen Recherchen herausstellte, war dieser von Anhängern der Gallschen Schädellehre, Johann Peter und Josef Karl Rosenbaum, entwendet und präpariert worden; es handelte sich nicht um ›gewöhnliche‹ Diebe, denn Josef Karl Rosenbaum war der Sekretär des Fürsten Esterházy zur Zeit Haydns gewesen, ein überaus kunstsinniger Mann, der beispielsweise 1804 auf eigene Kosten Mozarts ›Zauberflöte‹ aufführen ließ, wobei seine Frau Therese, eine gefeierte Opernsängerin, die Pamina sang. Nach Beistellung eines – wie sich erst wesentlich später herausstellen sollte – fremden Kopfes erfolgte am 7. November 1820 die Bestattung Haydns in der Gruft der Bergkirche, während der echte Kopf in der Folgezeit mehrfach den Besitzer wechselte und schließlich, in das Eigentum der Wiener Gesellschaft der Musikfreunde gelangt, seit 1895 in deren Museum in einem mit einer Lyra geschmückten Glaskästchen als Schaustück präsentiert wurde.

Dann nahte das zum ›Haydn-Jahr‹ ausgerufene Jahr 1932 – Haydns 200. Geburtstag. Fürst Dr. Paul Esterházy hatte sich aus diesem Anlaß zur Errichtung eines Haydn-Mausoleums in der Bergkirche entschlossen und wollte die sterblichen Überreste des großen Komponisten hier zur Ruhe bestattet wissen. Damit wurde die makabre Frage des Haydn-Kopfes neuerlich aktualisiert. Als sich die Gesellschaft der Musikfreunde auch diesmal nicht bereit fand, das für sie kostbare Stück herauszugeben, entschloß man sich, auf die für den 1. Juni 1932 anberaumte Beisetzung Haydns im neugeschaffenen Mausoleum zu verzichten. Erst 1954 kam es zu einem Sinneswandel. Nun wurde der Schädel im Rahmen der Wiener Festwochen am Pfingstsamstag, dem 5. Juni 1954, in feierlichem Kondukt von Wien über Rohrau nach Eisenstadt überführt. Der bekannte Bildhauer Gustinus Ambrosi, ein gebürtiger Eisenstädter, nahm hier im Rahmen eines religiösen Festaktes in der Bergkirche die Vereinigung des Craniums mit den übrigen sterblichen Überresten des großen Meisters vor.

In der Vorhalle sind lateinische Widmungstafeln angebracht, das eigentliche Mausoleum ist von der Vorhalle durch ein prächtiges schmiedeeisernes Gitter getrennt (Abb. 15). Das Mausoleum, ein kreisrunder Raum aus feingeschliffenem St. Margarethener Stein, ist an der Wand durch vier Skulpturen geschmückt, die in allegorischer Form die vier Jahreszeiten symbolisieren und damit auf eines der berühmten Oratorien Haydns Bezug nehmen. Das in

Eisenstadt, Kalvarienbergkirche mit Kalvarienberg und Bergkirche, Michael Mayr, 1826, Aquarell

der Mitte der den Raum überwölbenden Kuppel angebrachte runde Fenster läßt mattes Licht eindringen, das auf den darunter stehenden reichverzierten hellen Marmorsarkophag fällt. Die rings um die Oberlichte der Kuppel angebrachten Inschriften (›Stabat mater‹, ›Die Schöpfung‹, ›Sieben Worte‹ und ›Die Jahreszeiten‹) stellen weitere Verbindungen zu Haydns kompositorischem Werk her.

Schon vor der Bergkirche war 1701–1707 der *Kalvarienberg* entstanden. Auf Anordnung des Palatins Fürst Paul Esterházy nach dem Vorbild von Maria Lanzendorf gestaltet, vom Franziskanerlaienbruder Felix Nierinck entworfen – ein künstlich aus Quadersteinen aufgeführter halbkugelförmiger ›Berg‹ mit Ziegeleindeckung, mit einem phantastisch ausgestalteten Kreuzweg, der von der Gnadenkapelle Maria Einsiedeln seinen Ausgang nimmt. Die Kapelle führt ihren Namen nach der Kopie der Gnadenstatue des gleichnamigen bekannten Schweizer Wallfahrtsortes. Der Wunsch, die Wallfahrtskirche Maria, der ›Patrona Hungariae‹, zu weihen, geht ebenfalls auf Fürst Paul zurück. Eine breite, von Engelsfiguren flankierte Freitreppe führt zur *Gnadenkapelle* mit ihrer offenen Vorhalle und ihren geschweiften Giebeln empor (Farbabb. 1), die im Inneren mit Barockfiguren und Bildern überreich ausgestattet ist.

In der Kirche, in einer grottenartigen Nische hinter dem Hochaltar, befindet sich auch die erste Kreuzwegstation (Christus am Ölberg); über dem Säulchentabernakel thront unter einem reichdrapierten Baldachin das hölzerne Gnadenbild, die ›Gnadenmutter von Eisenstadt‹ (um 1700), das die erste Station halb verdeckt. Der Passionsweg stellt sich als ein schmaler, vor einzelnen Szenen sich saalartig erweiternder Gang vor, der durch den Berg führt. Auf kleinstem Raum sind in malerischer, doch zugleich mystischer Weise bei stetig wechselnder Perspektive und unterstützt durch künstliche ›Natur‹-Architektur Nischen, Kapellen und Grotten zusammengedrängt, in denen lebensgroße Holz- und Steinfiguren aufgestellt sind, die, überaus realistisch ausgeführt, den Leidensweg Christi nachvollziehen: wahrhaft ein barockes Theatrum sacrum, das seinesgleichen sucht, ein »im Spiel erstarrtes Jesuitendrama« (Abb. 16).

In 24 Stationen wird die Leidensgeschichte des Herrn in faszinierender Weise lebendig, und die Akteure, grell bemalt, in oft pathetisch übersteigerter Haltung und Gebärde, meist derb-bäuerlich, jedoch volkstümlich-ausdrucksstark, sind nicht weniger als 260 Holz- und 60 Steinfiguren, die sich um den künstlerischen Höhepunkt der ganzen Anlage gruppieren, die 11. bis 15. Station mit der Szene ›Kreuziget ihn!‹, in deren Mitte die Scala sancta eingebaut ist. Über der ›Ecce-homo-Gruppe‹, zum erstenmal in vollem Licht, sieht man in den Fenstern und auf der Mauerkrone schwarzgekleidete Bürgersleute, die die Kreuzigung Christi fordern. Der Künstler der Skulpturen ist unbekannt.

Mitten in der Zeit der Kuruzzenkriege konnte der Bischof von Raab das Heiligtum 1707 einweihen. Paul Esterházy, der Schöpfer des aufgeschichteten Berges, wollte, wie Reinhold Schneider es formuliert hat, »in ihm die Geheimnisse des Christentums vergegenwärtigen und verbergen«. Hier hat er – man zählt nicht weniger als zehn Kapellen und achtzehn Altäre, die durch Gänge und Treppen miteinander verbunden sind – »eine von krassem Realismus ins Unheimliche transzendierende Gestaltenwelt« geschaffen, »erfüllt von leidenschaftlicher Innigkeit, kühner Dramatik des Heilsgeschehens«, wobei »das Zusammenwirken von Dunkel und künstlicher Helle erst das Gestalthafte, Tragisch-Religiöse vollendet« – wahrlich ein später Zauberberg der Mystiker!

Erreicht man die Spitze des Kalvarienberges, so öffnet sich ein schöner Rundblick über die Stadt. Hier steht die achteckige zweigeschossige Kreuzkapelle mit ihrer Nischengliederung, ihren toskanischen Pilastern und ihrem geschweiften Kuppeldach, das einen ovalen, durch seitliche Nischen erweiterten Innenraum mit vielen kunstvollen Heiligenfiguren überspannt. Der Säulenaltar der Kapelle stammt aus der Zeit um 1710, in der Mitte befindet sich ein Kruzifix mit Magdalena, Maria und Johannes. Die beiden Seitenaltäre sind in ihren Motiven der Kreuzaufrichtung und der Kreuzabnahme gewidmet. Der Abgang zieht sich an der Flanke der 21. Station (Pietà) und an einer Kapellenreihe gegen das Innere des Berges entlang zurück zur Gnadenkapelle, womit wir dieses »Bergwerk des Glaubens« (Reinhold Schneider) wieder verlassen.

An der Südseite des Kalvarienberges sind die Auferstehungs- und die Himmelfahrtskapelle angebaut, die im 19. Jahrhundert errichtet worden sind. Die *Mariensäule* auf dem vor dem Kalvarienberg liegenden Kalvarienbergplatz – wiederum das Eisenstädter Gnadenbild! – wurde 1713 errichtet, jedoch erst 1755 hier aufgestellt; sie zeigt als Seitenfiguren – wohl in unmittelbarem Zusammenhang mit der in diesem Jahr Österreich heimsuchenden Seuche – die beiden Pestheiligen Rochus und Sebastian. Zwei Jahrzehnte später, 1733, wurde an der

Böschung des Kalvarienberges noch ein Bildstock mit dem hl. Johannes Nepomuk aufgestellt.

An der Südseite des Kalvarienbergplatzes stand im 18. Jh. der aus einem Franziskanerkloster hervorgegangene vierflügelige Bau der *Propstei* (heute Haus der Begegnung), an der Westseite des Platzes beginnt die Wiener Straße, an deren Beginn (Nr. 1) das 1760 als ›Musikergebäude‹ errichtete heutige ›*Margaretinum*‹ steht, in dem Joseph Haydn zeitweise gewohnt hatte. Noch ein anderer Großer ist mit diesem Gebäude verbunden: Der weltbekannte Anatom Joseph Hyrtl wurde hier 1810 geboren, ebenso der Komponist Joseph Weigl (1766).

In der an der Ostseite des Kalvarienbergplatzes beginnenden Esterházystraße erinnert, etwas weiter vom Platz entfernt, auf Nr. 36 eine Gedenktafel an einen anderen großen Komponisten: Franz Liszt (s. S. 228), der hier auf Besuch war. »Wir erlebten heute einen festlichen Tag«, vermerkte die ›Allgemeine Theater-Zeitung‹ am 20. Februar 1840. »Der 20. Februar wird uns unvergeßlich bleiben. Liszt war hier. Leider nur auf wenige Stunden. Er kam auf Besuch zu einigen hier lebenden Freunden seines verewigten Vaters von Oedenburg herüber. In dem Haus des fürstlich Esterházyschen Herrn Rathes Ludwig Hofer setzte er sich... an das Piano und entzückte ein zwar kleines Publikum, das aber an inniger Verehrung für den seltenen Künstler nicht dem größten nachsteht, durch sein Meisterspiel.«

Manches gäbe es noch in Eisenstadt selbst und in der Umgebung zu entdecken, wenn man Zeit genug hat, solchen Spuren zu folgen. Immerhin sei noch auf zwei Kirchen im Westen der Stadt verwiesen, an denen man meist zu Unrecht vorüberfährt. Die *Pfarrkirche* in **Kleinhöflein** ist gotisch und stammt aus dem 15. Jh.; sie war ursprünglich von einer Wehrmauer umgeben. Die Innenausstattung ist heute barock (Abb. 20), wobei vor allem der prächtige Hochaltar Beachtung verdient.

Nicht weit entfernt ist **Großhöflein,** das neben seiner schönen gotisch-barocken *Pfarrkirche* auch eine längst umgebaute Esterházysche Residenz besitzt – den im 17. Jh. erbauten ›*Edelhof*‹ (wegen der hier entspringenden alten Radegundis-Schwefelquelle auch ›Badhaus‹ genannt), in dem Graf Nikolaus 1645 starb – sowie das reichgeschmückte *Pleiningerhaus* (Hauptstraße 3) mit der Radegundiskapelle (zweite Hälfte des 18. Jhs.), das möglicherweise vom Eisenstädter Schloßbaumeister Carlone im 17. Jh. erbaute *Rathaus* (mit schönen Arkadengängen im Hoftrakt), einen *Pranger* (vor dem Haus Hauptstraße 32) sowie einige *Gedenksäulen* des 17. und 18. Jhs. (darunter einen Tabernakelpfeiler aus dem Jahre 1651 vor dem Haus Hauptstraße 2 und die prächtige *Pestsäule* von 1713 auf dem Hauptplatz) und hübsch gestaltete Häuser.

Will man in Richtung Westen weitere Ausflüge machen, so wird man als Ziele den 13 km von Eisenstadt entfernten *Neufelder See* (den als ›Blauer See‹ bekannten schönsten Badesee des Landes, der viele Möglichkeiten zum Wassersport bietet) sowie das 19 km entfernte *Sauerbrunn* wählen, dessen Heilwasser zu Trinkkuren verwendet wird und den Ort zum bekanntesten Kurort im nördlichen Burgenland gemacht hat. Im Osten von Eisenstadt erreicht man bequem zu Fuß den Ortsteil *St. Georgen* mit seiner sehenswerten Pfarrkirche des 15. Jhs. (mit interessanter Steinkanzel), die vom alten Friedhof und von der ehemaligen Wehrmauer umgeben wird. St. Georgen wird von Kennern auch wegen seiner zahlreichen Heurigenschenken geschätzt.

Der Komponist Joseph Haydn

Der Komponist Joseph Haydn ist zwar in Niederösterreich geboren und in Wien gestorben, hat aber im Burgenland seine letzte Ruhestätte gefunden und wird auch aus anderen Gründen in Eisenstadt besonders geehrt. Joseph kam am 31. März 1732 in Rohrau als Sohn eines Wagnermeisters und Landwirts zur Welt und erhielt seinen ersten Unterricht in Gesang und Instrumentenspiel von einem Vetter in Hainburg. Von 1740 bis 1749 sehen wir ihn in Wien als Chorknaben bei St. Stephan unter Georg Reutter d. J. Nach dem Stimmbruch begann für Haydn eine schwere Zeit. Er kam bei Nicolò Porpora als Bediener unter, lebte einige Jahre hindurch in einer Dachkammer des Großen Michaelerhauses am Wiener Kohlmarkt und fristete dazu als Gelegenheitsmusiker sein Leben. Dennoch war es keine verlorene Zeit: Porpora unterrichtete ihn in Kompositionslehre, und er kam mit dem im selben Haus wohnenden Hofdichter Pietro Metastasio in Kontakt, bald darauf auch mit Christoph Willibald Gluck und Dittersdorf. Metastasio war es auch, der dem jungen Haydn eine Klavierschülerin vermittelte.

Joseph Haydn (1732–1809), Porträt im Haydnhaus in Eisenstadt

Inzwischen hatte sich Haydn auch als Komponist versucht: 1752 schuf er die (heute verlorene) komische Oper ›Der krumme Teufel‹, 1755 sein erstes Streichquartett und 1756 seine erste Messe. Um diese Zeit, von 1755 bis 1758, wirkte er auch an der Klosterkirche der Barmherzigen Brüder in der Wiener Leopoldstadt als Organist, und 1759 gelang ihm der gesellschaftliche Aufstieg, als er als Musikdirektor in die Privatkapelle des Grafen Morzin in der Nähe des böhmischen Pilsen berufen wurde. Hier schrieb er seine erste Symphonie – jene in D-Dur –, eine weitere folgte bereits 1760.

Im Jahr darauf begann jener Lebensabschnitt Joseph Haydns, der ihn für fast drei Jahrzehnte seines Lebens mit dem Burgenland verbinden sollte: Am 1. Mai 1761 erhielt er, nachdem Morzin seine Kapelle aufgelöst hatte, einen Arbeitsvertrag von Paul Anton Fürst Esterházy in Eisenstadt, der ihn zum Vizekapellmeister der damals sechzehnköpfigen fürstlichen Musikkapelle machte. Obwohl der Fürst bereits 1762 verstarb, änderte dies nichts an Haydns Tätigkeit; vier Jahre später, 1766, übernahm er nach dem Tode Gregor Joseph Werners die Stelle des Oberkapellmeister. Im selben Jahr, am 2. Mai, erwarb er das Haus Klostergasse 82 (heute Joseph-Haydn-Gasse 21) in Eisenstadt, das er zwölf Jahre hindurch bewohnte.

Im Jahr 1778 verlegte Fürst Nikolaus ›der Prachtliebende‹, der Bruder Paul Antons, seine Residenz in das neuerbaute Sommerschloß in Eszterháza (heute Fertöd) südöstlich des Neusiedler Sees. Die neue Tätigkeit, aber auch die finanzielle Belastung, die sich nach den Bränden von 1768 und 1776 für Haydn durch aufwendige Hausinstandsetzungen ergeben hatte, dürften Anlaß gewesen sein, das Haus in Eisenstadt am 27. Oktober 1778 zu veräußern. Die inzwischen auf 30 Musiker angewachsene fürstliche Kapelle übersiedelte nach Eszterháza – nicht immer zur Freude der Orchestermitglieder, die sich in der heißen Pußta nicht eingewöhnen konnten und auch monatelang von ihren Familien getrennt waren.

Als Fürst Nikolaus einmal keine Anstalten traf, im Herbst Schloß Eszterháza zu verlassen, griff Haydn, wie erzählt wird, zu einem drastischen Mittel. Darüber wird folgendes berichtet: Im Schloßtheater wurde ein neues Werk Joseph Haydns aufgeführt. Im Finale des letzten Satzes begannen plötzlich alle Instrumente zu klagen und zu jammern. Plötzlich löscht der zweite Hornist die Kerze auf seinem Pult, nimmt seine Noten und entfernt sich. Nach einigen Takten tut der Flötist das gleiche. Ein Musiker nach dem andern hört zu spielen auf und geht fort. Die Musik wird immer stockender und langsamer. Schließlich spielt nur noch die erste Geige ein herzerweichendes Solo, und dann hört auch sie auf. Dieses amüsante Finale war ein Gesuch Haydns an den Fürsten, den Musikern endlich einen Urlaub zu gewähren. Esterházy verstand den Spaß und sagte nach Schluß des Werks lächelnd zu Haydn: »Die Herren können morgen ihren Urlaub antreten.« Der Musikwelt ist die Komposition unter dem Titel ›Abschiedssymphonie‹ geläufig.

Nach Nikolaus Fürst Esterházys Tod (1790) wurde das inzwischen weltbekannte Orchester von seinem Sohn Anton, der die Kosten der Hofhaltung drastisch senkte, noch im selben Jahr aufgelöst, das Opernensemble – von dem selbst Maria Theresia 1773 gesagt hatte, wenn sie eine gute Oper sehen wolle, fahre sie nach Eszterháza – entlassen und Haydn unter Belassung seines Titels ›in Pension‹ geschickt. Er übersiedelte daraufhin nach Wien und gedachte, schon seit langem ausgesprochene Einladungen nach England anzunehmen. Zwei ausgedehnte Reisen dorthin – in den Jahren 1791/92 und 1794/95 – brachten ihm außerordentliche Erfolge, seine Werke beherrschten das Londoner Konzertleben, und am 8. Juli 1791 wurde ihm das Ehrendoktorat der Universität Oxford verliehen. Jene Symphonie Haydns, die bei dieser Gelegenheit zur Aufführung gelangte, trägt deshalb den Namen ›Oxford-Symphonie‹, zwölf andere sind der Musikwelt als ›Londoner Symphonien‹

30 Am Neusiedler See ▷

31 Löffler

32 Säbelschnäbler mit Jungen

33 Silberreiher

34 Störche

35 Junger Wiedehopf

36 Seeregenpfeifer

37, 38 Schilfschneider und Fischer am Neusiedler See

39 RUST Rathausplatz mit Pfarrkirche

40 RUST Hauptstraße

41 RUST Haus ›Zum Auge Gottes‹

42 RUST Evang. Pfarrkirche

43 RUST Erkerhaus, Joseph-Haydn-Gasse 13

44 RUST Portal, Hauptstraße 3

S. CATHARINA S. FLORIAN S. VRSVLA

45   RUST   Fischerkirche, gotischer Drei-Heiligen-Altar im Pankratiuschor
46   RUST   Fischerkirche, mittelalterliche Fresken

47 BREITENBRUNN

48 Weingärten bei Rust

49   PURBACH   Scheunenreihe

50   OGGAU   Scheunenreihe

51 PURBACH   Nikolauszeche, Haupteingang

52 WINDEN AM SEE   Hauptstraße 52

53 PURBACH   Nikolauszeche, ›Taufe Christi‹ am Hinterhaus

54 BREITENBRUNN Wehrturm (›Türkenturm‹)

55 DONNERSKIRCHEN Pfarrkirche ›Zum hl.
Martin‹

56, 57 PODERSDORF Windmühle

![Donnerskirchen Pfarrkirche, Altar und Kanzel](top image)

58 DONNERSKIRCHEN Pfarrkirche, Altar und Kanzel
59 PURBACH Pfarrkirche ›Zum hl. Nikolaus‹,   60 NEUSIEDL AM SEE Pfarrkirche, Fischer-
    Kanzel   kanzel

61 MÖNCHHOF
Pfarrkirche,
›Marienkrönung‹
von Martino
Altomonte

63 FRAUENKIRCHEN Kalvarienberg
64 FRAUENKIRCHEN Wallfahrtskirche,
   Maria mit Kind

65 HALBTURN Steinsäule auf dem Dorfplatz

62 FRAUENKIRCHEN Wallfahrtskirche, Hochaltar

66　Maistschardaken in Halbturn

67　Kellerring von Breitenbrunn

bekannt; sie bilden einen Höhepunkt in Haydns künstlerischer Entwicklung. Auf der Rückreise vom ersten Englandaufenthalt vereinbarte Haydn mit Ludwig van Beethoven, daß dieser als Schüler zu ihm nach Wien kommen solle, was 1792 auch geschah.

1793 hat Haydn ein Haus in der Wiener Vorstadt Windmühle (heute Wien 6, Haydngasse 19) erworben, das er, während er das zweitemal in England weilte, umbauen und adaptieren ließ. Fürst Antons Sohn Nikolaus II. Esterházy, der 1794 das Majorat mit neuen hochfliegenden Plänen übernahm, suchte 1795 Haydn nochmals zu gewinnen, doch wurde die Leitung des Musik- und Theaterensembles in Eisenstadt schließlich Johann Nepomuk Hummel und Johann Nepomuk Fuchs anvertraut. 1797, im selben Jahr, in dem Haydn die berühmt gewordene österreichische Nationalhymne ›Gott erhalte Franz den Kaiser‹ komponierte (die übrigens 1922 mit dem Text von A. H. Hoffmann von Fallersleben auch zur deutschen Nationalhymne erkoren wurde), bezog er sein neues Domizil in der Vorstadt, in dem er ein Dutzend Jahre danach auch sein Leben beschließen sollte. Erst hier schrieb er seine ›ganz großen‹ Werke: die Oratorien – 1798 ›Die Schöpfung‹, 1801 ›Die Jahreszeiten‹, beide uraufgeführt beim Fürsten Schwarzenberg in dessen Wiener Palais.

Am 31. Mai 1809, kurz nach der zweiten Besetzung Wiens durch Napoleon, ist Haydn im 78. Lebensjahr verstorben. Er wurde in der Gumpendorfer Pfarrkirche eingesegnet und auf dem Hundsturmer Friedhof (heute Haydnpark) zur (vorläufig) letzten Ruhe bestattet (s. S. 91). Haydn gilt als der Vollender des neuen Instrumentalstils, besonders auf den Gebieten der Symphonie und des Streichquartetts. In seinem Sterbehaus in Wien besteht seit 1899 ein Museum; das Museum in seinem Eisenstädter Wohnhaus wurde am 23. Juni 1935 eröffnet, außerdem gibt es ein Museum im ungarischen Schloß Eszterháza.

Rund um den Neusiedler See

Leithagebirge und Neusiedler See

Von Bruck an der Leitha im Nordosten bis nach Hornstein im Südwesten erstreckt sich ein weitläufiger zusammenhängender Waldkomplex, ein Höhenrücken, der den Neusiedler See optisch und klimatisch wirksam gegen Westen abschirmt, das

Leithagebirge
Ähnlich dem Rosaliengebirge und dem Geschriebenstein ist es ein von Kalk- und Sandschichten ummantelter ›Horst kristallinen Gesteins‹, der Mittelgebirgslandschaften, wie dem Harz, der Rhön oder dem Böhmerwald, ähnlicher ist, als man dies hier erwarten würde. Bis heute in erheblichem Umfang im Besitz der Familie Esterházy, trägt das Leithagebirge auf seinen welligen Hängen überwiegend Laubwälder, die das Auge des Besuchers zwar durch das helle Grün der Bäume und die Lieblichkeit der Lichtungen erfreuen, zugleich aber in ihrer schieren Endlosigkeit und durch ihre Einsamkeit beeindrucken – eine Stimmung erzeugend, die dem Reisenden von heute schon fremd zu werden beginnt.

Anders war es im 18. und 19. Jh., als Maler und Dichter die Landschaft des Burgenlandes im Gefolge einzelner Reisender zu entdecken begannen; wie damals so oft, mußten sie aus Frankreich (wie Alexander Marquis de Laborde, der 1821 in Paris sein Werk ›Voyages pittoresque en Autriche‹ erscheinen ließ) oder aus England kommen (wie der Adelige John Paget, dessen ›Hungary and Transsylvania‹ 1839 in London veröffentlicht wurde), um die Einheimischen auf die Juwele vor ihren eigenen Toren aufmerksam zu machen.

Burgen, Kastelle, Schlösser und Dörfer hatten schon bedeutende Stecher des 16. und 17. Jhs. – von Jacob Hoefnagel über Braun-Hogenberg bis zu Matthias Greischer, der für Paul Esterházy dessen Besitz dokumentierte – in ihre topographischen Werke aufgenommen, der Landschaft – dem Leithagebirge ebenso wie dem Neusiedler See – schenkten die Künstler aber erst seit dem 18. Jh. Beachtung, beginnend mit Johann Christian Brand, der mit seinen Bildmotiven neue Wege beschritt und die Blicke seiner Schüler auf neue Ziele lenkte. Kein Geringerer als Adalbert Stifter, den meisten Literaturkennern nur als ›Dichter des Böhmerwalds‹ bekannt, hat sich in den vierziger Jahren des vorigen Jahrhunderts auch gern im Leithagebirge aufgehalten, wie ein im Wiener Stifter-Museum gezeigtes Ölbild aus dem Jahre 1841 zeigt: ein Gemälde, mit dem es Stifter vortrefflich gelungen ist, den Zauber der Stimmung, fast möchte man sagen: die Melancholie der Landschaft, einzufangen.

Mit ihm kamen auch all jene, die damals das Land ›rings um Wien‹ durchstreiften und die es dabei ins heutige Burgenland – ins Leithagebirge, zu den Esterházy an ihren Hof zu Eisenstadt, zu den Harrach im Norden des Landes oder an den Neusiedler See, später auch nach Bad Tatzmannsdorf – verschlug und die fast ausnahmslos dem Reiz des Landes verfielen. Zu ihnen gehörten im Vormärz der bekannte Maler und Schubertfreund Moritz von Schwind, der 1821 das nördliche Burgenland bereiste, der Historienmaler und Archäologe Anton Ritter von Perger, der unter anderem Schloß Forchtenstein im Bild festhielt, der Landschaftsmaler Joseph Feid, der Ölbilder von Eisenstadt und vom Neusiedler See schuf, und Ludwig Ferdinand Schnorr von Carolsfeld, der sich in den dreißiger Jahren von seinen bis dahin bevorzugten religiösen und historischen Motiven abwandte und überwiegend Landschaften malte: 1837 beispielsweise ein überaus stimmungsvolles Bild vom Neusiedler See. Die wohl bekanntesten Bilder des Burgenlandes überhaupt aus jener Zeit sind aber die Aquarelle von Jakob und Rudolf Alt, die zwar nicht die Gegend zwischen Leithagebirge und See, sondern Halbturn und das Rosaliengebirge (Farbabb. 7) darstellen.

Vor allem ist auch bei dieser Gelegenheit auf das Mäzenatentum der Familie Esterházy zu verweisen, an deren Hof sich im 19. Jh. und auch schon früher zahlreiche Maler und andere Künstler einfanden und stets eine großzügige Förderung durch Aufträge erfuhren. Seit der Mitte des 19. Jhs. wurden dann die originalen Schöpfungen durch gedruckte Ansichtenwerke ergänzt, die weite Verbreitung fanden und uns in überaus reichhaltiger Weise über das damalige Aussehen von Denkmälern und Landschaften informieren.

Das Land zwischen Leithagebirge und Neusiedler See übt auf jeden Besucher, der bereit ist, sich in die ihm anfangs vielleicht fremdartig erscheinende Umgebung einzuleben, eine besondere Anziehungskraft aus: faszinierend wohl vor allem deshalb, weil sich die naturbelassene landschaftliche Schönheit eines in Europa einmaligen Steppensees mit den Reizen eines anmutigen Hügellandes verbindet. Das Leithagebirge mit den sich in welligen Fernen verlierenden Wäldern, das Hügelland um Rust mit seinen für edlen Qualitätswein bekannten Rebkulturen, das Rosaliengebirge mit seinen ausgedehnten Plantagen von Kirschen-, Mandel-, Marillen- und Pfirsichbäumen, deren weißes und rosarotes Blütenmeer im Frühling ebenso bezaubert wie die Umgebung von Donnerskirchen, und die manche Gebiete der weiteren Umgebung beherrschenden Ananaserdbeerfelder, die zur Erntezeit Käufer von weit und breit anlocken (die auf den Feldern die Früchte selbst pflücken dürfen), bilden die landschaftlichen Dominanten; und inmitten all dieser Naturschönheiten eingebettet findet man kulturelle und künstlerische Glanzpunkte von ganz eigener Art.

Verläßt man Eisenstadt in Richtung des Leithagebirges und durchquert man dieses nach Norden, so erreicht man auf diesem lohnenden Ausflug auf einer wunderschönen Waldstraße, von der markierte Spazier- und Wanderwege – etwa auf den Sonnenberg (484 m) oder auf den Buchkogel (443 m) – abzweigen, nach etwa 12 km den am Nordrand des westlichen Leithagebirges liegenden kleinen Ort Loretto mit seiner prächtigen, aus dem Beginn des 18. Jhs. stammenden barocken Wallfahrtskirche. Wer an längeren Wanderungen interessiert ist, kann Loretto von Eisenstadt auch auf zwei sehr schönen Routen zu Fuß erreichen.

Loretto

Die Gründung des 17. Jhs. hat ihre Ursprünge in einer Legende: Eine Engelschar soll das
›Heilige Haus‹ (Casa Santa) aus Nazareth entfernt haben, um es nicht in die Hände der
Türken fallen zu lassen. In diesem Zusammenhang entstand das Gnadenbild der ›Schwarzen
Muttergottes‹, das den italienischen Wallfahrtsort Loreto weltberühmt gemacht hat. Der
Loretopilger Hans Rudolf von Stotzingen ließ, ergriffen von der heiligen Stätte, eine Kopie
des dortigen Originals anfertigen und nach seiner Rückkehr für diese auf seinem Besitz 1644
eine Wallfahrtskapelle errichten. Sie stand auf geschichtsträchtigem Boden: befand sich in
dieser Gegend doch bereits eine ausgedehnte jungsteinzeitliche Siedlung, und die Archäologen haben auch Grabstätten aus der Hallstatt- und La-Tène-Zeit freigelegt, in denen sich
Mondidole – offensichtlich religiöse Symbole – fanden.

In *Stotzing*, am Wege nach Loretto am Nordabhang des Leithagebirges gelegen, befand
sich ebenfalls eine dem hl. Johannes dem Täufer geweihte *Wallfahrtskirche*, der man mühe-
los einen kurzen Besuch abstatten kann. Im 17. Jh. entstand hier ein Servitenkloster mit
Kirche; beide wurden 1683 von den Türken zerstört. Dreißig Jahre später, 1713, fand ein
Bauer, als er sein Feld bestellte, eine vergrabene steinerne Marienstatue, die seither als
Gnadenbild verehrt wurde und 1745 ihren Platz auf dem Hochaltar der wiederaufgebauten
Kirche fand. Die Einrichtung des Gotteshauses stammt aus der Bauzeit. Der Hochaltar aus
Stucco lustro ist das Meisterwerk des Steinmetzen Elias Hügel aus Kaisersteinbruch (1751);
hier thront die Mariengnadenstatue unter einem Baldachin, flankiert von Schnitzfiguren
Johannes' des Täufers und des Evangelisten Johannes. Der reichverzierte weißgoldene
Tabernakel trägt ein bemerkenswertes Abendmahlrelief. Der Schmuck der Seitenaltäre zeigt
Bezugspunkte zum Servitenorden (links Ordensgründer, rechts Ordensheilige). Die Kan-
zel, ein prachtvolles Schnitzwerk, stammt aus der Mitte des 18. Jhs.

Schon kurz nach der Errichtung der Kapelle in Loretto entstand in ihrer unmittelbaren
Nähe ein Servitenkloster, und dies führte wieder zu einer Vergrößerung des Pilgerstromes,
so daß schon eineinhalb Jahrzehnte nach der ersten Gründung eine neue, nunmehr größere
Kirche notwendig wurde (1659), die Franz von Nádasdy erbauen ließ, der die Herrschaft
Stotzing seit 1648 sein eigen nannte. Im äußeren Kirchhof fand die Gnadenkapelle ihren
Platz. Als in den achtziger Jahren ein neuer Türkensturm drohte, brachte man die Gnaden-
statue rechtzeitig auf Burg Forchtenstein in Sicherheit, und man tat gut daran, denn Kloster
und Kirche wurden stark in Mitleidenschaft gezogen.

Im 18. Jh. erlebten die Wallfahrten ihren Höhepunkt: Man zählte jährlich bis zu 60 000
Kommunikanten. Nicht nur die Bewohner vieler burgenländischer und niederösterreichi-
scher Gemeinden, sondern auch die Wiener hatten ihre bestimmten Wallfahrtstage. Lange
Zeit galt Loretto als die ›stolze Schwester des hochberühmten Mariazell‹ – jenes Mariazell im
niederösterreichisch-steirischen Grenzgebiet übrigens, zu dem, wie überliefert wird, Fürst
Paul Esterházy, ein unermüdlicher Wallfahrer, nicht weniger als 58mal gepilgert sein soll.

Die neue *Wallfahrtskirche Loretto*, ein einheitlich gestalteter Barockbau, wurde 1707
eingeweiht, erhielt aber erst gegen Ende des 18. Jhs. ihre beiden Westtürme und damit ihr
heutiges Aussehen. Zum Gotteshaus gelangt man durch einen Vorhof, den man durch einen

*Loretto, Sebastian
Rosenstingl, um 1740,
Kupferstich*

Torbogen betritt; diesen ziert eine alte Marienfigur aus Stein. Zunächst fällt der Blick rechts auf eine 10 m hohe Mariensäule aus der Zeit um 1700, deren Pfeiler mit Reliefs bedeckt ist, die Szenen aus dem Leben Jesu zeigen (Christus im Tempel, Flucht nach Ägypten, Christus unter den Pharisäern, Dornenkrönung, Kreuzabnahme, Beweinung Christi). Dann steht man vor dem kunstvoll geschmiedeten Eingangsportal der Kirche, über dem in einer Nische die hl. Barbara thront; die Nischenfiguren am unteren Teil der Turmfassade stellen zwei heiliggesprochene Ungarnkönige dar (Stephan und Ladislaus), diejenigen am oberen Teil zwei heiliggesprochene Bischöfe.

Im Innenraum der Kirche (mit den beachtlichen Maßen von 36 × 20 m; Abb. 21) fallen sogleich die beiderseits des hohen, einschiffigen Langhauses (mit Stuckarbeiten der Carlone-Schule) liegenden tonnengewölbten Kapellen ins Auge, über deren Korbbogen sich niedere Emporen öffnen. Der prachtvolle grünmarmorierte Hochaltar stammt aus dem Jahre 1766: wieder begegnen wir den beiden heiliggesprochenen Ungarnkönigen, die das Altarbild der Immaculata flankieren; das Sanktuarium ist in seiner Bildausschmückung auf Maria ausgerichtet, deren Unbefleckter Empfängnis die Kirche geweiht ist: Die ›Heimsuchung Mariens‹ und die ›Aufnahme Mariens in den Himmel‹ stammen noch aus der Zeit um 1650, die Kopie des bekannten Lucas-Cranach-Gemäldes ›Maria Hilf‹ aus der Zeit um 1700. Die Schnitzfiguren am Triumphbogen (18. Jh.) stellen – wie dies in ländlichen Gegenden häufig der Fall ist – die Wasser- und Feuerpatrone, den hl. Johannes Nepomuk und den hl. Florian, dar. Auch die steinerne Kommunionbank, eine qualitätvolle Arbeit von 1773, sollte man nicht unbeachtet lassen.

Die Seitenkapellen mit ihren prächtigen Altären, wertvollen Fresken, Gemälden, Skulpturen und sonstigen Ausstattungskomponenten werden nicht nur Kunsthistoriker zu näherem Verweilen veranlassen, ihre Widmungen – der ›Schmerzhaften Muttergottes‹, dem hl.

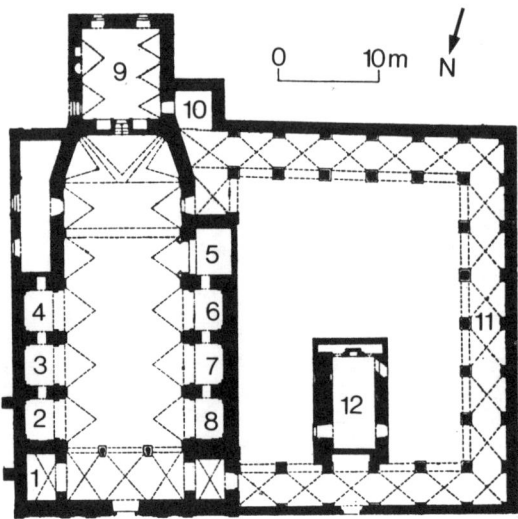

*Loretto, kath. Pfarr- und Wallfahrtskir-
che mit Kreuzgang und Gnadenkapelle,
Grundriß*

1 *Allerheiligenkapelle (unter dem Turm). Säulenaltar (erstes Viertel 18. Jh.); seitlich zwei
Heilige des Servitenordens; auf der Mensa Kopie der >Schwarzen Muttergottes< von Loretto
(Farbabb. 5)*

2 *Benitius-Kapelle (Benitius war Berater Rudolfs von Habsburg). Säulenaltar mit Seg-
mentgiebel; Altarbild >Der Hl. erhält von Maria das Skapulier<*

3 *Stephankapelle. Altar mit schräggestellten Pilastern (um 1770); seitlich Elisabeth und Barbara; Altarbild >König Stephan von Ungarn
und sein Sohn Emmerich<*

4 *Johannes-Nepomuk-Kapelle. Altar (1734) mit
Bild des Heiligen beim Gang über das Wasser;
Taufstein aus rotem Marmor*

5 *Kapelle der Pestpatrone Rochus und Sebastian.
Altar (1651–59) mit Altarbild >Hl. Dreifaltigkeit mit Pestheiligen<; auf der unteren Hälfte
des Altarblattes neben historischen Burgdar-
stellungen auch die turmlose Fassade der alten
Wallfahrtskirche von Loretto*

6 *Judas-Thaddäus-Kapelle. Altar mit Pilastern;
Altarbild des Heiligen mit Jesus; seitlich Petrus
und Paulus; in barockem Glasschrein Jesus-
kind mit Weltkugel*

7 *Peregrinikapelle (der Servitenheilige wird bei
Fußleiden angerufen). Altarbild >Hl. Peregri-
nus mit verbundenem Fuß<.*

8 *Kapelle der Schmerzhaften Muttergottes.
Großer Stuckaltar (1751); Wandmalereien.*

9 *Chorraum. An den Wänden Gemälde (>Heim-
suchung Mariä< und >Aufnahme in den Him-
mel<, beide zweite Hälfte 17. Jh.; Gnadenbild
>Maria Hilf< in vergoldetem Akanthusrah-
men, um 1700; >Anbetung der Eucharistie<,
um 1720)*

10 *Votivbilder des 19. und 20. Jhs., Klosterarbeiten, Paramentenschrank, Holzfiguren, große
Krippe (im Hintergrund die Stadt Bethlehem)*

11 *Kreuzgang*

12 *Gnadenkapelle*

Peregrin, den Pestpatronen oder dem hl. Stephanus – machen die jeweiligen Schwerpunkte der künstlerischen Ausschmückung verständlich.

Im inneren Kirchhof liegt, von einem im 18. Jh. errichteten Kreuzgang umgeben, die (jüngere, aus dem Jahre 1659 stammende) *Gnadenkapelle*, eine Nachbildung des ›Heiligen Hauses‹; die ältere Kapelle stand im äußeren Kirchhof, dem heutigen Vorhof, etwa dort, wo sich die Mariensäule erhebt. Der Bau der neuen Kirche hatte ihre Verlegung notwendig gemacht. Im kleineren der beiden hintereinanderliegenden, durch ein Holzgitter getrennten Räume der Kapelle befindet sich die Gnadenstatue der ›Schwarzen Madonna‹ mit einer Silberkrone (Farbabb. 5), im größeren fällt der Blick auf den aus der Mitte des 18. Jhs. stammenden Gnadenaltar mit seinem Tabernakel. Die Kirche von Loretto ist bis in unsere Tage das Ziel vieler Wallfahrten, die sich hauptsächlich auf die Marienfeiertage konzentrieren, wobei Mariä Himmelfahrt (15. August, in Österreich gesetzlicher Feiertag) und der dritte Sonntag im September Höhepunkte bilden; letzterer wird wegen der Beliebtheit dieses regionalen Festtages unter den burgenländischen Kroaten, die zu dieser Zeit zu Tausenden nach Loretto pilgern, auch ›Kroatischer Sonntag‹ genannt.

Der Ort Loretto bietet dem Besucher geringere Anziehungspunkte als die alles dominierende Wallfahrtskirche. Der Dorfplatz (vor Kirche und Kloster) ist von Wirtschaftshöfen umrahmt. Die Pestsäule aus dem Jahre 1680 (dem Jahr einer Pestepidemie), eine Pietà aus der ersten Hälfte des 18. Jhs. (Abb. 22) und eine Dreifaltigkeitssäule aus derselben Zeit sind bedeutsame historische Zeugnisse.

Nach Eisenstadt zurückgekehrt, wenden wir uns dem Neusiedler See zu. Auf der Straße Richtung Rust sollte man nach 11 km unbedingt haltmachen: Der weit über die Grenzen Österreichs hinaus bekannt gewordene Römersteinbruch von St. Margarethen und das nur 3 km entfernte Oslip dürfen – im wahrsten Sinne des Wortes – nicht ›links‹ liegen gelassen werden.

St. Margarethen und sein Römersteinbruch

Läßt man den typischen Weinort St. Margarethen, in den wir nochmals zurückkehren werden, zunächst hinter sich, dann zieht sich die Straße in sanfter Steigung auf den Ruster Höhenzug empor und erreicht damit ein beliebtes Wandergebiet. Der Höhenzug ist, wenn man den Neusiedler See entlangfährt, kaum erkennbar, wenn man aber von Eisenstadt kommt, dann bildet er eine deutliche Höhenschwelle, die den nur 5 km entfernten See vom Wulkatal trennt. Hier dehnt sich in beachtlicher Größe der St. Margarethener Gemeindewald aus, im Kern mit bemerkenswertem Eichenbestand, auf den freien Flächen von pannonischer Flora bewachsen.

Fährt man den Höhenzug empor, so sieht man linker Hand sehr bald eine Felsszenerie, die man an dieser Stelle nicht erwarten würde: Ein riesiger *Steinbruch* (Abb. 29) erstreckt sich auf einer Fläche von fast 15 ha (genau 147 000 m^2), und seine bis zu 40 m hohen Felswände unterscheiden sich fast unwirklich von den grünen, sanft zum Neusiedler See hin abfallenden Rebhängen. Bizarr in den Formen, vielfältig in den Farben – Schattierungen von

Weißgrau über Gelb bis zum stumpfen Anthrazit, zum Teil verwittert, zum Teil mit frischen Flächen, grauviolett in den Schatten, grell leuchtend im scharfen Sonnenlicht –, wird die natürliche Gestalt der in den Riffkörper des Höhenzuges einschneidenden Steilwände unvermittelt von Kunstformen unterbrochen: riesenhafte Skulpturen, von Menschenhand geschaffen und in dem großen Areal wie zufällig ›vergessen‹.

Nördlich des Steinbruchs, auf dem Kogel – mit dem Oggauer Goldberg die höchste Erhebung des Ruster Höhenzuges –, steht eine alte Pestkapelle, die zu einer Kriegergedenkstätte umgestaltet worden ist. Nicht weit vom Steinbruch entfernt befindet sich ein Märchenwald mit Tiergehegen: ein Anziehungspunkt vor allem (aber nicht nur) für Kinder!

Wie kommt der gigantische Steinbruch, fragt man sich, in dieses Land? Zur Erklärung muß man zehn, vielleicht sogar zwanzig Millionen Jahre – in diesen Dimensionen nehmen es selbst seriöse Wissenschaftler nicht mehr so genau! – in die Erdgeschichte zurückgreifen. Damals reichte das Torton- und Sarmatmeer des Miozäns, das sich vom Mittelmeer über weite Teile Osteuropas bis zum Aralsee ausdehnte, bis hierher. Seine Kalkablagerungen – ein unter der Fachbezeichnung ›Lythothaminkalk‹ (nach den Kalkalgen oder sogenannten Lythothamnien) bekannter Kalksandstein, der allerdings im normalen Sprachgebrauch vereinfachend als ›Leithakalk‹ bezeichnet wird – bilden den Steinbruch, den schon die römischen Legionäre kannten und nutzten. Die Römer holten das weiche und leicht zu bearbeitende Material von hier zum Bau von Carnuntum und wohl auch von Vindobona, im Mittelalter verwendete man den Kalkstein zum Bau des Wiener Stephansdomes. Noch heute spricht man von der ›Römerwand‹ und blickt von dieser – über einen Zeitraum von mehr als einem Jahrtausend hinweg – auf die ›Stephanswand‹, aus der das Gestein für den mittelalterlichen Wiener Dom gebrochen wurde. Auch für viele bekannte Gebäude der Wiener Ringstraße wurde Leithakalk verwendet.

Der ›Römersteinbruch‹, der gegen Eintrittsgebühr besichtigt werden kann und der längst ein ›touristisches Ambiente‹ mit großem Parkplatz, Taverne (samt Aussichtsterrasse auf den – abends beleuchteten – Steinbruch) und einem der größten Souvenirläden des ganzen Landes geworden ist (in dem Erzeugnisse der reichhaltigen burgenländischen Volkskunst stark vertreten sind), war auch eine unerschöpfliche Fundgrube für die Naturforscher: Man fand hier die versteinerten Köpfe zweier Seekühe ebenso wie das Skelett eines delphinartigen Zahnwals und Haifischzähne, natürlich auch Muscheln in großer Zahl und selbst die fossilen Überreste eines ›Urpferdes‹ sowie das Skelett eines über 23 000 Jahre alten Riesenhirsches. Ein anderes Unikum ist die sogenannte Fledermaushöhle, die im Winter bis zu 2500 Tieren Unterschlupf bietet.

Auch zwei wesentlichen kulturellen Aktivitäten bietet der Steinbruch eine Heimstätte. Der junge Wiener Bildhauer Karl Prantl begründete 1959 ein ›Bildhauer-Symposion‹, eine Art von Freiluftatelier für moderne Kunst, das rasch zu internationalem Ansehen gelangte und Bildhauer und Steinschnitzer aus West- und Osteuropa ebenso ins Burgenland lockte wie Künstler aus Israel, Indien oder Japan, die in St. Margarethen jeden Sommer ihre Ideen und Gestaltungsvorstellungen in oft monumentale Skulpturen verschiedenster Stilrichtungen umsetzen.

Ein besonderes Erlebnis anderer Art sind die seit 1961 in einem stillgelegten Teil des Steinbruchs vor einer eindrucksvollen Felsszenerie abgehaltenen *Passionsspiele,* die hier – nachdem sie 1926 in einem Margarethener Bauernhof begründet worden waren – eine gewaltige Naturkulisse gefunden haben und den rund 500 Laienspielern aus dem Dorf Gelegenheit geben, alle fünf Jahre von Mai bis September ihr ergreifendes Spiel von der Passion Christi vor einem andächtigen Publikum aufzuführen: das nächste Mal im Jahre 1991.

Kehren wir in den Ort **St. Margarethen** zurück (Abb. 26). Man entdeckt barocke Wohnhäuser aus der Zeit nach dem großen Ortsbrand von 1745, kann idyllische Wohngäßchen durchwandern, die sich hinter modernisierten Fassaden verbergen, und den aus dem 17. Jh. stammenden Pranger besichtigen. In der spätgotischen, dem hl. Johannes dem Täufer geweihten *Pfarrkirche,* die auf einem Hügel im Ort in der seinerzeitigen Mittelachse des Dorfangers steht, ist vor allem die ebenfalls aus dem 17. Jh. stammende steinerne Kanzel sehenswert, die als ein Hauptwerk der St. Margarethener Steinmetzschule bezeichnet wird (Abb. 24). Der *Karner* – ein sechseckiger Bau mit steinernem Pyramidenhelm – stammt aus dem beginnenden 14. Jh., wurde jedoch in der Barockzeit verändert (Abb. 25). Eine mittelalterliche Mauer wird mit der verschollenen Burg in Zusammenhang gebracht.

Einige Gebäude sollte man nicht übersehen: den ›*Burghof*‹ (Hauptstraße 161), die Untermühle (jetzt Klostermühle) aus der Zeit um 1800 (mit Stiegenlaube im Hof, Taubenschlag usw.) und die Eselmühle. Der Burghof ist nicht identisch mit der mittelalterlichen Burg, die wir spätestens im 14. Jh. aus den Augen verlieren, sondern ein alter Edelhof, dessen Anfänge sich mühelos ins 13. Jh. zurückverfolgen lassen. Sein heutiges Aussehen erhielt er gegen Ende des 17. Jhs. unter den Esterházy, die seit 1654 als Besitzer bekannt sind; Mitte des 18. Jhs. verlor er seine Funktion als adeliger Wohnsitz. Der zweigeschossige Dreiflügelbau besitzt im Obergeschoß einen eher ungewöhnlichen Flacherker, über dem Portal steht in einer Nische das uns bereits vertraute Eisenstädter Gnadenbild, die ›Glockenmadonna‹, und am Hoftrakt sieht man eine hübsche Stiegenlaube.

Nur 3 km abseits der Straße von Eisenstadt nach Rust liegt in der Wulkaniederung **Oslip,** eines der charakteristischen kleinen Kroatendörfer des Burgenlandes, dessen Häuser und Gassen sich noch ihren ursprünglichen Charakter bewahrt haben. Ursprünglich gab es zwei Siedlungen, das um die Mühle gescharte Oberoslip und die Kirchensiedlung Unteroslip, die später durch die Dorfstraße verbunden wurden. Die Reihen zum Teil gestaffelter Streckhöfe stehen – seit der Bauzeit fast unverändert – mit ihren Giebeln zur Straße. Am Südende des Ortes steht die ehemalige fürstliche Dorfmühle, die *Storchenmühle,* mit ihrer schönen Barockeinfahrt (Farbabb. 22; heute Spezialitätenrestaurant), im Norden befindet sich die *Cselleymühle* (am Obergeschoß des Wohnhauses hofseitig Arkadengang) mit bemerkenswertem Taubenschlag (Abb. 27). Die Häuser besitzen vereinzelt Stiegenlauben. Die *Pfarrkirche,* am Nordende des Ortes abseits der Straße gelegen, geht wahrscheinlich auf eine mittelalterliche Pfarre zurück; das Langhaus und der vorgestellte Westturm sind gotisch, die große Kreuzigungsgruppe stammt aus dem 18. Jh.

Von der Höhe der Ruster Hügelzuges öffnet sich dem Besucher der Blick über eine faszinierend weite Landschaft von den Ausläufern der Ostalpen bis in die Tiefebene des

Ostens. Neben dem Römersteinbruch findet man einen Platz, von dem aus man, auf einer Bergheide stehend, über einen kleinen Wald auf die sonnigen Rebhänge, Äcker und Wiesen, auf den hinter einem breiten Schilfrohrwald flimmernden Spiegel des Neusiedler Sees blickt, um dahinter – oft nur im Dunst verschwimmend – die unendlich scheinende Pußta zu ahnen. »Nicht weit von hier beginnt die Tiefebene«, schrieb Heimito von Doderer, »und flieht dahin und enteilt. Alles wird größer und weniger ins einzelne gehend, und mit dem wachsenden Landmaße wächst auch das Zeitmaß.«

Neusiedler See

Der Neusiedler See – 7 bis 15 km breit und 37 km lang – ist mehr als nur irgendein mitteleuropäisches Gewässer: Er ist in vielfacher Hinsicht etwas Unwiederholbares, zugleich ein Fremdkörper und ein heimisches Juwel (Farbabb. 13, Abb. 30). Wer ihn besucht, sollte von vornherein Gedanken an andere Seen, die er kennt, zurückstellen, weil es solche Vergleichsmöglichkeiten nicht gibt; er sollte sich der Einmaligkeit dieses Gewässers bewußt werden und es unter diesem Blickwinkel betrachten. Nicht zu Unrecht wird der Neusiedler See als der westlichste ›Steppensee‹ Europas bezeichnet, nicht umsonst bemüht man sich, ihm seine Ursprünglichkeit zu bewahren, ihn naturschützerisch zu pflegen und die Vielfalt an Pflanzen und Tieren, die in seinem undurchdringlichen Schilfgürtel oder in seiner unmittelbaren Umgebung leben, zu erhalten. Neben dem Neusiedler See im engeren Sinn ist auch der sogenannte Seewinkel östlich des Sees (s. S. 170) wegen seiner Salzlacken eine besondere Attraktion.

Man könnte manches anführen, das für den See von hervorragender Bedeutung ist: daß er fast rundum einen unvergleichbar weitläufigen Schilfgürtel besitzt, daß in diesem eine überaus große Zahl seltener Vogelarten ihre Nist- und Brutstätten hat, daß er trotz seiner Größe im Durchschnitt kaum mehr als einen oder eineinhalb Meter tief ist – alljährlich wird er in Form eines Volksfestes von Mörbisch nach Illmitz ›durchwandert‹! –, daß er kaum einen Zufluß und überhaupt keinen natürlichen Abfluß besitzt, daß sein Wasser ebenso wie jenes der ›Lacken‹ im Seewinkel salzhaltig ist, daß man sich an seinen Ufern in die Pußta versetzt fühlt, und vieles andere mehr. Und doch läßt sich der Reiz des Sees nicht an irgendeiner Einzelheit messen oder gar beschreiben, sondern er liegt im Zusammentreffen aller Faktoren, unter denen neben Landschaft, Flora und Fauna auch Kunst, Kultur und Brauchtum eine hervorragende Rolle spielen.

Was ist dieser See eigentlich wirklich? Was macht sein Wesen, seine Rätselhaftigkeit – wie manche sagen –, seine ›Merkwürdigkeit‹ aus? Hans Markus Thomsen hat sich einmal mit dem Phänomen ›Neusiedler See‹ eingehend beschäftigt und ist dabei zu interessanten Schlüssen gelangt. Vorweg muß man wissen, daß der Neusiedler See die am tiefsten liegende ›Mulde‹ Österreichs füllt, nur 115 m über dem Meeresspiegel gelegen, und daß er den Wissenschaftlern tatsächlich noch heute so manches Rätsel aufgibt, weil zahlreiche Unsicherheitsfaktoren seine Existenz bedrohen und sein Ökosystem äußerst labil ist. Man hat es genau errechnet, und hier sind die bekannten Ergebnisse: Oberirdisch erhält der See Zuflüsse von jährlich rund 65 Millionen Hektoliter (vor allem durch die Wulka), weitere acht Millionen kommen unterirdisch dazu (Grundwasserströme), den Hauptteil allerdings, 162 Millionen, bringen Niederschläge – das sind zusammen 235 Millionen. Auf der ›Ausgabenseite‹ der Rechnung stehen Abflüsse (durch den sog. Einserkanal) in Höhe von zehn Millionen Hektoliter, wogegen der See durch Verdunstung nicht weniger als 225 Millionen verliert – exakt ebenfalls 235 Millionen Hektoliter.

Wir wollen das Problem nicht im einzelnen aufrollen, aber eines muß berücksichtigt werden: So einfach, wie hier dargestellt, ist das System in der Praxis natürlich nicht. Wohl beeinflussen geringere oder höhere Niederschläge den Pegel des Sees, aber die Natur, oftmals weiterdenkend als der Mensch, hat einen Regulator vorgesehen: Die Grundwasserströme hinken gegenüber den ›oberirdischen‹ Veränderungen bis zu sieben Jahren nach. Daß es trotzdem zu Katastrophen kommen kann, haben wir in historischen Zeiten schon mehrfach erleben können, als nämlich 1740, im Jahr des Regierungsantritts Maria Theresias, und 1866, im Jahr von Königgrätz, die möglichen negativen Aspekte zusammenfielen und die Folge ein völliges Austrocknen des Sees war – im letzteren Fall konnte man ein ganzes Jahrzehnt hindurch trockenen Fußes auf das einstige östliche Seeufer gelangen, so daß man schon ernstlich daran dachte, das Gebiet des Sees landwirtschaftlich nutzbar zu machen.

Der auch in der Gegenwart schwankende Pegelstand ändert den Salzgehalt des Seewassers, vor allem an Soda, wobei vor allem im Süden des Sees Salzwasser aufquillt, während die Zuflüsse von Grundwässern den Norden mit Süßwasser versorgen – bei anhaltender Windstille könnte das dazu führen, daß das Wasser nicht entsprechend ›vermengt‹ wird.

Für den reisenden Urlauber ist das alles nur von geringem Belang, auffälliger wird ihm die sogenannte ›Seetrübe‹ erscheinen. Die geringe Wassertiefe des Sees bedingt nämlich, daß schon schwacher Wind – und windstill ist es in diesem Wassersportparadies erfreulicherweise fast nie – den See von Grund auf aufwühlt, das Wasser dabei mit Sauerstoff vermischt und jene charakteristische silbrige Trübe verursacht, die von manchen Touristen sehr zu Unrecht als ›Verschmutzung‹ klassifiziert wird, obwohl es sich lediglich um Schwebstoffe handelt, die vom Boden des Sees aufgewirbelt wurden – vor allem winzige Partikelchen von Quarz, Feldspat und Dolomit in Form von feinem Sand (die Wasserqualität wird übrigens laufend amtlich kontrolliert).

Für den Besucher sind außerdem zwei Gegebenheiten wichtig: Erstens kann auch bei Windstille oder schwacher Luftbewegung unvermittelt starker Wind aufkommen, der beträchtlichen Wellengang erzeugt und Segler oder Surfer in Gefahr bringen kann, sofern sie sich unroutiniert verhalten, und zweitens wird durch die Seetrübe das Sonnenlicht so stark reflektiert, daß am Boden des Sees selbst zur Mittagszeit die Dunkelheit einer Vollmondnacht herrscht.

Eine Besonderheit des Neusiedler Sees ist zweifellos sein riesiger Schilfgürtel, den man vor allem dort deutlich erkennt, wo – wie etwa in Mörbisch – Zufahrtsstraßen zu Bädern und Restaurants gebaut wurden und man kilometerweit den Schilfgürtel durchqueren muß. Wenn man seine Größe mit 150 km² veranschlagt, so gewinnt diese Zahl erst dann Bedeutung, wenn man sie in einen Vergleich zum gesamten See (320 km²) oder gar zum verbauten Gebiet von Wien setzt: Die Größe ist nämlich identisch! In diesem Schilfgürtel liegt der

Lebensraum der einmaligen Vogelwelt des Sees, in ihm liegt aber auch die Möglichkeit, das biologische Gleichgewicht des Sees zu erhalten. Vor allem ist aber der Schilfgürtel Voraussetzung dafür, daß hier Phosphate abgelagert werden und als Nährstoffe Verwendung finden, die ansonsten zu einer Übersättigung des Sees und damit zu einem Problem führen müßten. Um sich auch hier eine Vorstellung von den Quantitäten zu machen: Rund 10000 Tonnen Schilf werden alljährlich ›geerntet‹ (Farbabb. 16, Abb. 37).

Der Neusiedler See liegt dank der hier vorhandenen seltenen Bedingungen für die Vogelwelt am Schnittpunkt mehrerer Flugstraßen, und zu den Anwohnern des Sees gehören die verschiedensten Arten, die teilweise auch im Donaudelta oder in der Camargue anzutreffen sind: Löffler, Rallen, Rohrsänger, Bart- und Beutelmeisen, um nur einige wenige zu nennen (Abb. 31–36). Einmalig ist der Neusiedler See in ganz Europa allerdings als ›Reich der Reiher‹, die – wie die auf den Dächern westlich und östlich des Sees, vor allem aber in Rust nistenden Störche – ebenfalls zu den ›Storchartigen‹ gehören. Sieht man sie fliegen, kann man sie leicht unterscheiden: Reiher fliegen nämlich – im Gegensatz zu Störchen und Löfflern, die mit gestrecktem Hals fliegen – stets mit gebogenem Hals.

Der Fischreichtum läßt nicht nur das Herz der Angler höher schlagen, sondern erfreut auch die Gourmets. Mit Reusen und Zugnetzen werden professionell alljährlich 130000 kg Karpfen, meist Spiegelkarpfen, 50000 kg Hechte und 20000 kg Brachsen, Karauschen und Flußbarsche gefangen, neuerdings auch Aale (Abb. 38).

Jede Jahreszeit hat am Neusiedler See ihren besonderen Reiz: sind es im Frühjahr die blühenden Mandel-, Pfirsich- und Kirschbäume, ist es im Sommer der Sonnenglast, der die ganze Landschaft in ein besonderes Licht taucht, so ist es im Herbst die bunte Palette sich verfärbenden Weinlaubs und reifender Trauben. Kommt man zur rechten Zeit, so sieht man über Rust die Störche kreisen, denn diese sind eine Eigenheit dieses Landstrichs, angezogen vom Biotop des Neusiedler Sees, das ihnen noch ungestörte Nahrungssuche ermöglicht. Daß die Störche ausschließlich von Fröschen leben, ist eine weit verbreitete, jedoch falsche Ansicht; sie sind jedenfalls mehr auf den Wiesen als im Wasser anzutreffen, jagen auch Mäuse, fressen Heuschrecken und vertilgen manch anderes Getier. Wohl brüten auch in anderen Gemeinden am Neusiedler See, ja, selbst im südlichen Burgenland Störche, aber es sind nur wenige – ein bis fünf Paare pro Ort im Durchschnitt.

Viele Menschen haben den Neusiedler See besucht, viele ihn beschrieben oder im Bilde festgehalten; manche wurden von Melancholie befallen, andere von seiner Stimmung zum Schwärmen veranlaßt. Mit einem einzigen Satz vermochte jedoch Franz Werfel seinen Eindruck zusammenzufassen, als er prägnant formulierte: »Hier bin ich das erste Mal der Natur begegnet.« Es gehört auch zu den Eigenarten des Sees und seiner Umgebung, daß eben diese Natur nur durch streng umgrenzte Orte unterbrochen wird. Rund um den Neusiedler See gibt es kaum Einzelgehöfte; in der Vergangenheit rückten die Häuser in den Ortschaften aus Sicherheitsgründen eng aneinander, weil das flache Land, jedem feindlichen Zugriff offen preisgegeben, eine lockere Siedlungsmöglichkeit verbot. »Hier ist nichts als grandiose Einsamkeit«, hat es Reinhold Schneider einmal formuliert, »die schwermut- und leidensvolle Antwort an die Natur, ihre antwortlose Frage an den Himmel...«

Großtrappe und Kiebitz   *Löffler*   *Zwergrohrdommel*

Beginnen wir die Besichtigung der Orte am Neusiedler See jedoch nicht in Rust, auf das wir zuerst stoßen, sondern am südlichsten Punkt des Westufers. Zu diesem Zweck fahren wir von Rust nach Süden, durch Weingärten, zur Linken stets den Blick auf den Schilfgürtel und den See gerichtet, um nach 6 km Mörbisch zu erreichen: den Ausgangspunkt unserer Seeumrundung.

Das Westufer

Am Seeufer reiht sich von Mörbisch über Rust, Oggau, Purbach, Breitenbrunn, Winden, Jois und Neusiedl am See bis Weiden und weiter nach Podersdorf Dorf an Dorf, wie Perlen, die an einer unsichtbaren, um den Neusiedler See gelegten Kette aufgereiht wurden. Es sind überwiegend alte Weinhauerdörfer, in denen von bodenständigen Hauerfamilien der beliebte burgenländische Wein erzeugt wird, dessen Rieden Kennern namentlich geläufig sind. Nicht zu Unrecht hat man im Hinblick darauf, daß der Weinbau das ganze Land geprägt hat, einmal gesagt, daß der Rebstock die gesamte Geschichte des Burgenlandes ›durchwächst‹. Sind es im Norden überwiegend flache Rieden, so überwiegen in der Hügel- und Terrassenlandschaft des Südens eher die Hanglagen. Die Freizeitmöglichkeiten des Sees und der ›gute Tropfen‹ haben in Verbindung mit der leichten Erreichbarkeit in den Jahrzehnten vor dem Zweiten Weltkrieg dazu geführt, daß der Neusiedler See sich zum ›Meer der Wiener‹ entwickelte. Inzwischen, insbesondere aber seit den sechziger Jahren, sind die meisten Orte dem internationalen Fremdenverkehr erschlossen, der überall mit dem Wassersport-, Bade- und Freizeiterlebnis des Sees verknüpft ist. Daß sich die Städte und Dörfer ihren ursprünglichen Charakter weitgehend bewahren konnten, ja, daß sie – wie Rust – europaweit als denkmalpflegerische Juwele bezeichnet werden, macht ihren zusätzlichen Reiz aus.

Mörbisch
Mit seinen charakteristischen Hofgäßchen und alten Weinhauerhöfen besitzt Mörbisch eines der reizvollsten Ortsbilder nicht nur am Neusiedler See, sondern im Burgenland überhaupt (Umschlagrückseite, Farbabb. 11, 23, Abb. 28).

125

Die erste urkundliche Nennung Mörbischs fällt in das Jahr 1254, also in die Zeit kurz nach dem Aussterben der Babenberger in Österreich, als das Land zum Zankapfel der rivalisierenden Böhmen und Ungarn wurde. Grabungsfunde bezeugen allerdings einwandfrei, daß die Gegend schon in der Jungsteinzeit besiedelt war, die Römer hier einen Gutshof betrieben und im 5. Jh. Goten an den westlichen Neusiedler See vorstießen. Fast ein halbes Jahrtausend – von 1385 bis 1848 – stand Mörbisch dann unter der Herrschaft der Stadt Ödenburg, die nur 12 km entfernt ist, wenngleich man sie heute nur auf einem großen Umweg erreichen kann.

Mörbisch, dereinst ein wichtiger Stützpunkt an der stark frequentierten Straße zwischen Ödenburg und Eisenstadt, liegt heute am Ende einer Sackgasse: der nur wenige Kilometer südlich die Straße sperrende Grenzbalken läßt ein Überschreiten der Grenze nach Ungarn an dieser Stelle nicht zu (der nächste offizielle Übergang ist Klingenbach). Seit der zweiten Hälfte des 14. Jhs. hatte die Stadt Ödenburg auch große Besitzungen erworben. Zu den Siedlern gehörten ursprünglich vor allem aus anderen Teilen Westungarns kommende Lohnarbeiter, die bei den ortsansässigen Weinhauern tätig waren. Türken und Kuruzzen wurden in der Folge ebenso zum Schicksal des Dorfes wie eine Reihe von Brandkatastrophen; die letzten Feuersbrünste fallen in die vierziger Jahre des vorigen Jahrhunderts, und so kommt es, daß das heutige Aussehen des Ortes von der Zeit danach geprägt ist.

Mörbisch ist ein sogenanntes Schmalangerdorf, in dessen Kern die Hauptstraße und die sie weiter westlich parallel begleitende Hauerstraße als einzige alt sind. Will man den urtümlichen Charakter kennenlernen, dann darf man sich nicht auf einen Spaziergang entlang der Hauptstraßenhäuserzeile beschränken, denn gerade hier sind die Hausfassaden im Laufe der Zeit fast durchgehend unsachgemäß verputzt worden. Wendet man sich aber den von der Hauptstraße beidseitig abgehenden Hofgassen zu, die aus einer Teilung alter Streckhöfe hervorgegangen sind, so stößt man allenthalben auf Motive, die Fotografen entzücken: klassizistische Stiegenvorbauten, Flurlauben mit Säulchenschmuck und anderes, das meiste aus dem Beginn der zweiten Hälfte des 19. Jhs. stammend und verschiedentlich sogar datiert, verschönt durch reichen Blumenschmuck, typisch ›verziert‹ jedoch durch zum Trocknen aufgehängte Maiskolben (in Österreich Kukuruz genannt) oder andere Feld- und Gartenfrüchte. Markante Beispiele finden sich auf Nr. 9/10 (Doppelstiege mit Säulenstellungen), Nr. 11 (Stiegenlaube mit drei Säulen), aber auch auf Nr. 81/83, 100, 111 und ab Nr. 127, um nur einige herauszugreifen.

Die Hofgäßchen, die sich gut mit den aus Westungarn herkommenden ›Vorhallenhäusern‹ vergleichen lassen, schließen die langgestreckten Grundstücke auf und sind einheitlich gestaltet: Über einige Stufen erreicht man das von zierlichen Steinsäulen getragene Vorhaus und von diesem betritt man eine – häufig in die halbe Tiefe des Blocks reichende – Vorhalle, an die die Küche mit ihrem oft offenen Herd anschließt. An der Straße liegt im allgemeinen der Wohnraum der Familie, die ›Stube‹, unter der sich der Weinkeller befindet. Hinter den Wohnräumen beginnen die Stallungen, und erst am Ende liegen – nicht zuletzt wegen der erhöhten Brandgefahr, die mit der Lagerung des Erntegutes verbunden war – die Stadel, die Scheunen, nicht selten sogar durch einen Wirtschaftsweg vom Wohn- und Stalltrakt getrennt. Die Scheunen sind auch von hinten her erreichbar und bilden geradezu ›Scheunen-straßen‹ (ihre Giebelreihen, etwa in der Hauergasse, sind recht eindrucksvoll).

Die Hofgäßchen reichen rechterhand (nach Westen) – wenn man von Rust in den Ort kommt – bis zur Hauerstraße und münden linkerhand (nach Osten, zum See hin) in einen Wirtschaftsweg. Während an der Hauerstraße noch eine geschlossene Häuserzeile folgt, bietet sich dem Blick im Osten die ursprüngliche Situation: Die Scheunen gehen unmittelbar in die Felder des Dorfes über. Hübsche Straßenbilder zeigen auch die Wurditsch- und die Berggasse.

Ein sehenswertes Ensemble ist das *Heimathaus* (Hauptstraße 55): ein langgestrecktes altes Winzerhaus in einer typischen Hofgasse, mit Wohn- und Wirtschaftsgebäuden, Küche, Keller und Preßhaus, Stall und Speicher – alles aus der Zeit um die Jahrhundertwende eingerichtet und museal zugänglich. Hier gelingt es wohl am besten, sich einen unverfälschten Eindruck von der Lebensweise der Bewohner am Ende des 19. Jhs. zu verschaffen.

Die *katholische Pfarrkirche* (ursprünglich dem hl. Ulrich geweiht, heute der Kreuzerhöhung) hat sich seit der Bauzeit – sie wird erstmals im 14. Jh. genannt – stark verändert. Vom gotischen Bau hat sich lediglich der gedrungene achteckige Turm erhalten, der aus dem Giebel der klassizistischen Fassade ragt und einen kuppelförmigen Helm mit (neugotischer) Laterne sowie einen Giebelkranz trägt. Betritt man die Kirche, so steht man in einem schmalen Vorraum, dessen schwere Tonnengewölbe eine massive Stütze des Turmes bilden. Ein platzlgewölbtes Joch leitet zum modernen Erweiterungsbau über (1961/62), dem der Polygonalchor des 19. Jhs. zum Opfer fiel. Im Inneren gibt es nur wenige Relikte aus der Vergangenheit: Der Taufstein aus rotem Marmor entstammt noch der Spätgotik, eine Holzfigur des hl. Ulrich dem 18. Jh. und eine Statue Mariens mit Kind dem 19. Jh.

Etwa zur selben Zeit, da man den Neubau der katholischen Pfarrkirche in Angriff nahm, wurde die *evangelische Pfarrkirche* außen restauriert (1962/63). Sie besitzt eine gotisierende Fassade, einen schönen Kanzelaltar sowie einen Taufstein aus der Erbauungszeit (1792); der Turm wurde 1853/54 entworfen. – Am südlichen Ortsausgang steht eine Sebastiansäule aus dem Pestjahr 1713.

In den fünfziger Jahren kam – wohl begünstigt durch den Eindruck lauer Sommernächte am See – der Gedanke auf, die Romantik des Seeufers zu nützen und eine Seebühne aufzubauen. 1957 war es soweit, und seither werden in Mörbisch während der Sommermonate *Seefestspiele* abgehalten, die bereits über die Grenzen hinaus einen guten Ruf genießen. Alljährlich führt man, durch die Teilnahme bekannter Sänger und Schauspieler attraktiv gemacht, populäre Werke der Goldenen und Silbernen Operettenära auf, und der rege Besuch gibt den Veranstaltern recht. Man erreicht die Seebühne – neben der sich ein am See liegendes Restaurant sowie ein hübsches Strandbad befinden – über eine durch den breiten Schilfgürtel auf einem Damm angelegte Straße (Parkplatz gebührenpflichtig, doch gleichzeitig Eintrittsgebühr für das Bad).

Freistadt Rust

Die ›Freistadt Rust‹ bezeichnet sich selbst gern als ›Stadt der Störche‹ und ›Stadt des Weines‹. Tatsächlich sieht man, wenn man den Ort in der warmen Jahreszeit besucht, zuerst die Störche, denn hier lebt eine überraschend vielköpfige Kolonie dieser großen Zugvögel. In den derzeit fast 50 Horsten finden sich ab Ende März bis zu 30 Brutpaare ein, die sich bis etwa Ende August auf den hohen Schornsteinen der Bürgerhäuser über den Dächern der Altstadt behaglich niederlassen und längst zum ›Markenzeichen‹ der Stadt geworden sind (Abb. 41). Rust ist die größte Storchenkolonie Österreichs.

Stadtwappen der Freistadt Rust

Die idyllisch am See gelegene Altstadt ist baulich eng geschlossen und unterscheidet sich damit von den übrigen Anger- und selbstverständlich von den Straßendörfern des nördlichen Burgenlandes. Die bauliche Verdichtung des Zentrums führte schon frühzeitig dazu, daß man aus feuerpolizeilichen Überlegungen die Rauchfänge der meist einstöckigen Häuser sehr hoch baute und sie außerdem noch meist doppelt überwölbte. Diese Gegebenheiten bieten den Störchen ideale Voraussetzungen. Es ist verständlich, daß die Ruster ›ihre Störche‹ besonders pflegen, indem sie ihnen auf den Schornsteinen eiserne Nestgestelle errichten und auch sonst alles tun, ihren Schützlingen einen angenehmen Aufenthalt zu sichern.

Rust hat eine bis ins Hochmittelalter zurückzuverfolgende Geschichte. Daß sich der Ortsname vom Rusterbaum, der Ulme, ableitet, der auch heute noch hier wächst, scheint erwiesen, weil sowohl der deutsche wie der ungarische Stamm des Ortsnamens (Szil) in diese Richtung deuten. Seit dem 14. Jh. läßt sich die Ortsgeschichte ziemlich lückenlos verfolgen, 1385 taucht erstmals der deutsche Name Rust auf. Im 15. Jh. erlebt der Ort wegen seines weithin berühmten Weins einen bedeutsamen wirtschaftlichen Aufschwung, und 1436 wird eine Pfarre errichtet; 1470 zum Markt erhoben, erhielt Rust weitgehende Selbständigkeit, und schon wenige Jahre später (1479) ist von uralten Weinausfuhrprivilegien die Rede, welche der Ungarnkönig Matthias Corvinus der Weinhauerzeche bestätigte. Von 1526 bis zur Mitte des 17. Jhs. gehörte Rust zum habsburgisch-ungarischen Krongut, nachdem der Markt bereits 1512 das Recht zur Befestigung erhalten hatte. 1614 wurde der schon um 1535 auf die doppelte Fläche erweiterte Markt – damals kam das Areal der heutigen Hauptstraße hinzu – unter Einbeziehung dieses Teiles neu befestigt, nach 1780 wuchs er auch über diese Grenze hinaus; man gründete die Vorstadt um die ›Leinwandbleiche‹ (heute Franz-Joseph-Platz). 1681 erhielt Rust das im alten Ungarn bedeutende Recht einer ›Königlichen Freistadt‹. Reste der Mauer haben sich vor allem in der Nähe der Fischerkirche und an der Nordseite (parallel zur Hauptstraße, jedoch hinter der Häuserzeile verborgen) erhalten.

Türken und Kuruzzen, Belagerungen, Plünderungen und Brandschatzungen konnten die Blüte des Ortes zwar beeinträchtigen, aber auf Dauer nicht verhindern. Zwei Umstände haben es ermöglicht, daß sich das Ortsbild mit seinen gepflegten Renaissance- und Barockfassaden, Innenhöfen und Hoftrakten unversehrt erhalten hat: 1683, im Türkenjahr, ließ sich der mit den Feinden Habsburgs verbündete Graf Emmerich Thököly, der sich an die Spitze des ungarischen Aufstandes gegen Österreich stellte, von der Stadt Rust huldigen, so daß die Türken hier nur eine schonend vorgehende ›Schutzmannschaft‹ einquartierten; zwischen 1704 und 1708, als weite Landstriche durch die Kuruzzen verwüstet wurden, blieb Rust wieder verschont, diesmal deshalb, weil der Kuruzzenanführer Karolyi in Rust sein Hauptquartier aufschlug.

1876 wurde Rust, wie alle Freistädte, der ungarischen Komitatsverwaltung unterstellt, doch gelang es nicht, die Bevölkerung zu magyarisieren. Als nach dem Ersten Weltkrieg das Burgenland zu Österreich kam, berücksichtigte man die alten Rechte der Stadt: Sie wurde nicht der Bezirkshauptmannschaft Eisenstadt unterstellt. Rust ist aber auch in anderer Hinsicht eine Besonderheit: Als der Europarat 1975 das ›Europäische Jahr des Denkmalschutzes‹ verkündete, wurde Rust das Musterbeispiel des Burgenlandes für hervorragenden Ensembleschutz und sorgfältige denkmalpflegerische Leistung – ein Baujuwel, das durch seine innere Geschlossenheit den Besucher fasziniert.

Die *Altstadt,* die in ihrer Ausdehnung klar umgrenzt ist, steht geschlossen unter Denkmalschutz. Von Westen, also über St. Margarethen, oder von Süden aus Mörbisch kommend, betritt man die Altstadt über den Conradplatz, wobei man rechterhand auf das Rathaus stößt; südlich von diesem beginnt der Rathausplatz (Abb. 39), von dem aus man

Rust

1 *Rathaus*
2 *Haus Conradplatz 2*
3 *Haus Rathausplatz 18*
4 *Fischerkirche*
5 *Stadtbefestigung*
6 *Evang. Pfarrkirche*
7 *Adlerbrunnen*
8 *Haus ›Zum Auge Gottes‹*
9 *Haus J.-Haydn-*
   Gasse 13
10 *Kath. Pfarrkirche*
11 *Torwächterhaus*
12 *Seehof (Hauptstr. 31)*
13 *Haus Kirchengasse 5*
   (Stöckel)
14 *Conradplatz (Bürger-*
   haus)
15 *Altes Stadttor (Seetor)*
16 *›Alte Schmiede‹*
17 *Pulverturm*
18 *Seebad*

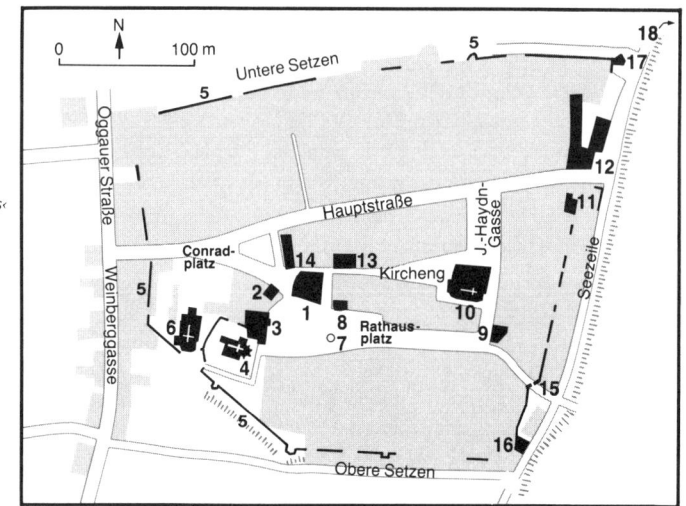

auch zur berühmten Fischerkirche gelangt. Parallel zum Platz verläuft, innerhalb des Alt-stadtkerns etwas verborgen, die Kirchengasse mit ihren hauptsächlich aus dem 17. Jh. stammenden Häusern und, ebenfalls vom Conradplatz aus erreichbar, die breite repräsen-tative Hauptstraße (Abb. 40) mit ihren eindrucksvollen Fassadenfronten behäbiger Bürger-häuser, die Zeugnis vom Wohlstand der Ruster Weinhauer ablegen. Sowohl die Hauptstraße als auch der Rathausplatz ermöglichen es, zur Seezeile zu gelangen, zu der parallel die den Rathausplatz mit der Hauptstraße verbindende Joseph-Haydn-Gasse verläuft.

Das *Rathaus,* zwischen zwei Straßenengen gelegen, stammt aus dem 16. Jh., erhielt seine heutige Gestalt allerdings erst durch Umbauten in den Jahren 1637 und 1703; ein Kellerpor-tal trägt die Jahreszahl 1726. Die Hofarkaden wurden erst bei der jüngsten Restaurierung des Gebäudes freigelegt. Im Rathaus ist auch das umfangreiche Stadtarchiv untergebracht, des-sen Bestände bis 1479 zurückreichen; unter anderem wird hier die prunkvoll ausgeführte Urkunde Leopolds I. aus dem Jahre 1681 verwahrt. Es haben sich aber auch eine eiserne Urkundentruhe mit komplizierter Barockverriegelung sowie Richterstab und Richtschwert erhalten. Unter dem Rathaus dehnt sich der weitläufige Rathauskeller, der zum Verkosten der Weine einlädt. Man muß sich ja nicht gleich an den beim Abgang zu lesenden Spruch aus dem Jahre 1726 halten, der da lautet: »Mir ist recht wohl, wann ich bin voll!«

Zwischen Rathaus und Fischerkirche stehen zwei bemerkenswerte *Wohnhäuser: Conrad-platz 2* und Rathausplatz 18. An der Stelle des ersteren befanden sich seinerzeit drei kleine Gebäude, die allmählich zusammengewachsen sind und in jüngster Zeit aufwendig restau-riert wurden. Heute präsentiert sich das Herrenhaus in frühbarocker Form, seine reich verzierten Fassaden sind von beiden Plätzen aus sichtbar. Das andere Haus (*Rathausplatz 18*), römisch-katholischer Konvent, beherbergte die älteste Schule des Marktes Rust. Es gehört zu den ältesten Häusern des Ortes, geht mit Sicherheit in seinem Kern auf das 16. Jh. zurück und besitzt spätgotische Gratgewölbe; Fensterluken und Erker haben sich ebenfalls erhalten. Auch die Bürgerhäuser Conradplatz 11 und 12, aus dem 17. Jh. stammend, sind beachtenswert, Nr. 12 besonders wegen seiner reichverzierten Fassade und seiner Einfahrt.

Die *Fischerkirche,* das wohl bedeutendste Wahrzeichen des Ortes, liegt auf dem höchsten Punkt des mittelalterlichen Marktes und ist von einer eigenen Ringmauer umgeben. Der Aufgang befindet sich an der Westseite des Rathausplatzes. Im 12. Jh. stand hier eine kleine romanische Kirche, von der in der Rundapsis noch Mauerteile erhalten sind. Aus der zwei-ten Hälfte des 13. Jhs. stammt eine im Süden an die romanische Apsis angebaute Marienka-pelle (mit romanischem Karner darunter); Königin Maria von Ungarn, die Tochter Ludwigs des Großen, soll sie gestiftet haben, als sie von Ruster Fischern den Fluten des Neusiedler Sees entrissen worden war. Um 1400 folgte schließlich der gotische Pankratiuschor, der aber 1529 samt dem gotischen Kirchturm abbrannte. In der ersten Hälfte des 16. Jhs. wurden Chor und Marienkapelle durch ein Querschiff verbunden.

Fast der gesamte Innenraum der Kirche ist mit Fresken bedeckt, die erst nach dem Zwei-ten Weltkrieg freigelegt wurden und heute den größten mittelalterlichen Freskenbestand des Burgenlandes darstellen (Abb. 46). Reste romanischer Fresken an der unteren Nordwand des Kirchenschiffs stammen aus dem 12. Jh., die Marienkapelle bewahrt Fresken aus der Zeit

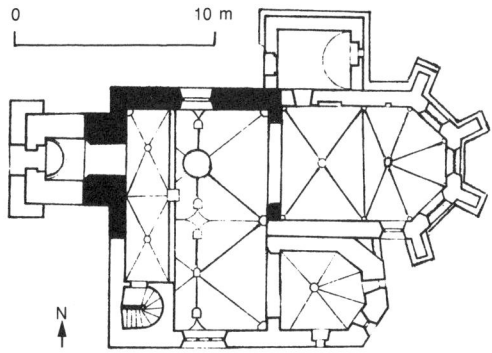

Rust, Fischerkirche, Grundriß: romanische Bauteile schwarz

N
↑

um 1300, byzantinische Architekturteile, zwei gotische Marienplastiken (beide um 1400, jedoch verschiedener Stilrichtung), eine steinerne Pietà (Anfang 15. Jh.) und eine Mondsichelmadonna mit Kind. Der Pankratiuschor besitzt ein gotisches Kreuzgewölbe mit gemalten Zunftzeichen der Fischer (zwei gekreuzte Fische) und Winzer (Rebmesser und Weingartenhauer) in den Schlußsteinen, Fresken aus dem 15. Jh., eine gotische Sakramentsnische mit Maßwerkbekrönung sowie (besonders selten!) gotische Schalltöpfe in Gewölbezwickeln (Resonanzanlage!) und zwei gotische Sitznischen. Auf dem frühbarocken Hochaltar (1642) wird das die Kreuzigung darstellende Altarbild (das Aufsatzbild zeigt die Auferstehung) von Holzfiguren der Heiligen Pankratius und Ägidius flankiert, denen die Kirche geweiht ist. Der Seitenaltar (›Dreiheiligenaltar‹) ist ein spätgotischer Figurenschrein aus der Zeit um 1500, der dem hl. Florian, der hl. Ursula und der hl. Katharina geweiht wurde (Abb. 45), der Marienaltar im Querschiff stammt aus der Zeit um 1680; sein Verkündigungsrelief wird vom hl. Rochus und der hl. Barbara flankiert.

Jenseits der Mauerumfassung der Kirche liegt (im Süden) ein Teil der erhalten gebliebenen alten Stadtmauer, im Westen hingegen – auf dem Areal des aufgelassenen Friedhofs – steht die *evangelische Pfarrkirche* (Abb. 42), ein klassizistischer Bau mit einem erst am Ende des 19. Jhs. vorgelagerten Turm.

Der langgestreckte *Rathausplatz* war seinerzeit der Marktplatz des Ortes. Betrachtenswert sind vor allem die an seiner Südseite befindlichen langen, schmalen Lehenshäuser aus der zweiten Hälfte des 15. Jhs., deren meist restaurierte Fassaden noch so manchen ›Spion‹ (Guckloch) aus dem 16. Jh. aufweisen. Der *Adlerbrunnen* war einst ein steingefaßter Kettenbrunnen mit bekrönendem Doppeladler aus der Zeit Kaiser Karls VI. (1720): ein Hoheitssymbol, welches die Reichsunmittelbarkeit der Freistadt Rust zum Ausdruck bringen sollte.

Nördlich angrenzend an die Fischerkirche befindet sich das bereits erwähnte Haus Rathausplatz 18, östlich liegt der katholische Pfarrhof (Nr. 16), der 1614 im Zuge des Befestigungsbaues errichtet wurde und dessen Innenhof an die Stadtmauer (mit Bastion) angrenzt – ebenso wie die meisten anderen Häuser an der Südseite des Rathausplatzes.

Am Rathaus vorübergehend, stoßen wir nach Überschreiten einer schmalen, zur Kirchengasse führenden Gasse auf ein hochbarockes Eckhaus mit dem Schild ›Zum Auge Gottes‹ (Nr. 2, Abb. 41). Das aus der Mitte des 18. Jhs. stammende ›Stöckel‹ weist volutengeschmückte Fensterumrahmungen und einen besonders hübschen Eckerker auf, in dessen Dreieckgiebel sich unter einer Steinvase das Hauszeichen, das ›Auge Gottes‹, befindet.

Am Ostende des allmählich schmaler werdenden Rathausplatzes hat man die Wahl, in Richtung des Alten Stadttors (Seetor) die Stadt zu verlassen – außen, an der Seezeile, liegt rechterhand auch die ›Alte Schmiede‹, während man nach links (Norden) zum Seebad gelangt – oder durch die Joseph-Haydn-Gasse, vorbei an der Pfarrkirche, zum Ostende der Hauptstraße zu wandern. Gleich an der Ecke (Haydngasse 13) werfen wir einen Blick auf ein aus der Mitte des 17. Jhs. stammendes Wohnhaus mit zeitgenössischem vorgekragtem Wohnerker, einem Wappenportal (Abb. 43) und – wenn wir Gelegenheit haben, den Hof zu betreten – einem hübschen Arkadengang.

Die *Pfarrkirche* ist der Hl. Dreifaltigkeit geweiht, stammt ebenfalls aus der Mitte des 17. Jhs. und war zur Zeit des Baues ein evangelisches Gotteshaus; erst 1674 zogen wieder katholische Priester in die Kirche ein. Teile der Malerei stammen aus der Bauzeit, ebenso das von den Evangelischen errichtete Schulgebäude. Den Kirchturm (Abb. 39) kann man besteigen; von seiner Balustrade hat man einen prächtigen Blick auf die Altstadt mit den vielen Storchennestern auf den Schornsteinen sowie über die Weite des Neusiedler Sees.

Zur *Hauptstraße* gelangt, wirft man zunächst am besten einen Blick nach rechts in jenen Teil, der den Zugang zur Seezeile bildet. Das *Haus Nr. 22*, das sog. *Torwächterhaus*, das aus einem Eckturm und Teilen der Wehranlage des seeseitigen Stadttores hervorgegangen ist (vier Schießscharten!) und sich gegenwärtig im Besitz des ›Kulturkreises Burgenland‹ befindet, sowie das *Haus Nr. 31*, der *Seehof* mit seinen Pfeilerarkaden und einer alten Bauinschrift, sollte man sich genauer ansehen. Der Seehof hatte seinerzeit die Hauptschule des Ortes aufgenommen und besitzt neben einer bemerkenswerten restaurierten Fassade mit originalem Portal auch ein Stadtwappenrelief (drei Schilfkolben und Krone); er war einst ein Lehenshaus und befand sich dann seit 1642 im Besitz der Gemeinde, die es bis 1712 als Rathaus benützte.

Die Hauptstraße ist auch in ihrem zentralen Teil reich an beachtenswerten Wohnhäusern, die man bei einem beschaulichen Spaziergang besichtigen sollte. Die wertvollsten Fassaden sieht man an der Nordseite der Hauptstraße, also rechterhand, wenn man in Richtung Conradplatz geht; hier befinden sich auch die meisten Storchennester. Daß sich die Häuserzeile so gut restauriert dem Blick darbietet, ist einer gemeinsamen Aktion der Hausbesitzer und des Bundesdenkmalamtes zu danken: Die Häuser sind durchweg denkmalgeschützt und als wertvolle Baudenkmäler zu betrachten, die durch ihre prächtigen und kunstvoll gestalteten Fenster- und Portalumrahmungen, Erker, Säulenhöfe, Wappen- und Stuckdekorationen, Einfahrtsgewölbe, Stiegenaufgänge und Brunnenhäuschen das Auge erfreuen. Dort, wo Häuser aus der Frontlinie hervortreten und man aus den Fenstern daher auf den See blicken konnte, spricht man von ›Seezimmern‹, die als bevorzugte Räume betrachtet wurden.

Will man einige Häuser aus der Reihe der übrigen hervorheben, wird man auf folgende verweisen: *Nr. 19* (mit Sgraffitoresten aus dem zweiten Viertel des 17. Jhs. und Inschriftkartusche mit evangelischem Kirchenliedtext aus dem 17. Jh., mit teilweise überwölbtem schmalem Hof und Rosettenschlußsteinen von 1657), *Nr. 15* (mit der prachtvollen Barockfassade einer Adelskurie der Mitte des 17. Jhs., kompliziertem Renaissancegewölbe im Untergeschoß und wertvollem Stuckplafond im Obergeschoß), *Nr. 7* (mit neuaufgedecktem Renaissance-Sgraffito, Hofarkaden, Säulenstiege und Brunnenhäuschen), *Nr. 3* (Abb. 44; mit prachtvoller Portalwand, zwei Adelswappen des 17. Jhs., zwei malerischen Arkadengängen im Hof mit toskanischen Säulen, gegenüberliegender Säulenstiege und aus dem ausgehenden 16. Jh. stammender Balkendecke) und *Nr. 1* (mit geschwungener sechsachsiger Front, ›Spion‹ und Sgraffitowand aus der Zeit um 1580).

Obwohl praktisch der ganze Ort aus architektonisch wertvollen alten Häusern besteht, soll eine weitere Auswahl versucht werden. So wird unser Blick gefesselt von den Gebäuden *Kirchengasse 5* (Stöckel aus dem 16. Jh., das dem Rathaus zugewendet Erker, Fensterbänke und gratige Gewölbe besitzt), dem Eckhaus am *Conradplatz* zwischen Kirchengasse und Hauptstraße (mit altem Portal in der Kirchengasse, zwei mächtigen Stützpfeilern in der Hauptstraßenfront, die als Reste der Stadtmauer von 1512 anzusehen sind, sowie einem an der Ecke angebrachten Spätrenaissance-Runderker) und den Häusern *Conradplatz 10* (mit Renaissancearkaden im Hof und darüberliegendem barockem Arkadengang sowie einer Inschrift ›1608‹) und *Nr. 14* (mit barocker Putzfelderfassade und einem dem Ende des 16. Jhs. entstammenden Einfahrtsgewölbe und einer Weinkoststube mit Gurtgewölbe).

Verlassen wir die Stadt beim *Alten Stadttor* (oder *Seetor*; Inschrifttafel), so stehen wir vor einem mit Schießscharten versehenen verbauten Turm (1512); die am Nachbarhaus angebrachte Inschriftkartusche stammt aus dem Jahr 1566. Draußen, an der Seezeile, befindet sich in unmittelbarer Nähe des Stadttores die bereits erwähnte ›Alte Schmiede‹, heute ein stimmungsvolles Restaurant, dessen kleiner Hof von der Ringmauer aus dem Jahre 1512 beherrscht wird (Ende des 16. Jhs. zu einer Scheunenmauer umfunktioniert); nur Ansätze des Eckrondells kann man noch erkennen. Von hier aus nimmt die ›Storchenpromenade‹ mit reizvollen Blicken auf den Schilfgürtel des Sees ihren Ausgang. An der nordöstlichen Ecke der Stadt steht – neben der Jugendherberge – der schindelgedeckte alte *Pulverturm*.

Rust präsentiert sich kultur- und traditionsbewußt, aber auch mit großem Angebot von Sportmöglichkeiten am See. Zwischen den berühmten Rebenhängen des Ruster Hügellandes (Abb. 48) und dem westlichen Seeufer gelegen, hat der Ort durch sein Klima von der Mandelbaumblüte und der Ankunft der Störche Ende März bis zum Vogelabzug im September und zur Weinlese im späten Herbst durchgehend Attraktives zu bieten. Der Weinbau hat Rust schon frühzeitig bekannt gemacht. Die von den nordwestlichen Hügelketten vor Wind und Wetter geschützten, sonnenseitigen, nach Osten und Südosten abfallenden Lößhänge, über welche der See Wärme und Feuchtigkeit ausstrahlt, haben hier – am wärmsten Punkt Mitteleuropas – die meisten Sonnentage des Jahres und bieten damit dem Weinbau geradezu ideale Voraussetzungen, wobei sich Rust von anderen Weinorten dadurch unterscheidet, daß es einen hohen Anteil an Prädikatsweinen produziert.

Strohflechtarbeiten sind für das Burgenland typische kunstgewerbliche Arbeiten

Hat man die Freistadt Rust oder ihre unmittelbare Umgebung zum Standquartier gewählt, so bieten sich von hier aus verschiedene Spaziergänge oder Ausflüge an. Zu Fuß kann man beispielsweise den Römersteinbruch von St. Margarethen erreichen (3 km) oder in 6 km Entfernung die Festspielgemeinde Mörbisch bzw. in 5 km Entfernung Oslip mit seiner ›Storchenmühle‹, die zu den romantischsten Restaurants des Burgenlandes zu rechnen ist. Halbtagesausflüge unternimmt man von Rust aus über Oggau und die Oggauer Heide nach Eisenstadt und weiter über das Leithagebirge zur Wallfahrtskirche von Loretto, wenn man nach Norden fährt; oder man wendet sich nach Südwesten, um die Burg Forchtenstein, die Rosalienkapelle mit ihrer schönen Fernsicht und Mattersburg zu besichtigen, wobei man gegebenenfalls auch über das in Niederösterreich liegende Wiener Neustadt die Rückfahrt antreten kann. Tagesausflügen sind kaum Grenzen gesetzt: Ziele können dann das Südburgenland, der Seewinkel, aber auch die Donau bei Hainburg, Bad Deutsch-Altenburg und Carnuntum oder das Rax-Schneeberg-Semmering-Gebiet in Niederösterreich sein, um nur einige besondere Ziele herauszugreifen. Dieselben Ausflüge können natürlich auch von anderen Ausgangspunkten am See oder von Eisenstadt aus unternommen werden.

Von Rust nach Purbach

Der erste Ort, den man nördlich von Rust erreicht, ist nach 4 km Fahrt **Oggau,** ein kleines durch seinen Weinbau bekannt gewordenes Schmalangerdorf im Typus der am See gelegenen Orte (Abb. 50). Neben archäologischen Funden aus der Jungsteinzeit (Glockenbecherkultur) stieß man auch auf eine römische Siedlung: In der Mauer des ehemaligen Friedhofs, der sich um die Kirche erstreckte, kann man noch eine römische Inschrift und ein Figurenrelief erkennen. Erstmals Mitte des 14. Jhs. gibt es in Urkunden Hinweise auf den Ort, und 1393 taucht auch der Name ›Oka‹ auf.

Hofgäßchen – das älteste Viertel liegt zwischen Sebastianstraße und Triftgasse –, Scheunenreihen, Giebelhäuser (meist aus dem 19. Jh.) erinnern an die Vergangenheit. Die *Pfarrkirche ›Hl. Dreifaltigkeit, Simon und Judas‹* mit ihrem schmalen Turm, die an der Stelle älterer, jedoch zerstörter Kirchen steht, ist in ihrem Inneren barock ausgestaltet. Der Hochaltar wird von einem hohen Altarbild aus dem ausgehenden 17. Jh. dominiert (Verklärung Christi mit Zwölf Aposteln); bemerkenswert sind auch der reichdekorierte Marienaltar (rechter Triumphbogen) mit der Schnitzfigur der hl. Maria (17. Jh.) und die Taufkapelle, von der man annimmt, daß sie den einzigen Überrest der älteren Kirche darstellt.

Der Ort ist auch reich an Kapellen – von denen die an der Straße nach Donnerskirchen liegende *Rosalienkapelle* aus dem Jahre 1713 mit einem danebenstehenden Bildstock (Kruzifix und Steingruppe mit hl. Maria Magdalena) besonders hervorsticht – und Bildsäulen; an der Hauptstraße liegt der aus dem ausgehenden 18. Jh. stammende Pfarrhof.

Der Weg nach Purbach führt über Schützen und Donnerskirchen, die an der Straße von Eisenstadt nach Purbach liegen. Auf der Straße nach Schützen kommt man an drei bemerkenswerten Bildstöcken vorüber, einer Pestsäule aus dem Ende des 17. Jhs., dem ›Weißen Kreuz‹ aus dem Jahre 1782 und einem aus der Mitte des 18. Jhs. stammenden Bildstock mit der Heiligen Familie.

Schützen am Gebirge, ein regelmäßig angelegtes, für das Burgenland besonders typisches Schmalangerdorf an der Wulka, war möglicherweise zur Zeit der Römer ein Kurort; sie dürften die am westlichen Ortsrand liegende Schwefelquelle genutzt haben. Im Laufe der Jahrhunderte als Grenzwächtersiedlung immer wieder verwüstet, haben sich doch einige Reste des alten Baubestandes erhalten. Giebelhäuser und Höfe, an der Eisenstädter Straße eine geschlossene Giebelreihe alter Scheunen, an der Ortsausfahrt nach Oslip eine aus der Barockzeit stammende Dorfmühle mit Taubenschlag im Hof und steinernem Gnadenstuhl in Nische (um 1700) samt in der Nähe befindlichen Bildstöcken (Ecce homo und Sebastiankreuz) prägen neben langen Hofgassen das Ortsbild. Die 1720 in barocken Formen errichtete und der hl. Maria Magdalena geweihte *Pfarrkirche* mit zweigeschossigem Ostturm und hoher Westfassade wird von der ehemaligen Wehrmauer des Friedhofs umschlossen, deren innen vermauerte Schießscharten noch den Verteidigungscharakter erkennen lassen.

Nördlich von Schützen, am Leithagebirge, befand sich seinerzeit ein Tiergarten der Familie Esterházy; innerhalb seiner Mauern stehen eine kleine Hubertuskapelle und das zur Ruine verfallene achteckige *Jagdschlößchen ›Rendez-vous‹* aus dem ausgehenden 18. Jh.

Nur 4 km entfernt liegt am Ostabhang des Leithagebirges der Markt **Donnerskirchen,** ein ehemals befestigtes Breitangerdorf mit inzwischen verbautem Anger, dessen hochgelegene Wehrkirche von weitem erkennbar ist. – Nördlich des Ortes ist – ähnlich wie im Rosaliengebirge bei Forchtenstein – der Hang des Leithagebirges im Frühjahr zur Zeit der Baumblüte ein weiß-rosa Blütenmeer, das Besucher von weit und breit anlockt. Die Besiedlung reicht auch hier tief in die Vergangenheit zurück: eine prachtvolle polychromierte Stierkopfurne aus einem Hügelgrab kann man im Burgenländischen Landesmuseum in Eisenstadt sehen;

Frühchristlicher Marmortisch, 4. Jh.,
Donnerskirchen. Burgenländisches
Landesmuseum, Eisenstadt

fünf Hügelgräber – sie gehören zu den schönsten Bodendenkmälern des Landes – sind am
Schönleitenberg als Silhouette deutlich erkennbar. Teile einer kreisförmigen marmornen
Altarplatte aus dem 4. Jh., die man in einen römischen Gutshof ausgegraben hat, deuten
darauf hin, daß sich hier die wohl älteste frühchristliche Kirche Österreichs befunden hat.

An der Stelle eines mittelalterlichen Rittersitzes, der untergegangen ist, wurde zu Beginn
des 17. Jhs. ein vierflügeliges *Schloß* mit Torturm und zweigeschossigen Laubengängen
erbaut, das 1653 die Esterházy erwarben. In den siebziger Jahren restauriert, nimmt es heute
die Winzergenossenschaft ›St. Martinus‹ auf (›Winzerhof‹), wobei besonders der Innenhof
einen Blick wert ist. Anstelle einer älteren Kirche erhebt sich auf einer den Ort beherrschenden Terrasse die aus den siebziger Jahren des 17. Jhs. stammende, dem hl. Martin geweihte
katholische Pfarrkirche, ein einfacher Barockbau, der noch von einer mittelalterlichen
Wehrmauer mit schlüssellochförmigen Schießscharten umgeben ist und dessen vorgebauter
viergeschossiger Turm von einem Zwiebelhelm bekrönt wird (Abb. 55). Das fünfjochige
Langhaus hat ein Tonnengewölbe mit Stichkappen, kräftige Pilaster und tiefe Fensterni-
schen. Die Wandmalereien in den Lünetten stammen aus dem ausgehenden 19. Jh., der
Hochaltar und die Seitenaltäre stammen jedoch aus dem 18. Jh., ebenso die Kanzel (1770),
an deren Korb Putti mit den Evangelistensymbolen sitzen (Abb. 58). Im Ort verdient der
Pranger (1666) Beachtung, alte Häuser haben sich Hauptstraße 17 (Konsolerker, bzw. 1669)
und Johannesstraße 10, 20 und 36 (sog. Sonnentore) erhalten.

An Straßen und Wegen der Umgebung stehen zahlreiche teils sehr alte Bildstöcke und
Kapellen, vor allem im Wald des Leithagebirges. In Richtung Neusiedl am See weiterfahrend, gelangt man nach Purbach.

Purbach

Der Ort liegt auf dem flachen Landstreifen zwischen dem Leithagebirge und dem Schilfgürtel des Sees. Der wehrhafte Charakter, den sich Purbach bis heute in seinem Aussehen

erhalten hat, spiegelt sich auch in dem erstmals am Ende des 17. Jhs. bezeugten ungarischen Ortsnamen Feketevaros, was soviel bedeutet wie ›die schwarze Stadt‹. Lange Zeit zur Herrschaft Eisenstadt gehörig, hat Purbach wie so viele andere Orte in dieser Gegend eine jahrtausendalte Geschichte, die in der frühen Bronzezeit beginnt und über eine hallstattzeitliche Siedlung (Gräberfeld auf dem ›Burgstall‹ nordwestlich des heutigen Ortes) in die Römerzeit reicht (Bronzefunde in Budapester Museen). Urkundlich wird der Ort 1270 als ›castrum‹ erwähnt, das allerdings bereits 1273 vom Böhmenkönig Przemysl Ottokar II. zerstört wurde.

Schon aus früher Zeit ist bekannt, daß in Purbach und seiner Umgebung Wein angebaut wurde, und daran änderte sich auch später nichts. So wissen wir aus der Mitte des 15. Jhs., daß der damalige Stadtrichter die Flucht vor aufständischen Ungarn »mitsamt seinem Wein« angetreten habe, wogegen er einen Schatz von 18 240 Gold- und Silbermünzen vergrub; er sollte in unseren Tagen der größte Münzfund werden, den man im Burgenland je gemacht hat.

1630 – offenbar noch unter dem Eindruck der durch die Bocskayrebellen 1605 und den Bethlenaufstand (1619/20) erlittenen Schäden – erhielten die Bewohner des Marktes (die Markterhebung war bereits 1527 erfolgt) von Nikolaus Esterházy das Recht, ihre Siedlung mit einer starken *Wehrmauer* zu umgeben, die sich samt ihren drei Toren – dem *Türkentor* im Westen, dem *Brucker Tor* im Nordosten und dem *Ruster Tor* im Süden – weitgehend erhalten hat. Die schießschartenbewehrte Mauer, unmittelbar nach dem Türkeneinfall begonnen und 1634 vollendet, umgibt den Ortskern rechteckig und ist heute das besterhaltene Beispiel einer Kleinstadtummauerung im ganzen Burgenland. Neben Mauer und Toren haben sich auch andere Reste der alten Befestigungen erhalten, so im Westen (vor dem Türkentor) ein sechseckiges Vorwerk, das zu beiden Seiten von einem Zwinger eingefaßt ist, oder eine (allerdings verbaute) Dreiecksbastion südlich des Türkentores.

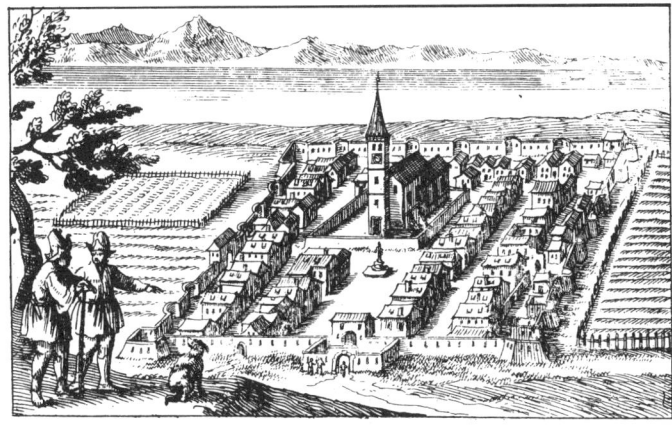

Purbach, Justus van Nypoort, 1689, Kupferstich

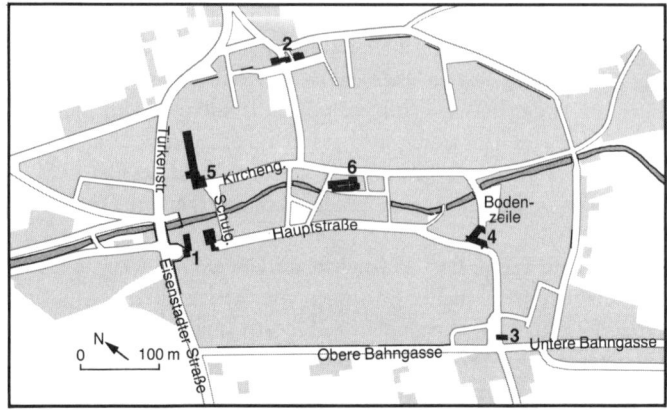

Purbach
1 Türkentor
2 Brucker Tor
3 Ruster Tor
4 Nikolauszeche
5 Türkenkeller
6 Kath. Pfarrkirche

Zwei weitere Schanzwerke liegen an den Osthängen des Leithagebirges: eine 3,5 km nordwestlich des Ortes, die andere 2 km von dieser entfernt. Erstere Anlage – die größere und stärkere der beiden – wurde auf einem steil abstürzenden Bergsporn des Leithagebirges am Ende eines Querriegels erbaut, der vom Gebirgskamm gegen den See vorstößt. Wir befinden uns hier auf dem alten historischen Boden der bereits erwähnten hallstattzeitlichen Siedlung, an deren Stelle im Mittelalter eine Fluchtburg errichtet wurde: eine stattliche Erdwallanlage, die ihr mittelalterliches Gegenstück in einem etwa 2 km entfernt liegenden Werk auf dem sog. Zwickel, der Grünwald- oder Türkenschanze, hat. Diese ebenfalls auf einem Bergsporn situierte Anlage ist einfacher.

Der ursprüngliche Hauptplatz des seinerzeitigen Breitangerdorfes mit seinen beachtlichen Ausmaßen von 320 × 90 m, über den in offenem Gerinne der Dorfbach floß, ist heute im Ortsgrundriß nicht mehr zu erkennen; er erstreckte sich zwischen Hauptstraße und Kirchengasse und ist bereits seit dem 17. Jh. zur Gänze verbaut. An der Stelle der barocken katholischen Pfarrkirche stand bereits im Mittelalter ein Gotteshaus. Charakteristisch für Purbach ist die wehrhafte Scheunenreihe (Abb. 49), die (bis zur Eisenstädter Straße) in die Befestigung einbezogen war und in deren Nähe man noch eine der für das Burgenland typischen alten Kellergassen findet. Im Ort selbst muß man hinter die oft modernisierten Fassaden blicken, um die alten Streck-, Haken- und Dreiseithöfe zu erkennen.

Aus dem 16. Jh. (und in den beiden folgenden Jahrhunderten erweitert) stammt die *Nikolauszeche* (Abb. 51; Bodenzeile 3, heute Restaurant), ein ehemaliges Verwaltungsstökkel mit zwei Geschossen über trapezförmigem Grundriß (dessen Funktion als katholisches Bethaus ebenso umstritten ist wie die Vermutung, es sei ein Abthaus gewesen). Das Eisenstädter Gnadenbild über dem Rundbogentor der Ostfassade und anderer figuraler Schmuck (hl. Nikolaus an der Südfront und bäuerlich-barocke Figurengruppe ›Taufe Christi‹ an der Westwand des Hinterhauses, Abb. 53) sowie die Einrichtung mit alten burgenländischen Bauernmöbeln heben das Gebäude von der Umgebung ab. An der Ecke steht ein Bildstock aus dem Jahre 1720 (mit Torso einer Figur des hl. Paulus), also etwa aus jener Zeit, in der das

Gebäude im Inneren ausgestattet wurde. Vielleicht weist die Nikolausskulptur auf den Besitz der St.-Nikolaus-Zeche (1597) hin.

Ein zweites Gebäude hat Purbach einen besonders hohen Bekanntheitsgrad gesichert: der *Türkenkeller* (Schulgasse 9), ein bemerkenswertes Weinhauerhaus mit zweigeschossigem Wohntrakt, das ebenfalls im 16. Jh. gebaut, jedoch erst im 17. Jh. mit Hofarkaden ausgestattet wurde; der Rest eines Sgraffitos, den man erkennen kann (Kaiseradler), stammt noch aus dem 16. Jh., wogegen der Brunnen in der gewölbten Einfahrt mit seinen Wandmalereiresten dem 18. Jh. zuzuordnen ist. So interessant die Baugeschichte des Hauses auch sein mag – Bedeutung erlangte das Gebäude doch erst durch die Sage vom Purbacher Türken, der sich 1532 dem Rückzug seiner Truppen nicht anschloss, sondern in diesem Haus versteckt hatte, weil er, wie der Volksmund überliefert, dem Wein nicht entsagen und deshalb dauernd hier leben wollte. Zur Erinnerung befindet sich am Schornstein der alten Rauchküche die steinerne Büste eines Türken. An der Umfahrungsstraße zeigt ein Richtungspfeil an, von welchem Standort aus man die Figur sehen kann.

Neben diesen beiden historischen Gebäuden treten einige andere, die dem Besucher auf einem Rundgang begegnen, in ihrer Bedeutung zurück: in der *Schulgasse* weitere Wohnhäuser aus dem 16. und 18. Jh. und in der *Kirchengasse* einige Barockhäuser, darunter Nr. 18 (mit hohem Kellergeschoß), Nr. 25 (mächtiger Bau mit gewölbter Einfahrt und Strebepfeiler) oder Nr. 45 (›Haus Fasching‹, ein interessantes Weinhauerhaus mit tiefliegendem Erdgeschoß, Erker und Rundbogeneinfahrt, Schellenfries über dem Portal und der ältesten Baumpresse, 1677, im Keller). An der *Hauptstraße* stehen noch einige Häuser mit beachtenswerten Details, darunter etwa ein Sonnentor (Nr. 10), ein Erker (Nr. 34), eine alte Haustüre (Nr. 35) oder eine Laube im Hof eines Barockhauses (Nr. 38).

Die *Pfarrkirche*, dem hl. Nikolaus, dem Schutzpatron der Schiffer, geweiht (Altarbild), steht in der Mitte des Ortes; sie geht auf eine mittelalterliche Pfarre zurück (urkundlich 1418), die 1674 abbrannte und durch einen barocken Neubau ersetzt wurde (Weihe 1680, drei Jahre vor dem Türkeneinfall). Erst 1728 erhielt das Gotteshaus seinen viergeschossigen, mit steinernem Spitzgiebelhelm versehenen Turm, dessen oberstes Geschoß durch einen Balkon mit einer auf Konsolen ruhenden Dockenbalustrade abgesetzt ist. Die einzigen Relikte aus der mittelalterlichen Kirche sind das Ölbergrelief an der östlichen Apsisschräge (um 1500) und zwei Grabplatten (heute an der Ostwand der neuen Sakristei, 1646/48).

Die Kirche, deren dreijochiges Schiff von einem hohen Tonnengewölbe abgeschlossen wird und in der der breite rundbogige Triumphbogen auffällt, besitzt eine bemerkenswerte Ausstattung, zu der vor allem der Hochaltar aus der Zeit um 1780 mit seinem frei stehenden klassizistischen Tabernakel zählt. Ein an der Apsiswand in die Architektur gefügtes Ölbild hat einen lokalen Bezugspunkt: die Hl. Dreifaltigkeit und den hl. Nikolaus als Helfer in Seenot, darunter die Darstellung eines Unglücks auf dem Neusiedler See. Besondere Beachtung verdient die Kanzel (ebenfalls um 1780), deren Korb neben Zopfdekors und Blütengehängen von kunstvollen Reliefs mit Darstellungen der Bergpredigt und der Verklärung Christi geschmückt ist. Die Orgel aus dem Ende des 18. Jhs., die spätbarocken Kirchenbänke, ein älterer Taufstein (um 1710), ein geschnitzter hl. Johannes Nepomuk aus dem 18.

sowie Kreuzwegstationen aus dem 19. Jh. (aus dem Künstlerkreis der Nazarener, deren Hauptwerk, die Altlerchenfelder Kirche, in Wien zu sehen ist) ergänzen das Kircheninnere.

Auch in Purbach begegnet man bei einem Rundgang den üblichen Bildstöcken: einer Pestsäule (errichtet nach 1713) auf dem Orientplatz (der übrigens seinen Namen von einem Landschaftsmaler ableitet), einer spätgotischen Lichtsäule des 16. Jhs. (Tabernakelsäule) in der Neusiedler Straße, einer Mariensäule aus dem 17. Jh. und einer Sebastiansäule aus dem Jahre 1711 an der Straße nach Donnerskirchen. Die an Straßen stehenden oder in Weingärten aufzufindenden Kapellen stammen durchweg aus dem 19. Jh.

Das Nord- und Ostufer

Von Purbach nach Neusiedl am See

Drei Orte liegen am Weg nach Neusiedl: Breitenbrunn, Winden und Jois. Die Straße folgt wieder dem See und seinem Schilfgürtel. Hinter Jois biegt man von der nach Parndorf führenden Straße rechts nach Südosten ab und erreicht kurz darauf das am Nordende des Neusiedler Sees liegende Neusiedl (s. S. 142).

Breitenbrunn, ein kleiner Markt, duckt sich in eine Talsenke und entspricht in seiner Anlage dem sogenannten Kolonialschema der Zeit vor den Türkenkriegen; schmale, aber sehr tiefe Parzellen umrahmen einen – inzwischen allerdings verbauten – Breitanger (Abb. 47). Aus Anlaß der Markterhebung wurde 1689 mitten im Ort ein mächtiger, 32 m hoher *Wehrturm* erbaut (Abb. 54), den man besteigen kann; von seinem Wehrgang öffnet sich dem Blick das weite umliegende Land, und man kann sich vorstellen, daß auch herannahende Feinde sehr frühzeitig entdeckt werden konnten. Der Turm beherbergt heute ein interessantes *Museum,* in dem die Ortsgeschichte behandelt wird. Die der hl. Kunigunde geweihte *Pfarrkirche* (Bild der Heiligen auf dem klassizistischen Hochaltar) ist ein einfacher Barockbau, der Ende des 17. Jhs. unter Verwendung gotischer Bauteile der früheren Kirche entstanden ist; vor allem der mächtige quadratische Turm ist in seinem Kern gotisch.

Wenig verändert hat sich eine Häuserzeile entlang der Hauptstraße. Wie sehen diese Häuser aus? An der Straße liegt der Wohntrakt (bei entsprechendem Wohlstand ist er zweigeschossig gebaut), die Räume im Erdgeschoß sind gewölbt, jene im Stock haben oft noch barocke Flachdecken aus Holz; durch ein Rundbogentor und eine gewölbte Einfahrt gelangt man in den meist langgestreckten Hof mit den Wirtschaftsgebäuden. Typisch für Breitenbrunn sind die ›Bogengassen‹ (Farbabb. 10), die ein heimeliges Gefühl auslösen, sie schützen im Sommer vor der brennenden Sonne und im Winter vor den eisigen Stürmen.

Zwei Besonderheiten Breitenbrunns sind noch hervorzuheben: der Kellerring (mit seiner ansehnlichen Reihe alter Weinkeller, Abb. 67) und eine der einst häufig vorkommenden Hofgassen (ein Überrest einstiger Bauernarchitektur), von denen die meisten leider verschwunden oder hinter verschlossenen Toren dem Blick entzogen sind.

Winden am See, wie die gesamte Umgebung seit der Jungsteinzeit besiedelt, hat durch einen römerzeitlichen Fund Aufsehen erregt. Neben Mauerresten eines komfortabel mit

Wohnraumheizung und Badeapsis ausgestatteten Gutshofs und einer Wasserleitung, Grabsteinen und Weihealtären, die eine bedeutende römische Ansiedlung signalisieren, wurde nämlich auch die älteste römische Weinpresse Österreichs ausgegraben, die im Burgenländischen Landesmuseum in Eisenstadt besichtigt werden kann. Wer sich fragt, warum gerade hier so reichhaltige Funde aus der Römerzeit zutage gefördert wurden, der erhält beim Bäckerkreuz die Antwort: Dort ist noch die Römerstraße, die von Polen über Carnuntum in den Mittelmeerraum verlaufende ›Bernsteinstraße‹, zu sehen; manche Forscher nehmen an, daß die Siedlung mit der Station ›Ulmus‹ der Tabula Peutingeriana identisch war.

Für jene Besucher, die sich für die Frühgeschichte interessieren, hat Winden noch die 1924 auf dem nördlich des Ortes ansteigenden Zeilerberg entdeckte ›Bärenhöhle‹ (das ›Ludlloch‹) zu bieten: die einzige Höhle des Burgenlandes mit eiszeitlicher Fauna. In der denkmalgeschützten Schichtfugenhöhle hat man Überreste eines Höhlenbären und einer Höhlenhyäne zutage gefördert.

Das Ortsbild von Winden (Farbabb. 6), das um 1220 als Besitz der Zisterzienser von Heiligenkreuz erstmals urkundlich erwähnt wird, hat trotz aller Zerstörungen (Tataren im 13., Türken im 16. und 17. Jh.) das Charakteristische einer burgenländischen Weinbaugemeinde bewahrt, wenn die Häuser (mit oftmals modernisierten Fassaden) auch meist aus dem 19. Jh. stammen. Im Südosten des Ortes gibt es ein Kellerviertel mit Erdkellern, deren Existenz bis ins 18. Jh. zurückverfolgt werden kann (Farbabb. 17). Bei einem Rundgang stößt man auch auf einige hübsche ältere Häuser, so am Beginn der Klafskygasse (vor dem Haus Nr. 4 steht ein kostbarer Tabernakelpfeiler mit gotischem Lichthäuschen aus dem 15. Jh.) oder in der Hauptstraße (Nr. 23 – Farbabb. 21, Nr. 37 und 52 mit Nischenfiguren, Abb. 52, Nr. 34 und 44 mit Erker), ebenso auf ein in der Hauptstraße stehendes Pestkreuz von 1646.

Die *katholische Pfarrkirche* liegt am See-Ende des Ortes, ist dem hl. Florian geweiht und wurde nach der Zerstörung durch die Türken (1683) erst im Jahre 1725 in barocken Formen

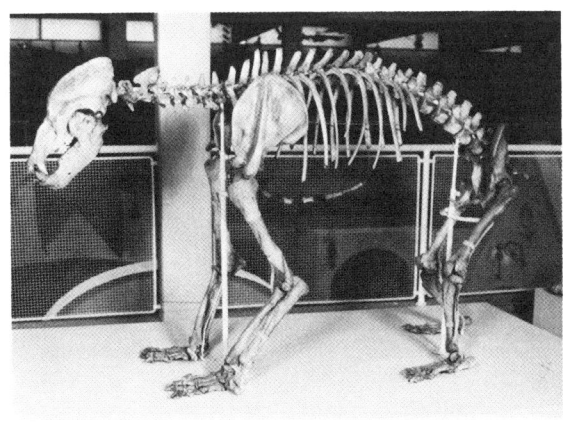

Skelett eines Höhlenbären aus der
Bärenhöhle von Winden

mit ihrer zweitürmigen Fassade neu gebaut (prunkvoller Hochaltar, Kanzel mit Rocaillen-schmuck und andere qualitätvolle Ausstattung). Die kleine Annakapelle, in der eine Barockfigur der hl. Anna mit Maria aus dem 18. Jh. Platz gefunden hat, und ein spätgotisches Ölbergrelief aus Stein auf dem Friedhof (16. Jh.) sind ebenfalls beachtenswert. – Auf einer Höhe über dem Ort fand eine moderne Stahlplastik des Künstlers Wander Bertoni, der in der Gritschmühle ansässig wurde, ihren Platz.

Jois, der letzte Ort vor Neusiedl am See, erhält durch die am Ende einer Allee beherrschend über dem Ort situierte *katholische Pfarrkirche* mit ihrem Fassadenturm (mit Pyramiden-helm) sein Gepräge. Das dem hl. Georg geweihte Gotteshaus bezaubert den Besucher durch seine Ausstattung in ländlichem Barock. Am Hochaltar bilden die elegant modellierten weißen Heiligenfiguren (Stephan und Emmerich, Sebastian und Rochus) einen interessanten Kontrast zum graugrünen Marmor. Die prachtvoll gestaltete Kanzel ist einer näheren Betrachtung wert: Ihre Rocaillenornamentik überwächst schilfartig den Kanzelkorb, der die Darstellungen der drei göttlichen Tugenden Glaube, Hoffnung und Liebe trägt, während den mit reichem Ornament ausgestatteten Schalldeckel ein Posaunenengel bekrönt. Die geplante freskante Ausschmückung der Kirche kam über Anfänge nicht hinaus; die ›Fußwa-schung Christi‹ (im Chorjoch) wurde vom Maler vor die Mauern der Stadt Ödenburg verlegt. – Die im Dorf stehende Lichtsäule, ein massiver quadratischer Schaft mit Tabernakel und Dachpyramide, stammt aus dem 15. Jh.

Der Ort, seit dem beginnenden 13. Jh. bekannt, wurde schon 1546 mit dem Marktrecht ausgestattet. Alte Häuser haben sich nur wenige erhalten; der Wetschkahof (Hauptplatz 7), der auf einen mittelalterlichen Edelhof, den Latteshof, zurückgeht, und der Saliterhof, eine zu einem Weinlokal umfunktionierte ehemalige Salpetersiederei (mit barocker Einfahrt), sind Ausnahmen. – Wenn wir die Umgebung durchstreifen, so sind der am westlichen Ortsrand liegende Flaumeichenbuschwald (ein Naturschutzgebiet mit seltener Flora) und der Schilfgürtel (mit seinen Reiher- und Löfflerniststätten) Beispiele für die Naturschönhei-ten des Seegebietes.

Neusiedl am See

Als bedeutendste Kleinstadt am Nordende des Neusiedler Sees hat Neusiedl zwar eine weit in die Vorzeit zurückreichende Geschichte, ist heute aber architektonisch fast völlig moderni-siert. Kelten und Römer waren hier zu Hause, und schon damals wurde Wein angebaut. Ein schönes ornamentales Fußbodenrelief aus römischer Zeit, das allerdings nicht in Neu-siedl, sondern in Bruckneudorf in einem römischen Herrenhaus freigelegt wurde, kann man im Stiegenhaus der Bezirkshauptmannschaft sehen. 1209 wird der Ort (als ›villa Sumbot-heil‹) zum erstenmal urkundlich erwähnt; zu dieser Zeit war er bereits als Marktplatz bekannt (Szombathely – Samstagmarkt!). Der heutige Name geht darauf zurück, daß ›Nui-sidel‹, wie es ursprünglich genannt wurde, nach der Zerstörung durch die Tataren in den vierziger Jahren des 13. Jhs. 1282 völlig neu besiedelt werden mußte.

Stadtwappen von Neusiedl am See

Vielleicht entstand schon damals über der Stadt eine Burg; wenig später hatte sie jedenfalls hohen Bekanntheitsgrad, weil sie ungarischen Königinnen – um 1300 Agnes, der Tochter Albrechts I. von Habsburg und wider Willen Gemahlin Andreas' III., und um 1390 Maria, der Gemahlin Sigismunds – als Witwensitz bzw. Aufenthalt diente. Die Gelehrten sind sich zwar nicht sicher, aber man nimmt an, daß die Ruine des alten Turmes (Tabor) auf der Höhe des Wagrams ein Rest der alten Burganlage ist. Die Tradition sieht es anders: Sie verlegt die Königsburg an die Stelle des herrschaftlichen Schüttkastens, Obere Hauptstraße 40–42. Vom 16. bis 18. Jh. erlebte der Turm jedenfalls eine Wiederverwendung: Hier wurden zur Zeit der türkischen Bedrohung ›Kreutfeuer‹ angezündet (wie man Warnfeuer nannte), und während der Kuruzzenraubzüge wurde er sogar durch Schanze und Wall verstärkt und durch einen Graben gesichert; dergestalt war der Tabor ein Eckpfeiler der zwischen Neusiedler See und Donau (Petronell) verlaufenden ›Alten Schanze‹, die einen Sperriegel vor Niederösterreich und Wien bilden sollte. Vom ›Tabor‹ genießt man, da er über der Stadt gelegen ist, eine hübsche Aussicht, vielleicht sogar den besten Blick über den See. Die Mauerstärke von 2,96 m ist beachtlich und legt Zeugnis von der Bedeutung dieses Festungswerkes ab.

Im Mittelalter entstand eine Reihe von Edelhöfen, von denen einige in der Barockzeit erneuert wurden. Um 1600 besaß Ladislaus Nádasdy ein Kastell und Weinberge. 1687 wurde ein Paulinerkloster begründet. 1926 wurde Neusiedl am See zur Stadt erhoben. Die katholische Pfarrkirche, einige Bildstöcke und das Seemuseum sind sehenswert, aber auch der weithin bekannte Krämermarkt, der nach alter Tradition regelmäßig abgehalten wird, zieht Besucher an, wie überhaupt der Fremdenverkehr einen besonderen Stellenwert genießt. Der See ist nicht die einzige Attraktion, obwohl das über einen Damm durch den Schilfgürtel erreichbare Strandbad (mit dem 1967 eröffneten ›Seemuseum‹), der durch einen Kanal mit dem See verbundene Segelhafen und die vielen Sporteinrichtungen genannt werden müssen. Es gibt nämlich auch ein großes Erholungszentrum sowie Gesundheits- und Schönheitseinrichtungen. Die Gastronomie ist reichhaltig und abwechslungsreich, außerdem liegt Neusiedl inmitten eines der größten Weinbaugebiete des Burgenlandes.

Das *Seemuseum* gibt einen ausgezeichneten Überblick über die hiesige Flora und Fauna, wobei die Vogelwelt besondere Berücksichtigung erfährt – und an Vögeln ist bekanntlich der See nicht arm; Hans Lajta hat sie in einem Führer aufgelistet: Graugans, Stock- und Knäkente, Bläßhuhn, Zwergtaucher, Lachmöwe, Seeschwalbe, Säbelschnäbler, Regenpfei-

fer, Strandläufer, Wachtel, Ralle, Großtrappe, Grau- und Silberreiher, Rohrdommel, Löffler – eine gewiß beachtliche Auswahl an Tieren, von denen wohl viele Besucher nicht einmal
die Namen kennen!

Die *Pfarrkirche* befindet sich im ältesten Teil des Ortes, am seinerzeitigen Anger (Neusiedl war einstens ein Schmalangerdorf, das sich am Steilabfall der sogenannten Parndorfer
Platte hinzog); sie wurde 1460–64 in gotischem Stil erbaut, doch hat sich aus dieser Zeit nicht
mehr viel erhalten. Im Kern haben wir zwar noch immer einen gotischen Bau mit Südwestturm vor uns, doch wurde im Laufe der Jahrhunderte, nicht zuletzt wegen oftmaliger
Zerstörungen, Plünderungen und Erweiterungen, sehr viel verändert. Beachtenswert ist die
›Fischerkanzel‹ (Abb. 60).

Besonders auffallend in Neusiedl sind die zahlreichen Bildstöcke, darunter die Dreifaltigkeitssäule von 1713 am Hauptplatz, eine Christussäule von 1609 im Park und eine Floriani-
säule von 1745 vor der Apotheke, nicht zu vergessen der Kalvarienberg mit Kreuzgruppe
und Pietà aus der Mitte des 18. Jhs. und einer Einsiedlerkapelle aus dem Jahre 1739; auch an
den Ausfallstraßen stößt man immer wieder auf Bildstöcke, wobei der Mautsäule an der
Abzweigung Jois – Parndorf aus dem Jahre 1616 besondere Bedeutung beizumessen ist.

Abseits der Strecke liegt 14 km nordwestlich von Neusiedl am See am nördlichen Leithagebirge das Haufendorf **Kaisersteinbruch,** das seit der Jungsteinzeit besiedelt ist. Ein ausge-
grabener römischer Straßenzug und ein – bei Königshof – entdeckter römischer Gutshof mit
Herrenhaus sind weitere Stationen der Geschichte des Ortes, der 1529 von den Türken
zerstört wurde. Erst gegen Ende des 16. Jhs. kam es durch Steinmetzen aus Heiligenkreuz zu
einer Neugründung, und in der Barockzeit entwickelte sich hier dank des ›kaiserlichen
Steinbruchs‹ eine bedeutende Steinmetzzunft. Der sarmatische Kalkstein, der noch heute
hier gebrochen wird, und ein großer Truppenübungsplatz sind die Kennzeichen unserer
Tage.

Die 1617 errichtete *Kirche* in der Mitte des Ortes (neben der Sakristeitür Grabstein des
bekannten Steinmetzen und Baumeisters Elias Hügel, auf dem auch sein Steinmetzzeichen
überliefert ist), das Friedhofsportal und der im Norden liegende Ortsteil *Königshof* sind von
gewissem Interesse. Bei der Wilfleinsdorfer Mühle entstand im 17. Jh. der neue ›Königshof‹,
ein Meierhof, der heute Sitz einer Bundesversuchsanstalt ist; am Osttrakt sticht ein
Barockportal mit Rundgiebelaufsatz ins Auge, das mit dem Wappen des Stiftes Heiligenkreuz geschmückt ist und zwei Heiligenfiguren (hl. Johannes Nepomuk, hl. Bernhard von
Clairvaux) trägt.

Das Ostufer bis Podersdorf

In Weiden am See gibt es eine Kuriosität, den ›Sesselmarkt‹: Die Bewohner bieten auf
Küchensesseln frisches Obst und Gemüse sowie handgearbeitete Korb- und Strohwaren
zum Verkauf an. Während sich nordöstlich von Weiden bis zur Leitha die Parndorfer Heide
ausdehnt, steht man bei der Erkundung der südlich gelegenen Gebiete vor zwei Möglichkeiten: Wählt man an der Straßengabelung südlich von Weiden die rechts abzweigende Straße,
so erreicht man nach 9 km Fahrt, die das Vollnaturschutzgebiet ›Zitzmannsdorfer Wiesen‹

1 EISENSTADT Kalvarienbergkirche mit Aufgang zum Kalvarienberg, dahinter die Bergkirche, Begräbnisstätte des Komponisten Joseph Haydn

2   FRAUENKIRCHEN im Seewinkel, eine der bedeutendsten Wallfahrtskirchen des Burgenlandes

3   FRAUENKIRCHEN   Innenansicht der Wallfahrtskirche

4 KLOSTERMARIENBERG Altar der Pfarrkirche

5 LORETTO Kopie der Gnadenstatue ›Schwarze Muttergottes‹ auf dem Allerheiligenaltar der Wallfahrtskirche

6 Winden, Theodor Festorazzo, 1847, Öl

7 Ansicht vom Rosaliengebirge gegen Westen, Jakob und Rudolf Alt, 1837, Aquarell

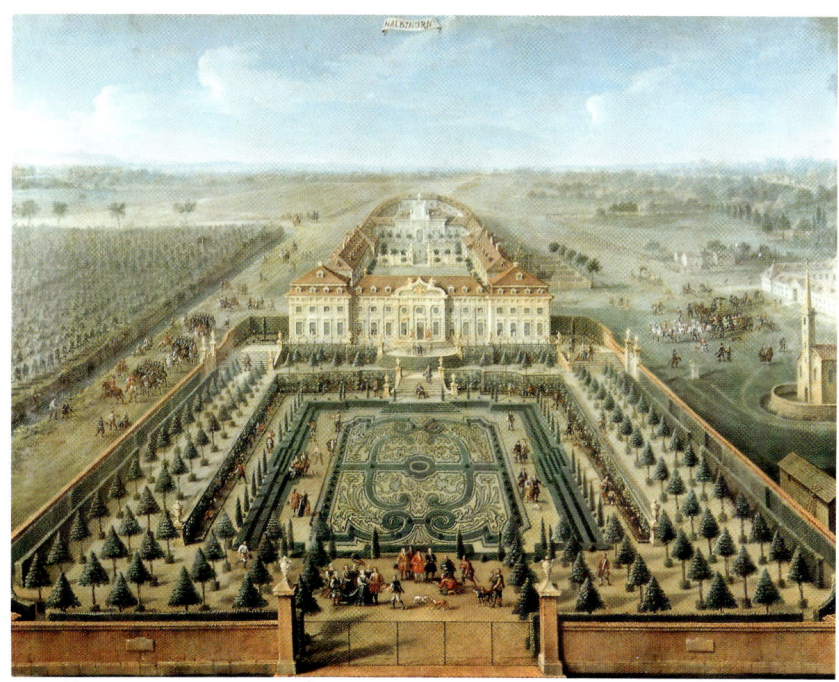

8   Halbturn, anonym, um 1740, Öl

9   Mönchhof, Theodor Festorazzo, 1848, Öl

10   BREITENBRUNN am Neusiedler See, Blick in eine Gasse mit typischen Schwibbögen
        12   APETLON im Seewinkel, burgenländisches Bauernhaus mit Barockgiebel und Ziehbrunnen ▷
11   MÖRBISCH am Neusiedler See, Blick in eine der blumengeschmückten Hofgassen des Ortes

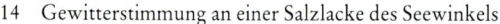

13   Sonnenuntergang am Neusiedler See, dem westlichsten Steppensee Europas

14   Gewitterstimmung an einer Salzlacke des Seewinkels

15 Ziehbrunnen in der Puβtalandschaft des Seewinkels östlich des Neusiedler Sees

16 Schilfernte am Neusiedler See

17 WINDEN am Neusiedler See, historische Kellergasse zur Zeit der Baumblüte

18 Blick auf Weingärten, die in weiten Teilen des Burgenlandes das Landschaftsbild prägen ▷

19 Bildstock mit ›Glockenmadonna‹ in Zagersdorf
21 Hl. Florian am Haus Hauptstraße 23 in Winden am See

20 Typisches Gedenkkreuz des Burgenlandes
22 Nischenfigur des hl. Johannes Nepomuk am Tor der Storchenmühle in Oslip

23 Typische Hofgasse in Mörbisch
25 BURG FORCHTENSTEIN im Rosaliengebirge, wehrhafte Anlage der Familie Esterházy ▷
24 Barockes Bauernhaus in Illmitz

26   BURG GÜSSING im südlichen Burgenland, Stammsitz der Familie Batthyány

27   BURG LOCKENHAUS an den Ausläufern des Günser Gebirges

28   Günser Gebirge vom Geschriebenstein ▷

29   MARIASDORF mit gotischer Pfarrkirche in typisch südburgenländischer Landschaft

30   Strohgedeckte Weinkeller im Kellerviertel von Heiligenbrunn

32   Storchennest auf einem Bauernhaus ▷
31   Weinbaugebiet Eisenberg im Zentrum der südburgenländischen ›Rotweinstraße‹

berührt, Podersdorf, den einzigen größeren Ort am Ostufer des Neusiedler Sees und zugleich den einzigen, der nicht durch einen Schilfgürtel vom Wasser getrennt wird (der den ganzen Neusiedler See begleitende Radwanderweg führt näher am See entlang als die Straße); fährt man hingegen auf der Bundesstraße 51 geradeaus weiter, so gelangt man zu zwei kulturhistorischen Kleinodien des Burgenlandes: zum Barockschloß Halbturn (s. S. 179) und zur Wallfahrtskirche von Frauenkirchen (s. S. 174).

Podersdorf am See

Podersdorf gehört, wie sich an der Zahl der Hotels, Gasthöfe und Privatvermieter unschwer ablesen läßt (auch Campingplätze mit rund 90 000 m² Fläche stehen zur Verfügung), zu den bekanntesten Fremdenverkehrsgebieten des Burgenlandes.

Wenige Jahre nachdem der Ort aus dem Dunkel der Geschichte tritt, befand er sich wie mancher andere im Besitz der Zisterzienser vom Stift Heiligenkreuz in Niederösterreich (seit 1217), welche die Kultivierung der Gegend in Angriff nahmen, das Land dem See abgerungen haben; es ist mehr als ein Zufall, daß Heiligenkreuz auch das Grabkloster des letzten Babenbergerherzogs Friedrich II. geworden ist, der in der Schlacht an der Leitha im Kampf gegen die Ungarn sein Leben ließ.

Die Attraktion von Podersdorf ist zweifelsohne die mit einem Schindeldach gedeckte alte *Windmühle* (Abb. 56, 57), deren oberster Teil – eine Kegelspitze – drehbar ist, so daß man, als die Mühle noch in vollem Betrieb stand, die Flügel in die dem Wind entsprechende günstigste Stellung bringen konnte; die Mühle vermochte pro Stunde bis zu 400 kg Getreide zu verarbeiten.

Aber auch das Ortsbild von Podersdorf als Ganzes ist mit seinen hübschen Giebelhäusern, deren Fassadendekor allerdings erst aus dem Ende des vorigen Jahrhunderts stammt, sehenswert. Schuld daran, daß sich keine älteren Gebäude erhalten haben, ist – wie überall in der Umgebung – die oftmalige Zerstörung des Ortes, auch hier beginnend mit dem Einfall der Tataren 1241/42 und später durch Türken und Kuruzzen. Die ansehnlichsten Häuser stehen an der Seestraße. Bei genauerem Hinsehen erkennt man hier und dort noch schilfrohrgedeckte Höfe (etwa in der Söllnergasse oder in der Neusiedler Straße). An den Ausfallstraßen finden sich wie in allen Orten rund um den See zahlreiche ältere Bildstöcke, z. B. das ›Julakreuz‹ an der Straße nach Neusiedl (1615) oder das Steinbrecherkreuz am südlichen Ortsrand (1663). Die spätbarocke Pfarrkirche von 1791 besitzt einen reichgegliederten Fassadenturm.

Von Podersdorf gelangt man, östlich des Sees weiter nach Süden vorstoßend, nach etwa 12 km Fahrt in den kleinen Ort Illmitz und kurz danach nach Apetlon und befindet sich damit inmitten des ›Seewinkels‹ mit seinen Salzlacken und seiner einzigartigen Tier- und Pflanzenwelt, in der vom pannonischen Klima geprägten typischen Pußtalandschaft des östlichen Burgenlandes.

Seewinkel und nordöstliches Grenzland

Will man das Gebiet zwischen Neusiedler See und Staatsgrenze, in dem auch die Natur- und Landschaftsschutzgebiete des Seewinkels mit ihren Vogelreservaten und Salzlacken liegen (Farbabb. 14), kennenlernen, so bietet sich für einen ersten Überblick eine Rundfahrt an, auf der man zu den wichtigsten landschaftlichen und künstlerischen Höhepunkten gelangen kann. Man sollte sich jedoch einen Tag Zeit nehmen und sich darüber im klaren sein, daß vor allem die ungewöhnliche Landschaft nur dann voll zur Wirkung kommt, wenn man sie in Muße auf sich einwirken läßt, sie also nicht als Pflichtpensum ›absolviert‹, sondern nach Möglichkeit ohne Zeitdruck erwandert, mit dem Fahrrad erkundet oder, so man kann, vom Sattel eines Pferdes aus erlebt.

Die Weite der flachen Pußtalandschaft (Farbabb. 15) und deren unendliche Ruhe, die man gewiß nicht während einer Fahrt mit dem Auto erfassen kann, haben schon des öfteren Dichter gepriesen. So beschrieb Heimito von Doderer, der Schöpfer der ›Strudlhofstiege‹ und der ›Merowinger‹, nicht nur »die sehr merkwürdigen, nach uralter Weise ganz aus Schilf gebauten Scheunen« des Seewinkels, sondern er fand auch treffende Worte für das unnachahmliche Flair der Landschaft und die Stimmung, die sie beim Menschen auslöst: »Hier wandert die Steppe herein aus Ungarn, besonders aber im Sommer, wo es über der Ebene so still sein kann, wie sonst nirgend auf der Welt . . . Sie lockt hinaus an den Rand des Himmels und tiefer in die Pußta hinaus.«

Die Rundfahrt kann von Podersdorf ihren Ausgang nehmen, ebenso auch von Neusiedl am See. Man fährt nach Süden und gelangt – über Illmitz und Apetlon – hart an die ungarische Grenze (kein offizieller Grenzübergang!), um bei Pamhagen den südlichsten Punkt der Route zu erreichen. Hier wendet man sich nach Norden und erreicht auf der Bundesstraße 51 über St. Andrä am Zicksee den Wallfahrtsort Frauenkirchen, von wo man über Mönchhof – oder über eine kleine Verbindungsstraße auf direktem Weg – das Barockschloß Halbturn erreicht. Eine landschaftlich attraktive Variante führt weiter östlich über Andau nach Halbturn; in diesem Fall müßte man von Halbturn nach Frauenkirchen fahren, das man auf keinen Fall ›umgehen‹ sollte. Über Gols kehrt man nach Podersdorf zurück, oder man fährt über Weiden am See nach Neusiedl am See weiter.

Der Seewinkel

Der gesamte Seewinkel ist historischer Boden, wobei man nicht so sehr an die Urzeitfunde denken sollte, die mehr für den Fachmann bestimmt sind – bei Illmitz beispielsweise fand man eine Grabstelle aus der ›Urnenfelderkultur‹ –, sondern an die vielen, die weitere Entwicklung des ganzen Landstrichs bestimmenden Kriegshandlungen des 13. bis 18. Jhs.; Ungarn, Türken und Kuruzzen waren auch im Seewinkel jene Völker, die immer wieder verwüstend das Land durchzogen und hier auf westliche Gegner stießen.

Illmitz, 12 km südlich von Podersdorf gelegen, 1217 erstmals in einer Urkunde erwähnt, wurde sowohl 1529 wie auch 1683 zerstört; von mittelalterlichen Bauten hat sich nichts mehr erhalten. Die an die Stelle eines aus dem späten 13. Jh. stammenden Gotteshauses getretene spätbarocke *Bartholomäuskirche* stammt aus dem letzten Viertel des 18. Jh., besitzt aber einen älteren Hochaltar (1658): Dieser wurde aus dem aufgelassenen Augustinerinnenkloster im fernen Eisenstadt hierher transferiert – ein weiteres Beispiel dafür, wie oft und gern man auch im Burgenland Kircheneinrichtungen in andere Gegenden brachte.

Noch vor wenigen Jahrzehnten gehörte Illmitz (mit einigen Nachbargemeinden des Seewinkels) zu jenen charakteristischen Dörfern, die fast durchgehend rohrgedeckte Häuser und Rohrscheunen besaßen (Farbabb. 24). Heute sieht man solche alten Häuser nur noch vereinzelt in der Hauptstraße und in der Florianigasse, und auch die typischen Scheunen sind nach und nach verschwunden, so daß man eine Kreuzscheune unter Denkmalschutz stellen mußte, um sie der Nachwelt zu erhalten. In so mancher der alten Pußtascheunen hat sich eine originelle Weinschenke etabliert, in der abends ›importierte‹ Zigeunermusik erklingt. Das schilfgedeckte barocke *Florianihaus,* ebenfalls denkmalgeschützt, besitzt einen romantischen Innenhof und eine alte Weinpresse. Über eine Dammstraße erreicht man das Strandbad.

Nur 3 km südöstlich von Illmitz liegt **Apetlon,** eingebettet in eine typisch burgenländische Pußtalandschaft, umgeben von zahlreichen Salzlacken mit einzigartiger Tier- und Pflanzenwelt; man spricht gern von der ›Kleinen Pußta des Seewinkels‹ im Vergleich zu der unendlichen Weite des Ostens. Apetlon wird nicht viel später als Illmitz genannt: 1318, aber die Geschichte der Ortschaft reicht gewiß bis in die Römerzeit zurück, wie ein Münzschatz beweist, der nach dem Zweiten Weltkrieg in der Nähe der ›Langen Lacke‹ geborgen werden konnte. Die Überlieferung will wissen, daß der Ort im 15. Jh. »vom See verschlungen« wurde, also einer der in der Geschichte des Neusiedler Sees gar nicht so seltenen Überflutungen zum Opfer fiel. Sicher ist jedenfalls, daß der Ort durch die Türken verwüstet wurde.

Auch an Apetlon ist die moderne Zeit leider nicht spurlos vorübergegangen: Vieles Alte, an das man heute mit Wehmut zurückdenkt, ging noch in den letzten Jahrzehnten verloren, manches fiel auch Brandstiftungen zum Opfer. So finden wir nur noch in der Wasserzeile, in der Kirchengasse, in der Quergasse und in der Akaziengasse, um die wichtigsten herauszugreifen, schöne alte Giebelhäuser; vor allem das gut restaurierte Haus Raiffeisenplatz 3 mit seinem barocken Volutengiebel und dem typischen Schilfrohrdach sollte man nicht übersehen (Farbabb.12). Zu den Besonderheiten der Gegend, die auch in Apetlon anzutreffen sind, gehören jedoch die hinter den Höfen liegenden Tschardaken – worunter man luftige Bretterverschläge mit bogenförmigen Streben versteht, die zum Speichern und Trocknen der Maiskolben dienen – sowie die behäbigen Rohrscheunen mit ihren fast bis zum Erdboden reichenden Schilfrohrdächern.

Die Apetloner *Kirche* entstammt dem 18. Jh.; sie steht an der Stelle einer mittelalterlichen Kirche. Die Einrichtung ist dem 18. und der ersten Hälfte des 19. Jhs. zuzuordnen, wobei vor allem das auf einem Seitenaltar befindliche Gnadenbild der ›Schwarzen Madonna‹ zu erwähnen ist. An das Pestjahr 1713 erinnert die auf einer kleinen Anhöhe nächst dem Ort stehende Rosalienkapelle, aber auch einige andere an den Straßen stehende Bildstöcke haben beträchtliches Alter (wie etwa das ›Rote Kreuz‹ mit seiner Pietà an der Straße nach Illmitz).

In der Umgebung von Illmitz und Apetlon befinden sich zahlreiche ›Lacken‹ (Farbabb. 14), deren Wasser immer trüb ist. Wir stehen hier in einem der interessantesten Gebiete Mitteleuropas: am westlichen Ausläufer der asiatischen Salzsteppe. Sowohl der Neusiedler See als auch die Lacken sind mit salzhaltigem Wasser gefüllt. Wenn das Wasser der meist nur etwa einen halben bis einen Meter tiefen Salzlacken verdunstet – was immer wieder einmal der Fall ist! –, bedeckt ›Zickstaub‹, wie das abgelagerte Salz genannt wird, den Boden. Die Lacken sind nichts anderes als flache Mulden ohne Zu- oder Abfluß, die nur vom Grundwasser gespeist werden, zuweilen austrocknen, im Frühjahr aber auch die Umgebung überschwemmen können. Sind die Lacken ausgetrocknet, so bieten sie einen recht merkwürdigen Anblick: Infolge der Sonnenhitze geborstener Schlamm bedeckt den Boden, dazwischen sind Salzablagerungen erkennbar, und genügsame Steppenpflanzen fristen ihr Dasein.

Man erforscht die Gegend – eine Reihe von Lacken sind Vollnaturschutzgebiete mit seltener Steppenflora und -fauna (vor allem hinsichtlich bereits vom Aussterben bedrohter Vogelarten) – am besten mit einer gemieteten Pferdekutsche oder einem Fahrrad (Leihmöglichkeit!). Freunde des Reitsports kommen im Seewinkel ebenso auf ihre Kosten wie Angler, sollten jedoch die Naturschutzvorschriften beachten. Dem Urlauber bieten sich jedenfalls, wenn man auch den Wassersport und Bootsfahrten mit einbezieht, mannigfaltige Möglichkeiten, den Seewinkel und den See selbst zu erleben.

Die Lange Lacke, die Wörtenlacke, die Neubruch- und Fuchslochlacke sind Vollnaturschutzgebiete, um die sich die letzte Hutweide des Seewinkels ausdehnt; eine inzwischen bescheiden gewordene Rinderherde wird noch von einem Hirten – den man hier Halter nennt – betreut. Viele Bezeichnungen von Lacken sind ›sprechende Namen‹, wie der Ober- und Unterstinkersee, die Birnbaumlacke, die Küh- und Ochsenbrunnlacke oder die Gansellacke. Der Namenforscher wird im Seewinkel ein ergiebiges Tätigkeitsfeld finden, ebenso der Botaniker oder Zoologe.

Aus der Flora und Fauna sind Arten bemerkenswert, die an Salzvorkommen (Soda, Glaubersalz und Bittersalz) gebunden sind, wie Salzkresse, Salzaster oder Meeresstrandwegerich – eine in Mitteleuropa einzigartige Salzflora! Igelgerste, pannonischer Schuppenschwanz, die Spinnenorchidee oder die Strandsimse – ein seltenes Tertiärrelikt! – sind weitere ausgefallene Beispiele. Die Säbelschnäbler, Seeregenpfeifer, Salzlaufkäfer und Südrussischen Taranteln gehören zu den europäischen Raritäten im Bereich der Tiere, wie ja überhaupt all jene Kleintiere hier leben, die Salz vertragen. Im Vogelparadies des Neusiedler Sees wimmelt es, wie wir bereits erwähnt haben, von Reihern, Enten, Gänsen, Strand- und Wasserläufern: insgesamt nicht weniger als 300 Arten in oft Zehntausenden Exemplaren.

Zwischen Schilf und fruchtbarem Ackerland stößt man immer wieder auf ausgedehnte Weingärten. Der Seewinkel, der im Bereich der Heide- und Seenplatte des nordöstlichen Burgenlandes liegt, produziert die meisten Feldgurken und den meisten Salat in Österreich, denn im Hanság, wie der südöstliche Teil des Seewinkels heißt, ist der Boden besonders fett und schwarz; sumpfige Niedermoore wurden nach der Entwässerung fruchtbares Land. Die Erträge aus den Weingärten werden von Kennern als ›Sandweine‹ sehr geschätzt und erfreuen sich regen Zuspruchs. Landschaftlich besonders beachtenswert sind im Seewinkel die Gemeinden Podersdorf, Illmitz, Apetlon, St. Andrä, Wallern und Andau.

Von Neusiedl am See nach Frauenkirchen

Von Neusiedl am See verläuft die Bundesstraße 51 über Weiden am See, Gols und Mönchhof nach Frauenkirchen, dem wohl bekanntesten burgenländischen Wallfahrtsort, und von dort aus weiter nach Süden in Richtung Staatsgrenze über St. Andrä am Zicksee und Wallern nach Pamhagen, das nur wenige hundert Meter nördlich des sogenannten Einserkanals liegt, der nicht nur den einzigen (künstlich hergestellten) Abfluß des Neusiedler Sees bildet, sondern auch die Grenze zwischen Österreich und Ungarn fixiert, eine Grenze, die in den fünfziger Jahren von Flüchtlingen besonders gern für den illegalen Grenzübertritt gewählt wurde.

Die Entwicklung von **Weiden am See,** praktisch eines Nachbarortes von Neusiedl am See, verläuft in der für das Burgenland typischen Weise: archäologische Funde – in der Bronzezeit war hier eine Nekropole der Wieselburger Kultur –, Römersiedlung, Zerstörungen während der Türkenkriege, aber auch im Bocskay- und Bethlenaufstand sowie durch die Kuruzzen, dazu Großbrände und Epidemien. Das einzige bedeutsame Bauwerk ist die stattliche *Pfarrkirche ›Zur Hl. Dreifaltigkeit‹* mit ihrer sehenswerten Innenausstattung, die man sich 1790 größtenteils aus der säkularisierten Klosterkirche der Augustinereremiten in Bruck an der Leitha geholt hat. Die Skulpturen der mit diesem Orden in Verbindung stehenden Kirchenväter Augustinus und Ambrosius (am barocken Hochaltar) wurden nach Entwürfen des bedeutenden Barockbaumeisters Johann Lukas von Hildebrandt gefertigt, dem wir in diesem Teil des Burgenlandes des öfteren begegnen (Entwurf für die Pfarrkirche in Parndorf, Bau des Schlosses Halbturn, beide Bauwerke im Auftrag Raimunds von Harrach). Beachtenswert sind auch die Barockkanzel mit ihrem reichen Figurenschmuck (Evangelisten, am Schalldeckel Allegorien von Glaube und Hoffnung samt dem hl. Augustinus), das Taufbecken (1689) und die Orgel (1725).

Im Ortsgebiet sind es eher Details, die bei näherer Betrachtung ins Auge springen: das rustizierte Portal am Seitentrakt des Pfarrhofes beispielsweise (1743), natürlich die Pestsäule (1745) und die Dreifaltigkeitssäule (mit Gnadenstuhl, 18. Jh.) sowie – als ältestes Objekt – eine Ecce-homo-Säule aus dem Jahre 1612. Der erst vor einigen Jahren restaurierte dreigeschossige Speicherbau in der Triftstraße – ein sogenanntes Granarium – gehört zwar mit seinen Kreuzgratgewölben im Untergeschoß zu den markanten Baudenkmalen Weidens,

stammt allerdings erst aus der ersten Hälfte des 19. Jhs. Auch in Weiden führt eine Dammstraße durch den Schilfgürtel zu einem Strandbad.

Gols, eine weitläufige Weinbaugemeinde – die größte Österreichs! – mit teilweise bereits
verbautem Linsenanger, hat seinen ältesten Teil in der Marktgasse, wo die zum Teil gestaf-
felte Reihung der Häuser auffällt, präsentiert sich aber keineswegs als ›historischer Ort‹. Die
Pfarrkirche, eine in der Zeit der Romanik (12. Jh.) entstandene Kleinkirche mit massivem
Turm, hat die im Laufe der Jahrhunderte an ihr vorgenommenen Restaurierungen schlecht
überstanden, läßt aber dank jüngerer Bemühungen ihren mittelalterlichen Charakter erkennen (an der Südfront wurde romanisches Quaderbauwerk freigelegt); die Kirche liegt auf
einer ehemals befestigten Erhebung im Südwesten des seinerzeitigen Angers, der sie umgebende Friedhof wird von der ehemaligen Wehrmauer begrenzt. Neben der Stiege zum alten
Friedhof steht eine Dreifaltigkeitssäule (um 1700). In der Marktgasse gibt es Hofgassen (Nr.
24–30), am ›Anger‹ eine geschlossene Reihe von Tschardaken (Maisspeichern). Trotz dieser
Relikte aus der Vergangenheit ist aber Gols heute vor allem dadurch bekannt, daß es im
größten österreichischen Weinbaugebiet liegt.

Mönchhof, ein kleines Angerdorf unweit von Halbturn (s. S. 179), wird zum erstenmal
1217 urkundlich erwähnt, als der ungarische König Andreas II. ein dort gelegenes Gut den
Zisterziensern von Heiligenkreuz übergab. Von den Mongolen im 13. und von den Türken
im 16. Jh. hart in Mitleidenschaft gezogen, war Mönchhof von 1553 bis 1672 Standort für das
kaiserliche Gestüt, als dieses Halbturn verlassen mußte; für die Bediensteten entstand
damals der Ortsteil Radschin. Heute ist Mönchhof mehr durch das Kur- und Erholungs-
heim der geistlichen Schwestern ›Marienkron‹, eine Kneipp-Kuranstalt, bekannt.

Die der *hl. Magdalena* geweihte *Kirche* befindet sich in erhöhter Lage; sie wurde 1729–34
barock erbaut und präsentiert sich als dreijochiger Saalbau mit gedrücktem Kreuzgratgewölbe mit prächtigen Kapitellen. Die Einrichtung stammt aus der Bauzeit. Das Altarbild
›Krönung Mariens‹ (linker Seitenaltar) schuf Martino Altomonte 1741 (Abb. 61), dem auch
das Hochaltarbild zugeschrieben wird (›Büßende Magdalena‹). Neben der Kirche steht der
als ›Schloß‹ bezeichnete Pfarrhof (Farbabb. 9). – Fährt man von Mönchhof nicht in das 3 km
östlich gelegene Halbturn, sondern weiter nach Süden, so erreicht man nach 6 km Frauenkirchen mit seiner berühmten Wallfahrtskirche.

Frauenkirchen

Die barocke Kirche ›vom Heidboden‹ ist ein vielbesuchter, der Himmelfahrt Mariens
geweihter Wallfahrtsort, den man urkundlich zwar bis ins 14. Jh. zurückverfolgen kann
(älteste Nennung 1324 als ›Zenmaria‹), der aber erst nach der Zurückdrängung der Türken
seine Glanzzeit erlebte. Man kann davon ausgehen, daß Frauenkirchen schon 1335 von
Wallfahrern besucht wurde. Obwohl der Ort selbst einige Jahrzehnte später verödet sein
dürfte, galt dies offensichtlich nicht für die Kirche ›Unser Lieben Fraw auff der Hayd‹. Dann
kamen zum erstenmal die Türken und unterbrachen die fromme Verehrung.

Seit 1529 war Frauenkirchen verwüstet, und noch um die Mitte des 17. Jhs. lag die Ortschaft öde; nur vereinzelt verirrten sich Pilger hierher, um die Kirchenruine zu besuchen.

Stadtwappen von Frauenkirchen

Dann kam Burg Forchtenstein 1622 in den Besitz der Familie Esterházy, und Graf Paul war es, der 1653 der Wüstung einen ersten Besuch abstattete. Er ordnete den Bau eines Gutshofes an. Etwas später, 1656, kam ihm eine Eingebung: In Forchtenstein gab es einen kostbaren Schatz, eine lindenholzgeschnitzte Marienstatue, in deren Sockel die Jahreszahl ›1240‹ eingeschnitten ist, eine Kultstatue, die der Graf besonders andächtig verehrte. Deshalb beschloß er nun, die Statue nicht für sich und seine Familie zu behalten, sondern sie nach Frauenkirchen zu bringen, die Kirche wieder aufzubauen und ihr in dieser ein Heim zu schaffen, in dem sie von allen Gläubigen verehrt werden konnte. Nach fünf Jahren war die Kirche fertiggestellt, und am 7. September 1661 wurde die Marienstatue in feierlicher Prozession von Forchtenstein nach Frauenkirchen gebracht; wenig später ließ Paul Esterházy auch das nahe gelegene Franziskanerkloster errichten – in die Obhut seiner Mönche sollte die Statue übergehen.

Zwei Jahrzehnte später kamen die Türken ein zweites Mal: Im letzten Augenblick brachten zwei Mönche das Schnitzwerk nach Forchtenstein in Sicherheit, bevor die Kirche in Flammen aufging. Nach der durch die siegreiche Entsatzschlacht vom 12. September 1683 beendeten zweiten Belagerung Wiens wurde Graf Paul von Kaiser Leopold I. in dankbarer Anerkennung seiner Verdienste im Kampf gegen die Türken in den Fürstenstand erhoben (1684). Der Fürst nahm dies zum Anlaß, die Reste der Kirche zu Frauenkirchen abreißen und an ihrer Stelle ein neues, größeres und schöneres Gotteshaus errichten zu lassen.

1695 wurde der Grundstein gelegt, bis 1702 war die von Francesco Martinelli konzipierte *Kirche* fertiggestellt, am 19. November desselben Jahres wurde die prunkvoll ausgestaltete Basilika vom Bischof von Neutra, Ladislaus Mattyasovsky, in einem prachtvollen Fest feierlich geweiht. Der mit einer zweitürmigen Fassade (Farbabb. 2) versehene Neubau bietet auch in seinem Inneren (Farbabb. 3) den pompösen Glanz der Barockzeit. Frauenkirchen ist dank der Einheitlichkeit der Architektur und Ausstattung sowie der Geschlossenheit seiner Einrichtung der schönste Kirchenraum des Burgenlandes, wobei die jüngste Restaurierung so manches Verschollene, wie etwa Fresken, zutage förderte. Am rundbogigen Triumphbogen sieht man das fürstliche Wappen der Esterházy. Unter den Votivbildern in der Sakristei findet man auch solche, die auf ein Erdbeben in Komorn und die Pest in Purbach und Neusiedl am See Bezug nehmen. Die schlichte gotische Madonna, die sich von dieser kostbaren Ausstattung nach Ansicht der Zeitgenossen zu sehr abgehoben hätte, erhielt einen prächtigen barocken Umhang, hinter dem die einfache Holzmaserung verschwand.

Frauenkirchen, Hans Frank von Landgraff, 1703, Kupferstich

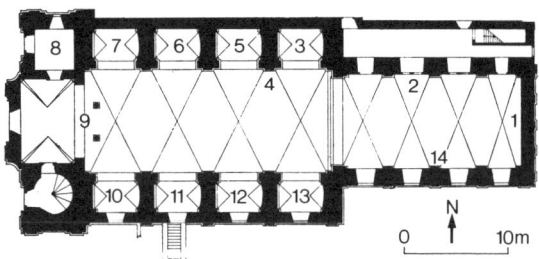

Von Anfang an wurden Maria – ›Boldog Asszony‹, Glückliche Frau, nannten die Ungarn Frauenkirchen – Wunder zugeschrieben, die von den Franziskanermönchen minutiös aufgezeichnet wurden: 1698, als sie das Buch ›Mystische Rose‹ herausgaben, waren es bereits an die 170, und später folgten, wenn wir kirchlichen Berichten glauben, noch über 300 Wunderheilungen oder Errettungen aus höchster Not; 1735 erlosch, wie überliefert wird, nach einer Bittprozession die Cholera in Rohrbach, 1763 wurde Wallfahrern aus Komorn nach einem Erdbeben geholfen, und die Zahl der im Laufe der Zeit nach Frauenkirchen aus Wien,

Niederösterreich, Eisenstadt, aber auch aus Ungarn und der Slowakei gekommenen Wallfahrer ist nicht überblickbar. Hauptwallfahrtstage waren und sind der 15. August (Mariä Himmelfahrt) und der 8. September (Mariä Geburt). Zahlreiche Votivgaben sind Zeugnisse des Vertrauens der Wallfahrer zur Fürsprache Mariens oder auch Zeichen des Dankes für erhörte Bitten.

Die Wallfahrtskirche wurde nach dem zweiten Weltkrieg restauriert und präsentiert sich seither in neuem Glanz. Die marmorierten Altäre aus der Zeit um 1700, die reich dekorierte Kanzel und die Orgelempore verbinden sich mit den freskengeschmückten Stichkappengewölben (aus der Hand des Luganer Künstlers Luca Antonio Columba) und den Stuckverzierungen des Pietro Antonio Conti (mit ihren Ranken- und Muschelmotiven, Blatt- und Fruchtkränzen sowie Maskarons) zu einem grandiosen Gesamtbild. Die alte Gnadenstatue wird von dem riesigen Hochaltar umschlossen (Abb. 62), auf der Orgelempore kann man ein prächtiges barockes Chorgestühl betrachten, in dessen Rahmen Heiligenbilder mit franziskanischen Szenen, eingebettet in reizvolle Landschaften, einen merkwürdigen Kontrast bilden.

Die neue Platzgestaltung bringt die Fassade der Wallfahrtskirche zu besonderer Wirkung: Der nach 1683 künstlich vor der Kirche aufgeschüttete *Kalvarienberg* (Abb. 63) – mit spiralförmig ansteigendem Kapellenweg (an der Rampe stehen Kapellen mit Passionsreliefs) und seiner die Kuppe krönenden steinernen Kreuzigungsgruppe (mit Maria, Magdalena und Johannes, 1759) – wurde 1958 versetzt und prägt nunmehr, von der Kirche optisch getrennt, den neben der Kirche liegenden zweiten Teil des Dorfplatzes.

Im *Kloster* der Franziskaner (gestiftet 1669, erbaut bis 1678, wiederhergestellt nach dem Türkenkrieg 1686/87) wird eine kostbare Silbermadonna verwahrt, die ins Jahr 1695 datiert werden kann. Das ursprüngliche Refektorium des Klosters wandelte sich zur Winterkirche.

Im Ort findet man noch so manche alte Gasse, manches interessante Haus. In der Franziskanergasse, dem älteren Ortskern, fällt die unregelmäßige Baulinie auf; gleich auf Nr. 1 steht das *Alte Brauhaus*, ein zweigeschossiger Barockbau mit Hoflauben über zwei Flügeln, außerdem gibt es einige bemerkenswerte Zwerchhöfe mit Fassadendekor. Die Hauptstraße (mit Ausnahme von Nr. 8) und die Amtshausgasse (Ende des 19. Jhs. locker verbaut) sind modernisiert. Das *Granarium* am Raiffeisenplatz, ein viergeschossiger Giebelbau (1766), und das ehemalige *Esterházyschlössel*, ein aus einem Kastell des 17. Jhs. entstandener zweigeschossiger Barockbau des 18. Jhs. (heute Schule), sind ebenso beachtenswert wie der am südlichen Ortsrand liegende *Jüdische Friedhof* mit seinen aus dem 17. bis 19. Jh. stammenden Grabsteinen.

Über **St. Andrä** bei Frauenkirchen – eine schöne, streng nach dem Kolonialschema angelegte Dorfanlage mit einem Breitanger beachtlichen Ausmaßes und vereinzelt erhaltenen rohrgedeckten Häusern und Rohrscheunen (am Ortsrand) – und **Wallern** – ein ebenfalls nach dem Kolonialschema errichtetes Dorf mit hübschem Ortsbild – gelangt man zum südlichsten Ort des Seewinkels, **Pamhagen,** das allerdings nicht allzuviel von Interesse zu bieten hat: die aus Streckhöfen bestehende Hauptstraße, eine barocke Kirche mit vorgebautem Westturm und einen Glockenturm aus dem 17. Jh. in der Hauptstraße.

Halbturn und sein Schloß

Nur 1,5 km von der ungarischen Grenze entfernt, liegt Halbturn in ungeschützter Landschaft am südlichen Ausläufer des Parndorfer Plateaus und zugleich am Beginn der Kleinen Ungarischen Tiefebene. Die älteste Urkunde, in der Halbturn genannt wird, stammt aus dem Jahre 1466, doch sagt dies nichts über das tatsächliche Alter der Siedlung aus. Funde in der Umgebung aus der Römerzeit, ebenso aus der Bronze- und sogar aus der Jungsteinzeit verweisen auf das Alter der Besiedlung dieses Landstriches. Im Spätmittelalter im Besitz der besonders rund um Preßburg begüterten Grafen von St. Georgen-Bösing, fiel die Herrschaft nach deren Aussterben 1516 an die ungarische Krone zurück, und König Ludwig II. schenkte sie seiner Gemahlin Maria, der Schwester Erzherzog Ferdinands.

Die gravierendste Beeinträchtigung der Ortsentwicklung ist den Türkenkriegen zuzuschreiben, nach deren Beendigung viele Dörfer im Kolonialschema wieder aufgebaut wurden. Nach dem Türkenkrieg (1529/32) war Halbturn so gründlich ausgelöscht, daß es 1672 neu gegründet werden mußte: zum ungünstigsten Zeitpunkt, denn wenig mehr als ein Jahrzehnt später wurde es samt seinem Jagdschlößchen von den Türken neuerlich zerstört. Zu Beginn des 18. Jhs. entstand dann jene uns vertraute regelmäßige Anlage mit breiten geraden Straßen und geräumigen Plätzen, die Halbturn als typisches Breitangerdorf nach den architektonischen Prinzipien des Barock erscheinen läßt. Hinter den Höfen – im ›Hintaus‹, wie man hierzulande die hinter den Höfen verlaufende Wirtschaftsstraße nennt – stößt man auf eine bemerkenswert einheitlich gestaltete Reihe von Scheunen und auf die für diese Gegend so charakteristischen Maiskolben-Tschardaken.

Die *Kirche* – am Ostrand des Schloßparks gelegen und seinerzeit wohl als Schloßkirche genutzt – wurde 1705–14 gemeinsam mit dem Schloß für die Familie Harrach neu erbaut und um 1730 im Auftrage Kaiser Karls VI. nach einem Entwurf Joseph Emanuel Fischers von Erlach umgebaut und erweitert: ein strenger Bau mit dreijochigem Langhaus, überkuppeltem Querschiff und einer prächtigen Statue des Namenspatrons, des hl. Josef, am Hochaltar. Die beiden Bilder an den Seitenwänden – es sind die Überreste entfernter Altäre – erinnern an Karl VI. (hl. Karl Borromäus) und seine Gattin (hl. Elisabeth). Der dreigeschossige Westturm trägt einen bemerkenswerten achtseitigen Steinpyramidenhelm. Das hinter einer verglasten Öffnung liegende ›Kaiseroratorium‹ trägt einen mit ›VI‹ bezeichneten gekrönten Ovalschild, der an den Patronatsherrn erinnert. Die Innenausstattung und der das Gotteshaus umgebende alte Friedhof sind von schlichter Eindringlichkeit.

Im Ort selbst sind historische Zeugnisse selten, wenn man von den zehn steinernen Bildstöcken absieht, die allerdings nicht so leicht aufzufinden sind (Abb. 65). Nur einer, die Sebastiansäule an der Budapester Straße, stammt noch aus der Zeit vor den Türkenkriegen des 17. Jhs. (1678).

Das Schloß

Als sich an der Wende zum 18. Jh. erwies, daß die Osmanen für Mitteleuropa keine Gefahr mehr darstellten, entwickelte sich eine ungeheure Bautätigkeit in den von militärischer Bedrohung befreiten Gebieten. Die neuerbauten luxuriösen Schlösser und Herrensitze, Kirchen und Klöster sind, in Verbindung mit einem bis dahin nicht gekannten barocken Lebensgefühl und einem neu erwachten Prunkbedürfnis – als sichtbares Zeichen des endgültigen Sieges des Staates über den äußeren (türkischen) und der Kirche über den inneren (protestantischen) Feind –, erstmals unbefestigte Anlagen, Residenzen im engeren Sinne des Wortes, von denen aus das Land in Besitz genommen wurde.

Überall im Reich schufen die großen Barockarchitekten gemeinsam mit von ihnen beauftragten Freskenmalern, Bildhauern und Gartenarchitekten jene Gesamtkunstwerke, die noch heute zu den Juwelen der Baukunst gerechnet werden. Die Planung, Bauleitung und Ausführung ging in den Jahrzehnten des Hochbarock im Gegensatz zum Frühbarock, der von Italienern dominiert gewesen war, auf deutschsprachige Architekten und Künstler über.

In Halbturn war es Johann Lukas von Hildebrandt, der beauftragt wurde, hier, in der ›Herrschaft Ungarisch-Altenburg‹, ein Jagdschloß ›in der Hayd‹ zu erbauen – ein Repräsentationsgebäude also, das nicht der Verwaltung der Güter, sondern ausschließlich dem Vergnügen der großen Herren dienen sollte. Der in Genua als Sohn eines dort stationierten deutschen Offiziers geborene Hildebrandt war in Rom und Turin für seinen Beruf ausgebildet worden, hatte sodann unter dem Prinzen Eugen als Feldingenieur im Piemontesischen Feldzug gedient und sich schließlich in die Haupt- und Residenzstadt Wien begeben – ohne sein Schaffen allerdings auf die Stadt zu beschränken. So baute er für den Prinzen Eugen auch dessen Schloß Ráceve auf der Donauinsel Csepel (bei Budapest) und für den Erzbischof von Würzburg Schloß Pommersfelden.

Zwischen 1648 und 1724 wurden Dorf und Herrschaft Halbturn von den Habsburgerkaisern – von Ferdinand III. bis Karl VI. – mehrfach verpfändet, zuletzt an die uns bereits wohlbekannten Grafen von Harrach. In diese Zeit fällt am Beginn des 18. Jhs. auch der Neubau des Jagdschlosses Halbturn, nachdem das ursprüngliche Schloßgebäude von den Türken 1683 zerstört worden war. Soweit uns die Quellen Aufschluß geben, muß das Schloß zwischen 1701 und 1711 errichtet worden sein (Farbabb. 8). Der Auftraggeber Hildebrandts

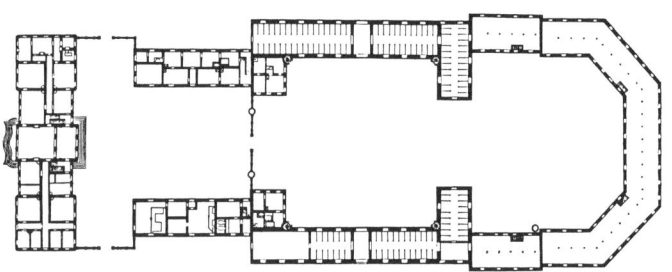

Halbturn, Schloß,
Grundriß

dürfte Aloys Thomas Raimund Graf Harrach gewesen sein, seines Zeichens Vizekönig der Habsburger in Neapel, einer der leidenschaftlichsten Bauherren seiner Zeit und zugleich ein sehr bekannter Kunstsammler. Graf Harrach zählte gemeinsam mit dem Prinzen Eugen und dem Reichsvizekanzler Friedrich Karl Graf Schönborn zu den bedeutendsten Auftraggebern Hildebrandts.

Knapp vor Beginn des Baues in Halbturn war Hildebrandt am 24. Mai 1700 von Kaiser Leopold I. zum Hofingenieur ernannt worden. Er erhielt jedoch nur selten Aufträge des Hofes, sondern arbeitete fast durchweg für hochadelige Geschlechter; zur selben Zeit, da er Halbturn errichtete, betreute er auch vier Großbaustellen in Wien. 1720 wurde Hildebrandt, nachdem er 1717–19 die Geheime Hofkanzlei (heute Bundeskanzleramt) erbaut hatte, von Kaiser Karl VI. in den Adelsstand erhoben, 1723 – nach Johann Bernhard Fischers Tod und im Jahr der Fertigstellung von Prinz Eugens Oberem Belvedere – zum Hofbaumeister ernannt.

Halbturn ist trotz seiner Lage abseits der großen Reiserouten einen Besuch wert: ist es doch der bedeutendste profane Barockbau des ganzen Burgenlandes, ein ›Kleinod der österreichischen Architektur‹, das sich aus dem 18. Jh. mit nur geringfügigen baulichen Veränderungen erhalten hat und nach dem Zweiten Weltkrieg großzügig und stilvoll restauriert wurde. Von Graf Harrach fiel das Jagdschloß 1724 an Kaiser Karl VI. (1711–40) zurück, der 1724–27 den Park anlegen ließ; dieser weist noch heute alten Baumbestand auf. Unter Maria Theresia wurde Halbturn 1765–67 durch den Hofarchitekten Franz Anton Hillebrand, den sie neben ihrem Günstling Nicolaus Pacassi gern beschäftigte, großzügig umgestaltet. In diese Umbauphase fällt das Wirken des Barockfreskanten Franz Anton Maulbertsch, der 1765 mit dem Deckenfresko im Hauptsaal, das die in jener Zeit so beliebte ›Allegorie der Zeit und des Lichts‹ zum Thema hat‹, seine erste größere Arbeit für das Kaiserhaus ausführte. Noch 1765 schenkte Maria Theresia das in Renovierung befindliche Schloß ihrer ältesten Tochter Erzherzogin Marie-Christine, die mit Herzog Albert von Sachsen-Teschen, dem Begründer der weltberühmten Graphischen Sammlung ›Albertina‹ in Wien, vermählt war, den Maria Theresia damals zum Statthalter in Ungarn ernannt hatte.

Erbe war Erzherzog Carl, der Napoleon durch seinen Sieg in der denkwürdigen Schlacht bei Aspern am 21./22. Mai 1809 den Nimbus der Unbesiegbarkeit nahm; seine Heirat mit Henriette von Nassau-Weilburg hat einen interessanten Nebenaspekt – brachte die Kalvinistin Henriette doch aus ihrer deutschen Heimat den Christbaum nach Wien. Der nächstfolgende Besitzer, Erzherzog Friedrich, ein Großneffe Albrechts, während des Ersten Weltkriegs bis 1917 Oberbefehlshaber der Österreichisch-Ungarischen Armee und einer der reichsten Männer Europas, konnte es sich leisten, Schloß und Park in alter Pracht wiedererstehen zu lassen; Halbturn war in den Jahren vor dem Ersten Weltkrieg ein begehrter Treffpunkt der internationalen Gesellschaft.

Hatten schon im 19. Jh. Brände Veränderungen hervorgerufen, so schien es nach dem Ende des Zweiten Weltkriegs eine Zeitlang, als wäre die Geschichte des Schlosses zu Ende. Krieg und Besatzungszeit hatten zu schweren Plünderungen und Verwüstungen geführt, und 1949 ging das unbewohnte Schloß in Flammen auf. Nur den kunsthistorisch so bedeutsamen Mittelteil des Hauptgebäudes vermochte man im letzten Augenblick zu retten. Erst 1971 begann eine grundlegende Restaurierung, 1974 wurde mit einer großartigen Maulbertsch-Ausstellung das in altem Glanz erstrahlende Schloß der Öffentlichkeit zugänglich gemacht.

Betritt man, vom Kirchenplatz des Dorfes kommend, durch ein prächtiges Tor den Schloßpark, dann erblickt man durch die alten Bäume die unwirklich zart durchschimmernde Fassade des Schlosses. Im Gesamtwerk Hildebrandts steht Halbturn, gemeinsam mit einigen Wiener Palais, am Beginn seines Schaffens. Es gilt als glanzvolles Beispiel am Anfang des österreichischen Hochbarock und leitet zudem jenen Trend ein, den man im 18. Jh. bei Schloßbauten beobachten kann: die Orientierung nicht mehr am italienischen, sondern am französischen Vorbild – das heißt, daß das Hauptgebäude, von den Flügelbauten getrennt, sich nach allen Seiten frei stehend präsentiert.

Die langgestreckte hufeisenförmige Anlage besitzt drei hintereinanderliegende Höfe, die von Wirtschaftsgebäuden umgeben sind. Im zweiten Hof befindet sich in der Mitte ein barockes Brunnenbecken, der dritte Hof ist polygonal geschlossen; ein ehemals vorhandener Quertrakt zwischen diesen beiden Höfen existiert nicht mehr. Der quergestellte Hauptbau liegt gegen Süden, davor war in einem tiefer gelegenen Gelände das barocke Gartenparterre angelegt worden. Hof- und Gartenfront des Schlosses ähneln einander. Von der Gartenseite betrachtet, fällt vor allem der Mittelrisalit mit seinem geschwungenen Giebel ins Auge, der von einem mächtigen kaiserlichen Doppeladler geziert ist und zwei qualitätvolle Sandsteinfiguren trägt, ein künstlicher Schmuck, der sich am Mittelrisalit des Ehrenhofs wiederholt (Abb. 69); die Adler dürfte 1724 Kaiser Karl VI. angebracht haben, als er die Herrschaft Ungarisch-Altenburg wieder in seinen Besitz brachte. Begrenzt wird die Schloßfront von zwei Eckpavillons.

Im Ehrenhof (1. Hof) betritt man das Schloß über eine von schmiedeeisernen Kandelabern flankierte Treppe. Der Hof zeigt sich in sehr einheitlichen Fassadenformen. Die Längsseiten werden von zwei eingeschossigen Trakten gebildet; der westliche Trakt diente seinerzeit der Unterbringung von Gästen (Knappenstock), der andere nahm die Küche auf. Der Hof wird durch eine reich verzierte Mauer mit einem schönen Tor abgeschlossen. In den Wirtschaftshöfen war zeitweise das kaiserliche Lipizzanergestüt untergebracht.

Das *Innere* des Schlosses ist heute auf den musealen Verwendungszweck abgestimmt. Die Ausstattung stammt aus der Zeit Maria Theresias. In ihrem Auftrag veränderte Franz Anton Hillebrand die Hoffront und baute ein Vestibül ein. Der rechteckige Hauptsaal reicht über zwei Geschosse und besitzt an den Längswänden offene Kamine zwischen Doppelflügeltüren. Die dekorative Wandmalerei entlang dem Gesims ist in den Grundfarben Weiß, Grün und Gold gehalten und zeigt Rocaillen und Ranken in Grisailletechnik sowie bunte Blumensträuße. Zur selben Zeit (1765) erhielt der Saal auch jenes berühmte, in lichten Farben gehaltene Deckenfresko, das – von Franz Anton Maulbertsch gestaltet – eines seiner Hauptwerke darstellt (Abb. 68).

Marietheres Waldbott, die Gattin des gegenwärtigen Besitzers, hat das Fresko mit großer Einfühlungsgabe beschrieben, so daß wir sie selbst zu Wort kommen lassen wollen. »Das

Franz Anton Maulbertsch (1724–1796), Selbstbildnis

Werk unterscheidet sich in vielem von den früheren Zeit-Allegorien Maulbertschs. Die Konstruktion ist lockerer, ungewollter, die Kontraste sind gemildert. Die Formen sind von einer ausgeglichenen Leichtigkeit, die Farben von einer unvergleichlichen Durchsichtigkeit. Hoch oben im vorderen Drittel des Freskos lenkt, in blendendes Licht gehüllt, der Sonnengott Apollo seinen Triumphwagen, Aurora, die Göttin der Morgenröte, zeigt ihm mit erhobener Fackel den Weg. Hesperus, der Abendstern, in einen blauen Mantel gehüllt, und der hell gekleidete Phosporus – der Morgenstern – begrenzen, auf einer schimmernden Wolke schwebend, die Lichterflut von der linken Seite. Vor Apollo der Tierkreis des Sommers – Löwe, Jungfrau, Waage – und fackeltragende Putti. Im Mittelpunkt schwebt Zephyr – der Westwind – zur zweiten Gruppe herab. Er ist mit seiner Geliebten, der bekränzten Göttin Flora, durch Blumengirlanden verbunden. Zu ihren Füßen Gaea, die Mutter Erde, mit Mauerkrone und Erdkugel in der erhobenen Hand. Ihr gegenüber balancieren Putti einen von Blumen und Früchten überquellenden Korb. Diese farblich und kompositorisch zusammengefaßte Dreiergruppe ist rechts von einer sich aufschwingenden Diana – Göttin der Jagd und Schwester Apollos – begleitet. Am Rande des Bildes links erscheint Chronos, der Gott der Zeit, mit der Sense in der Hand. Rechts, schon im tiefdunklen Nachthimmel, der Traumgott, schlummernd und von einer Eule umflattert. Maulbertsch löste sich in diesem Bild von aller Erdenschwere, Sternbildern gleich schweben seine Gestalten im silbrigen All. Die Farben vibrieren vom strahlenden Sonnengott über viele Varianten von Rosa, hellem Zinnober, seidigem Grün, ockerfarbenem Goldstaub zu glühendem Karminrot, dunklem Kobalt und samtfarbenem Violett. Alles ist spielerisch, voller Anmut und Grazie und von einer changierenden Leuchtkraft.«

Und György Sebestyén faßt seinen Eindruck über das Werk Maulbertschs in die Worte: »Hier, in Halbturn, stand er am Höhepunkt seiner Kunst: ein Mann im dreiundvierzigsten Lebensjahr, Schüler des Troger, Maler einer verschwenderischen Eleganz, die sich allerdings meistens in religiösen Themen offenbarte oder in Allegorien wie auch hier, in Halbturn, wo

Maulbertsch einen Gegenstand anpackte, der nicht nur zur Naturverbundenheit dieses anmutig offenen Bauwerks paßte, sondern auch zur Stimmung der Menschen, die in diesem Saal häufig einkehrten, denn als Jagdschloß wurde Halbturn gebraucht, als Ziel von Landpartien, als angenehmer Aufenthalt für heitere Tage ... Franz Anton Maulbertsch säkularisiert den Himmel, erobert ihn für das Diesseits, läßt ihn als einen Teil der sinnlich erfaßbaren, fröhlichen, frohlockenden Welt erscheinen ...«

Gegenüber dem Parkeingang steht der ›Rote Hof‹, wahrscheinlich an der Stelle eines älteren Dreiflügelbaues des 17. Jhs., der 1683 von den Türken zerstört und im 19. Jh. unter Verwendung erhaltener Teile in neobarocken Formen – wiederum als langgestreckter Dreiflügelbau – erneuert wurde. Der Hof dient heute den Schloßbesitzern als Wohngebäude.

Jenseits der Leitha

Der nordöstlichste Teil des Burgenlandes, zwischen Leitha und Donau gelegen, ist vor allem wegen des Ortes und Schlosses Kittsee von Interesse.

In **Gattendorf** ist neben dem Neuen Schloß (aus dem 18. Jh.) mit seiner hübschen Gartenfassade vor allem die katholische *Pfarrkirche* ›Zur Hl. Dreifaltigkeit‹ von Interesse: ein mittelalterlicher, im 17. Jh. barock stark veränderter Bau mit schlankem Turm, frühgotischen Chorfenstern und Teilen eines romanischen Portals, dessen Inneneinrichtung aus dem ausgehenden 18. Jh. stammt. – Südwestlich des Ortes steht an erhöhter Stelle in einem kleinen Wäldchen die stimmungsvolle Annakapelle (1705), zu der Wallfahrten abgehalten werden. Überall an den Bauwerken stößt man auf das Wappen der Familie Esterházy.

In **Zurndorf** (an der Leitha), das bereits zu Beginn des 13. Jhs. erwähnt wird und ursprünglich eine Petschenegensiedlung war – die Petschenegen, ein türkischstämmiges Reitervolk aus Südrußland, die von den ungarischen Königen als Grenzwächter zwischen Neusiedler See und Rosaliengebirge angesiedelt wurden, verschmolzen später mit den Magyaren –, steht inmitten eines Friedhofs in erhöhter Lage am Nordende des Ortes eine den Heiligen Petrus und Paulus geweihte *Pfarrkirche*, die trotz zahlreicher Veränderungen noch Merkmale der Romanik und Frühgotik aufweist, vor allem jedoch ein wertvolles Hochaltarbild (›Abschied der Apostel Petrus und Paulus‹) von Franz Anton Maulbertsch besitzt.

11 km nördlich von Gattendorf, am Ortsbeginn links auf der Bundesstraße 50 weiterfahrend und die Leitha überquerend, gelangt man nach Kittsee. Eine Nebenstraße führt über *Pama* nach Kittsee; Pama besitzt eine im Kern noch romanische Kirche (stark verändert!) mit gotischem Turm (Wehrgang auf Konsolen).

Kittsee

Der in der Nähe der tschechoslowakischen Grenze gelegene Markt hat eine ähnliche Geschichte wie die meisten Orte der Umgebung: Funde reichen bis in die Jungsteinzeit zurück, konkreter wird die Überlieferung aber erst im Mittelalter, als Kaiser Friedrich I.

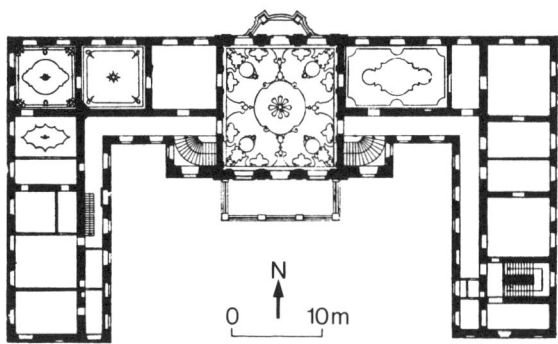

Kittsee, Neues Schloß, Grundriß

N

0 | 10 m

Barbarossa auf dem ›*Viervelt*‹, einem im Gebiet von Kittsee lokalisierbaren Gelände, 1180 auf dem Weg ins Heilige Land eine Heerschau hielt und ein Lager aufschlug; 1264 wurde hier die Nichte des Böhmenkönigs Przemysl Ottokar II. mit dem Sohn Bélas IV. getraut, 1291 nach der ›Güssinger Fehde‹ wurde hier der ›Friede von Hainburg‹ zwischen dem Habsburger Albrecht I. und dem Ungarn Andreas III. geschlossen – eine Fülle von Ereignissen also, die für einen größeren Raum Bedeutung erlangten. Das Marktrecht erhielt Kittsee erst 1416. Als die Türken 1529 und 1683 gegen Wien zogen, gab es auch hier die uns immer wieder begegnenden Zerstörungen, von denen sich der Ort nur langsam erholen konnte.

Kittsee, ein um einen linsenförmigen Anger gruppiertes Dorf mit Streck-, Haken- und Zwerchhöfen, besitzt seine ältesten Teile entlang dem Hauptplatz und am sogenannten Schanzl. Weder der Ort selbst noch die neue katholische Pfarrkirche am nördlichen Ende des Ortes sind jedoch der Hauptanziehungspunkt, sondern das Neue Schloß.

Aus einem zu Beginn des 17. Jhs. erbauten Meierhof hervorgegangen, wurde das *Neue Schloß* unter Johann Listy, der einer siebenbürgischen Familie entstammte, 1668 neu erbaut: als elegantes dreiflügeliges Barockpalais, mit einer Säulenhalle im Zentrum, durch Eckbasteien und einen Graben geschützt. Schon 1676 verkaufte er den Besitz jedoch an seinen Verwandten Paul Esterházy, damals noch Oberkapitän der ungarischen Truppen in Transdanubien. Esterházy hatte gute Gründe, den Besitz zu erwerben: Er rundete damit seinen Herrschaftsbereich im Norden ab, er rückte aber auch in die Nähe von Preßburg vor, wo er häufig in politischen Missionen zu tun hatte. Viele prominente Gäste logierten im Schloß, angeblich sogar Zar Peter der Große, als er 1698 inkognito Preßburg einen Besuch abstattete, um dort die kaiserliche Donauflottille zu studieren.

Bei einer in das Jahrzehnt zwischen 1730 und 1740 fallende Modernisierung unter Paul Anton Fürst Esterházy erhielt das Schloß durch Anton Erhard Martinelli sein heutiges repräsentatives Aussehen: eine dreiflügelige Anlage, ursprünglich mit Freitreppe und Zwiebelhelmtürmchen vor der Hoffassade, mit überhöhtem Mansardendach und einem von Atlanten getragenen Altan (Abb. 70), der erst an der Wende zum 20. Jh. aus Preßburg hierher übertragen wurde; das Pendant, eine neobarocker Altan am Giebelrisalit der Gartenfassade, wurde gleichzeitig errichtet. In den siebziger Jahren des 19. Jhs. kam das Schloß an die Fürsten Batthyány-Strattmann. 1970 wurden die bis dahin vermauerten Erdgeschoß-arkaden im Ehrenhof geöffnet.

Im Schloß ist seit 1974 ein *Ethnographisches Museum* untergebracht, in dem Exponate aus dem ost- und südosteuropäischen Raum gezeigt werden, vor allem Möbel, Kleidung, Stickerei, Keramik und Schmuck (Abb. 71). Im Vestibül ist der Stuck an den sechs Platzlgewölben der Decken bemerkenswert; cr stammt aus der Esterházy-Zeit (um 1740), wogegen das schmiedeeiserne Gittertor (um 1900) das ›Konkurrenzwappen‹ der Familie Batthyány trägt. Der große Festsaal im Obergeschoß, das man über eine mit Schmiedeeisengittern verzierte zweiarmige Treppe erreicht, ist nach dem bedeutenden österreichischen Volkskundler und Ethnologen Arthur Haberlandt (1889–1964) benannt, der von 1924 bis 1945 dem Volkskundemuseum in Wien als Direktor vorstand. Der Stuck wurde 1740 aufgetragen, die beiden Porträts (Kaiser Franz Joseph I. und seine Gattin Elisabeth) malte 1859 Franz Rusz.

Das Schloß ist von einem Park umgeben, dessen Hauptportal eine interessante Vergangenheit hat: zierte dieses neobarocke Schmiedeeisengitter doch im Jahre 1900 den österreichisch-ungarischen Pavillon der Pariser Weltausstellung. Ursprünglich war die Parkanlage barock (mit Brunnenbecken) gestaltet. Von den vier aus dem 17. Jh. stammenden Eckbastionen hat sich noch eine im Mauerwerk aufrecht erhalten.

Das *Alte Schloß*, das sicher bereits im 12. Jh. bestand, im 13. Jh. jedoch vom Böhmenkönig Ottokar II. im Kampf um das Babenbergererbe zerstört wurde (1270/71), taucht 1363 als ›Castrum Kuchhe‹ in den Urkunden auf und wandert dann – mitsamt der Herrschaft Kittsee – von einer Hand in die andere, bis es im 16. Jh. an die Freiherren von Puchheim, 1648 an die Brüder Johann und Ladislaus Listy (Bauherren des Neuen Schlosses) und schließlich 1676 an Paul Graf Esterházy kam; etwa zwischen 1870 und 1950 war Kittsee – und zwar das Alte wie das Neue Schloß – im Besitz der Familie Batthyány-Strattmann.

Das Alte Schloß ist ein dreigeschossiger Vierflügelbau, den man sich ehedem als eine an einer alten Donauschleife gelegene Wasserburg vorstellen muß. Vom Schloßneubau des 16. und 17. Jhs. haben sich einige Relikte erhalten: ein spätgotisches Kellertor, eine Wendeltreppe im Hof, auf der ein Wappen und die Jahreszahl 1552 (oder 1553?) zu sehen sind, sowie ein achteckiger Turm. Nördlich am Schloß befindet sich die Ruine eines ehemaligen Schüttkastens, hinter dem Schloß liegt der jüdische Friedhof.

In der Umgebung von Kittsee sind nur der ›Heidenturm‹ in *Lebarn* – der den Türkensturm von 1529 als einziges Bauwerk überdauernde Turm der mittelalterlichen Kirche – und das Straßendorf *Edelstal* erwähnenswert, dessen katholische Pfarrkirche dem heiliggesprochenen Ungarnkönig Stephan geweiht ist, das ein charakteristisches Kellerviertel am Hang des Steinbergs besitzt und nicht zuletzt als Heimat der Ahnen des Komponisten Franz Liszt (s. S. 228) in die Geschichte eingegangen ist: Der Großvater Liszts war Schulmeister in Kittsee. Eine ›Römerquelle‹ liefert radioaktives Heilwasser (Trinkkuren und Bäder). Der nächstgelegene Grenzübergang in die ČSSR liegt 4 km weiter nördlich bei *Berg*.

Zwischen Eisenstadt und Geschriebenstein

In diesem Teil des Burgenlandes begegnen uns verschiedenartige Landschaften. Von der an den Südhängen des Leithagebirges gelegenen Landeshauptstadt Eisenstadt gelangt man nach 15 km Fahrt auf einer Schnellstraße oder – über Wulkaprodersdorf (mit frühbarocker Kirche inmitten einer ehemaligen Wehrmauer) und an Pöttelsdorf und Walbersdorf vorbei – auf der Bundesstraße 50 (die das Burgenland von Norden nach Süden durchzieht und Kittsee mit Oberwart verbindet) in die Bezirkshauptstadt *Mattersburg* am Rande des Rosaliengebirges mit der nahe gelegenen bedeutenden Burganlage Forchtenstein. Dieses Gebiet zählt geographisch noch zum nördlichen Burgenland und endet an der schmalsten Stelle des Burgenlandes, dort, wo sich wie ein Keil das Gebiet rund um Ödenburg nach Westen ins Land schiebt und am Ausläufer des Ödenburger Gebirges bei Sieggraben der Brentenriegel liegt.

Der südlich anschließende Landesteil, der Bezirk *Oberpullendorf*, wird auch als mittleres Burgenland bezeichnet. Hier erstreckt sich, vom Brentenriegel bis zum Geschriebenstein, der höchsten Erhebung des Burgenlandes, das Oberpullendorfer Becken, das an seinen Rändern eine Reihe bekannter Burgen und Burgruinen aufzuweisen hat. Die von anheimelndem Mischwald umgebene Burgruine Landsee im Westen, das Wasserschloß Kobersdorf und die Schlösser das Schloß Lackenbach, Deutschkreutz und Nikitsch im Osten bilden eine Kette ehemaliger militärischer Anlagen, die aneinandergereiht einer Besichtigung harren. In Raiding, einem kleinen Ort nahe Lackenbach, wurde der Komponist Franz Liszt geboren, andere Orte – die Töpfergemeinde Stoob oder das Korbflechterdorf Piringsdorf – lassen sich wohl als ›Souvenirdörfer‹ klassifizieren. Eine kroatische und eine ungarische Sprachinsel legen Zeugnis von der völkischen Vielfalt dieses Gebietes ab. Im Süden verläßt man das mittlere Burgenland beim Bernsteiner und Günser Gebirge, um ins südburgenländische Hügel- und Terrassenland überzuwechseln. Die Gegend ist auch reich an kulturellen Anziehungspunkten, von denen vorweg nur die Schloßspiele von Kobersdorf, die Kulturtage von Oberpullendorf und die Konzerte in Lockenhaus genannt werden sollen, die mit dem Namen von Gidon Kremer verbunden sind.

Mattersburg und seine Umgebung

Die Stadt **Mattersburg** gehört zu jenen Orten des Burgenlandes, die schon in frühgeschichtlicher Zeit und unter den Römern besiedelt waren. Als sich im 9. und 10. Jh. schließlich bairische Siedler in dieser Gegend niederließen, begann sich der Ort kontinuierlich zu entwickeln; 1202 wird er als ›Villa Martini‹ erwähnt (die Pfarrkirche ist diesem Heiligen

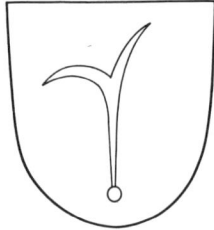

Stadtwappen von Mattersburg

geweiht). Im Laufe des 13. Jhs. wurde Mattersburg – das bis 1924 noch Mattersdorf hieß – von einer aus Spanien zugewanderten adeligen Familie befestigt. Von der damaligen Burg hat sich nicht der geringste Rest erhalten.

Natürlich wird man sich die Frage stellen, wie es kam, daß Spanier im Hochmittelalter nach Ungarn kamen. Dies ist einfach zu erklären: Im Jahre 1198 vermählte sich der ungarische König Emmerich mit Constantia, der Tochter König Alfons' II. von Aragonien. Im Gefolge der Königin befanden sich zwei spanische Grafen namens Simon und Bertram sowie deren Schwester Totha, die mit dem Wojwoden Benedikt vermählt gewesen war. Dieser verlieh der König 1202 die Ortschaft ›Villa Martini‹ als Witwengut, und 1223 erwarb Simon Güter nördlich davon. Als sich der Familienbesitz durch gezielte Käufe immer mehr vergrößerte, nahmen die Grafen 1265 den Namen ›Herren von Mattersdorf‹ an.

Im 17. Jh. kam Mattersdorf – gemeinsam mit der nahe gelegenen Burg Forchtenstein (s. S. 193) – an die Familie Esterházy, die bis 1848 die Herrschaftsrechte ausübte. 1647 wird eine Synagoge erwähnt, 1770 war Mattersdorf eine der ›Sieben Gemeinden‹; die Förderung der Juden durch die Esterházy war keine Seltenheit. Im 19. Jh. siedelte sich erneut eine mächtige Judengemeinde an, die zeitweise so stark war, daß sie einem Drittel der Einwohnerzahl entsprach: Die hebräische Hochschule des Ortes war weithin berühmt. Das Getto wurde samt Synagoge und Friedhof 1940 von den Nationalsozialisten zerstört; heute steht hier ein Hochhaus, vor diesem ein moderner Brunnen von Rudolf Kedl. Die Grabsteine des jüdischen Friedhofs wurden, soweit sie sich erhalten haben, zu Schauwänden zusammengestellt.

Als man in den zwanziger Jahren unseres Jahrhunderts für das neugeschaffene Burgenland nach dem Verlust Ödenburgs eine neue Landeshauptstadt suchte, zog man anfangs Mattersdorf in Betracht und benannte es 1924 vorsorglich in Mattersburg um, weil man den dörflichen Klang des Namens vermeiden wollte. Als 1925 die Wahl auf Eisenstadt fiel, wurde Mattersburg – gewissermaßen ›zum Trost‹ – 1926 in den Rang einer Stadt erhoben.

Die ursprüngliche Anlage des als Breitangerdorf konzipierten Ortes ist im heutigen Stadtbild kaum noch zu erahnen. Man müßte sich dazu die gesamte Verbauung zwischen Schubert- und Michael-Koch-Straße einerseits, Hauptstraße, Hauptplatz und Gustav-Degen-Straße andererseits wegdenken, um sich den riesigen, von der Wulka in gewundenem Lauf und offenem Gerinne durchflossenen Dorfanger vorstellen zu können. Nur in Streck- und Zwerchhöfen an der Hauptstraße und an der Schubertstraße hat sich der dörfliche Charakter zum Teil noch erhalten, doch muß auch hier bei der Betrachtung über so manche modernisierte Fassade hinweggesehen werden.

Zu den selten gewordenen älteren Gebäuden gehören das Haus Hauptplatz 9 (18. Jh., mit Erker) und der Hof Hauptstraße 75 (ein alter Doppelstreckhof, zum Teil aus dem 18. Jh.). Reich ist Mattersburg hingegen an *Bildstöcken* und Kapellen. Die Pestsäule auf dem Hauptplatz (1714; Inschrift fälschlich 1614), das ›Frischherzkreuz‹ in der Hintergasse (1711; ein Gnadenstuhl auf einer Säule, am Sockel Zunftzeichen der Faßbinder) und das Halterkreuz (1446; im Stadtpark, eine gotische Lichtsäule, Abb. 73) sind neben der Mariensäule und der Annasäule (beide vor der Kirche) im engeren Stadtgebiet wohl die bekanntesten älteren Denkmale.

Die katholische *Pfarrkirche,* dem hl. Martin geweiht, liegt inmitten des alten Friedhofs, von einer über 2 m hohen Wehrmauer mit Schießscharten gesichert, auf einem beherrschenden Hügel im Süden der Stadt. Der Kern des Baues stammt aus dem 14. und 15. Jh.: drei Strebepfeiler, zwei Spitzbogenfenster an der Nordfront, ein spätgotischer Chor (Abb. 74) und beachtenswerte Netzrippengewölbe im Inneren weisen auf diese Bauzeit ebenso hin wie die Jahreszahl 1404, die der Turm trug.

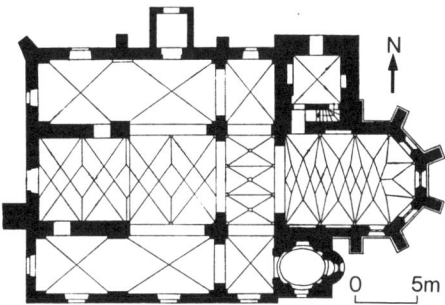

Mattersburg, Pfarrkirche, Grundriß

0   5m

Die beiden Seitenschiffe samt der barocken Kapelle mit ihrer halbrunden Apsis und dem Pestaltar (mit dem Bild des Pestheiligen Sebastian) wurden erst im 18. Jh. hinzugefügt. Der Hochaltar – ein Schrein mit Gesprenge und Figuren des hl. Martin, des hl. Georg und der hl. Dorothea – ist neugotisch (um 1870); der Seitenaltar im linken Seitenschiff stammt aus der Barockzeit (1736), ebenso ein Säulenaltar mit Gebälk und Aufsatz, in dessen Mittelnische sich eine (ältere?) Marienstatue befindet, sowie der Seitenaltar am südlichen Triumphbogenpfeiler (ein Marmoraltar mit dem Bild des hl. Antonius). Die Kanzel (um 1700) trägt am Korb zwischen gedrehten Säulchen reichen Figurenschmuck (Salvator, Petrus und Paulus, vier Evangelisten), auf dem Schalldeckel eine Immaculata.

Will man das Gebiet zwischen Mattersburg und der ungarischen Grenze erkunden, so wird man auf keine überragenden Kunstwerke stoßen, aber einen Landstrich kennenlernen, der nicht uninteressant ist. Nach 2 km gelangt man nach **Marz** mit einer sehenswerten, von der alten Wehrmauer umgebenen Pfarrkirche aus dem 11. Jh. (mit kunstvoller Innenausstattung und Fresko aus dem 14. Jh. über dem gotischen Südportal), einer spätgotischen Lichtsäule (Abb. 72), der Heiligenbrunn-Kapelle (1767; mit schönem Schmiedeeisengitter) und einigen schönen Hausensembles (Haupt-, Schul- und Bachstraße) aus dem 19. Jh. Der Name des Ortes geht wahrscheinlich auf den Patron des Klosters Niederaltaich, Mauritius, zurück und wurde von bairischen Kolonisten heimisch gemacht.

Unmittelbar an der ungarischen Grenze liegt **Loipersbach** (kein Grenzübergang!), das von Edelkastanienhainen umgeben ist: ein Schmalangerdorf mit noch geschlossenen Reihen von Streck- und Hakenhöfen mit Giebelfassaden und Hofgassen an der leicht gekrümmt verlaufenden Hauptstraße sowie einer den Heiligen Petrus und Paulus geweihten Kirche, in der vor allem das Altarbild von Stephan Dorfmeister aus dem Ende des 18. Jhs. auffällt.

In **Schattendorf,** das nach 3 km, die man entlang der Grenze fährt, erreicht wird, haben sich charakteristische lange Hofgassen aus der Zeit um 1900 erhalten, dazu eine Zeile alter Scheunen und am südöstlichen Ortsrand, direkt an der Grenze gelegen, die barocke Michaelskirche aus dem beginnenden 18. Jh. (mit hohem Tonnengewölbe, bemerkenswertem Hochaltar und dem Gemälde eines dramatischen Engelsturzes an der Chorwand, das der Schule Jacopo Tintorettos entstammt).

Den Historikern ist Schattendorf auch deshalb ein Begriff, weil es durch einen unseligen politischen Prozeß im Juli 1927, der bürgerkriegsähnliche Zusammenstöße in Wien auslöste, zweifelhafte Berühmtheit erlangt hat.

Weiter im Norden – auch aus anderen Richtungen erreichbar – ist noch das 5 km von Schattendorf entfernte **Draßburg** zu erwähnen. Im Zuge archäologischer Grabungen am ›Taborac‹ förderte man in einer jungsteinzeitlichen Siedlung aus dem 4. Jahrtausend v. Chr. – man spricht von der ›linearbandkeramischen Kultur‹ – auf dem Bruchstück eines Kultgefäßes eine Reliefplastik zutage, die als ›Venus von Draßburg‹ bekannt geworden ist; es handelt

Venus von Draßburg. Burgenländisches Landesmuseum, Eisenstadt

sich (nach der berühmten ›Venus von Willendorf‹ aus der Wachau) um die zweitälteste weibliche Darstellung, die in Österreich gefunden worden ist.

Im 15. Jh. war Draßburg ein Rittersitz mit Edelhof, an dessen Stelle Franz Nádasdy im 17. Jh. ein Castrum bauen ließ. Aus diesem entwickelte sich das im 18. Jh. barock umgestaltete *Schloß*; der von einem hufeisenförmigen Bau umschlossene alte turmartige Teil mit seinen bemerkenswert schönen Hofarkaden geht in seinem Kern sicherlich auf das Mittelalter zurück und besitzt einen von Le Nôtre, dem Gartenarchitekten von Versailles, terrassenförmig angelegten französischen Garten mit barocken Götter- und Musenstatuen aus der Hand des Georg-Raphael-Donner-Schülers J. C. Schletterer (1758). Heute wird das Schloß als Hotel geführt, verbunden mit dem ›Klosterkeller Siegendorf‹ (aus dem überregional geschätzte Weinsorten stammen).

Im Nachbardorf **Baumgarten,** das seinerzeit stark befestigt gewesen ist (Reste sind im Bereich der Kirche erkennbar), ist vor allem die aus dem 15. Jh. stammende spätgotische Wallfahrtskirche ›Zum hl. Kreuz‹ mit ihrer beachtenswerten Innenausstattung (am Hochaltar Tabernakel mit Mariazeller Gnadenbild, Kreuzwegbilder, Kreuzigungsgruppe vor Jerusalemrelief) von Interesse, die im Bereich eines seit der Zeit Kaiser Josephs II. ›öden Klosters‹ situiert ist, das 1925 restauriert wurde; eine gotische Lourdeskapelle ist durch das dazwischenliegende ehemalige Kloster (mit Zellen im Obergeschoß) mit der Kirche verbunden.

12 km nordwestlich von Mattersburg, hart an der niederösterreichischen Grenze (nur 4 km von Wiener Neustadt entfernt) liegt der kleine Marktort **Neudörfl.** Die Leitha, die heute die Grenze zwischen den beiden Bundesländern bildet, war einst die Grenze zwischen Österreich und dem Königreich Ungarn; an der Leithabrücke befand sich im Mittelalter sogar eine Mautstelle, die man auf dem Weg von Ungarn nach Wiener Neustadt passieren mußte. Am westlichen Ortsrand liegt das um die Mitte des 17. Jhs. erbaute ehemalige Kastell der Esterházy, das später die verschiedenartigsten Verwendungen gefunden hat.

Nach Neudörfl wichen die österreichischen Sozialdemokraten zur Zeit des in den österreichischen Erblanden geltenden Ausnahmezustandes im 19. Jh. aus, wenn sie zu Besprechungen zusammentreffen wollten. Zwischen 1869 und 1879 lebte hier der Begründer der Anthroposophie, Rudolf Steiner (1861–1925), an den eine Gedenktafel am Bahnhof erinnert. Steiner selbst hat sich später an diesen Aufenthalt erinnert, vor allem auch an seine Ministrantenzeit in der Pfarrkirche des Ortes (1869–71), und dargelegt, daß ihn das Erhabene des Kultus in Verbindung mit der musikalischen Opferfeierlichkeit in seinem Denken stark geprägt hat, wiewohl er mit seinen aufkeimenden Anschauungen »im Elternhause ein Fremdling« blieb.

Fährt man von Mattersburg in Richtung Rosaliengebirge, das die Grenze zu Niederösterreich bildet und dessen Wiesen und Wälder zu Wanderungen verlocken, erreicht man Forchtenau, ein an der Wulka gelegenes Straßendorf, über dem, am Hang des Rosaliengebirges gelegen, die Burg Forchtenstein aufragt, die zu den bedeutendsten Wehranlagen Österreichs zählt.

Burg Forchtenstein im Rosaliengebirge

Das Rosaliengebirge und Forchtenstein bilden eine historische und landschaftliche Einheit; einen Besuch der mächtigen Burganlage, die ohne Zweifel zu den ›Pflichtbesichtigungen‹ des Burgenlandes zählt, verbindet man deshalb sinnvollerweise mit einer Fahrt (oder Wanderung) ins Rosaliengebirge (mit seiner etwas abseits des Weges auf der Höhe liegenden Rosalienkapelle), die zu jeder Jahreszeit ihren eigenen Reiz hat, ganz besonders aber wohl im Frühjahr während der Zeit der Baumblüte und im Herbst, wenn sich die Wälder zu verfärben beginnen.

Von Mattersburg gelangt man über die einzige ›burgenländische‹ Zufahrt zunächst in den Ort Forchtenau; zwei andere Möglichkeiten – von Wiener Neustadt über Sauerbrunn (den am Nordrand des Rosaliengebirges liegenden kleinen Kurort mit seiner alkalischerdigen Heilquelle) und die ›Erdbeergemeinde‹ Wiesen (wo man zur Erntezeit die Ananaserdbeeren selbst pflücken kann) oder aus der niederösterreichischen ›Buckligen Welt‹ – sollen nur der Vollständigkeit halber für jene Besucher erwähnt werden, die auf einem dieser Wege ins Burgenland kommen.

Forchtenau

Das unterhalb der Burg an der Wulka gelegene langgezogene Straßendorf durchfährt man üblicherweise, wenn man die Burg Forchtenstein besichtigen will (Auffahrt zur Burg am Ortsende rechts, Parkplatz bei der Burg). Beiderseits der Straße – und des ehemals offenen Bettes der Wulka – reihen sich bäuerliche Höfe aneinander, deren Fassaden allerdings mit wenigen Ausnahmen modernisiert sind. Wenn man von der Pfarrkirche, dem östlich der Kirche gelegenen Servitenkloster und der ›Scala sancta‹ absieht, weist der Ort nur die im Burgenland ›übliche‹ Ausstattung mit historischen Bildstöcken und Kapellen auf, von denen die Dreifaltigkeitssäule vor der Kirche (um 1700) mit ihrem auf weinlaubumrankter Säule angebrachten Gnadenstuhl am stärksten ins Auge fällt.

Die *Pfarrkirche ›Mariä Himmelfahrt‹*, in erhöhter Lage an der Hauptstraße erbaut, ist zugleich Wallfahrtskirche und wurde mit dem Servitenkloster verbunden. Sie stammt wohl aus dem beginnenden 14. Jh., also etwa aus jener Zeit, in der die Grafen von Mattersdorf die älteste Burg errichteten. Heute verbinden sich in ihrem Inneren gotische Kreuzrippenge-

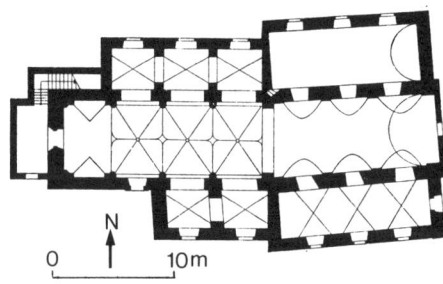

Forchtenau, Pfarrkirche ›Mariä Himmelfahrt‹, Grundriß

wölbe (Langhaus) mit barocken Kreuzgratgewölben (Seitenschiff und Kapellen); die Innen-einrichtung stammt aus der Zeit des Barock (Hochaltar, 1754) und des Rokoko (Seitenaltäre und Kanzel, 1756/57). Auf dem hochbarocken Säulenaltar steht in einer Nische (unter einem mit dem Esterházywappen geschmückten Baldachin) eine gotische Skulptur (Madonna mit Kind) in barocker Fassung, ein ehemaliges Gnadenbild aus der zweiten Hälfte des 15. Jhs. Die Reliquiare des Tabernakels sind sogenannte Klosterarbeiten.

Das *Servitenkloster* wurde relativ früh gegründet (1692), wenn man bedenkt, daß sich die Serviten in Österreich erstmals 1614 (Tirol) und in der Wiener Vorstadt Roßau 1639 nieder-gelassen haben. Der zweigeschossige Vierflügelbau, der bis 1704 vollendet werden konnte, zeigt über dem Hauptportal an der Straße das Esterházywappen und im Sprenggiebel eine Glockenmadonna (Eisenstädter Gnadenbild).

Die 1699–1704 nördlich der Kirche erbaute ›Stiege der hl. Veronica‹ wird auch als ›Scala sancta‹ bezeichnet: eine bemerkenswerte Anlage mit drei parallel laufenden Treppen unter steigenden Tonnengewölben, die ursprünglich mit der Kirche in Verbindung standen.

An der Hauptstraße liegt noch der ehemalige Untere Edelhof, ein Meierhof, der seit dem 17. Jh. Sitz der Esterházyschen Gutsverwaltung ist. Auf dem Hausberg nördlich des Ortes befindet sich, um das Ortsbild abzurunden, ein um 1700 angelegter Kreuzweg, der den Gräben und Wällen einer mittelalterlichen Fluchtburg folgt; sieben Wegkapellen führen zu einem Kruzifix.

Burg Forchtenstein

Schon von weither sichtbar ist die in beherrschender Lage an den Ausläufern des Rosalienge-birges hoch über dem Tal der Wulka auf einem steilen, seinerzeit kahlen Dolomitfelsen errichtete Burg (Farbabb. 25). Als erster Besitzer wird in der ›Rosaliensage‹ ein Fürst Giletus genannt, dessen Geschlecht das ganze Gebiet um den Neusiedler See beherrscht haben soll. Als Giletus, so will es die Legende wissen, von einem Kriegszug aus fernen Landen zurück-kehrte, beklagten sich seine Untertanen bei ihm über das grausame Regiment, das seine Gattin Rosalia inzwischen geführt hatte. Giletus ließ sein Eheweib daraufhin in das Burgver-lies, den ›Schwarzen Turm‹, werfen und lieferte sie darin dem Hungertod aus. Schon bald nach ihrem Tod soll sich jedoch der Geist Rosaliens gezeigt haben. Giletus ließ deshalb, um der ruhelosen Seele Erlösung zu bringen, auf der Kuppe des Heuberges eine Kapelle erbauen. Diese ›Rosalienkapelle‹ wurde sehr bald ein beliebter Wallfahrtsort.

Halten wir uns an die beweisbare historische Überlieferung, so stoßen wir am Beginn des 14. Jhs. auf die Grafen von Mattersdorf als Erbauer der Burg. Diese bildete am Westrand der Tiefebene einen Sperriegel für alle jene, die versuchen wollten, in Richtung Wiener Neustadt vorzudringen, und kontrollierte zugleich die wichtige Handelsstraße, die von Ödenburg dorthin führte. Die aus Spanien zugewanderten Mattersdorfer waren gegen Ende des 13. Jhs. in das Spannungsfeld zwischen den Ungarn und Habsburgern geraten.

Albrecht I. sah sich unmittelbar nach der Niederwerfung eines Aufstandes der Wiener Patrizier (1288) veranlaßt, einen Straffeldzug gegen die mächtigen Herren von Güssing zu unternehmen (1289), um Westungarn wenigstens zu neutralisieren. Der erste Stoß richtete sich gegen die Herren von Mattersdorf, die gegenüber der heutigen Burg Forchtenstein eine Veste besaßen und mit den Güssingern verbündet waren. Durch den Friedensvertrag von Hainburg fand die ›Güssinger Fehde‹ 1291 ihr Ende; der ungarische König Andreas III. mußte damals der Schleifung der Burgen der Mattersdorfer in Mattersdorf und bei Forchtenau zustimmen.

Damit stehen wir am Beginn der zweiten Periode der wechselhaften Burggeschichte. Wahrscheinlich begannen die Mattersdorfer bereits kurz nach der Zerstörung der ältesten Anlage mit der Errichtung eines neuen Stammsitzes, diesmal am heutigen Standort; die Wasserburg in Mattersdorf bauten sie nicht mehr auf. Es dauerte Jahrzehnte, bis das Werk am Ende der dreißiger Jahre des 14. Jhs. unter Graf Paul durch Meister Lörincz vollendet werden konnte. Wiederum etwas später, 1352, hatten sich die Mattersdorfer jedoch bereits so stark mit dem Burgneubau identifiziert, daß sie sich fortan nur noch als ›Grafen von Forchtenstein‹ bezeichneten; sie zählten damals bereits zu den größten Grundbesitzern Westungarns.

Als das Geschlecht 1447 ausstarb, erwarb Herzog Albrecht VI. von Österreich, der Bruder des regierenden Habsburgers Friedrich III. (der 1452 in Rom zum Kaiser gekrönt wurde), die schon vorher verpfändet gewesene Herrschaft durch Kauf. Wenige Jahre danach verkaufte Albrecht die Herrschaften Forchtenstein und Kobersdorf jedoch an seinen Bruder Friedrich, womit die habsburgische Präsenz im Burgenland einen starken Eckpfeiler erhielt. Der Kaiser betraute sogleich Sigismund Weisspriach, dessen Familie wir bereits in Eisenstadt begegnet sind, mit der Burgverwaltung. Es war keine gute Wahl, die er traf, denn Weisspriach schlug sich in der folgenden Auseinandersetzung Friedrichs mit dem Ungarnkönig Matthias Corvinus aus opportunistischen Überlegungen auf die Seite des letzteren, was ihm nicht nur mit der Erhebung in den Adelsstand gelohnt wurde, sondern auch mit der Schenkung der Burg Forchtenstein (1466).

Matthias Corvinus, der in den siebziger Jahren in immer stärkerem Maße Niederösterreich bedrohte und schließlich 1485 sogar die Übergabe Wiens erzwang, schien auch tatsächlich die bessere Wahl zu sein als der durch seine Unentschlossenheit und offen zutage tretende Schwäche bekannte Kaiser. Dies änderte sich allerdings schlagartig, als Corvinus – ohne Zweifel der größte Renaissancefürst nördlich der Alpen, der sich durch die Förderung von Künsten und Wissenschaften hohe Verdienste erworben hat und auch als Bauherr hervorgetreten ist (Visegrad) – zu Ostern 1490 nach fünfjähriger Anwesenheit in Wien überraschend einem Schlaganfall erlag und Friedrichs Sohn Maximilian die verlorenen Gebiete in Niederösterreich und Westungarn wieder in habsburgische Hand brachte.

In dem 1491 zwischen Friedrich III. und König Wladislaw II. von Ungarn zu Preßburg ausgehandelten Frieden, der für längere Zeit die Beziehungen zwischen den beiden Ländern regelte, verblieb neben den Herrschaften Eisenstadt, Hornstein, Kobersdorf, Bernstein, Güns und Rechnitz auch die Herrschaft Forchtenstein in kaiserlich-habsburgischem Besitz. Die förmliche Übergabe erfolgte 1492, doch kamen Herrschaft und Burg sogleich als Pfand an das steirische Geschlecht Prüschenk, dessen Angehörige sich selbst als Grafen von Hardegg bezeichneten.

Als die Türken 1529 zum erstenmal Wien belagerten und drei Jahre danach noch einmal in Niederösterreich einfielen, wurde auch das flache Land rund um Forchtenstein arg verwüstet. Teile der Bevölkerung hatten hinter den Burgmauern Schutz gefunden, dennoch wurden ganze Dörfer ausgerottet. Dies veranlaßte Jakob von der Dürr, der 1533 die Pfandrechte an der Herrschaft erwarb, zur Wiederbesiedlung des Landes Kroaten anzuwerben, die im Burgenland bis heute eine beachtliche ethnische Minderheit bilden.

Nach vorübergehender Rückkehr der Herren von Weisspriach ordnete Kaiser Maximilian II. 1572 die Rücklösung der Herrschaften Forchtenstein und Eisenstadt an. Da es an verfügbaren Mitteln mangelte, belegte man die Untertanen mit einer außerordentlichen Abgabe, um die erforderliche Summe aufzubringen. Die Ereignisse in Ungarn, nicht zuletzt die Erfolge Gabriel Bethlens, des vielleicht besser als Bethlen Gabor bekannten Fürsten von Siebenbürgen, zwangen die Habsburger einige Jahrzehnte später, dem immer dringlicher vorgebrachten Wunsch nach Rückgliederung Forchtensteins und anderer westungarischer Herrschaften ins Königreich Ungarn nachzugeben. Anläßlich seiner Krönung zum König von Ungarn sagte Kaiser Ferdinand II. 1618 die Übergabe der Herrschaften offiziell zu. 1622 wurden die Grafschaften Forchtenstein und Eisenstadt an Nikolaus Graf Esterházy verpfändet, dem damit ein Ersatz für seine verlorene Herrschaft Munkács geboten wurde, die auf Anordnung des Kaisers an Bethlen Gabor abgetreten wurde.

Damit beginnt die dritte Periode der Geschichte der Burg Forchtenstein, die sich seither in Esterházyschem Besitz befindet; die Familiengeschichte der Esterházy wurde zwar bereits behandelt (s. S. 36 ff.), doch müssen wir in unserem Zusammenhang einige Fakten und Entwicklungslinien in Erinnerung rufen. Unter Graf Nikolaus (1583–1645) begann 1635–37 nach der fast vollständigen Demolierung der mittelalterlichen Burg – nur der Bergfried blieb erhalten – aufgrund von Verträgen, die der Burgherr mit dem Wiener Baumeister Simon Radäck geschlossen hatte, der Bau eines neuen, durch Bastionen geschützten vierflügeligen Schlosses mit trapezförmigem Innenhof, der in den vierziger Jahren von Domenico Carlone geleitet wurde und auch den Bau eines Zeughauses und einer Kapelle miteinschloß.

Graf Nikolaus, ein treuer Anhänger der Habsburger, der sich in entscheidenden Schlachten gegen die Türken (Neuhäusl 1623 und Tyrnau 1625) und deren Verbündete (Bethlen Gabor) bewährt hatte, wurde durch seine Söhne zum Begründer der ›Forchtensteiner Linie‹ der Esterházy. 1625 auf dem Ödenburger Landtag zum Palatin von Ungarn gewählt, war er in dieser Stellung Stellvertreter des Königs und Vermittler zwischen ihm und dem Volk. Sein Sohn Ladislaus fiel im Jahre 1625 zusammen mit drei anderen Grafen des Geschlechts bei einem Gefecht mit den Türken bei Vezekény. Ihm folgte ein anderer Sohn des Nikolaus, Paul, den Kaiser Leopold I. 1687 für seine treuen Dienste in den Fürstenstand erheben sollte.

Paul – als erster Esterházy auf Forchtenstein geboren – war ein frommer Mann, der die Errichtung zahlreicher Kirchen, Klöster und Stiftungen veranlaßte; er erbaute bei Forchtenstein die Rosalienkapelle, in Frauenkirchen die Wallfahrtskirche, in Eisenstadt die Bergkirche, und er begann in Forchtenstein noch 1652 mit dem Bau der (schon längere Zeit geplanten) Bastionen, wobei die vorgeschobene Kante derjenigen vor dem Bergfried auf dessen Kiel ausgerichtet wurde.

Daß der Ausbau der Burg unter Nikolaus und Paul erfolgte, ist sicherlich kein Zufall, sondern steht im Zusammenhang mit der Tatsache, daß die hohen politischen und militärischen Ämter, die die beiden bekleideten – sie waren bekanntlich Palatine von Ungarn und Ritter des Goldenen Vlieses –, sie veranlaßten (wenn nicht sogar zwangen), sich einen repräsentativen Wohnsitz zu schaffen.

Nach der endgültigen Zurückschlagung der Türken durch die Kaiserlichen, die nach 1683 große Teile Ungarns zurückeroberten und unter der Führung des Prinzen Eugen weit auf den Balkan vordrangen, verlor Forchtenstein als befestigter Wohnsitz der Familie Esterházy an Bedeutung. Die wenig komfortabel eingerichtete Burg wurde zu einem Arsenal für die Ausrüstung der eigenen Truppen umfunktioniert und nahm auch die von den Esterházyschen Regimentern eingebrachten Beutestücke auf. Der Wohnsitz der Esterházy wurde in das 1663–72 barock umgestaltete Schloß in Eisenstadt, später zeitweise in das von Fürst Nikolaus I. erbaute Schloß Eszterháza südöstlich des Neusiedler Sees verlegt. Zur Zeit des Wiener Kongresses (1814/15) wurde die Burg bereits als Museum gezeigt.

Besichtigung

Forchtenstein zählt mit seiner imposanten Anlage zu den hervorragendsten Burgen Österreichs (Abb. 77). Von der ältesten Burg aus dem 14. Jh. hat sich nur der *Bergfried* erhalten, ein 50 m hoher Turm mit einem Durchmesser von 13 bis 14 m, dessen Mauern zwischen 5 und 7 m Stärke aufweisen. Das Wappen der Mattersdorfer im Schlußstein des Gewölbes eines fensterlosen Raumes im Obergeschoß ist der Beweis für die Datierung. Der schiffskielartige Grat des Bergfrieds ist gegen jene Seite gerichtet, von der aus – weil hier der Burgfelsen vom Berg nur durch einen tiefen Halsgraben getrennt ist, der von einer Zugbrücke überspannt wurde – ein Angriff gefährlich werden konnte. Das zwölfeckige oberste Geschoß wurde erst im 17. Jh. hinzugefügt; Nikolaus Graf Esterházy ließ es durch die vergoldete Statue des Erzengels Michael, des Herrschers über die himmlischen Heerscharen, krönen. Eine Öffnung im Boden des Bergfrieds bildet den Zugang zum 14 m tiefen Burgverlies. Der 142 m tiefe Brunnen, der die Burg mit Wasser versorgte, soll in dreißigjähriger Arbeit von türkischen Kriegsgefangenen durch den Kalkfelsen geschlagen worden sein (1660–90) und wurde durch ein Tretrad von 6 m Durchmesser in Betrieb gesetzt. Im Volksmund hat sich die Bezeichnung ›Türkenbrunnen‹ erhalten; das Echo, das gern vorgeführt wird, ist beachtlich.

Nach Überschreiten des Platzes vor der Burg, auf dem sich eine Matthiassäule (um 1650) und eine vom Fürsten Paul aufgrund eines Gelübdes errichtete Mariensäule (1687) befinden, betritt man die Vorburg über eine Holzbrücke (früher Zugbrücke) und durch eine mächtige *Torhalle*. Das Torhaus wurde durch eine Flankenwehr im Norden (links) und die im Süden vor dem Bergfried liegende Bastion (rechts) gesichert, wobei letztere zugleich eine Verbindung zwischen Torhaus und Zeughaus herstellte und diesem zusätzlichen Schutz bot. Über dem Portal ließ Nikolaus eine von den Statuen der Könige Ladislaus, Emmerich, Stephan und Wenzel flankierte Marienskulptur anbringen. Im Torhaus waren die Wache (Esterházysche Grenadiere) und ein Gefängnis untergebracht. Nun steht man im Vorhof mit seinem

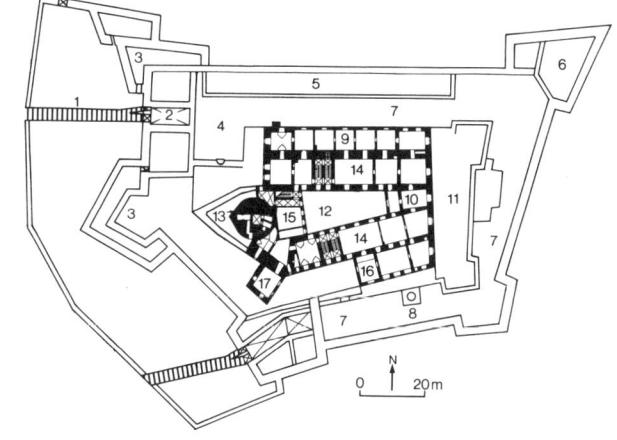

Burg Forchtenstein, Grundriß
 1 Holzbrücke
 2 Torhalle
 3 Bastionen
 4 Vorhof mit Neptunbrunnen
 5 Ehem. Getreidekasten
 6 Rote Bastei
 7 Zwinger
 8 Brunnen
 9 Auffahrtshalle (darüber
    Wohntrakt)
10 Tortrakt mit Uhrturm
11 Äußerer Burghof (Ostbastion)
12 Innerer Burghof mit Reiter-
    denkmal Fürst Pauls
13 Bergfried
14 Wohntrakte
15 Wirtschaftsflügel
16 Burgkapelle
17 Zeughaus

barocken Neptunbrunnen; hier beginnen üblicherweise die Schloßführungen. Frei zugänglich ist der Zwinger, der die Hochburg an drei Seiten mit bis zu 10 m hohen Mauern umgibt;
an der Nordseite (in Gehrichtung links) erstreckt sich der langgezogene Getreidekasten, der
im Nordosten von der ›Roten Bastey‹ begrenzt wird (hübsche Aussicht ins Land).

Die *Hochburg* stammt zwar aus der Zeit des Grafen Nikolaus (1635–37), erhielt jedoch
erst unter seinem Sohn Paul durch starke bauliche Veränderungen ihr heutiges Aussehen.
Östlich des Bergfrieds ließ Nikolaus ein unregelmäßiges Geviert von Trakten errichten, die
den heutigen Inneren Burghof umgeben und das Kernstück der ganzen Anlage bilden. Paul
ließ in diesem Hof 1691, nachdem ihn Kaiser Leopold I. 1687 in den Fürstenstand erhoben
hatte, sein eigenes Reiterstandbild aufstellen. Der Eingang befindet sich in dem dem Bergfried gegenüberliegenden Tortrakt, den man vom (unteren) Torhaus über einen ›gedeckten
Gang‹ – der wohl ursprünglich als offene Auffahrt zur höher gelegenen Bastion und zum
(neuen) Schloßeingang führte – erreicht. Der Tortrakt ist durch zwei Wohntrakte mit einem
Wirtschaftsflügel verbunden, der sich (mit Küche und Backstuben im Untergeschoß) an den
Bergfried anlehnt und den Inneren Burghof schließt. Der erwähnte ›gedeckte Gang‹ liegt
nordseitig neben dem dortigen Wohntrakt; die an den südseitigen Wohntrakt angrenzende
(ursprünglich frei sichtbare) Kapelle, deren originale Einrichtung aus dem 17. Jh. erhalten
blieb, sowie das (etwas abseits des Palas liegende) Zeughaus entstanden noch unter Graf
Nikolaus außerhalb des Schloßkernes.

Erst unter Paul erhielt Forchtenstein seit 1652 die uns heute vertraute Silhouette: Er
brachte den Schloßkomplex durch Aufstockungen der Wohntrakte, die Überbauung des
Gewölbeganges an der Nordseite und Einbindung der Schloßkapelle an der Südseite auf eine
einheitliche Höhe und trieb den Ausbau der Befestigungsanlage voran, weil er erkannte, daß
die mittelalterlichen Wälle modernen Angriffswaffen nicht mehr zu widerstehen vermochten. Da Forchtenstein zu Recht eine Schlüsselstellung als Grenzfeste eingeräumt wurde,

mußte alles darangesetzt werden, die Burg uneinnehmbar zu machen. Tatsächlich wurde Forchtenstein niemals von einem Gegner überwunden und auch 1683 von den Türken nicht bezwungen.

Der Tortrakt der Hochburg ist der eigentliche Schloßeingang; über ihm erhebt sich, das Gebäude um zwei Stockwerke überragend, ein Uhrturm mit barockem Zwiebelhelm; die aus dem 13. Jh. stammende Glocke ist die älteste des Burgenlandes. Das Portal wird von in Nischen stehenden Heiligenstatuen geschmückt (Albrecht, Adalbert, Margarethe, Elisabeth) und trägt die Wappen des Grafen Nikolaus und seiner Gattin Christine sowie die Jahreszahl 1635. Die lateinische Inschrift hält in kurzen Worten die Schloßgeschichte fest.

Die Burgräume, die man vom Inneren Burghof betreten kann, sind teilweise museal gestaltet und enthalten die bedeutenden *Sammlungen;* sie können bei einer Führung besichtigt werden. Die Einrichtung der Räume – teilweise mit alten Möbeln, Gemälden und Gebrauchsgegenständen ausgestattet – sowie die Gemäldegalerie (mit Bildnissen von Mitgliedern der Familie Esterházy und des Kaiserhauses sowie monumentalen Schlachtendarstellungen aus der Türkenzeit) – sind kulturgeschichtlich ebenso sehenswert wie die fürstliche Jagdkammer (mit wertvollen Flinten aus dem 17. und 18. Jh.), die Rüstkammer (mit Waffen des 16. bis 19. Jhs.), die Beute aus den Türkenkriegen (darunter ein prachtvolles, 1686 vor Ofen erbeutetes Türkenzelt und rund 70 historische Fahnen), die Relikte der grundherrlichen Gerichtsbarkeit, die aus Eisenstadt hierher transferierte fürstliche Wagenburg und die unverändert erhalten gebliebene Burgküche. Die Sammlungen in Forchtenstein lassen sich in ihrem Umfang und Wert nur mit jenen des Wiener und Grazer Zeughauses und der Sammlung auf Schloß Ambras in Tirol vergleichen. Der Inhalt der ehemaligen Schatzkammer befindet sich in ungarischem Staatsbesitz in Budapest.

Das Rosaliengebirge

Fährt man, von Burg Forchtenstein kommend, nicht nach Forchtenau zurück, sondern weiter ins Rosaliengebirge (Farbabb. 7), so gelangt man nach wenigen Kilometern auf einer sich aussichtsreich hinwindenden Straße – mit reizvollen Rückblicken auf die nun tiefer liegende Burg – auf einen Sattel, von dem man über einen Fußweg ohne Beschwernis die am höchsten Punkt des Rosaliengebirges liegende Wallfahrtskirche – besser bekannt als ›Rosalienkapelle‹ – erreicht, von deren Umgebung aus man einen prachtvollen Rundblick genießen kann.

Die bereits vor der Mitte des 17. Jhs. erstmals erwähnte *Rosalienkapelle* wurde 1666 instand gesetzt und wenige Jahre später dank einer Stiftung von Paul Graf Esterházy in Stein erbaut; sie barg ein von Wallfahrern hoch verehrtes Marienbild. Die Kapelle ist ein kreuzförmiges Bauwerk mit gut gegliederter Dachsilhouette und einem kleinen Turm an der Südfassade; über dem Portal ist das Esterházywappen angebracht. Die beachtenswerte Inneneinrichtung stammt aus der Bauzeit, der in Schwarzgold gehaltene Hochaltar aus der Zeit um 1670. Die Seitenaltäre sind durch Statuen von Servitenheiligen (links) und Pestheiligen (rechts) geschmückt. Auf der Mensa sollte man das Schnitzaltärchen (in Vitrine) nicht übersehen (bemerkenswerte Kreuzigungsgruppe). Die ebenfalls in den Farben Schwarz und

Gold gehaltene Kanzel ist mit ›1682‹ bezeichnet und zeigt an der Brüstung zwischen Säulchen Statuen der vier Evangelisten in Muschelnischen, auf dem Schalldeckel die Statue des Erzengels Michael (man denke an den Forchtensteiner Bergfried!). In einem verglasten Schrein aus dem 18. Jh. sieht man die Rosaliengrotte. In der Nähe der Rosalienkapelle steht das Jägerkreuz (1749), eine Figur des hl. Florian auf einer toskanischen Säule.

Oberpullendorf und Umgebung

Das am Stoober Bach gelegene Oberpullendorf ist, ohne daß man dies wahrnehmen könnte, der geographische Mittelpunkt des Burgenlandes, zugleich die Hauptstadt des gleichnamigen politischen Bezirks und der zentrale Ort des mittleren Burgenlandes. Man erreicht die Stadt von Norden über die Bundesstraße 50, die große Nord-Süd-Verbindung des Burgenlandes, die über Sieggraben, am Brentenriegel – dem westlichen Ausläufer des Ödenburger Gebirges – vorbei nach Tschurndorf, Weppersdorf und Markt St. Martin führt und sich allmählich in das Oberpullendorfer Becken absenkt.

Bei Weppersdorf zweigt von ihr nach Osten die Bundesstraße 62 ab, die über Schloß Lackenbach, an Neckenmarkt (etwas nördlich) und Raiding (etwas südlich gelegen) vorbei, Schloß Deutschkreutz und – durch den Kreutzer Wald auf einer Nebenstraße nach Süden – Schloß Nikitsch erreicht, wogegen man im Westen zum Wasserschloß Kobersdorf und zur Burgruine Landsee – einst die größte Burg des Landes – gelangt: durchweg besichtigenswerte Ziele, die, in verschiedenartige Landschaften eingebettet, historisch und kunsthistorisch von hoher Bedeutung und dank guter Straßenverhältnisse und geringer Entfernungen mühelos erreichbar sind. In Richtung Oberpullendorf weiterfahrend, durchfährt man das ›Töpferdorf‹ Stoob.

Oberpullendorf ist ein bedeutendes Wirtschaftszentrum, nur 13 km von der ungarischen Grenze bei Köszeg (Güns) entfernt (offizieller Grenzübergang). Es ist die siebente Stadt des Burgenlandes – nach den alten Freistädten Eisenstadt (1648) und Rust (1681) sowie Mattersburg (1926), Neusiedl am See (1926), Pinkafeld (1937) und Oberwart (1939). Erst 1975 erfolgte die Stadterhebung; es ist eine kleine Stadt mit kaum 2500 Einwohnern. Seither wurde noch an Frauenkirchen, Güssing und Jennersdorf das Stadtrecht verliehen.

Das Oberpullendorfer Becken war schon ein Zentrum der jungsteinzeitlichen Badener Kultur, und ein halbes Jahrtausend v. Chr. wurde in dieser Gegend Eisen gewonnen. Wer

Stadtwappen von Oberpullendorf

sich für Relikte aus dieser Frühzeit interessiert, wird sich aufs freie Gelände begeben müssen: Von dem knapp 4 km südöstlich benachbarten Unterpullendorf gelangt man – nördlich der Straße nach Frankenau gelegen – zur Freilichtanlage ›Pingenfeld-Unterpullendorf-Zerwald‹, wo man auf einer Fläche von rund 25000 m^2 etwa 200 Trichtergruben vorfindet, die alte Abbauspuren auf Toneisenstein erkennen lassen (Schautafel mit Plan und Text).

Auch in einem Schauraum des Rathauses (ganzjährig während der Amtsstunden zugänglich) kann man sich in musealer Aufbereitung über diese Epoche der Frühgeschichte orientieren. Ansonsten hat Oberpullendorf dem anspruchsvollen Touristen allerdings nur wenig zu bieten. Das ehemalige Schloß der Familie Rohonczy in der Mühlbachgasse ist möglicherweise mittelalterlichen Ursprungs, der heutige sehenswerte Bau stammt jedoch aus dem 17. Jh.; von den ungarischen Edelhöfen, die es zweifellos gegeben hat, finden sich keine Spuren mehr; aus dem Ende des 18. Jhs. stammt lediglich die kleine Franz-von-Assisi-Kapelle, wogegen die Pfarrkirche modern gestaltet ist (1935) und nur eine steinerne Pietà aus dem 18. Jh. gerettet wurde.

Bevor wir uns der historisch wesentlich ergiebigeren Strecke über Kobersdorf nach Nikitsch und ihren Schlössern zuwenden, auf den Spuren von Franz Liszt in Raiding wandeln und uns anschließend nach Süden zur bedeutenden Ritterburg Lockenhaus begeben, wollen wir noch kurz einige burgenländische Orte erwähnen, die man auf dem Weg nach Oberpullendorf oder als Abstecher in Richtung zur ungarischen Grenze erreichen kann.

Das kleine **Stoob** ist von alters her ein Töpferdorf mit einer bekannten Fachschule für Keramik (›Stoober Keramik‹). Große Tongefäße stehen als Wahrzeichen an beiden Ortseingängen. Wer Gefallen an einem bodenständigen kunsthandwerklichen Souvenir findet – seien es keramische Gebrauchs- oder Ziergegenstände –, wird hier voll auf seine Kosten kommen, weil sich das Angebot qualitativ wohltuend von den üblichen ›Souvenirs‹ abhebt. Stoob zieht allerdings auch jene Gäste an, die in der Urlaubszeit selbst kreativ tätig sein wollen: Für sie werden Lehrgänge abgehalten, bei denen sie das Keramikhandwerk als Hobby erlernen können. Besonders ortsgebunden und charakteristisch sind die roten ›Plutzer‹ – Gefäße, die zum Kühlhalten von Getränken dienen und noch heute bei der Feldarbeit in täglichem Gebrauch stehen.

Kunsthistorisch von Interesse sind lediglich der in der Ortsmitte stehende Glockenturm (Rest einer Kirche aus dem josephinischen Jahrzehnt des ausgehenden 18. Jhs.) und die mit Fresken ausgestattete romanische Bergkirche.

Kurz nach Verlassen von Stoob erreicht man Oberpullendorf. Von hier kann man über Unterpullendorf die Route nach Rattersdorf zum ungarischen Grenzübergang in Richtung Köszeg (Güns) wählen oder nach Südosten, den Stoober Bach zur Linken, über Frankenau nach Lutzmannsburg fahren; einige Kilometer nördlich liegt noch Kroatisch-Geresdorf. Im Zwickel zwischen diesen beiden Straßen, knapp an der ungarischen Grenze an der Rabnitz gelegen und nur über eine kleine Nebenstraße erreichbar, harrt das älteste Kloster des Burgenlandes, Klostermarienberg, eines Besuches.

Lutzmannsburg ist der älteste Markt des Burgenlandes; wir können seine Geschichte seit 1156 verfolgen, seit jenem Jahr also, in dem die Babenberger unter Markgraf Heinrich II.

68 HALBTURN Schloß, Festsaal, Deckenfresko von F. A. Maulbertsch

69 HALBTURN Schloß, Mittelrisalit im Ehrenhof ▷

70   KITTSEE   Schloß, Mitteltrakt mit Atlantenaltan

71 KITTSEE Schloß, Ethnographisches Museum

72 MARZ Gotische Lichtsäule

74 MATTERSBURG Pfarrkirche ▷

73 MATTERSBURG Halterkreuz

75 STEINBERG Untere Hauptstraße

76 Die Wulka bei Wulkaprodersdorf

77   FORCHTENSTEIN   Burg Esterházy

78 LANDSEE Burgruine

79 KOBERSDORF Schloßhof [

80 KOBERSDORF Haupteingang, Detail

81 KOBERSDORF Schloßturm

82 LACKENBACH Kastell, Arkadenhof

83 RAIDING Liszt-Geburtshaus

84 NECKENMARKT Fahnenschwingen

85, 86   DEUTSCHKREUTZ   Ansicht und Arkadenhof   87   LOCKENHAUS   Burg, Rittersaal D

88 LOCKENHAUS Burg, gedeckter Aufgang

89 LOCKENHAUS Burg, Kultraum

90 LOCKENHAUS Pfarrkirche, Nadásdygruft

91 BERNSTEIN Schloß, Batthyány-Wappen

92   BERNSTEIN   Schloß

94   BERNSTEIN   Schloß, Oratorienzimmer ▷

93   BERNSTEIN   Schloß, Pulverturm mit Zwingermauer

Jasomirgott vom Kaiser die Erhebung Österreichs zum Herzogtum erreichten (›Privilegium minus‹). In Lutzmannsburg haben sich Tradition und Brauchtum noch stärker erhalten als an manchen anderen Orten; man trifft noch auf Bewohner, die ihre alte Volkstracht tragen. Spätbarocke Giebelhäuser wechseln mit klassizistischen Arkadenhöfen. Auf einer Anhöhe, auf der heute die Pfarrkirche mit ihrem aus dem 14. Jh. stammenden Chor und ihren gotischen Kreuzrippengewölben steht, finden sich noch Reste einer mittelalterlichen Burg. Der Pfarrhof besitzt schöne Lauben.

Klostermarienberg ist das älteste Kloster des Burgenlandes; es wurde bereits am Ende des 12. Jhs. durch die Zisterzienser begründet und von Heiligenkreuz im Wienerwald aus besiedelt; während der Reformation im 16. Jh. vorübergehend aufgehoben, wurde es 1680 neu gegründet. Das Kloster, dessen Kirche profaniert wurde, ist ein schmuckloser, einfacher Bau mit Spuren des ehemals gotischen Kreuzgangs, an dem eine Schnitzfigur des hl. Bernhard von Clairvaux steht (1700). Die *Pfarrkirche* des Ortes ist mit großartigen Barock- und Rokokoaltären ausgestattet (am Hochaltar ein Himmelfahrtsbild von Stephan Schaller aus dem Jahre 1757, Farbabb. 4), birgt aber auch andere Kunstwerke in reichem Maße: An der Kanzel stellen symbolische Relieffiguren Glaube, Liebe und Hoffnung dar.

Mannersdorf an der Rabnitz, zu dem sowohl Klostermarienberg als auch der Grenzübertrittsort Rattersdorf (mit kleiner Wallfahrtskirche und innerhalb einer alten, den ehemaligen Friedhof umschließenden Wehrmauer entspringender ›Wunderquelle‹) gehören, besitzt eine aus der Mitte des 18. Jhs. stammende barocke Kirche; von der wesentlich älteren früheren Kirche hat sich der gotische Chor aus dem 14. Jh. erhalten, man hat aber vor kurzem auch Reste gotischer Wandmalereien aus dem 14. und 15. Jh. freigelegt. Die Kirche ist von einer Wehrmauer umgeben. Am Dorfplatz steht eine barocke Dreifaltigkeitssäule.

Rattersdorf, ein kleines Straßendorf, liegt am Fuß des Günser Gebirges; hier ist ein offizieller Grenzübergang nach Ungarn (Richtung Güns). Die Pfarrkirche mit der nahe gelegenen ›Wunderquelle‹ (einer Heilquelle) ist ein beliebtes Wallfahrtsziel; sie liegt im ehemaligen Friedhof, ist von einer alten Wehrmauer umgeben und aus zwei mittelalterlichen Kirchen zusammengewachsen. Der älteste Teil, die Turmkapelle, geht vielleicht auf das

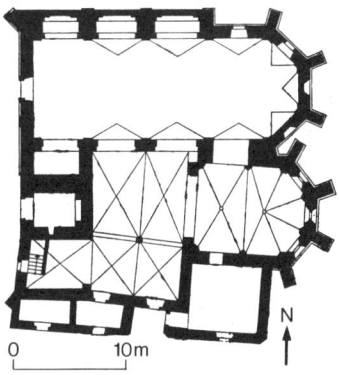

Rattersdorf, Pfarrkirche, Grundriß   0   10m   N

13. Jh. zurück, Mittelschiff und Chor entstammen dem 14. Jh.; die nördlich angebaute spätgotische Kirche (in die man durch geöffnete Arkaden gelangt) gehört dem 15. Jh. an. Auf dem Hochaltar der älteren Kirche ist ein Mariengnadenbild zu sehen (1660, Rahmen um 1800), die Nachbildung eines Originals aus dem Jahr 1644 (›Rattersdorfer Muttergottes‹), das heute in der Sakristei der Lockenhauser Pfarrkirche hängt; es handelt sich dabei um die im Mitteleuropa sehr seltene Darstellung der Muttergottes als stillende Mutter. Die Ausstattung der beiden Kirchen ist beachtlich (Statuen und Heiligenbilder stehen im Zusammenhang mit dem Augustinereremitenorden; man beachte auch die Reste mittelalterlicher Fresken, das von Mohren gestützte Taufbecken und die Vertäfelung der Chorwand).

Steinberg an der Rabnitz ist eine Mehrstraßensiedlung mit angerartig erweiterter Hauptstraße. Die *Pfarrkirche* stammt aus der Mitte des 17. Jhs. Der Hochaltar (1785) trägt ein bemerkenswertes Bild ›Martyrium des hl. Wenzel‹, die Kanzel (mit Reliefs am Korb) stammt aus demselben Jahr. Der Ort besitzt noch geschlossene Reihen von traufseitig zur Straße stehenden Zwerchhöfen (Neugasse 9–25; Untere Hauptstraße 3–9, 23–31, 43–61 (Abb. 75), gegenüber 20–24, 28–32, 38a, 56–62, 66–72, um wesentliche herauszugreifen); auch die Raiffeisengasse ist gut erhalten (u. a. 7–19, 8–14).

Piringsdorf, als ›Korbflechterdorf‹ bekannt geworden, ist ein einzeiliges Straßendorf an der Rabnitz mit Laubenhöfen (u. a. 84–88) und Streckhöfen (u. a. 137–142). Die in der Ortsmitte im alten Friedhof stehende Kirche ist ein einfacher Barockbau.

Die Schlösser des mittleren Burgenlandes

Man müßte die Besichtigung der Burgen- und Schlösserkette in Landsee beginnen, obwohl diese Burgruine etwas abseits des Weges liegt; es bleibt dabei dem Reisenden überlassen, ob er den Abstecher gesondert unternimmt oder Landsee während eines vielleicht eingeplanten Ausflugs in die niederösterreichische Bucklige Welt aufsucht. Ohne sonderlichen Aufwand kann man hingegen jene Schlösserreihe besichtigen, die sich von Kobersdorf über Lackenbach und Deutschkreutz bis Nikitsch hinzieht; von der Wehranlage im weiter südlich gelegenen Lutzmannsdorf hat sich überhaupt nichts erhalten, doch müssen wir diesen Ort nochmals erwähnen, weil Lutzmannsburg und Landsee nicht nur untereinander konkurrierten, sondern weil – über die Weite des Oberpullendorfer Beckens hinweg – zwischen den beiden Wehranlagen sogar Sichtkontakt bestand, was im Mittelalter und der frühen Neuzeit aus Signalgründen (›Kreutfeuer‹) Bedeutung hatte. Wer es eilig hat, kann die Schlösser auf einem Halbtagsausflug besichtigen, da die Entfernungen gering sind. Für Abstecher nach Neckenmarkt und vor allem nach Raiding mit seinem bedeutenden Franz-Liszt-Museum wird in diesem Fall allerdings nur wenig Zeit übrigbleiben.

Ruine Landsee

Das bereits in der ersten Hälfte des 15. Jhs. urkundlich nachweisbare Dorf gleichen Namens, an dessen Anger sich noch einige schöne Streck- und Hakenhöfe erhalten haben, wird von

Burg Landsee, Matthias Greischer, um 1680, Kupferstich

der 630 m hoch über dem Stooberbachtal in beherrschender Lage zwischen dem Heidriegel im Süden und dem Pauliberg im Norden befindlichen Burgruine überragt (Abb. 78). Die Geschichte der Burg läßt sich weiter zurückverfolgen als jene des Dorfes. Ihre Anfänge als eine im Vorfeld der Steiermark gelegene Grenzburg gegen Ungarn versinken allerdings weitgehend im dunkeln. Die Burg dürfte wohl ursprünglich zur Pittener Mark gehört haben, weil im 12. Jh. – also zu einer Zeit, da die Steiermark noch nicht zu Österreich gehörte – ein Zweig der Stubenberger, einer steirischen Ministerialenfamilie, als Besitzer überliefert ist. Als Vorläufer der Burganlage ist eine auf dem Heidriegel errichtete Flucht-burg anzusehen, eine gewaltige, mit Steinen umgebene Anlage, die wegen ihrer günstigen Lage später als Kreutfeuerstelle benützt wurde; erhalten haben sich jedoch lediglich Reste eines Steinwalles.

Um die Mitte des 13. Jhs. kam es zu einem Frontwechsel: die Burg Landsee bildete nunmehr einen westlichen Vorposten des ungarischen Komitats Lutzmannsburg, ihre Eigentümer waren mit den Grafen zu Güssing verbündet und wurden dadurch in die bekannte ›Güssinger Fehde‹ verwickelt. Die Steirer, die sich seither von der Burg bedroht fühlten, drängten nach dem Sieg Albrechts I. (1289) auf deren Abbruch, doch vergebens. Aufgrund der Bestimmungen des Hainburger Friedens (1291) gelangte sie unversehrt in die Hände der Ungarn, an der Wende zum 15. Jh. dann an die bereits mehrfach erwähnten mächtigen Grafen von Mattersdorf und nach deren Aussterben an den Habsburger Al-brecht VI., den Bruder Kaiser Friedrichs III. Von Albrecht kam Landsee an den berüchtig-

219

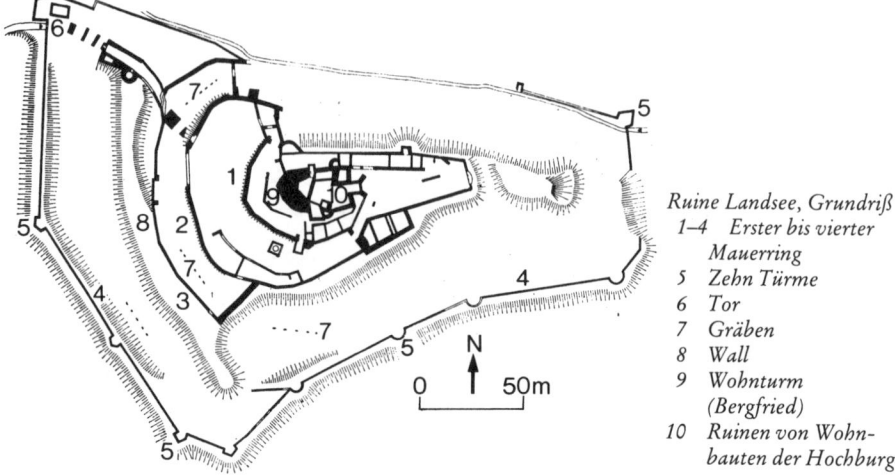

Ruine Landsee, Grundriß
1–4 Erster bis vierter
Mauerring
5 Zehn Türme
6 Tor
7 Gräben
8 Wall
9 Wohnturm
(Bergfried)
10 Ruinen von Wohn-
bauten der Hochburg

ten Condottiere Ulrich von Grafeneck (1458) und bereits ein Jahr danach an den Söldnerführer Sigmund von Weisspriach, dann wieder an böhmische Söldnerführer – ein rasches Hin
und Her, das zu verfolgen selbst dem Fachmann schwerfällt, dem Laien aber die Tatsache
nahebringt, daß die Burg von vielen Seiten mit begehrlichen Blicken betrachtet wurde und
ihre Besitzer nicht selten die Umgebung terrorisierten.

Als sich der Besitz der Herren zu Landsee im 15. Jh. rasch vergrößerte und sich bereits
zangenartig um Ödenburg zu legen drohte, ergaben sich neue Konfliktsituationen, vor allem
wegen Handelsfreiheiten und Mauten; wirtschaftliche Beeinträchtigungen alteingebürgerter
Rechte sind ja zu allen Zeiten brisanter Zündstoff gewesen, und hier, an der alten Handelsstraße von Ödenburg nach Westen, prallten die Interessen besonders hart aufeinander. Bald
eskalierten die Streitigkeiten in einen regelrechten Kleinkrieg, der als ›Landseer Fehde‹
unrühmlich in die Geschichte eingegangen ist. Die Witwe Ulrichs von Weisspriach, Ger-
trude, griff nämlich zu einem recht ungewöhnlichen – und, wie man sehen wird, äußerst
gefährlichen – Mittel: Sie heuerte sich den Räuberhauptmann Magusch an, um Ödenburg in
die Knie zu zwingen. Bald waren sogar die ungarischen Könige zu ihrem Mißvergnügen in
den Zwist verwickelt, und erst Ludwig II. gelang es letztlich, den Streit zu einem Ende zu
bringen. Für die Unruhestifter gab es keinen Pardon: Die gesamte Bande endete im Kerker,
die Grundherrin selbst ging in diesem 1523 elend zugrunde.

Auch in den folgenden Jahrzehnten des 16. Jhs. verlief die Entwicklung keineswegs fried-
lich: 1548 kam Landsee an Erasmus Teuffel, einen Verwandten der Weisspriach, doch geriet
dieser in türkische Gefangenschaft und starb dort vier Jahre später. Teuffel konnte allerdings
dem verwinkelten Gemäuer von Landsee keinen Geschmack abgewinnen und begann deshalb noch im selben Jahr mit dem Neubau des Schlosses Lackenbach.

Knapp vor 1600 begann Franz Dersffy, der damalige Besitzer, mit dem konsequenten
Ausbau Landsees zu einer starken Festung, die dem letzten Stand der Wehrtechnik ent-

sprach, und seine Nachfolger, die Esterházy, die Landsee 1612 als Heiratsgut in ihren Besitz brachten (Ursula, eine Tochter Dersffys, vermählte sich mit Nikolaus Esterházy), vollendeten das kühne Werk. Gemeinsam mit Forchtenstein, das Nikolaus ein Jahrzehnt später erwarb, hatte die Familie ab diesem Zeitpunkt zwei als ›uneinnehmbar‹ geltende Festungen in ihrer Hand, und tatsächlich konnten beide von Feindeshand niemals bezwungen werden. Bis ins 18. Jh. war das Esterházysche Arsenal, das sich heute größtenteils auf Forchtenstein zur Besichtigung anbietet, in Landsee untergebracht.

In den Türkenkriegen geriet Landsee im Gegensatz zu Forchtenstein zwar nicht unmittelbar ins Kampfgeschehen, wurde aber von der Landbevölkerung gern als Zufluchtsort aufgesucht. Es ist einem tragischen Geschick zuzuschreiben, daß die Burg dennoch nicht erhalten blieb: 1707 soll sie, wie man immer wieder lesen kann, einer mit den Kuruzzenkriegen in Zusammenhang gebrachten gewaltigen Pulverexplosion zum Opfer gefallen sein; tatsächlich dürfte es sich aber ›nur‹ um einen Brand gehandelt haben, der einige Wohngebäude einäscherte. 1772 vollendeten jedenfalls die Flammen einer neuerlichen Feuersbrunst das Zerstörungswerk.

Da die Burg zu diesem Zeitpunkt keinerlei militärische Bedeutung mehr hatte, die Esterházy unter Fürst Nikolaus ›dem Prachtliebenden‹ (1762–90) unter Einsatz ungeheurer Mittel eine glanzvolle Residenz in Eisenstadt führten und man denkmalpflegerische Überlegungen noch nicht kannte, dachte niemand an einen Wiederaufbau; jahrzehntelang holten sich die Bewohner der Umgebung, wie dies damals auch in höchsten Kreisen üblich war, aus der Ruine kostenlos Baumaterialien. Die riesige Festung blieb bis heute eine Ruine – die größte des Burgenlandes zwar und wohl auch eine der größten Mitteleuropas, aber doch nur eine traurige Erinnerung an jene Zeit, in der hier eine der größten und stärksten Burgen Österreichs das Land beherrscht hatte.

Der Bergfried, der im 12. oder 13. Jh. gebaut worden war, bildet den ältesten Teil der Anlage: ein romanischer Wohnturm, an den ein kleiner, von spätgotischen Bauwerken umgebener Hof (mit Palas, Kapelle und alter Küchenanlage mit hohem Rauchabzug) angrenzt. Bis zu 10 m Stärke erreichen die Mauern des Bergfrieds und geben damit einen deutlichen Hinweis auf die seinerzeitige Verteidigungskraft. Vier Tore muß man heute noch durchschreiten, will man die eigentliche Hochburg betreten, und zwei weitere, um bis in den inneren Kern der Burg vorzustoßen! Das erste Tor ist mit ›1668‹ bezeichnet, zwischen dem ersten und dem zweiten Tor überschreitet man eine auf Pfeilern ruhende Brücke, das zweite Tor ist mit Turm und Gußerker bewehrt, das dritte Tor mit Zugbrücke und Turm versehen.

Die *Pfarrkirche* des *Ortes Landsee* ist ein schlichter klassizistischer Bau aus der Zeit um 1800 mit einem Fassadenturm, der im 19. Jh. Veränderungen in neoromanischen und neogotischen Stilformen erfuhr. Die Kirche ist dem hl. Michael geweiht. Sehenswert sind vor allem die Kreuzwegbilder, qualitätvolle Arbeiten aus dem ausgehenden 18. Jh. in Rocaillerahmen auf Holz. Am Klosterberg befinden sich die Reste eines Kamaldulenserklosters – einer Einsiedelei, die 1701 von Eva Thököly, der Gattin des Paul Esterházy, für zwölf Patres errichtet, jedoch unter Kaiser Joseph II. 1782 aufgehoben wurde; 1805 erfolgte die Umwandlung zu einer Pfarre.

Kobersdorf

Der im Nordosten am Fuße des Pauliberges gelegene Marktflecken, der schon im 13. Jh. erwähnt wird, ist vor allem durch das Wasserschloß am Nordende des Ortes bekannt geworden, welchem seinerzeit die Aufgabe zufiel, das Stooberbachtal gegen Westen abzuschirmen; das österreichische Pendant war die weiter südwestlich erbaute Grenzburg Schwarzenbach. Der breite Graben, über den im Mittelalter nur eine einzige Brücke geschlagen war, ist zwar trockengelegt, schließt das Schloß aber dennoch völlig von seiner Umwelt ab, so daß es gleichsam auf einer Insel liegt.

Die Anfänge der *Burganlage* lassen sich bis in die zwanziger Jahre des 13. Jhs. zurückverfolgen, als in Österreich der Babenberger Herzog Leopold VI. regierte, den die Nachwelt mit dem Beinamen ›der Glorreiche‹ versehen hat, ein Herrscher, der als Diplomat von europäischem Format zwischen Kaiser und Papst vermittelte, der seinen Hof zum Ziel der Minnesänger machte und der 1221 Wien das älteste Stadtrecht verlieh. Zu ebendieser Zeit, zwischen 1222 und 1229, wurde die Wasserburg von einem gewissen Pousa erbaut. Auch Kobersdorf wurde in die ›Güssinger Fehde‹ verwickelt und von Albrecht I. erobert. In der Folge wechselten Burg und Herrschaft mehrfach den Besitzer und gelangten schließlich 1319 an die Grafen von Mattersdorf, die später auch Forchtenstein und Landsee besaßen, weshalb sich die Geschicke dieser wehrhaften Anlagen eng verknüpften.

Ungarn und Habsburger wechselten sich in oft rascher Folge im Besitz ab, bis es schließlich 1626 – inzwischen war bereits das ›neue Schloß‹ erwähnt worden – zur Rückgliederung in das ungarische Staatsterritorium kam. Während der Türkenkriege zählte Kobersdorf zu den wichtigsten gegen Osten ausgerichteten Bollwerken des abendländischen Verteidigungsgürtels. Zu Beginn des 18. Jhs., 1704, erwarb dann Paul Esterházy die Herrschaft käuflich, bis die Burg in unseren Tagen, 1963, an eine Wiener Architektin verkauft wurde,

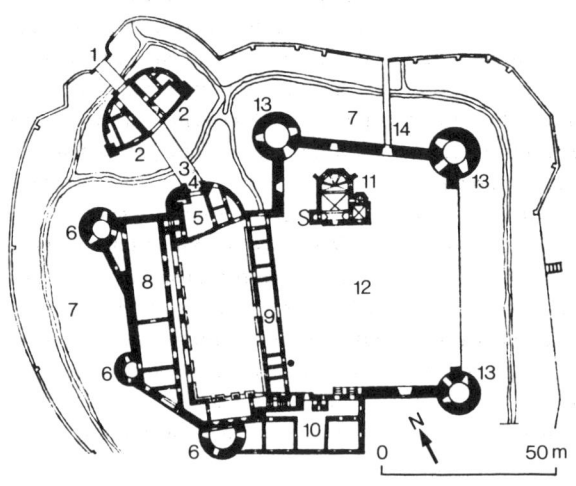

Kobersdorf, Schloß, Grundriß
1 *Zugbrücke*
2 *Barbakane mit Toranlage*
3 *Brücke*
4 *Burgtor*
5 *Nordtrakt*
6 *Schloßtürme*
7 *Schloßgraben*
8 *Hauptbau*
9 *Osttrakt*
10 *Südtrakt*
11 *Gotische Kapelle*
12 *Schloßgarten*
13 *Basteitürme*
14 *Katzensteg*

Burg Kobersdorf, Kupferstich von Matthias Greischer, um 1680

die sich seither um eine stilvolle Restaurierung kümmert und das Schloß – wenn auch nur einmal in der Woche – mittels Führung der Öffentlichkeit zugänglich macht.

Betrachten wir die spätmittelalterliche und frühneuzeitliche Besitzerliste, so stoßen wir auf viele Bekannte: die Weisspriach, die Prüschenk und natürlich die Habsburger. Unter Stefan Balassa de Gyarmat, der mit einer Nádasdy-Tochter verheiratet war, wird Ende des 16. Jhs. zum erstenmal das ›neue Schloß‹ erwähnt, in dem noch Teile der mittelalterlichen Burg erhalten blieben. An deren Stelle erbaute Franz Graf Kéry im 17. Jh. einen Spätrenaissancetrakt. So erweckt heute die gesamte Anlage einen imposanten, geschlossenen Eindruck, der das malerische Aussehen des Schlosses unterstreicht. Da an den Baulichkeiten seit dem Beginn des 18. Jhs. keine Veränderungen vorgenommen wurden, ist die Schloßanlage in ihren Bauphasen recht genau erkennbar, der älteste Kern der Burg eindeutig als romanische Flucht- und Schutzburg.

Der Zugang zum Schloßtor beginnt über eine *Zugbrücke*, die zu einer *Barbakane* führt (wie man im Mittelalter bei Befestigungsanlagen einen dem Festungstor vorgelagerten Brückenkopf, ein Außenwerk, nannte), von dieser dann über eine gewölbte *Brücke* zum eigentlichen *Burgtor* mit seinem Fallgitter. Die Barbakane trägt die Datierung 1656. Über dem rustizierten Eingangsportal ist als Nischenfigur eine Madonna angebracht (Abb. 80). Links neben dem Eingang steht die Nachpflanzung einer Gerichtslinde, unter der seinerzeit Schloßherr und Hofrichter Gericht hielten.

Der *Nordtrakt* der Burg, beiderseits des Haupttores, ist halbkreisförmig vorgewölbt und besitzt hübsche Spätrenaissancefenster, der Westflügel (für den in den Schloßhof Eintretenden rechts) wurde 1654 mit einer mächtigen vorgelegten Arkadenreihe geschmückt (Abb. 79). An West- und Südseite springen drei mächtige *Schloßtürme* in den *Schloßgraben* vor, die natürlich auch von außen betrachtet sehr eindrucksvoll sind (Abb. 81); einer von ihnen liegt gegenüber dem in den Innenhof tretenden Besucher. Der *Hauptbau* ist ein unregelmäßiger zweigeschossiger Komplex, der im 16. und 17. Jh. unter Verwendung älterer Bauteile entstand. Im großen Saal und in zwei Rundtürmen haben sich noch dürftige Reste von Stuck und Deckenmalerei erhalten. Der *Osttrakt* (links) birgt einen Festsaal mit Wandmalereien. Der aus der Bauzeit stammende sechseckige Brunnen, der das Wappen der Familie Kéry trägt (1654), wurde später in den Garten versetzt. Der stark verzogene *Südtrakt* enthält noch die letzten Reste der ältesten mittelalterlichen Burganlage, vor allem Reste eines auf halbkreisförmigem Grundriß erbauten Turmes mit Bruchsteinmauerwerk und Kragbogenfensterchen.

Die im Garten stehende *gotische Kapelle* mit ihrem kleinen Türmchen wurde im 17. Jh. mit Stuckdekoration versehen und trägt auf dem aus dem 18. Jh. stammenden Marienaltar das Wappen der Familie Esterházy. Rund um den *Schloßgarten* – den alten Turnierhof der mittelalterlichen Burg – erstrecken sich Befestigungsanlagen mit drei die Ecken beschützenden *Basteitürmen*, die in den Schloßgraben vorspringen. Aus dem Hof führen, durch Tore erreichbar, zwei kleinere Holzbrücken, deren nördliche, schmalere als ›Katzensteg‹ bezeichnet wird. Die Basteitürme werden durch die innere Bastei mit Wehrgängen verbunden. Außerhalb des Grabens verläuft hier noch eine äußere Umgrenzungsmauer.

In Höhenlage, von einer Wehrmauer mit Erdschanze umgeben, liegt die dem hl. Nikolaus geweihte *Pfarrkirche*, ein barocker Bau von 1728 mit ungegliedertem Nordturm, der einen steinernen Spitzhelm trägt. Der Hochaltar stammt aus der Bauzeit, ebenso der Taufstein. Am Südende des Ortes steht die *Evangelische Kirche*, erbaut 1785 unter Kaiser Joseph II., ein einschiffiger, flach geschlossener Saalbau. Der 1848 in romanischen Formen erbaute *Jüdische Tempel* steht neben dem Schloß, ein jüdischer Friedhof liegt am Waldrand. Im *Heimathaus*, das im ehemaligen ungarischen Zollhaus eingerichtet ist, sind bäuerliche Gebrauchsgegenstände ausgestellt.

Lackenbach

Am Südrand des Ödenburger Gebirges gelegen, ist Lackenbach ein vom Selitzabach durchflossenes bäuerliches Mehrstraßendorf, das in Urkunden schon zur Babenbergerzeit, erstmals 1222 – also im Jahre des Baubeginns von Schloß Kobersdorf – erwähnt wird und seinerzeit zur Herrschaft Landsee gehörte. Auch hier stand ursprünglich eine Wasserburg, die sich der Söldnerführer Erasmus Teuffel als Residenz einrichtete; den Kern der Anlage sollte zwar ein eleganter Arkadenhof bilden, das *Schloß* aber dennoch durch Basteien und einen Wassergraben Festungscharakter erhalten. Teuffel, der, wie wir wissen, 1548 die Herrschaft Landsee in Besitz genommen hatte, wollte von dieser mittelalterlichen Burg mit ihrem den Ansprüchen des 16. Jhs. nicht mehr genügenden Wohnkomfort nichts wissen und wählte Lackenbach zu seiner künftigen Residenz. Er sollte sich seines Besitzes nicht lange erfreuen, denn schon vier Jahre später ging er in türkischer Gefangenschaft zugrunde. Der Besitznachfolger, Erzbischof Nikolaus Oláh, war vermögend genug, den Bau durch den oberitalienischen Baumeister Geronimo Mariano weiterführen zu lassen.

Erst zu Beginn des 17. Jhs. wurde das Werk vollendet: Bauherr war nun Nikolaus Graf Esterházy, der 1612 die Urgroßnichte des Erzbischofs, Ursula Dersffy, geheiratet hatte. Die Familienwappen der Esterházy und der Dersffy, die das rundbogige Hauptportal zieren und diese Familienvereinigung für die Nachwelt festhalten, stehen übrigens seit dem 18. Jh. unter dem Schutz einer über ihnen angebrachten Muttergottesfigur.

Nikolaus war das Schloß gelegen gekommen, weil er sich gerade bemühte, seinen Wohnsitz aus dem ungarischen Munkacs näher an die kaiserliche Residenzstadt Wien zu verlegen. Es war eine schicksalhafte Entscheidung, die er traf, und sollte die Familiengeschichte ebenso über Jahrhunderte hinweg beeinflussen wie die Landesgeschichte. So sicher nämlich dem Nikolaus Esterházy damals Westungarn erschien, so sehr sollte er doch irren. Er wurde

Schloß Lackenbach, Matthias Greischer, um 1680, Kupferstich

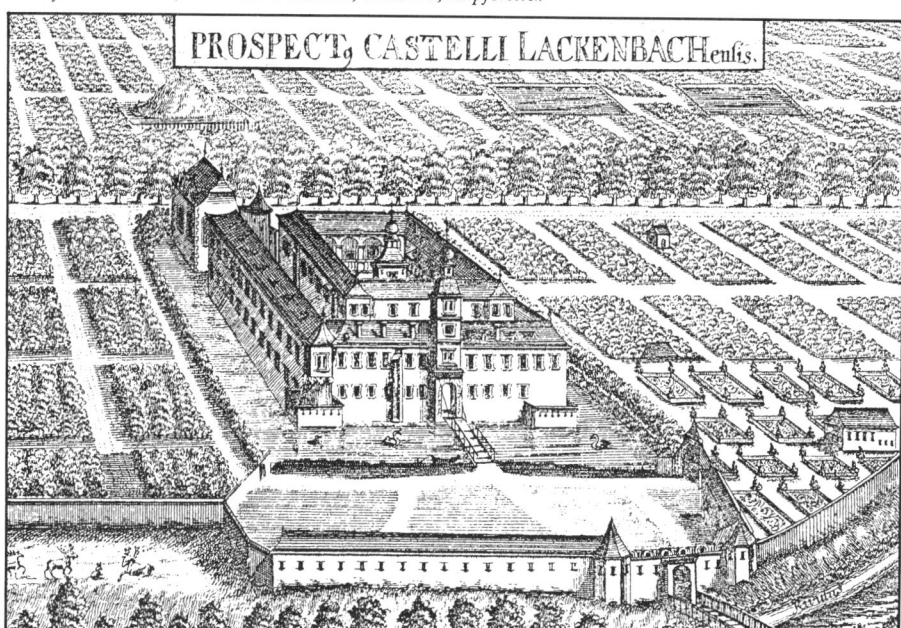

schon zwei Jahre nach der Fertigstellung des Schlosses in einen Kampf auf Leben und Tod verwickelt, und das kam so: 1619 brachen in Ungarn kriegerische Auseinandersetzungen zwischen Anhängern des Kaisers und einer militanten nationalungarischen Partei aus, die sich um den Siebenbürgerfürsten Bethlen Gabor scharte. Als dessen Truppen noch im selben Jahr in einem überraschenden Vorstoß bis Preßburg vordrangen und 1620 in Richtung Süden die Donau überschritten, wurde Nikolaus Esterházy von der Entwicklung überrascht, konnte sich nicht mehr auf die sichere Burg Landsee zurückziehen und wurde mit seinen Getreuen in Lackenbach eingeschlossen.

Vielleicht wäre Nikolaus trotz aufopfernder Verteidigung und gleichzeitigen klugen Taktierens der Übermacht erlegen, hätte nicht der kaiserliche General Dampierre mit seinen Kürassieren eingegriffen und, von Neckenmarkter Bauern tatkräftig unterstützt, den Belagerungsring um das Schloß im letzten Augenblick gesprengt, obwohl er gegen eine große Übermacht antreten mußte: 6500 Mann des Feindes, die in Schlachtreihe vor dem Kastell Lackenbach aufgestellt waren, hatte er nur 700 Reiter, 400 Kosaken und 300 Musketiere entgegenzustellen. Durch einen tollkühnen Ausfall vermochte Esterházy den Ausgang des Kampfes günstig zu beeinflussen. Der Anführer der Belagerer, Tarródy, verlor im Kampf sein Leben, und mit ihm wenigstens 1200 Mann der Bethlenschen Truppen; vierzehn Fahnen fielen den Siegern als Beutestücke in die Hände.

Nicht allein dieser militärische Erfolg war allerdings entscheidend, sondern die Tatsache, daß durch diese Allianz mit den Kaiserlichen die prohabsburgische Haltung der Esterházy endgültig besiegelt war. Und diese hatte wiederum, wie bereits dargelegt werden konnte, den Dank der Habsburger und deren stete künftige Förderung zur Folge, so daß dem Aufstieg der Esterházy zur ersten Adelsfamilie Ungarns nichts mehr im Wege stand.

Ein von Nikolaus Esterházy zur Erinnerung an die legendäre ›Schlacht um Lackenbach‹ gestiftetes Steinepitaph ist noch heute am östlichen Ortsrand zu sehen; im Volksbrauch steht bis heute das berühmte ›Neckenmarkter Fahnenschwingen‹ (s. S. 229) mit den militärischen Ereignissen in unmittelbarem Zusammenhang.

1806 fiel ein Teil des Schlosses einem Brand zum Opfer, und dieser Teil wurde nicht wieder aufgebaut; Fundamente eines abgebrannten Turmes sieht man noch heute an der Innenseite der Hofdurchfahrt. Der durch seine ausgeglichenen Proportionen und sein romantisches Aussehen besonders eindrucksvolle, heute auf zwei Seiten von zweigeschossigen Arkaden umgebene *Innenhof* des Schlosses ist einer der schönsten seiner Art im ganzen Burgenland und sollte unbedingt besichtigt werden (Abb. 82). Der Zugang ist frei, das Eingangsportal allerdings an einer Straßenbiegung versteckt und leicht zu übersehen. Beachtenswert sind auch das an der Nordwestseite des Hofes liegende zweigeschossige Granarium aus dem ausgehenden 18. Jh. und die – inzwischen profanierte – Schloßkapelle an der Südostecke.

Nördlich der (modernen) *Pfarrkirche* des Ortes – nur das Kruzifix über dem Hochaltar stammt noch aus der Barockzeit – liegt der alte *Jüdische Friedhof*, der daran erinnert, daß sich in Lackenbach im 17. Jh., als der zum Herrschaftssitz erkorene Ort zum Markt emporstieg, eine Judengemeinde angesiedelt hatte, die eine rege Kleinhandelstätigkeit entfaltete. Die

weithin sichtbare kleine *Rochuskirche,* die etwas abseits des Ortes in Richtung Osten (Lak-
kendorf) auf einer Anhöhe steht, stammt in ihrem Kern aus dem 17. Jh. und verfügt über
eine barocke Einrichtung.

Wer sich in dieser Gegend aufhält und Zeit erübrigt, kann einen Abstecher in das nördlich
gelegene kleine Angerdorf **Ritzing** unternehmen, dessen Pfarrkirche noch einen romanischen Kern (Quadermauern an der Nordseite), einen von einer Wehrmauer mit Schießscharten umgebenen Friedhof sowie einen kleinen Karner besitzt; gotische Umbauten und
barocke Einrichtungen haben die Kirche allerdings stark verändert.

Von Lackenbach führt eine Straße über Lackendorf nach **Horitschon,** einem einzeiligen
Straßendorf mit einigen wenigen charakteristischen Bruchsteinscheunen am östlichen Ortsrand und einer modernen Pfarrkirche (erbaut 1947–49), die eine künstlerisch wertvolle
moderne Inneneinrichtung besitzt. Von Horitschon ausgehende Straßen führen nach Nek-
kenmarkt (2 km nördlich) bzw. Raiding (3 km südlich).

Empfehlenswerter (weil kürzer, wenn auch unter Benutzung von Nebenstraßen) ist der
Weg von Lackenbach über Unterfrauenhaid nach Raiding, von wo man nach Horitschon
zurückfahren und anschließend (so man will) Neckenmarkt besuchen kann, bevor man sich
weiter nach Osten in den Ort Deutschkreutz mit seinem sehenswerten Schloß begibt.

Unterfrauenhaid ist seit dem Mittelalter als Wallfahrtsort bekannt. Nach dem Türkeneinfall von 1529 wurde es mit Kroaten neu besiedelt. An der Stelle einer älteren, aus dem
15. Jh. stammenden Kirche – von der sich noch der gotische Chor und der Unterbau des
Turmes erhalten haben – steht heute die barocke Wallfahrtskirche ›Mariä Himmelfahrt‹, in
der am 23. Oktober 1811 Franz Liszt das Sakrament der Taufe empfing. Am frei stehenden
Tabernakel befindet sich ein Mariengnadenbild in der Art der ›Schwarzen Muttergottes‹ von
Czenstochau aus dem Jahre 1629.

Raiding

Die kleine, 3 km von Unterfrauenhaid entfernt liegende Ortschaft ist ausschließlich als
Geburtsstätte des bedeutenden Komponisten und Pianisten Franz Liszt berühmt geworden.
Das Geburtshaus, in dem ein interessantes Museum eingerichtet wurde, ist Bestandteil eines
bis ins 16. Jh. zurückzuverfolgenden Kastells, an welches noch das Rundbogenportal (mit
Inschrift, Madonnenfigur und Wappen der Familie Illésy aus dem Jahre 1587) erinnert. 1805
begannen sich die Esterházy für das Gebiet zu interessieren, kauften in den nächstfolgenden
Jahren Stück für Stück auf, zuletzt auch den Edelhof von Sophia Illésy, den sie zu einem
Meierhof umgestalteten; er war damals wie heute der einzige größere Baukomplex des
Ortes.

Zur Verwaltung ihrer Neuerwerbung setzten sie den aus Edelstal im nördlichsten Teil des
Burgenlandes stammenden Schaffer Adam List ein, der seit 1798 als ›Fürstlich Esterházy-
scher Beamter‹ in ihren Diensten stand und seit dem 3. Oktober 1808 als Amtmann der
Schäferei zu Raiding tätig war; sein Vater hatte als Schulmeister in Kittsee gewirkt. Die
Esterházy ließen den nicht mehr benötigten Wohntrakt des Kastells abreißen und verwende-

Raiding, Liszt-Geburtshaus, deutsche und ungarische Gedenktafeln in den Giebeln

ten den Gartentrakt als Wirtschaftsgebäude. Das ebenerdige Gebäude, in dem am 22. Oktober 1811 dem Schaffer Adam List von seiner Gattin Maria Anna ein Söhnchen geboren wurde, das man tags darauf in der Kirche von Unterfrauenhaid auf den Namen Franz taufte, ist der erhaltengebliebene Rest des ehemaligen Verwalterhauses.

Heute ist das *Geburtshaus* ein frei stehendes, mit Schindeln gedecktes Gebäude (Abb. 83), über dessen beiden Eingangstüren sich Dreiecksgiebel mit Inschriftentafeln befinden: Im rechten Giebel liest man in ungarischer Sprache den Hinweis, daß der Ödenburger Verein für Literatur und Kunst sie gestiftet habe und sie am 7. April 1881 in Anwesenheit von Franz Liszt enthüllt wurde; im linken Giebel sieht man ein Reliefbild des großen Komponisten, das an seine Geburt in diesem Haus erinnert.

Das *Liszt-Museum* wurde 1911 vom Raidinger Ortspfarrer gestiftet und mit zeitgenössischen Möbeln ausgestattet. Im Mai 1951 wurde die Gedächtnisstätte nach den Wirren des Zweiten Weltkriegs wiedereröffnet, und 1979 erfuhr sie wesentliche Veränderungen. Gezeigt werden Noten, Autographe, Dokumente und Fotos, eine Ahnentafel der Familie Liszt, eine Marmorporträtbüste, die 1867 der bedeutende Ringstraßenbildhauer Caspar von Zumbusch geschaffen hat, sowie die kleine Barockorgel aus der alten Kirche.

Franz Liszt

Der am 22. Oktober 1811 geborene Liszt ließ schon im Alter von sechs Jahren seine Musikbegabung erkennen, trat mit neun Jahren in Ödenburg bei einem Konzert vor die Öffentlichkeit und erntete großen Beifall. Der Vater, durch den Erfolg überzeugt, ließ den Knaben daraufhin in Preßburg auftreten, und hier entschied sich das weitere Schicksal Liszts: Ungarische Magnaten, vom Talent des Knaben beeindruckt, stifteten ihm ein Stipendium für sechs Jahre, und Liszts Eltern – der Vater hatte seine Stellung beim Fürsten Esterházy aufgegeben – fuhr mit ihm 1821 nach Wien, wo er zwei prominente Lehrer fand: den erst dreißigjährigen Carl Czerny, dessen ›Schule der Geläufigkeit‹ noch heute das Klavierstudium beeinflußt, und den bereits siebzigjährigen Antonio Salieri, den Freund Glucks und Gegenspieler Mozarts, der auch Beethoven und Schubert unterrichtete. Beethoven war es übrigens auch, der für Liszt, als ihm dieser vorspielen durfte, lobende Worte fand. Bereits

1823 unternahm Liszt seine erste Konzertreise nach Paris, wo er – von Cherubini, der von Wunderkindern nicht allzuviel hielt, nicht ins Conservatoire aufgenommen – mit Chopin Freundschaft schloß und sich für die Programmusik von Hector Berlioz begeisterte.

Von Anfang an stellte Liszt Bearbeitungen fremder Werke – und hier gelangen ihm das Konzertleben bis heute beherrschende Schöpfungen – neben Eigenkompositionen, wobei letztlich 260 Bearbeitungen neben 113 Originalkompositionen standen. Die bedeutenderen Klavierwerke stammen aus der Frühzeit, so die 1826 komponierten 24 ›Grandes Etudes pour le Piano‹, die allerdings erst 1852 ihre endgültige Gestalt erhielten. Seit 1835 lebte Liszt mit der Gräfin Marie d'Agoult zusammen, und diesem Bunde entsprossen drei Kinder, darunter die älteste Tochter Cosima, vermählt mit Heinrich von Bülow und später mit Richard Wagner. Nach der Trennung von der Gräfin wurde Liszt 1842 ao. Hofkapellmeister in Weimar und fand hier in der Fürstin Caroline Sayn-Wittgenstein eine Gefährtin für die zweite Hälfte seines ereignisreichen Lebens.

Da Liszt die Symphonie in ihrer klassischen Form für überholt hielt, widmete er sich in verstärktem Maße großen Chor- und Orchesterwerken. In den fünfziger Jahren komponierte er rund 40 bedeutende Orchesterwerke, von denen wohl ›Les Préludes‹ (1854) und die ›Graner Messe‹ (1856) den höchsten Bekanntheitsgrad erreichten. In Rom, wohin er sich von Weimar Ende der fünfziger Jahre begab, nahm er, einer alten Absicht folgend, die kleinen Weihen eines Abbé, ohne sich deshalb von den Freuden der Welt abzuwenden; er beschäftigte sich allerdings stärker mit geistlichen Kompositionen (u. a. ›Ungarische Krönungsmesse‹, 1867).

Franz Liszt (1811–1886)

Liszt starb am 31. Juli 1886 – nachdem er in seiner letzten Lebenszeit keinen festen Wohnsitz mehr gehabt und in Rom, Budapest und Weimar, wo er einen großen Schülerkreis besaß, Aufenthalt genommen hatte – in Bayreuth während der Festspiele, die nach dem Tode Richard Wagners zum erstenmal dessen Tochter Cosima leitete.

Neckenmarkt

Der kleine Weinbauern- und Handwerkermarkt, der in der frühen Neuzeit das wirtschaftliche Zentrum der Herrschaft Landsee-Lackenbach war, ist heute weniger wegen seiner Pfarrkirche, seiner Kapellen und Bildstöcke oder einiger alter Giebelhäuser bekannt, sondern wegen eines historischen Volksbrauchs, des ›Neckenmarkter Fahnenschwingens‹, das alljährlich am Fronleichnamstag (zweiter Donnerstag nach Pfingsten) an die Schlacht von Lackenbach im Jahre 1620 (s. S. 226) erinnert. Die farbenprächtige Vorführung, in deren Mittelpunkt jene historische Fahne steht, die den Neckenmarkter Bauern für ihren tapferen Einsatz geschenkt worden war, gehört zu den bedeutendsten und interessantesten Bräuchen des Burgenlandes (Abb. 84).

Deutschkreutz

An der Stelle einer in Kriegswirren untergegangenen Burg aus dem 14. Jh. wurde von Paul Nádasdy um 1625 ein Schloß erbaut, dessen Innenhof imposante Renaissancearkaden besitzt. Schloß Deutschkreutz befindet sich heute in Privatbesitz, Schloßherr ist seit 1966 der der ›Wiener Schule des phantastischen Realismus‹ zugerechnete Maler Anton Lehmden, dem die Freilegung der Hofarkaden zu verdanken ist.

Deutschkreutz ist ein charakteristisches Beispiel für den ›Grenzlandtypus‹ eines westungarischen Schlosses: Es vereinigte nämlich die Funktionen eines Kastells, eines Herrensitzes und eines ländlichen Gutshofes. 1370 gelangte Stefan Kanizsai, Bischof von Agram, in den Besitz eines Großteil des Ortes samt einer wahrscheinlich damals bereits hier vorhandenen kleinen Ritterburg. Gegen Ende des 14. Jhs. kam die Famiie Kanizsai bekanntlich auch in den Besitz des älteren Eisenstädter Schlosses. Am Ende des Mittelalters stand 1492 hier bereits eine größere Burg, die sich nach wie vor im Besitz der Familie Kanizsai befand. 1517 kam Deutschkreutz zur Herrschaft Lockenhaus, bei der es bis zum Ende des 17. Jhs. verbleiben sollte.

Am Beginn der zweiten Hälfte des 16. Jhs. tritt die Familie Nádasdy als Besitzer auf. Palatin Thomas Nádasdy (1498–1562), der seit 1535 mit der damals erst vierzehnjährigen Ursula Kanizsai verheiratet und damit Erbe des gewaltigen Kanizsai-Vermögens geworden war, gab um 1560 einem oberitalienischen Baumeister den Auftrag zum Bau eines Wohnschlosses im Renaissancestil, das die Form eines Wasserkastells erhielt. Es dürfte sich um denselben Baumeister gehandelt haben, den Thomas Nádasdy auf seiner Burg Lockenhaus beschäftigte. Nádasdy, ein humanistisch gebildeter Mann, der in Graz, Rom und Bologna ausgebildet worden war, agierte zeit seines Lebens mit Erfolg zwischen den großen Gegenspielern, den Habsburgern und den Ungarn.

Der erste Neubau des *Schlosses Deutschkreutz* wurde 1621 zerstört. Nur vier Jahre später, 1625, folgte unter Paul Nádasdy der bereits eingangs erwähnte (zweite) Neubau, der noch heute vor uns steht. An diesen Bauauftrag erinnern am Hauptportal (südliche Langseite) auf zwei Tafeln Bauinschriften sowie das Wappen der Familie Nádasdy, das sich – dort mit der Jahreszahl 1643 versehen – an der Westseite des Arkadenhofes wiederholt. In diesem Jahr wurde, da Nádasdy zum katholischen Glauben übergetreten war, auch die Schloßkapelle eingerichtet. Während der Jahrzehnte des Protestantismus war Deutschkreutz – ähnlich wie unter den Batthyány Güssing – ein kulturelles Zentrum des Luthertums gewesen; in der Druckerei des Manlius-Nachfolgers Farkas wurden geistliche Texte und Bücher gedruckt. Auch eine große Judengemeinde wurde unter den Nádasdy angesiedelt.

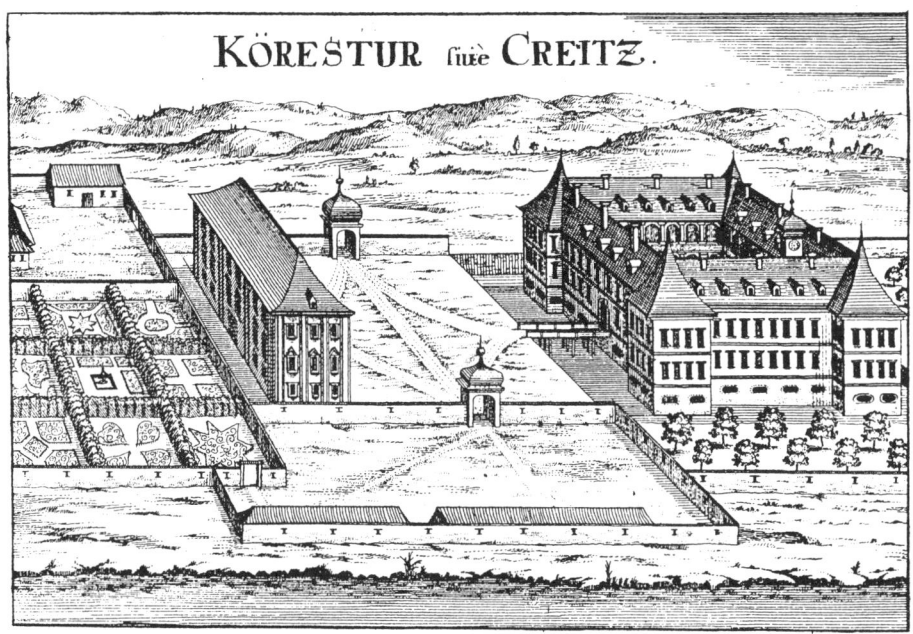

KÖRESTUR fiue CREITZ.

Deutschkreutz, Matthias Greischer, um 1680, Kupferstich

Ein halbes Jahrhundert später, 1676, kamen Deutschkreutz und Burg Lockenhaus wie so manches andere Besitztum der geächteten Familie – Franz III. Nádasdy, der Urenkel des Thomas, war 1671, in eine ungarische Magnatenverschwörung gegen die Habsburger verwickelt, im Wiener Rathaus hingerichtet worden – an die Esterházy, die ihre guten Beziehungen zu den Habsburgern und das Wohlwollen des Kaiserhauses benützten, die Nádasdy zu ›beerben‹ – hier und andernorts, und dies im wörtlichen Sinne: war Paul Esterházy doch der Schwager des Rebellen Franz Nádasdy, dessen Vermögen zunächst die Krone konfisziert hatte. Zum Zeichen der Inbesitznahme ließen sie über dem Schloßportal ihre Wappen anbringen. Als Kaiser Leopold I. 1681 den Ödenburger Reichstag besuchte, war er anläßlich eines Festes Gast der Esterházy auf Deutschkreutz.

Das Schloß, dessen zweigeschossige Anlage sich gut in die hügelige Landschaft einfügt, ist ein mächtiger Vierflügelbau, dessen vier quadratische, mit Zeltdächern gedeckte Ecktürme in den (heute trockengelegten) Burggraben vorspringen und den Charakter von verteidigungsbereiten Bastionen tragen (Abb. 85). Um das gesamte Gebäude lief ein dekorativer Stuckfries, von dem sich nur kärgliche Reste – vor allem am südöstlichen Turm – erhalten haben. Der weitläufige Hof mit seinen umlaufenden Arkaden, hinter denen sich großräumige Zimmerfluchten mit zum Teil aus dem 17. Jh. stammenden Stuckdecken befinden, ist eine architektonische Seltenheit (Abb. 86). Die Rundbögen der Arkaden ruhen im unteren

Geschoß auf Freipfeilern, im oberen hingegen auf toskanischen Säulchen über einer Brüstung. Der Große Saal mit seinem Tonnengewölbe findet für Gemäldeausstellungen Verwendung.

Der Ort, ehemals ein Breitangerdorf, macht heute mit seiner dichten Verbauung eher einen kleinstädtischen Eindruck; lediglich im nördlichen Teil hat er sich den ursprünglichen dörflichen Charakter erhalten können, doch finden wir nur wenige Giebelhäuser, die auf die zweite Hälfte des 19. Jhs. zurückgehen.

Die barocke *Pfarrkirche ›Zur Kreuzerhöhung‹* stammt aus dem 18. Jh., wurde jedoch in unserem Jahrhundert zweimal erweitert; sie steht an der Stelle einer bereits 1419 erwähnten alten Kirche. Die Einrichtung stammt zum Teil noch aus dem 18. Jh. – der prächtige Hochaltar mit seinem spätbarocken Aufbau, die Kreuzigungsfiguren und knienden Engel und die seitlichen Figurengruppen aus Stuck –, doch hat auch Anton Lehmden sich an ihrer Ausstattung beteiligt: Er schuf 1973 ein Mosaik am Anbau der Nordseite und 1975 die Glasfenster im Chor. Vor der Kirche steht eine qualitätvolle Dreifaltigkeitssäule mit Skulpturen der Pestheiligen Rochus und Sebastian sowie der Gottesmutter Maria, beim Bahnhof eine Ecce-homo-Säule von 1657, auf der ›Christus im Mantel‹ dargestellt ist.

Für den Musikinteressierten dürfte es von Interesse sein, daß der 1830 geborene Komponist Karl Goldmark hier in seinem Elternhaus die Jugendjahre verbracht hat. Später erinnerte er sich an diese dreißiger und beginnenden vierziger Jahre des vorigen Jahrhunderts, und vor allem an jenen Tag, an dem sich sein Geschick und sein weiterer Lebensweg als Musiker entschied. Eine Gedenktafel erinnert übrigens an den großen Komponisten, dessen ›Königin von Saba‹ ihm Weltruhm sicherte.

Nikitsch

8 km südlich von Deutschkreutz liegt zwischen Wäldern am Nikitschbach, nur 4 km von der ungarischen Grenze entfernt (kein Grenzübergang!), das kleine Schmalangerdorf Nikitsch, das schon um die Mitte des 12. Jhs. in schriftlichen Quellen erwähnt wird. Das inmitten eines weitläufigen englischen Parks gelegene *Schloß* befindet sich in Privatbesitz. Es geht auf ein Kastell aus der Zeit um 1300 zurück, war im Mittelalter von einer Ringmauer umschlossen und wurde im Laufe der Jahrhunderte, zuletzt 1840, umgestaltet. Am Parkeingang steht eine hübsche barocke Florianistatue (1740).

Die *Pfarrkirche* wurde 1931 von Karl Holey – unter Einbeziehung älterer Bauteile als Querschiff – in ihre heutige Form gebracht und besitzt ein flachtonnengewölbtes Langhaus. Die barocke Einrichtung – vor allem der Hochaltar mit dem Bild des hl. Laurentius und den Heiligenfiguren, die Seitenaltäre mit ihren rokokogerahmten Bildern, die Kanzel und das große Kruzifix – stammen noch aus der alten Kirche. Vor der Kirche steht unter einem Baldachin eine Johannes-Nepomuk-Statue aus dem 18. Jh.

Auf einer Nebenstraße – über Kroatisch-Geresdorf, Lutzmannsburg, Frankenau, Mannersdorf an der Rabnitz und Rattersdorf – erreicht man, zuletzt unmittelbar an der ungarischen Grenze entlangfahrend, die Ritterburg Lockenhaus, wo das mittlere Burgenland endet.

Lockenhaus

Lockenhaus ist die vielleicht älteste, jedenfalls aber die kunsthistorisch und geschichtlich interessanteste sowie mit Sagen und Mythen am reichsten verwobene burgenländische Burg. Sie liegt in einer Schleife der Güns in der einsamen Waldlandschaft der Nordhänge des Geschriebensteins – der mit 884 m höchsten Erhebung des Burgenlandes – und des nur gut 20 m niedrigeren Hirschensteins an einer bedeutenden, von Güns nach Westen verlaufenden alten Handelsstraße, die ihr Ziel in Wiener Neustadt hatte.

Nähert man sich der *Burg* von der gleichnamigen Ortschaft, so bietet sie auf der schmalen Kuppe des oben abgeplatteten ›Schloßberges‹ – eines über 500 m langen Bergsporns – eine imposante, das Tal der Güns um etwa 70 m überragende Silhouette (Farbabb. 27). Der felsige Burghügel muß im Mittelalter wirkungsvollen Schutz geboten haben: fallen seine Hänge doch auf drei Seiten steil ab, so daß die Burg von ihrer Höhe aus die Gegend strategisch ausgezeichnet überwachen konnte. Heute erfolgt die Auffahrt zur Burg auf einer bequemen Straße von Norden her; an dieser Seite ist der Schloßberg mit dem ›Kohlriegel‹, dem Kalvarienberg, direkt verbunden.

Es wird allgemein angenommen, daß um 1200 eine damals ›Leuca‹ genannte Burg – über die Deutung des Namens sind sich die Forscher uneins geblieben – erbaut wurde. Urkundliche Belege lassen sich erstmals zum Jahre 1242 beibringen, vier Jahre vor dem Ende der Babenbergerherrschaft in Österreich. Spätestens 1270 muß die Burg den Grafen von Güssing gehört haben, denn Graf Heinrich II. übergab sie in diesem Jahr gemeinsam mit Bernstein und Schlaining dem auf dem Höhepunkt seiner Macht stehenden Böhmenkönig Przemysl Ottokar II., der nach dem Aussterben der Babenberger neben Wien auch weite Teile Ostösterreichs unter seine Kontrolle gebracht hatte. Schon um diese Zeit beginnt sich die Sage der Burg zu bemächtigen. Die älteste und doch bereits profilierte Gestalt ist der Sohn Heinrichs II. von Güssing, Ivan, Banus von Slavonien, den man in nicht gerade schmeichelhafter Weise den ›reißenden Wolf‹ nannte und der neben Lockenhaus auch mit einer auf Burg Bernstein beheimateten Sage verwoben ist. Als Schloßgeist will man ihn noch in den längst aufgeklärten Jahren nach dem Ersten Weltkrieg gesehen haben und schildert ihn als einen rothaarigen, in ein rotes Wams gekleideten Recken, dessen grausam blickende Augen und dröhnendes Haßgelächter die Menschen erschreckten, wie im Lockenhauser Burgführer dargestellt wird.

Den Güssingern wird zuweilen der Bau des Rittersaales zugeschrieben, doch lassen uns diesbezüglich nicht nur die Urkunden im Stich, sondern es gibt zweifelsohne triftige Argumente gegen diese Annahme. Wo immer wir im Burgenland dem Geschlecht der Grafen von Güssing begegnen, ist es ebenso wie hier in Lockenhaus: Ihr unersättlicher Machthunger machte die österreichischen Herzöge – man denke wieder an die ›Güssinger Fehde‹ Albrechts I. – ebenso nervös wie die Könige von Ungarn, und so ließ Karl Robert I. 1337 Lockenhaus kurzerhand erstürmen.

Die Geschichte der folgenden drei Jahrhunderte ist zwar turbulent, aber sie wird doch in regelmäßiger Wiederkehr von zwei einflußreichen Geschlechtern bestimmt: von den Kanizsai und den Nádasdy. 1390 hat König Sigismund die Burg den Kanizsai übergeben, 1406 wurde sie vom österreichischen Herzog Wilhelm erobert, blieb aber nur wenige Jahre in seinem Besitz, um 1490 war es schließlich König Maximilian I., der die Feste nach der Wiedergewinnung Wiens auf seinem Feldzug nach Steinamanger einnahm; allen Fährnissen zum Trotz gelangte sie aber dazwischen immer wieder in die Hände von Angehörigen der Familie Kanizsai zurück.

Erst 1535 wechselte das Besitzergeschlecht, und zwar durch Heirat: Thomas Nádasdy, der spätere Palatin, hatte die Erbin des Kanizsaischen Vermögens, Ursula, geehelicht. Die Nádasdy nahmen 1665 einen Erweiterungsbau in Angriff: die ›Untere Burg‹, auch ›Äußeres Schloß‹ genannt, die heutige Vorburg also. Die blutrünstigste Zeit seiner Geschichte erlebte Lockenhaus am Beginn des 17. Jhs., und die zentrale Figur ist eine Dame der Gesellschaft, wenn man den Rang ihres verstorbenen Mannes, des Franz Nádasdy, bedenkt. Erzsébeth (Elisabeth), eine gebürtige Báthory, wurde 1560 geboren und heiratete im Alter von erst 15 Jahren den Enkel des Palatins Thomas und dessen Gattin Ursula Kanizsai. War schon Franz Nádasdy ein rauher Haudegen, von dem man sich erzählt, er habe als Oberfeldhauptmann ein überaus grausames Regiment geführt und – dies ist leider nur ein herausgegriffenes Beispiel – im Jahre 1600 Hunderte meuternde Söldner – Wallonen und Franzosen – mit »unmenschlicher Grausamkeit« hinrichten lassen, so verblassen seine unsympathischen Züge doch neben denen seiner Frau Erzsébeth: einer Psychopathin und Sadistin, die zu den »hemmungslosesten Blutmörderinnen« der Geschichte zählt. Als ihr schließlich der Prozeß gemacht wurde, kam Unfaßliches zutage (die Prozeßprotokolle haben sich erhalten). Nur soviel soll gesagt sein: daß es kaum eine Marter, kaum eine Perversität geben kann, die die Burgherrin sich nicht zu eigen gemacht, und daß die genaue Zahl der von ihr massakrierten Mädchen nie mehr festzustellen war, so groß war sie. Es darf daher nicht wundern, daß vor allem das derlei Historien aufgeschlossene 19. Jh. sich des Lebens und Treibens der ›Blutgräfin‹ bemächtigte, sie zur Romanfigur und zugleich zu einem Sagengeschöpf machte, als hätte sie nicht leiblich gewütet.

Ihr Enkel, Franz III. Nádasdy, wurde 1671, in die Magnatenverschwörung der sechziger Jahre verwickelt, in Wien hingerichtet. In Lockenhaus hat er seine letzte Ruhestätte gefunden: In der Gruft unter der Pfarrkirche des Ortes ist er in einem prächtigen, reichgeschmückten Steinsarkophag beigesetzt. Durch seine Heirat mit Juliana Esterházy war das weitere Schicksal des ungeheuren Nádasdy-Vermögens – Franz galt als ›Krösus von Ungarn‹ – vorprogrammiert. Hier und anderswo beerbten, wie wir bereits mehrfach berichten konnten, die habsburgtreuen Esterházy ihre in Ungnade gefallenen Verwandten. Und auch auf Burg Lockenhaus begann damit 1676 – analog zum benachbarten Deutschkreutz – ein neues Kapitel der Burggeschichte: Nicht weniger als 292 Jahre lang hielten sich die Esterházy als Besitzer.

Zum letztenmal während der Kuruzzenkämpfe des beginnenden 18. Jhs. in eine Wehrfunktion gestellt, schenkte man danach dem alten Gemäuer kaum mehr Beachtung. Besucher, die im Vormärz nach Lockenhaus kamen, beklagten in ihren Reisebeschreibungen zwar den baufälligen Zustand, erinnerten aber gleichzeitig an die schon in Vergessenheit geratenden Legenden und Mysterien, die sich mit seiner Geschichte verbinden. Als die

Burg Lockenhaus, Wappenstein im Zwinger

Esterházysche Verwaltung 1868 ihr neues Domizil im Augustinerkloster des Ortes bezog, setzte endgültig der Verfall der Burg ein. Erst die um die Jahrhundertwende neu erwachte und öffentlich propagierte ›Burgenromantik‹ veranlaßte Nikolaus IV. Fürst Esterházy, Restaurierungsarbeiten in Auftrag zu geben. Als sich jedoch schon bald herausstellte, daß mit unerschwinglichen Kosten zu rechnen sein werde, ließ der Fürst die Arbeiten wieder einstellen.

Ein neues Kapitel der Schloßgeschichte begann erst 1968, als der Schriftsteller Paul Anton Keller mit seiner Gattin Margarete die Burg erwarb und unter Einsatz erheblicher Eigenmittel stilgerecht zu restaurieren begann. Seit 1980 liegt die Betreuung und Erhaltung von Lockenhaus – nach dem Tode Kellers – in der Hand der von seiner Witwe ins Leben gerufenen ›Professor Paul Anton Keller-Stiftung – Burg Lockenhaus‹, die gleichermaßen die Erinnerung an den verstorbenen Dichter, der rund 50 lyrische, epische und dramatische Werke geschaffen hatte, wie jene an eine private Initiative wachhält, durch die dieses bedeutende europäische Kulturdenkmal in seinem Bestand gesichert werden konnte. In allen Werken Kellers kommt seine große Heimatverbundenheit zum Ausdruck, aber auch seine besondere Vorliebe für die Burgen- und Ruinenforschung ist stets erkennbar.

Beschreibung

Wenn man die Burg betritt, so sieht man sich unvermittelt mit jener ›Burgenromantik‹ konfrontiert, die die Menschen seit rund einem Jahrhundert in ihren Bann zieht: eine Mischung von Wehrwillen und Mystik, könnte man auch sagen, zugleich die (historisch begründete) Erkenntnis, daß man sich in einer über Jahrhunderte kontinuierlich bewohnten Burg aufhält. Sollte man noch daran zweifeln: Der Rittersaal belehrt den Besucher eines Besseren. Mit Recht wird in der Literatur immer wieder hervorgehoben, daß Lockenhaus eine unverwechselbare Eigenart hat, aber es wird auch betont, daß es mit Sagen und Legenden, mit Mystik und Magie untrennbar verbunden ist, ja, in manchen Beschreibungen taucht neben den Tempelrittern sogar der ›Gralsbegriff‹ auf, ohne daß man ihn in irgendeiner Weise begründen, geschweige denn erhärten könnte.

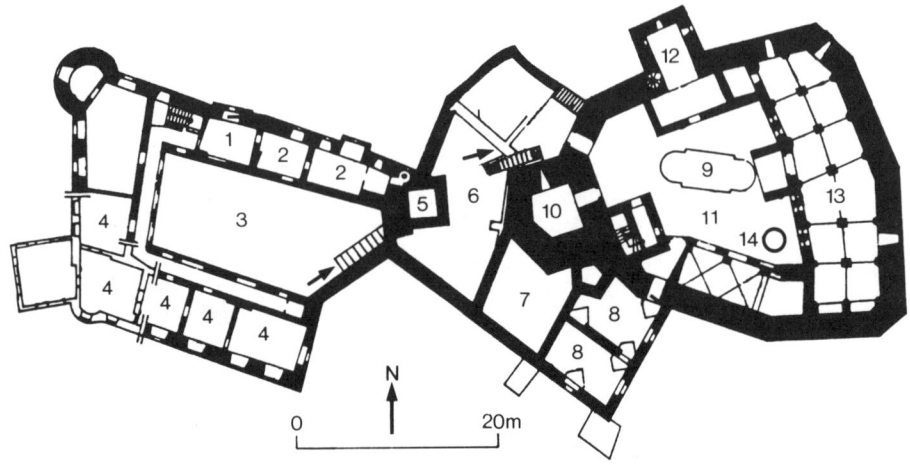

Lockenhaus, Burg, Grundriß
1 Torhalle 2 Heiduckenstuben 3 Unterer Burghof 4 Ehem. Stallungen (Schloßtaverne) 5 Älterer Torturm (Glockenturm) 6 Mittlerer Burghof 7 Burgküche 8 Zwei Kasematten 9 Kultraum 10 Bergfried 11 Oberer Burghof 12 Kapellenturm mit Burgkapelle 13 Palas (Rittersaal) 14 Brunnen

Die den Burgberg umschließende *Ringmauer* stammt größtenteils aus dem 15. und 16. Jh. Durch eine *Torhalle*, in der einstens *Heiduckenstuben* untergebracht waren, gelangt man in den von den Nádasdy erbauten *Unteren Burghof*. In den *ehemaligen Stallungen* mit ihren mächtigen Tonnengewölben ist die Schloßtaverne eingerichtet, die in der schönen Jahreszeit auch den Burghof in den Gastbetrieb einbezieht. Von hier fällt der Blick des Gastes auf den *älteren Torturm*, der auch als Glockenturm bezeichnet wird und zu dem eine gedeckte Stiege emporführt (Abb. 88).

Durch den Torturm erreicht man den *Mittleren Burghof*, an dessen rechter Seite sich die aus der Mitte des 16. Jhs. stammende *Burgküche* mit ihrer riesigen Herdstelle und dem breiten Rauchschlot sowie jener unterirdische Apsidenraum aus der Zeit der Frühgotik befinden, über dessen Verwendungszweck die Wissenschaftler bis heute rätseln: War er Schatzkammer, Gefängnis, Unterkirche oder gar, wie bereits angedeutet, ein geheimer Kultraum der Tempelritter?

Der *Kultraum* (Abb. 89) von Lockenhaus mit seiner Lichtöffnung an der Decke hat, wie es Paul Anton Keller formuliert hat, »in der ganzen Welt nicht seinesgleichen. Er war und ist der magische Herzpunkt der Burg Lockenhaus«. Keller schrieb dazu im einzelnen: »Der rechteckige Raum ist von Halbapsiden abgeschlossen und empfängt sein Licht aus einer Lichtöffnung im oberen Hof der Burg. In den Kreuzritterburgen in Syrien etwa und auch in den Burgen anderer Länder sind vielfach in den Gewölbescheiteln solche Lichtöffnungen eingeblendet.« Im Zusammenklang von Rittersaal und Apsidenraum sah Paul Anton Keller

jedenfalls die für ihn untrügliche Bestätigung, daß »die Templerüberlieferung zu Lockenhaus fundiert« sei.

Vom siebengeschossigen *Bergfried,* dem ältesten, bereits um 1200 erbauten Teil des Mittleren Burghofes, in dem sich auch die Folterkammer befand, gelangt man über eine im 16.
Jh. angelegte Treppe in den *Oberen Burghof* mit seiner einzigartigen Atmosphäre. Hier
liegen die Gebäude der eigentlichen Hochburg. Der fünfeckige *romanische Turm* ist es, der
zu der Vermutung Anlaß gegeben hat, er stünde möglicherweise an der Stelle eines römischen Wachtturms. Sein Grundriß gibt allerdings ein neues Rätsel auf: hätten doch die
Tempelritter, von denen die Forscher schwärmen, ihre Türme als Oktogon, also achteckig
erbaut!

Östlich davon steht als Bekrönung des Treppenhauses der ebenfalls *romanische Kapellenturm,* dessen frühgotische Fenster aus dem 13. Jh. stammen. Auch die *Burgkapelle* ist dem
beginnenden 13. Jh. zuzuordnen, wenn auch bei einem barocken Umbau viele romanische
und gotische Bauteile zerstört wurden; erhalten haben sich in zwei Fensterlaibungen noch
Reste von Fresken aus der Bauzeit, den hl. Nikolaus bzw. einen Ritter darstellend, die
wegen ihres Alters bemerkenswert sind: handelt es sich bei den aus romanisch-byzantini-
schem Stilempfinden entstandenen Wandmalereien doch um das älteste Kulturdenkmal des
Burgenlandes. Der mit einem Kreuzgewölbe versehene Raum unter der Kapelle war seinerzeit die Familiengruft der Nádasdy, bevor die jüngere Gruftanlage in der Pfarrkirche eingerichtet wurde.

Der dem Bergfried gegenüberliegende *Palas,* dessen romanische Fenster gut restauriert
worden sind, beherbergt vor allem den berühmten *Rittersaal* (Abb. 87): eine imposante,
durch Fensterschlitze spärlich erleuchtete, zweischiffige Halle mit einem von achteckigen
Säulen getragenen gotischen Kreuzrippengewölbe. Obwohl die wertvolle Wandtäfelung
verlorenging, ist der Saal wohl der bedeutendste gotische Profanbau, den Österreich besitzt,
und der künstlerische Eindruck, den er auf den Besucher macht, ist außerordentlich. Auch
beim Rittersaal geht – ähnlich wie beim Kultraum – die Sage, er sei von den Templern
benützt worden, und zwar als Kapitelsaal. Ohne eine endgültige Entscheidung treffen zu
können, muß man in Betracht ziehen, daß der Templerorden in Westungarn Grundbesitz
hatte, ebenso aber, daß Lockenhaus in keinem erhaltenen Urbar als ihr Eigentum genannt
wird. So bleibt an Lockenhaus ein Mysterium haften, das den Besucher fasziniert, ihn
nachdenklich stimmt und zu Spekulationen anregt.

Die Halle nimmt die volle Breite der Hochburg zur Südseite hin ein. Seitlich des Palas
wurde ein *Brunnen* gegraben. Palatin Thomas Nádasdy hatte ihn in Auftrag gegeben, ausländische Maurer hatten ihn 1548/49 gebaut, und seine Tiefe wird mit 114 m angegeben;
derzeit ist er zum Großteil verschüttet, reicht aber immer noch beträchtlich tief.

Der Ort

Der von den Wäldern des Günser Gebirges umgebene Markt liegt, nicht weit von der
ungarischen Grenze entfernt, malerisch im Tal der Güns. Erstmals 1242 erwähnt, ist seine
Geschichte mit jener der im gleichen Jahr urkundlich genannten Burg Lockenhaus eng

verknüpft. Die Pfarrkirche mit der Nádasdy-Gruft, das ehemalige Kloster, der Kreuzweg und das Naturkundliche Museum (Hauptstraße 15) gehören zu den Sehenswürdigkeiten des Ortes.

Die *Pfarrkirche* wurde 1656–69 unter der Leitung des Pietro Orsolini aus Siena erbaut, nachdem Franz Graf Nádasdy 1655 im Ort ein Augustinereremitenkloster begründet hatte; dieses bildete offenbar den Ersatz für ein während der Reformation in Güssing zugrunde gegangenes älteres Kloster des Ordens, das 1648 von Adam Batthyány durch ein (noch heute bestehendes) Franziskanerkloster ersetzt worden war. Der ›aus dem Mailändischen‹ nach Westungarn gekommene Orsolino schuf in Lockenhaus die erste barocke Zentralbaukirche Ungarns. Abgesehen von einem noch im Renaissancestil ausgeführten Eingang präsentiert sich die Kirche als frühbarocker Bau mit Giebelfassade, 57 m hohem angebautem Turm und einem mächtigen Deckengewölbe, das auf eher schwachen Seitenwänden aufliegt.

Die Innenausstattung der Kirche ist künstlerisch beachtenswert. Das Hochaltarbild zeigt die Eremiten Paulus und Antonius (1675), über den Opfergangsportalen stehen die Schutzheiligen der Kirche: der hl. Nikolaus von Tolentino und der hl. Nikolaus von Bari; und natürlich dürfen (als Gesimsfiguren) auch hier die heiligen Ungarnkönige Stephan und Ladislaus nicht fehlen. Nicht übersehen sollte man den barocken Marienaltar im nördlichen Querarm, eine künstlerisch hochwertige Arbeit. Als ›Kuriosum‹ sind noch die beiden über der Sakristeitür hängenden Ölbilder zu nennen – nicht so sehr wegen ihrer Darstellungen (hl. Sebastian, hl. Katharina) oder ihrer künstlerischen Qualität, sondern weil die beiden Heiligen die Gesichtszüge des Stiftereheepaares, des Franz Graf Nádasdy und seiner Gattin Juliana Esterházy, tragen. Die Rokokokanzel aus dem dritten Viertel des 18. Jhs. zeigt interessanten bildnerischen Schmuck.

Unter der Kirche liegt die jüngere *Gruft* der Familie Nádasdy. Hier steht auf dem Altar seit 1704 eine (wundertätige) Marienstatue; die Wandmalereien stammen aus dem Jahre 1772 (›Totentanz‹). Die prunkvollste Tumba ist den Bauherren der Kirche, dem 1671 in Wien hingerichteten Franz Nádasdy und seiner Gemahlin, vorbehalten (Abb. 90); gegenüber fällt der Blick auf eine Renaissancetumba aus rotem Marmor, die die sterblichen Überreste des Palatins Thomas Nádasdy und seiner Gemahlin Ursula Kanizsai birgt. In den Gruftwänden eingemauert ruhen Mönche des Augustinereremitenordens, in der hinter dem Altarraum liegenden Sakristei befindet sich das Original des bekannten ›Rattersdorfer Gnadenbildes‹ aus dem Jahre 1644.

Das der Kirche angeschlossene *Kloster* war ein Zentrum theologischer Gelehrsamkeit. Die Klostergründung ist die äußerlich sichtbare Folge des Religionswechsels, den Franz Nádasdy, lange Zeit ein Anhänger des Protestantismus, in den vierziger Jahren vollzogen hatte. Sie steht in doppelter Hinsicht im Zusammenhang mit der politischen Hinwendung zu den Habsburgern: Nicht nur, daß Nádasdy die protestantischen Prediger aus seinem Herrschaftsgebiet ausweisen ließ, Jesuiten mit der Rekatholisierung betraute und seine Untertanen im Sinne des Grundsatzes ›Cuius regio, eius religio‹ zum Religionswechsel zwang, ging er hinsichtlich der Wahl des Ordens noch einen Schritt weiter und entschied sich für die Augustinereremiten, weil diese die Hofkirche der Habsburger in Wien betreuten.

Obwohl sich das Kloster zu einem kulturellen und geistigen Zentrum der ganzen Region entwickelte, fiel es indirekt doch der Klosterreform Kaiser Josephs II. zum Opfer. Es wurde zwar nicht – wie die meisten Klöster des Ordens – aufgelöst, fand jedoch keinen Nachwuchs mehr; 1820 verließen die letzten Mönche den Konvent. Als Fürst Esterházy keinen anderen Orden zu gewinnen vermochte, ließ er das Kloster schließlich 1868 zu einem Sommerschloß für seine Familie umgestalten; damals übersiedelte auch die Verwaltung der Burg Lockenhaus hierher, was den weiteren Verfall der Burganlage beschleunigte.

Nordöstlich des Ortes wurde 1851 auf einem bewaldeten Bergrücken ein *Kreuzweg* mit 14 Stationen angelegt, der eine Kalvarienberganlage des 18. Jhs. ersetzte; die Passion Christi ist in Tonreliefs bildlich dargestellt.

Zum Ortsgebiet von Lockenhaus gehören noch das weiter südlich liegende *Glashütten* mit der einzigen Wetter- und Erdbebenstation des Burgenlandes sowie *Hochstraß* (2 km nördlich) mit schönen alten Bauernhäusern (teilweise mit hölzernen Ständerlauben).

Auf den Geschriebenstein

Von Lockenhaus kann man lohnende Fahrten nach Westen über Günseck in Richtung Bernstein (s. S. 242), nach Osten in Richtung *Rattersdorf* (s. S. 217, Grenzübergang nach Ungarn in Richtung Güns/Köszeg und weiter nach Steinamanger/Szombathely) unternehmen oder nach Süden ins Günser Gebirge und weiter nach Rechnitz fahren (16 km). Die Fahrt nach Bernstein verläuft am Nordrand des Günser Gebirges (Bundesstraße 50) und ist landschaftlich sehr ergiebig.

Nach Süden führt die Bundesstraße 56 über das Günser Gebirge; östlich der Straße gelangt man auf den höchsten Berg des Burgenlandes, den *Geschriebenstein* (884 m), westlich erhebt sich der nur wenig niedrigere Hirschenstein (862 m). Die gut ausgebaute Höhenstraße erreicht auf ihrem Scheitelpunkt in 802 m Höhe, nachdem man an der Margarethenwarte und einem Esterházyschen Jagdschloß vorübergefahren ist, eine stimmungsvoll angelegte Gefallenengedenkstätte. Von einem Parkplatz (mit Rasthaus) ausgehend kann man auf einem breiten Fahrweg bequem in etwa 20 Minuten den Geschriebenstein und damit die ungarische Grenze erreichen. An dieser Stelle kommt dem Besucher nämlich mehr als anderswo die ›zwiegespaltene Welt‹ zum Bewußtsein: verläuft doch mitten durch die Marienwarte, einen gemauerten Aussichtsturm, die Staatsgrenze, für die sich vor Jahrzehnten der Ausdruck ›Eiserner Vorhang‹ eingebürgert hat.

Will man eine längere Wanderung durch die erholsamen Wälder des Günser Gebirges unternehmen (Farbabb. 28), so bietet sich knapp unterhalb des Gipfels des Geschriebensteins ein rot markierter Weg an, der durch schönen Mischwald nach Rechnitz führt, vorbei am Badestausee im Faludital und endend in dem am Südhang des Günser Gebirges liegenden Marktflecken.

Vom Parkplatz auf der Paßhöhe kann man auch eine schöne Waldwanderung in Richtung Westen, also entgegengesetzt zum Geschriebenstein, unternehmen, und dieser Weg führt zum Großen und zum Kleinen Hirschenstein, an deren Südhängen burgenländische Heilstätten einen idealen Platz gefunden haben.

Rechnitz

Der Ort erlebte unter der Herrschaft der Batthyány seine wirtschaftliche Blütezeit. An Kulturdenkmälern ist das meiste verlorengegangen, wenn man von der katholischen *Pfarr- und Wallfahrtskirche* absieht, die 1679, knapp vor dem großen Türkenkrieg, der hl. Katharina von Alexandrien geweiht worden ist; am Portalvorbau ist das Batthyány-Wappen zu sehen. Prunkvoll präsentiert sich der aus der Zeit um 1680 stammende Hochaltar, der aus einer dreigeschossigen Säulenwand mit Opfergangsportalen besteht; Statuen der heiligen Ungarnkönige Stephan und Ladislaus flankieren das Hochaltarbild der hl. Katharina (das erst Mitte des 19. Jhs. gemalt wurde). Auch der Aufbau des Altars und sein Giebel tragen reichen Figurenschmuck, wobei so gut wie alle ›typischen‹ Heiligen jener Zeit vertreten sind, darunter der mit den Batthyány eng verbundene hl. Franziskus, der Erzengel Michael und natürlich (unmittelbar nach der Pestepidemie von 1679 verständlich!) die beiden Pestheiligen Rochus und Sebastian. Beachtenswert sind auch die beiden Seitenaltäre: Der linke ist mit einer ›Schwarzen Madonna‹ und Schnitzfiguren der Eltern Mariens (Joachim und Anna) aus dem ausgehenden 17. Jh. geschmückt, der rechte mit einer Kreuzigungsgruppe aus der Zeit um 1730. Die barocke Kanzel wird durch Evangelistenstatuen geziert, die zwischen Säulchen angebracht sind; der Erzengel Michael des Querschiffs schmückte einstens den Schalldeckel.

Vor der Kirche wurde um 1700 eine Pestsäule aufgestellt, deren Pietà von Leuchterengeln und einem qualitätvollen Schmiedeeisengitter umgeben ist. Auch außerhalb des Marktes stößt man auf Denksäulen und Skulpturen, östlich des Ortes auf eine kleine Weinbergkapelle aus der Barockzeit; die dem hl. Sebastian geweihte Friedhofskirche liegt inmitten des seinerzeitigen Pestfriedhofs.

Das *Batthyány-Schloß* an der Ostseite des Marktplatzes, ein aus dem 17. Jh. stammendes Barockgebäude, das hauptsächlich von italienischen Baumeistern errichtet worden war, wurde 1945 zerstört und danach abgetragen; nur geringfügige Teile der östlichen Basteimauer haben sich erhalten.

Der Ort Rechnitz ist wesentlich älter, wird 1265 erstmals urkundlich erwähnt und war im Mittelalter zweigeteilt: Östlich des Rechnitzbaches lag der (kleinere) Bachangerteil ›Ungermarkt‹, westlich der (größere) Teil ›Deutschmarkt‹, wobei im östlichen Ortsteil der dörfliche Charakter deutlicher zum Ausdruck kommt. Ursprünglich gab es auch noch eine von den Güssinger Grafen im 13. Jh. erbaute ›Höhenburg‹, von der sich ebenfalls nur spärliche Mauerreste erhalten haben.

Bis ins 16. Jh. war Rechnitz stets ein Zankapfel in den Auseinandersetzungen zwischen West und Ost. Albrecht I. eroberte den Ort im Zuge der Güssinger Fehde (1289), doch gelangte er kurz danach in die Hände der Grafen von Güssing zurück, bis 1445 Friedrich III. als Besitzer erscheint. Von der ritterlichen Familie Paumkirchner, zeitweise treuen Gefolgsleuten der Habsburger, erwarben im 16. Jh. die Batthyány die Herrschaft; unter ihnen kam es 1644 zu jenem verheerenden Ortsbrand, dem die meisten Gebäude zum Opfer fielen, neben der Kirche auch das ältere Schloß. Nach dessen Neubau bildete dieses den weltlich-kulturellen Mittelpunkt der ganzen Region, es war Schauplatz bedeutender Musik- und

Rechnitz, Johann Ledentu, 1639, lavierte Federzeichnung

Theateraufführungen, Aufenthaltsort des Prinzen Eugen, der hier die Gesellschaft der kunstverständigen und geistvollen Witwe Eleonore Batthyány-Strattmann suchte und dieser möglicherweise auch den damaligen Hofbaumeister Johann Lukas von Hildebrandt für bauliche Veränderungen empfahl, und im weiteren Verlauf des 18. Jhs. auch Alterssitz des Güssinger Dichters Faludi.

Unter den Batthyány siedelte sich eine Judengemeinde in Rechnitz an, die bald zu den volkreichsten des ganzen Burgenlandes zählte. Das eindrucksvolle Granarium in der Bahnhofstraße (das mit dem Batthyány-Wappen geziert ist) ist eines der wenigen architektonischen Zeugnisse, die noch an die wirtschaftliche Glanzepoche von Rechnitz erinnern.

Gehen wir rund zwei Jahrtausende in die Vergangenheit zurück, so stoßen wir auf ein interessantes Bauwerk aus der Römerzeit: Östlich des Ortes wurden Reste einer *römischen Wasserleitung* entdeckt, die vom Geschriebenstein nach Steinamanger führte, von der aber kaum etwas Besichtigenswertes erhalten geblieben ist. Der Leitungskanal bestand aus Bruchsteinmauern, besaß eine kunstvolle Innenverkleidung und war mit großen Steinblökken bedeckt.

Der nur 4 km entfernte Ort **Neuhodis** besitzt ebenfalls nur wenige ältere Bauwerke. Die von den Grafen von Güssing begründete Kirche stammt im wesentlichen aus dem 17. und 18. Jh.; der Hochaltar trägt eine Kopie des Guido-Reni-Gemäldes ›Taufe Christi‹, die möglicherweise Johann Heinrich Füger gemalt hat. Das ›Alte Kastell‹ – ein schmuckloser Bau – stammt aus der Wende des 17. zum 18. Jh., das ›Neue Kastell‹ (am östlichen Ortsende) aus der zweiten Hälfte des 18. Jhs.; es gehört dem Bildhauer Rudolf Kedl, der einige seiner Skulpturen im Park aufgestellt hat.

Das gesamte Gebiet mit seinen herrlichen Wäldern und anmutigen Tälern, das von Obst- und Weinkulturen beherrscht wird, bietet ungemein abwechslungsreiche Wander- und Ausflugsmöglichkeiten, aber auch einen Bade- und Bootsbetrieb am Rechnitzer Badestausee im malerischen Faludital.

Ins Land an Pinka und Raab

Bei Lockenhaus verläßt man das Mittelburgenland – jene Hügel- und Terrassenlandschaft zwischen dem Brentenriegel auf dem Ödenburger Gebirge bei Sieggraben und dem Geschriebenstein im Günser Gebirge, die das Oberpullendorfer Becken umgibt –, im Bernsteiner Hügelland betritt man das von Pinka und Raab samt ihren zahlreichen Nebenflüssen geprägte Südburgenland mit seinem völlig anderen Landschaftscharakter. Die uns bereits geläufige Bundesstraße 50, die Oberpullendorf und Oberwart verbindet (Entfernung 43 km), durchzieht auch die Ortschaft Bernstein, die trotz ihres Namens nichts mit herkömmlichem ›Bernstein‹ zu tun hat; wohl aber besitzt sie ein europaweit einzigartiges Edelserpentinvorkommen und eine berühmte Burg, in deren Geschichte wir um die Mitte des 17. Jhs. der das südliche Burgenland dominierenden Familie Batthyány (s. S. 41) begegnen, die zwar in Güssing ihre Residenz, doch überall in der weiteren Umgebung – sei es auf Burg Schlaining, in Stegersbach oder anderswo – ihre Besitzungen und Güterverwaltungen hatte.

Ob der Name von Ort und Burg sowie jener des Bernsteiner Hügellandes mit der Tatsache in Verbindung steht, daß am Bernsteiner Gebirgsstock eine Seitenlinie der vorgeschichtlichen Bernsteinstraße vorüberging, die von der Ostsee zur Adria führte, kann nicht erwiesen werden; fest steht nur, daß die Straße im Tauchental noch im Hochmittelalter als ›magna via‹ bezeichnet wurde, woraus sich ihre wirtschaftliche Bedeutung ablesen läßt.

Wenn wir von einer kleinen Nebenstraße aus der niederösterreichischen Buckligen Welt (Abzweigung zwischen Bad Schönau und Kirchschlag) absehen, hat man zwei Möglichkeiten, nach Bernstein zu gelangen: von Osten, wenn man von Oberpullendorf oder dem einige Kilometer abseits der Durchgangsstraße liegenden Lockenhaus kommt, oder von Süden, wenn man aus Richtung Bad Tatzmannsdorf einen Ausflug unternimmt. Da Besucher, die sich im Süden aufhalten, möglicherweise Bad Tatzmannsdorf zur Kur aufsuchen, wollen wir diese – zweifellos touristisch attraktivere – Anfahrtsstrecke auswählen.

Von Bernstein nach Stadtschlaining

Bernstein

Wenn man von Süden ins waldreiche Hügelland der Bernsteiner Berge fährt, so erblickt man auf einem seitlichen Bergsporn in freier Lage über dem Tauchental Bernstein, einstens wehrhafte Burg, heute Schloßhotel mit Restaurant, jedenfalls aber als Aussichtspunkt am Südhang des gleichnamigen Gebirges von überragender Bedeutung (Abb. 92). Man erreicht das Schloß auf einer im Ortskern abzweigenden Zufahrtsstraße, die man allerdings leicht übersehen kann. Allein der den Besucher beeindruckende Fernblick von der alten Burg-bastion ist die Fahrt wert: bei guter Sicht überblickt man das ganze südburgenländische und oststeirische Hügelland bis zum Abbruch der Ostalpen.

Die *Burg,* schon in früher Zeit Herrschaftsmittelpunkt, wurde in ihrem ältesten Kern, dem Nordtrakt, etwa um 1200 auf gewachsenem Fels erbaut, wie man noch heute deutlich erkennen kann; sie besaß ursprünglich einen (in der Barockzeit abgetragenen) mächtigen Bergfried, dessen Grundmauern im heutigen Westtrakt verborgen sein müssen. Bernstein gehört damit zu den ältesten Wehranlagen des Burgenlandes. An der nördlichen Außen-wand sieht man vom Zwinger aus in der Höhe des ersten Stockwerks – höher war dieser Trakt anfangs nicht! – alte Mauerzinnen.

Die Lage im Mittelpunkt des heiß umstrittenen Raums von Westungarn traf die Burg in voller Wirkung: Stets umkämpft und wiederholt zerstört, wurde sie jedoch dank ihrer taktisch-strategischen Bedeutung immer wieder aufgebaut und war daher in ihrer Existenz eigentlich zu keiner Zeit ernstlich in Frage gestellt – ganz im Gegenteil: Im 16. Jh. entstand hier sogar eine für damalige Verhältnisse uneinnehmbar erscheinende, nach allen Regeln italienischer Festungsbaukunst gestaltete Burganlage.

Schon kurz nach ihrer Errichtung wurde die Burg zum Zankapfel in den Auseinanderset-zungen zwischen den Babenbergerherzögen, den Ungarnkönigen und den Grafen von Güs-sing, wobei Herzog Friedrich II. der Streitbare eine aktive Rolle spielte. Erst 1249 wird die Burg allerdings erstmals urkundlich erwähnte, 1336 kam sie in den Besitz der ungarischen Könige und von diesen 1388 als Pfand, kurz darauf (1392) als Eigentum in den Besitz der Familie Kanizsai. Bereits 1389 begann unter dieser ein gotischer Umbau der stark verfallenen Burg, zu deren Schutz sie den mächtigen Bergfried aufrichtete; damit besaßen die ›Bernstei-ner‹ gemeinsam mit ihrem Herrschaftszentrum in Eisenstadt eine Kampfkraft, die es ihnen ermöglichte, in die Reihe der mächtigsten Rittergeschlechter ihrer Zeit aufzusteigen. Man darf nämlich nicht übersehen, daß die Kanizsai vermögend genug waren, zugleich mit dem Ausbau der Bernsteiner Burg 1388–1392 auch die als Kern des heutigen ›Esterházy-Schlos-ses‹ bekannte Burg in Eisenstadt zu errichten.

Im gesamten 15. Jh. blieb Bernstein ein bei allen militärischen Aktionen der Österreicher und Ungarn in Rechnung zu stellender Faktor, an dem man nicht ›vorübergehen‹ konnte. Als König Friedrich IV. (der nachmalige Kaiser Friedrich III.) in den vierziger Jahren mit seinen Truppen in Westungarn einfiel, besetzte er 1445 neben anderen befestigten Plätzen auch Bernstein, leitete es in kaiserlichen Besitz über, verpfändete es jedoch bereits im darauf-folgenden Jahr an einen seiner Räte, dem er auch das Wappen der Grafen von Bernstein verlieh. Einen endgültigen Besitzer fand die Burg allerdings erst vier Jahrzehnte später, als die Habsburger – es war immer noch Friedrich III.! – sie 1486 dem Ritter Hans von Königs-berg verpfändeten, nachdem sich dieser verpflichtet hatte, aus eigenen Mitteln die Kosten der Verteidigung gegen den die Habsburger hart bedrängenden Ungarnkönig Matthias Cor-vinus zu tragen.

Eineinhalb Jahrhunderte lang wurde die Familie Königsberg – Hans folgten 1517 seine fünf Söhne, von denen Ehrenreich eine besondere Position erlangen sollte – bestimmend für die Entwicklung von Burg und Herrschaft Bernstein, und sie verstand es auch, durch Finanztransaktionen den Pfandschilling derart in die Höhe zu treiben, daß sie es den in Liquiditätsnöten steckenden Habsburgern praktisch unmöglich machten, das Pfand rückzulösen.

Die sich um den Innenhof der Burg gruppierenden Gebäude stammen infolge des mehrmaligen Besitzerwechsels aus verschiedenen Epochen, da jeder neue Besitzer Umgestaltungen, zum Teil größeren Ausmaßes, vornahm. Der östliche und südliche Teil gehen auf die Familie Königsberg zurück, den abschließenden westlichen Flügel hingegen fügten erst die nachfolgenden Batthyány hinzu, die bei dieser Gelegenheit den unzeitgemäß gewordenen Bergfried opferten. Aus dem 16. Jh. stammen aber vor allem die starken Bastionen des Schlosses, die seinen Verteidigungscharakter eindrucksvoll unterstreichen.

Der bereits erwähnte Ehrenreich von Königsberg stand im Kampf gegen die Türken auf verantwortlichem Posten: er war Festungskommandant von Raab und zeitweise auch Präsident des Hofkriegsrates in Wien, eines Gremiums, dem auch sein Sohn Christoph ein Vierteljahrhundert lang angehörte, zeitweilig ebenfalls als dessen Präsident. Da Ehrenreich die Aufgabe übertragen worden war, die kaiserlichen Festungen im Osten des Reiches den veränderten militärtechnischen Erfordernissen anzupassen, begann seine Zusammenarbeit mit den in dieser Hinsicht führenden oberitalienischen Festungsbaumeistern.

Diese Kontakte privat geschickt nutzend, beauftragte er einige von ihnen, die Verteidigungseinrichtungen seiner eigenen Burg, Bernstein, gleichermaßen auf den neuesten Stand zu bringen. Damit war er anderen Burgbesitzern des Burgenlandes ein entscheidendes Stück voraus: Bernstein war die erste burgenländische Burg, die im Sinne der militärischen Vorstellungen der Renaissancezeit unter dem Druck veränderter Waffen- und Kampftechnik mit einem Basteigürtel umschlossen wurde. Aus dieser Zeit stammt der heute bereits verwitternde Befestigungsring, der den längst in einen Park verwandelten äußeren Burghof umschließt. Kein Geringerer als der kaiserliche Architekt und Festungsbaumeister Francesco de Pozzo (Renaissancefestung Wien mit Basteiengürtel) wurde 1546 von ihm beauftragt, die Burganlage – einen fünfseitigen Befestigungsring mit vorspringenden Bastionen und verbindenden Basteien – zu konzipieren und auszuführen.

Unter den kaiserlichen Baumeistern, die mit und unter ihm in Bernstein am Werk waren, finden sich weitere bedeutende Namen, die uns teils in Wien, teils andernorts des öfteren begegnen, wie etwa Hans Tscherte, Benedikt Kölbl, Antonio Spacio, Hans Saphoy und Pietro Ferrabosco, der für die Habsburgerkaiser in Wien 1552 das berühmte Schweizertor der Burg baute und für Rudolf II. 1581 den Bau der Amalienburg der Hofburg weiterführte.

Der Bau von Bernstein zog sich über Jahrzehnte hin; erst 1590 dürfte auch der ursprünglich 120 m tief in den Fels geschlagene Brunnen gebaut worden sein, der heute noch rund 65 m in die Tiefe reicht: ein für das ausgehende 16. Jh. bautechnisches Meisterwerk, zugleich aber auch für die Verteidiger der Burg lebensnotwendig im Falle einer Belagerung. Kein Wunder, daß diese Wasserversorgung bei anderen Burgherren Beachtung und Nachahmung fand: auf Forchtenstein und Lockenhaus begegnen wir ähnlich grandiosen Brunnengrabungen.

Der gesamte Burgausbau stand jedoch für die Familie Königsberg trotz des erkennbaren positiven Ergebnisses unter keinem günstigen Stern. Gewiß besaß sie dank ihrer hohen gesellschaftlichen Stellung und dank ihrer weitläufigen Besitzungen erhebliche finanzielle Ressourcen; anders wäre es gar nicht vorstellbar, daß sie sich an das Vorhaben, eine Festung dieser Größenordnung bei hochdotierten Baumeistern in Auftrag zu geben, überhaupt herangewagt hätte. Aber die Kosten dürften letztlich für die Familie zu hoch geworden sein. So entschloß sich Christoph von Königsberg, als die Hilfe der Untertanenarbeit nicht mehr ausreichte, zu einem gewagten Schritt mit kalkuliertem Risiko: Er lieferte die in seiner Herrschaft erhobenen Landsteuern nicht ab, sondern verwendete sie für den Burgbau. Wiewohl dies rückschauend betrachtet juristisch recht bedenklich gewesen ist, waren die habsburgischen Kaiser, offenbar unter dem Eindruck der unbewältigten Türkengefahr und unter Bedachtnahme auf den Nutzen der Verteidigungsanlagen, die ihnen ja indirekt zugute kamen, bereit, das fragwürdige Vorgehen durch Duldung zu sanktionieren. Soweit war die Königsbergsche Kalkulation aufgegangen.

Anders – und vielleicht unerwartet – reagierten aber die niederösterreichischen Landstände: Da es sich bei der hinterzogenen Abgabe um eine Landsteuer handelte, waren sie mitbetroffen und keineswegs bereit, auf diese Einkünfte zu verzichten. Mit großer Zähigkeit und in jahrzehntelangem Kampf bestanden sie auf der Zahlung der Steuerschulden. In den vierziger Jahren des 17. Jhs. mußten die Königsberg kapitulieren: 1644 verkauften sie den Besitz, dessen liegendes Gut auf rund 200 000 Gulden geschätzt wurde, unter dem Druck der nicht mehr einlösbaren Schuldenlast an jene Familie, die sich inzwischen im südlichen Burgenland eine unumstrittene Dominanz gesichert hatte: an die Batthyány, im speziellen Fall an Adam Graf Batthyány.

Vieles hatte dazu beigetragen (u. a. Schäden während der Bocskay-Revolte von 1605 und der Bethlen-Revolte von 1620/21), daß es fast zwangsläufig zu diesem Besitzwechsel kam, nicht zuletzt auch ein Naturereignis: 1617 hatte ein Blitz in die Pulverkammer der Festung eingeschlagen, eine Explosion verursacht und dadurch riesige Schäden an den Gebäuden angerichtet.

Adam Graf Batthyány ging nach dem Erwerb Bernsteins sogleich daran, die Burg, die 1647 samt der Herrschaft nach jahrzehntelangen vergeblichen Bemühungen der Ungarn endlich wieder dem ungarischen Staatsverband einverleibt wurde, grundlegend zu renovieren, um sie in einen repräsentativen Familienwohnsitz zu verwandeln. Dem in die Jahre 1647 bis 1650 fallenden Umbau verdanken wir das Prunkstück der heutigen Burganlage, den von Philiberto Lucchese konzipierten frühbarocken Rittersaal mit seiner qualitätvollen Stuckdekoration an Wänden und Decke. Adam baute auch den westlichen Flügel der Burganlage aus, wobei er, wie bereits erwähnt, den mittelalterlichen Bergfried abbrechen ließ. Auch diesmal war der Architekt einer der Großen seiner Zeit: Es war nämlich derselbe Lucchese, den Kaiser Leopold I. 1660 beauftragen sollte, für die Wiener Hofburg den Verbindungstrakt zwischen dem mittelalterlichen Schweizerhof und der aus der Renaissancezeit stammenden Amalienburg zu bauen (›Leopoldinischer Trakt‹; Amtssitz der österreichischen Bundespräsidenten).

Die Burg bewährte sich in ihrer militärischen Funktion sowohl während des Türkenkrieges von 1683 als auch zu Beginn des 18. Jhs. während der Kuruzzenkämpfe; 1703 ließ Adams Witwe Eleonora, eine geborene Strattmann, den Südtrakt umbauen. Daß die Burg in den folgenden – für diesen Raum friedlicheren – Zeiten nicht als überflüssig empfunden und dem Verfall preisgegeben wurde, verdankt sie einzig dem Umstand, daß die Familie Batthyány das nunmehr schloßähnlich gestaltete Gebäude, dessen Außenbefestigungen nach dem Ende der Türkenbedrohung langsam verfielen, bis 1864 zu einem ständigen Wohnsitz erkor, bis sie ihn schließlich veräußerte. Nach mehrmaligem Besitzerwechsel wurde nach dem Zweiten Weltkrieg ein Schloßhotel eingerichtet, in welches der repräsentative, in den siebziger Jahren nach denkmalpflegerischen Gesichtspunkten restaurierte Rittersaal als Hotelrestaurant integriert wurde.

Beschreibung

Die Gebäude der Burg sind während der Saison nur Hotelgästen zugänglich. Außerhalb des Hotelbereichs liegen jedoch im *äußeren Burghof*, dem *Zwinger*, der parkähnlich gestaltet ist, verschiedene Sehenswürdigkeiten, die frei besichtigt werden können. Man betritt den äußeren Hof, der von den Resten der *Bastionen* aus dem 16. Jh. umrahmt wird, bei der einstigen Südbastion durch einen aus jener Zeit stammenden *Torbau*. Ein Rundgang führt zur ›*Alchimistenküche*‹ des 17. Jhs. (mit Resten einer Messinggießerei), in der *Nordbastei* zu dem einst 120 m tiefen Brunnen sowie im Nordwesten zu dem ebenfalls aus dem 16. Jh. stammenden ehemaligen *Pulverturm* (Abb. 93; mit einer Sammlung von Waffen und Rüstungen aus der alten Rüstkammer der Burg und dem darunter liegenden Burgverlies, dem sogenannten Hungerturm, mit alten Folterwerkzeugen). Durch einen Tunnel und über Stiegen erreicht man die ›*Große Bastei*‹ im Südwesten, einen 36 m hohen Aussichtspunkt mit der bereits eingangs erwähnten grandiosen Fernsicht.

Ein *zweites Tor*, von dessen Durchgang auch die *Burgkapelle* zu betreten ist (links), führt an der Südostecke der eigentlichen Burg in den unregelmäßig gestalteten *inneren Burghof*, der seinerzeit nur über eine Zugbrücke erreichbar war. Über dem Tor erinnert das Batthyánywappen an diese Burgherrenfamilie (Abb. 91), wogegen sich am Nord- und Osttrakt des Hofes an den Fenstern des Erdgeschosses die Wappen der Familie Königsberg erhalten haben. Aus ihrer Zeit stammt auch das schöne Renaissanceportal aus dem 16. Jh., durch das man den vor der Mitte des 17. Jhs. erbauten *Rittersaal*, das heutige Schloßrestaurant, betritt. Seine kunstvolle frühbarocke Stuckdecke wurde von italienischen Künstlern unter der Leitung Philiberto Luccheses angefertigt und stellt Szenen aus den ›Metamorphosen‹ des Ovid dar.

Blickt man sich im Burghof um, so bemerkt man, daß die Burg unmittelbar auf dem gewachsenen *Felsen* steht. Rechterhand steht an der Nordostecke ein quadratischer *Turm*, der bis zur Dachhöhe mittelalterlich ist, wogegen Obergeschoß und Helm dem 18. Jh. angehören. An der Nordfront, dem ältesten Trakt, sieht man noch mittelalterliche Konsolen, vom Zwinger aus nicht nur die erwähnten alten Mauerzinnen, sondern auch noch das romanische Portal zum mittelalterlichen *Palas*. Als Hotelgast hat man auch Gelegenheit, die

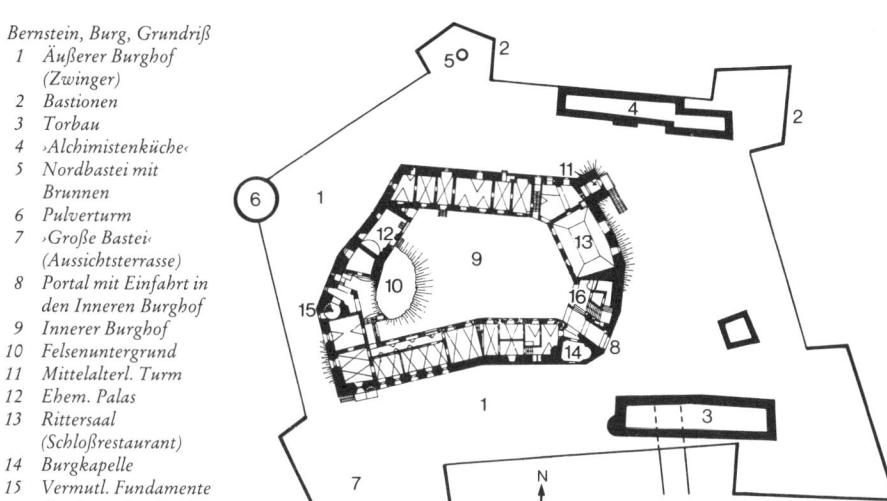

Bernstein, Burg, Grundriß
1 Äußerer Burghof
   (Zwinger)
2 Bastionen
3 Torbau
4 ›Alchimistenküche‹
5 Nordbastei mit
   Brunnen
6 Pulverturm
7 ›Große Bastei‹
   (Aussichtsterrasse)
8 Portal mit Einfahrt in
   den Inneren Burghof
9 Innerer Burghof
10 Felsenuntergrund
11 Mittelalterl. Turm
12 Ehem. Palas
13 Rittersaal
   (Schloßrestaurant)
14 Burgkapelle
15 Vermutl. Fundamente
   des ehem. Bergfrieds
16 Barockes Stiegenhaus

Ausstattung anderer Räume kennenzulernen, zu der zahlreiche alte Kachelöfen gehören (Abb. 94), darunter einer, der durch seinen Pelikanaufsatz (Wappentier der Batthyány) besonders hervorsticht.

Der Ort

Bernstein gilt als ruhiger und idyllischer Urlaubsort, dessen vier Ortsteile – Stuben, Dreihütten, Rettenbach und Redlschlag – mit ähnlichen Angeboten aufwarten. Bernstein ist aber vor allem deshalb berühmt, weil es der einzige Ort Europas mit Edelserpentinvorkommen ist. Dieser in der ganzen Welt als Jade bekannte Halbedelstein, der bereits von Siedlern der Jungsteinzeit im dritten vorchristlichen Jahrtausend zur Werkzeug- und Waffenfabrikation verwendet wurde, wird heute zu den verschiedenartigsten Schmuckstücken und Gebrauchsgegenständen verarbeitet und in Boutiquen zum Verkauf angeboten. Die ganze Siedlung lebt heute von dem aus der Tiefe der Erde gequollenen Ergußgestein, das kunstvoll in zahllosen Varianten geschliffen wird – gleichgültig ob es sich um Kruzifixe und Vasen oder Broschen, Ketten und Manschettenknöpfe handelt. Für künstlerisch Ambitionierte gibt es sogar eigene Kurse in Serpentinbearbeitung – für in anderen Bereichen Begabte auch solche in Töpferei, Schnitzen und Malen.

Eine Attraktion besonderer Art ist das *Felsenmuseum* in Bernstein, in dem an Hand naturgetreuer Modelle die Abbaumethoden von den ersten Grabungen im Stollen bis zum Tagebau in modernen Steinbruchanlagen dargestellt werden; um 1 m³ Edelserpentin gewinnen zu können, muß man die rund tausendfache Menge ›gemeinen Serpentins‹ abbauen. Der Bergwerksteil des Museums enthält 105 m lange unterirdische Stollengänge; sensationell ist eine selten schöne Bergkristallkluft, die am Hohen Sonnblick gefunden, abgetragen und im Felsenmuseum wieder zusammengebaut wurde; in Felsenvitrinen präsentieren sich dem Mineralienfreund weitere Raritäten aus Österreichs Bergen. 150 Jahre alte Drechslerwerkstätten veranschaulichen zudem, wie seit 1860 das hell- bis dunkelgrüne Gestein verarbeitet wird.

Auf Nebenstraßen nach Bad Tatzmannsdorf

Kurz nach dem Verlassen von Bernstein führt im Süden eine Abzweigung von der Hauptstraße nach **Mariasdorf** (Farbabb. 29), das durch seine *Pfarrkirche* bemerkenswert ist: Sie gilt als eines der schönsten Beispiele spätgotischer Kirchenbaukunst im Burgenland und verdankt ihr Entstehen wohl der Frömmigkeit und Spendenfreudigkeit der gut verdienenden Knappen, die in den Bergwerken der Umgebung arbeiteten. Das auf einer Anhöhe stehende Gotteshaus stammt aus dem beginnenden 15. Jh., wurde 1666 mit Unterstützung der Familie Batthyány teilweise barock umgestaltet, doch in den achtziger Jahren des 19. Jhs. regotisiert, wobei neugotische Ergänzungen nicht immer mit der originalen Gotik harmonieren. Der Kern der Kirche blieb jedoch seit dem 15. Jh. so gut wie unverändert. Das Äußere wirkt infolge des aus mehrfarbigen Bruchsteinen aufgeschichteten Mauerwerks überaus lebendig. Das Spitzbogenportal an der Westfassade gehört zu jenen Bauteilen, die im Zuge der Regotisierung verändert wurden: Das Portal besaß nämlich ursprünglich keinen dekorativen Schmuck, der heutige ist neugotisch hinzugefügt (Bogenfeld über der Tür).

Langhaus und Chor der Kirche gehen ineinander über, das Innere ist neugotisch ausgestattet (Abb. 95); auch das originale spätgotische Sakramentshäuschen mußte stark ergänzt werden. Neugotisch sind auch der Hochaltar, die Kanzel und das Taufbecken, originell allerdings dadurch, daß sie aus Fayence hergestellt sind; sie entstammen der berühmten Zsolnay-Keramikwerkstätte in Fünfkirchen. Die Gesamtleitung des Ausbaues lag in den Händen von Emmerich Stindl, des Architekten des bekannten Budapester Parlamentsgebäudes. Alles in allem erweckt die Kirche in ihrem Inneren heute einen fremdartig düsteren Eindruck, zählt äußerlich hingegen unbestritten zu den Kleinodien des Burgenlandes.

Wenige Fahrminuten entfernt liegt **Oberschützen**, nur mehr 5 km von Bad Tatzmannsdorf entfernt. Der Ort wurde bereits im 14. Jh. urkundlich genannt und ist seit dem vorigen Jahrhundert ein Schul- und Bildungszentrum. Die *katholische Pfarrkirche* im Stil des vorigen Jahrhunderts, die am südlichen Ortsrand steht, läßt an einigen Resten (Bogenfenster) noch den romanischen Kern des mittelalterlichen Baus erkennen. Die *evangelische Pfarrkirche* – übrigens die größte und zweitälteste des Burgenlandes – stammt aus der josephinischen Zeit des ausgehenden 18. Jhs. und besitzt einen schönen Kanzelaltar und ein bemerkenswertes Taufbecken; mit dem arkadengeschmückten Pfarrhof und der Lehrerbildungsanstalt bildet sie ein interessantes Ensemble.

95 MARIASDORF Pfarrkirche, Inneres gegen Chor ▷

97   STADTSCHLAINING   Pfarrkirche, Inneres mit Hochaltar

96   STADTSCHLAINING   Burg Schlaining, Schwarzer Hof

98 STADTSCHLAINING   Evang. Pfarrkirche, Inneres mit typischen Emporen

99   PINKAFELD   Pfarrkirche ▷

100   BAD TATZMANNSDORF   Freilichtmuseum

101   STINATZ   Heimathaus

102 STEGERSBACH Ehemaliges Schloß

104 OBERWART Kalvinistische Kirche ▷

103 SIGET IN DER WART Filialkirche ›Zum hl. Ladislaus‹, Chor

105   GÜSSING   Burg, Ahnensaal

106   GÜSSING   Burg, Freitreppe zur Hochburg

107   GÜSSING   Burgkapelle, Hochaltar

109 GÜSSING Burg, Bergfried

108 GÜSSING Franziskanerkirche

110   Ungarische Trachtengruppe (Mitterpullendorf)

112   Kroatische Trachten (Stinatz) [

111   Kroatische Tamburizzakapelle (Klingenbach)

113   KOHFIDISCH   Schloß

115   ROTENTURM   Schloß

114   UNTERWART   Laubenhaus (›Heimathaus‹)

Neben alten Wohnhäusern und Dreiseithöfen ist jedoch besonders das ›Heimathaus Oberschützen‹ beachtenswert (Nr. 226), ein aus der Zeit um 1800 stammendes Laubenhaus, in dem eine Sammlung von bäuerlichem Hausrat und landwirtschaftlichem Gerät besichtigt werden kann (ein naturgetreu nachgebautes Haus steht im Freilichtmuseum Bad Tatzmannsdorf).

Südlich benachbart liegt **Unterschützen**, ein Dreiecksangerdorf mit alten Bauernhäusern, deren Lauben sich vielfach erhalten haben. Was besonders auffällt, sind die für die Gegend charakteristischen Kittinge, von denen in den Gärten hinter den Gehöften noch rund ein halbes Dutzend zu sehen ist. Diese Kittinge, Blockbauspeicher für Feldfrüchte, hat der Volkskundeforscher Leopold Schmidt einmal »eine Sonderform des an Sonderformen reichen Burgenlandes« genannt und darauf hingewiesen, daß sie einstens »in der Wart« sehr häufig anzutreffen waren, heute jedoch auf Unterschützen beschränkt sind. »Schatzhäuser für die Feldfrucht« nennt er sie, die »durch schwierig handzuhabende Holzschlösser, Lehmbewurf und Balkenmächtigkeit gegen Einbruch und Zerstörung geschützt« sind und die in Osteuropa gewisse Analogien haben.

Das nördliche Nachbardorf von Oberschützen ist **Willersdorf**. Hier, in der Schlucht des Willersbaches (1 km nördlich des Ortes), gab es im Mittelalter eine Wehranlage, die allerdings völlig verschwunden ist. Macht man einen Abstecher nach **Aschau,** so begegnet man noch einem unzerstörten Ortsbild; das Dorf liegt bereits an den südlichen Ausläufern der niederösterreichischen Buckligen Welt.

In unmittelbarer Nähe liegt auch **Jormannsdorf** mit seinem aus dem 17. Jh. stammenden Schloß, das seit einigen Jahrzehnten als Hotel-Restaurant geführt wird. Die Ortschaft Jormannsdorf wird 1388 erstmals urkundlich erwähnt und besitzt noch einige alte Bauernhöfe mit hübschen Laubengängen. Ludwig von Königstein, Herr auf Bernstein, ließ sich dann seit 1605 in der Nähe einer im Ort entspringenden Mineralwasserquelle – 1621 wurde dieser ›Sauerbrunn‹ unter der Assistenz protestantischer Prediger feierlich eröffnet – ein Wohnkastell errichten, als sein Stammschloß Bernstein infolge der Bocskay-Rebellion unbewohnbar geworden war; daraus leitet sich auch die älteste Bezeichnung ›Khünigspergha usen‹ ab.

Das Schloß verdankt jedenfalls sein Aussehen – ein einfacher zweigeschossiger Bau mit schönem rundbogigem Arkadengang im Hof und einem offenen Gang mit kräftigem Gebälkfries darüber im Obergeschoß des Nordflügels – dem Trend des 17. Jhs., die Schlösser – in Anlehnung an die italienischen Kastelle der Renaissancezeit – den veränderten Lebensgewohnheiten und den erhöhten Komfortbedürfnissen anzupassen. 1644 mußte Ehrenreich Christoph von Königsberg Jormannsdorf samt der Herrschaft Bernstein an Adam Batthyány verkaufen, der für beide Objekte 200 000 Gulden auslegte und sie umgestalten ließ.

Seinen ursprünglichen Charakter hat der auf hakenförmigem Grundriß errichtete Schloßbau nur im Hof erhalten. Die mit der Quelle verbundene Badstube war im 17. Jh. gut frequentiert, eine Apotheke sorgte für die Unterstützung des Heilerfolgs, eine Bierbrauerei für das leibliche Wohl der Gäste. Das Schloß ist von einem hübschen Park umgeben, den eine Mauer umschließt; in dieser sind der alte ›Annabrunnen‹ und ein Rundturm erhalten geblieben. Vor dem Schloß steht die aus dem 17. Jh. stammende *Annenkirche,* die seither mehrmals verändert worden ist.

An der Straßengabelung nach Bad Tatzmannsdorf findet sich ein aus dem 18. Jh. stammender Bildstock mit einer in dieser Gegend relativ seltenen Heiligenstatue: der des hl. Antonius von Padua. Jormannsdorf ist mit Bad Tatzmannsdorf unmittelbar verbunden.

Bad Tatzmannsdorf

Der bedeutendste Badekurort des südlichen Burgenlandes, im waldreichen Hügelland westlich des Günser Gebirges und nur 5 km nördlich von Oberwart gelegen, ist durch seine Heilwasser- und Moorbehandlung gegen Herz-, Kreislauf-, Rheuma- und Frauenleiden sowie seine Nachbehandlungen bei Herzoperationen international bekannt geworden (ganzjähriger Betrieb, Kurdauer drei Wochen).

Da man eine planmäßige Erschließung und Benutzung des Bades seit dem 14. Jh. nachweisen kann, gehört Bad Tatzmannsdorf neben anderen österreichischen Heilbädern (wie etwa Warmbad Villach in Kärnten) zu den ältesten Europas. 1620 hören wir von Trinkkuren, 1650 wurde das erste Badehaus errichtet. Von einem im 17. Jh. von der Familie Batthyány erbauten Kastell hat sich nichts erhalten, wohl wissen wir aber, daß die Batthyány sich sehr um eine Belebung des Badebetriebes kümmerten. 1830 kam es zu einem großzügigen Ausbau, und zwei Jahrzehnte später gehörte zu den prominenten Gästen des Bades auch der bedeutendste österreichische Dichter, Franz Grillparzer, nachdem bereits 1844 Adalbert Stifter hier einen Erholungsaufenthalt verbracht hatte.

Nach dem Zweiten Weltkrieg wurde der durch die Kampfhandlungen stark in Mitleidenschaft gezogene Kurort neu aufgebaut und verfügt heute über drei gefaßte Mineralwasserquellen: die Franzens-, die May- und die Karlquelle. Der Kurort ist weitgehend modernisiert (neues Kurzentrum 1979), besitzt auch eine moderne katholische Kirche (erbaut 1966–68 mit ungewöhnlich gegliederter Front und einem Innenraum, dessen unregelmäßige Buntglasfenster eigenartige Lichteffekte bewirken) und ein aus derselben Zeit stammendes evangelisches Gotteshaus.

Kulturhistorisch von besonderer Bedeutung ist das 1972 beim Kurpark eröffnete *Freilichtmuseum* (Parkplatz in der Nähe; Eintritt gegen freiwillige Spende), in dem bäuerliche Bauten aus dem Burgenland, die an ihren ursprünglichen Standorten wahrscheinlich bereits verlorengegangen wären, zusammengetragen und wiederaufgebaut wurden (Abb. 100). Da die einzelnen Gebäude durchweg ausreichend beschriftet sind, darf hier auf eine Erklärung im einzelnen verzichtet werden. Auf der rund drei Hektar großen Wiese stehen jedenfalls die Reste einer untergehenden, vorindustriellen bäuerlichen Kultur aus dem 18. und beginnenden 19. Jh. eindrucksvoll beisammen; da sie aus verschiedenen Teilen des südlichen Burgenlandes kommen, ergibt sich für den Besucher ein guter Einblick in die traditionelle Holzarchitektur dieses Gebietes.

Die folgenden Hinweise sollen daher nur die Vielfalt des Gebotenen aufzeigen. Da findet man ein Bauernhaus mit Rauchküche aus Kroatisch-Ehrensdorf aus dem 18./19. Jh., ein langgestrecktes Bauernhaus des ausgehenden 18. Jhs. aus Deutsch-Schützen, eine Schmiede aus Ollersdorf aus dem späten 19. Jh., dazu Getreidespeicher, Stadel, Stallungen und Weinkeller. Ein alter Radbrunnen aus Neuhaus am Klausenbach, eine Obstdarre aus Langeck (mit Unterlagen aus Flechtwerk zum Dörren von Obst durch Feuchtigkeitsentzug), ein Kitting (ein hölzerner Speicher mit Spitztonnengewölbe und Strohdach, das im Brandfall leicht abgeworfen werden konnte), ein Kreuzstadel aus dem Jahre 1781 (ein großer, aus roh behauenen Stämmen aufgerichteter Bau zur Getreidelagerung), ein Preßhaus und eine Bienenhütte sowie ein charakteristischer hölzerner Glockenturm aus Allersgraben, der vor dem Verfall bewahrt werden konnte, sind weitere Beispiele. Bemerkenswert ist schon der Eintritt ins Freilichtmuseum: die detailgetreue Nachbildung des Laubenhauses in Oberschützen.

Burg Schlaining

Fährt man durch das romantische, tief eingeschnittene Tauchental nach Süden, so sieht man rechterhand auf einem über 100 m hoch aufragenden Bergsporn eine Burg (Umschlagvorderseite). Sie zählt zu den besterhaltenen und reizvollsten, die Österreich aus dem Mittelalter besitzt. Ebenso wie andere Befestigungsanlagen spielte auch die im 13. Jh. von den Grafen von Güssing gegründete Burg Schlaining im Kampf zwischen den letzten Babenbergerherzogen und den Königen von Ungarn jahrzehntelang eine wichtige Rolle. Graf Heinrich II. von Güssing spielte sie 1270 gemeinsam mit seinen Besitzungen Lockenhaus und Bernstein dem Böhmenkönig Przemysl Ottokar II. in die Hände, sein Sohn Graf Ivan – ›der reißende Wolf‹, wie wir uns erinnern – verlor sie jedoch 1289 während der Güssinger Fehde an den Habsburger Albrecht, der ihm für die kampflose Übergabe freien Abzug gewährte; Bernstein, das Ivan seit 1279 besaß, konnte der Habsburger nicht bezwingen.

Die weitere Besitzerreihe von Schlaining ist typisch für das Burgenland: zuerst die Familie Kanizsai, dann (1445) König Friedrich V. (seit 1452 als Kaiser Friedrich III.), der die Burg sogleich seinem treuen Gefolgsmann, dem Ritter Andreas Paumkirchner (auch Baumkircher), schenkte. Da dieser vom Kaiser für geleistete Dienste auch das Recht der eigenen Münzprägung erwirkte, vermochte er die Burg um 1450 fortifikatorisch großzügig auszugestalten. 1462 erhielt er von Friedrich »für die zu gründende Stadt« Handelsfreiheit für die sich künftig niederlassenden Kaufleute und von Papst Pius II. – dem bekannten Humanisten Aeneas Silvius Piccolomini – einen zugkräftigen Ablaß, der fromme Stiftungen begünstigte; Paumkirchner selbst berief den Orden der Pauliner in die Stadt, dem er Kirche und Kloster begründete.

In den nächsten Jahren sollte Paumkirchner jedoch in verhängnisvoller Weise sein Schicksal ereilen. In opportunistischer Weise hatte er die Auseinandersetzungen zwischen dem Kaiser und dem Ungarnkönig Matthias Corvinus dazu genutzt, mit Hilfe von ›Belohnungen‹ für jeweils treue Dienste seinen Grundbesitz beträchtlich zu erweitern, aber er machte sich damit mächtige Feinde, denen er auf die Dauer nicht gewachsen war. Als er 1468 mit Unterstützung des Ungarnkönigs einen Aufstand des steirischen Adels gegen den Kaiser organisierte und 1471 die steirischen Städte Hartberg, Fürstenfeld und Marburg überfiel, war das Maß übervoll. Er wurde zu einer Aussprache mit dem Kaiser nach Graz beordert, fühlte sich stark genug, die Herausforderung anzunehmen, wurde jedoch unter Anwendung einer List gefangengenommen und ohne jede Verhandlung enthauptet.

Im Laufe der Zeit erfuhr die ursprünglich gotische Burganlage unter ihren verschiedenen Besitzern Umgestaltungen in den Baustilen der Renaissance und des Barock. 1527 kam sie als Geschenk Erzherzog Ferdinands an den Türkenhelden Franz von Batthyány, wobei die Herrschaft Rechnitz zum ›Zubehör‹ zählte. Die Enkelin Andreas Paumkirchners, Barbara, die zu diesem Zeitpunkt Burgherrin war, setzte sich mit Hilfe ihres vierten Ehegatten energisch zur Wehr, und Franz Batthyány mußte sich vorläufig mit der Hälfte des Geschenks begnügen; erst 1574 übergab Kaiser Maximilian II. Balthasar Batthyány auch die zweite Hälfte des Besitzes. Kurz vor dem Ersten Weltkrieg, 1912, endete die Herrschaft der Familie Batthyány. Nach dem Zweiten Weltkrieg war es der ehemalige Minister Udo Illig, der die Burg 1957 erwarb und bestrebt war, sie in ihrer ursprünglichen Gestalt wiederherzustellen. Die Burg ist auch heute noch in privatem Besitz.

Beschreibung
Über eine lange Brücke, die den stadtseitigen äußeren Burggraben, einen mächtigen Halsgraben, überspannt (rechts ist die Torbastei sichtbar), durch ein Tor und über eine zweite Brücke – diesmal den inneren Burggraben überquerend – erreicht man ein zweites Tor, das in den von mächtigen Wehrmauern umschlossenen *Großen Burghof* führt. Befindet sich am ersten Burgtor (1648) das Wappenrelief der Batthyány, so ist der zweite Torbau mit den Wappen Paumkirchners (um 1450) und der Stubenberg (1520) geschmückt, die zeitweise die Burg besaßen. Im Großen Burghof befinden sich Wohn- und Wirtschaftsgebäude, ganz

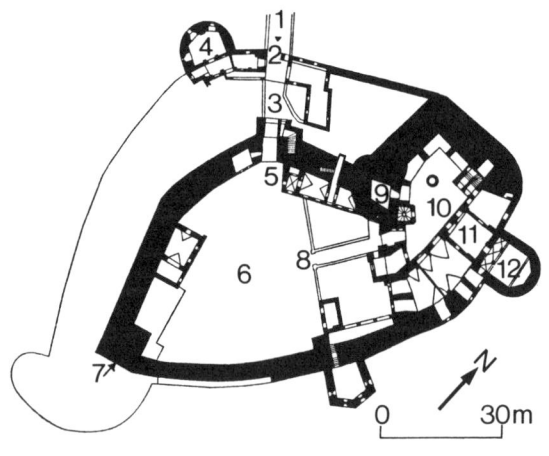

Stadtschlaining, Burg Schlaining,
Grundriß
1 *Erste Brücke*
2 *Burgtor*
3 *Zweite Brücke*
4 *Torbastei*
5 *Zweites Burgtor*
6 *Großer Burghof*
7 *Glockenturm*
   (got. Turm)
8 *Dritte Brücke mit drittem*
   Tor
9 *Romanischer Bergfried*
10 *Schwarzer Hof*
11 *Palas (im 2. Stock*
   Prunkräume)
12 *Burgkapelle*

rechts der *Glockenturm* mit gotischen Bauteilen und barockem Aufsatz. Der Untergrund dieses Wehrturms reicht in die Zeit der Gotik zurück. Ein in seinem Innern 90 m in die Tiefe reichender Schacht hat ihm den Beinamen ›Falsches Gericht‹ eingetragen.

Durch ein weiteres – wieder über eine Brücke erreichbares – Burgtor (16. Jh.) betritt man den ›Schwarzen Hof‹ (Abb. 96), so benannt nach den Resten einer schwarzen Sgraffitiquaderung; hier stehen wir im Kern der mittelalterlichen Burg mit ihren romanischen Gewölben des 13. Jhs. Von der Brücke fällt der Blick auf einen tiefer gelegenen Hof (der ältesten Burganlage der Romanik); links ist am Unterbau des Bergfrieds ein Relief angebracht, das Andreas Paumkirchner in voller Rüstung zeigt (1450); die Inschrift bezieht sich auf den von ihm begonnenen Burgausbau.

Im inneren Burghof steht links der mächtige runde *Bergfried,* dessen Mauern eine Stärke von 5 bis 8 m aufweisen; von oben (Zugang über steinerne Treppe) genießt man eine schöne Aussicht. Im 15. Jh. wurde der Bergfried erhöht, im 17. Jh. durch eine unter einem Runddach liegende offene Kanonenhalle verstärkt. Gegenüber (vom Zugang rechts) liegen die eigentlichen Wohntrakte (Palas) mit der ehemals gotischen Burgkapelle (Fenster erhalten, prächtiger Barockaltar des 17. Jhs. mit Wappen der Batthyány auf den Altarsäulen). Inmitten des Hofs befindet sich auch der alte Burgbrunnen. Verschiedene museal ausgestaltete Wohn- und Prunkräume des Palas besitzen im Zwischen- und Obergeschoß schöne Stuckdecken. Besichtigen kann man eine Kunsteisengußsammlung, Waffen, Bauernmöbel und Jagdtrophäen.

Stadtschlaining

Schon in der zweiten Hälfte des 15. Jhs. entstand die spätmittelalterliche Stadt, heute ein Ort mit alter Tradition, der durch die Burg, aber auch durch eine alte Synagoge bekannt geworden ist. Die bis zu 4 m hohe, mit Türmen und Basteien verstärkte Wehrmauer des Ortes hat sich zum Teil bis in unsere Tage erhalten, und auch von den ursprünglichen Straßenzügen existieren noch einige, wie die Lange Gasse (teilweise Häuser mit Hoflauben), die Baumkircher- und die Klingergasse. Wirklich alt sind allerdings nur noch die Grundmauern der Häuser (zum Teil erreichen sie ins 15. Jh. zurück), wogegen die Häuser selbst oftmals umgebaut wurden und ihr heutiges Aussehen im 18., zum größeren Teil jedoch im 19. Jh. erhalten haben.

Auf dem *Hauptplatz* erscheinen die Häuser Nr. 12 (Hoflauben), 14–16 (Einfahrtsgewölbe und Bogengang im Hof) sowie der Zugang zum ehemaligen Haus des Rabbiners (Nr. 3), in dessen Hinterhof sich die im 19. Jh. erbaute, erst kürzlich teilweise restaurierte *Synagoge* befindet, beachtenswert. Der *Stadtbrunnen* ist ein aus der Mitte des 19. Jhs. stammendes Werk. Der Pfeiler der *Rochussäule* auf dem Rochusplatz diente seinerzeit als Pranger. Im Hof des Hauses Rochusplatz 2 finden sich noch Architekturreste jener kleinen gotischen Kirche, die den Türken zum Opfer gefallen ist.

Die *evangelische Pfarrkirche* (Abb. 98) stammt aus der josephinischen Zeit. An der Westecke der die Stadt in dreieckigem Grundriß umfassenden Wehrmauer gelegen, wurde in ihren Bau (1783–87) die an dieser Stelle befindliche ehemalige ›Weiße Bastei‹ miteinbezogen.

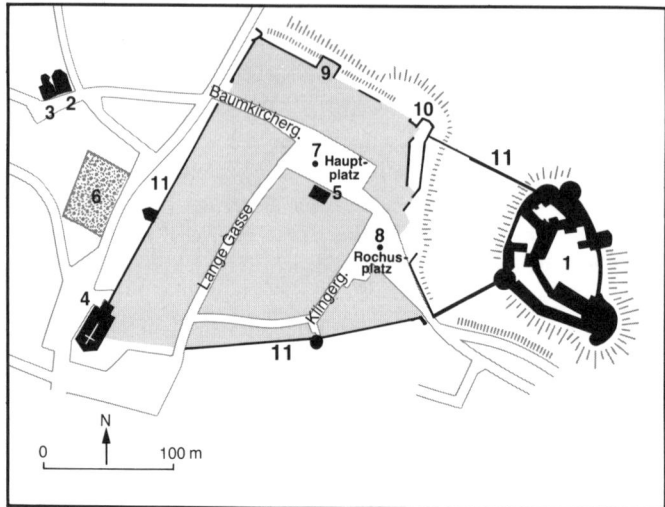

Stadtschlaining
1 Burg
2 Kath. Pfarrkirche
3 Ehem. Pauliner-
  kloster
4 Evang. Pfarrkirche
5 Haus des Rabbiners
  mit Synagoge
6 Alter Judenfriedhof
7 Stadtbrunnen
8 Rochussäule
9 Alte Bastei
10 Turm
11 Stadtmauer

Die *katholische Pfarrkirche* liegt außerhalb der Stadtmauer: ein spätgotischer Bau des 15. Jhs. neben dem zur gleichen Zeit durch Andreas Paumkirchner begründeten Paulinerkloster, von dem sich nur geringe Reste der Kapelle und des Kreuzgangs erhalten haben (zum Teil in angrenzenden Häusern aufgegangen). Die Pauliner waren ein Orden, der auch vom Ungarnkönig Matthias Corvinus in besonderem Maße gefördert wurde. Die Innenausstattung der Kirche ist barock und entstammt dem 18. Jh.; der Hochaltar, die beiden Seitenaltäre an der Triumphbogenwand (Abb. 97), die zahlreichen Skulpturen und die Kanzel sind hier zu nennen, wogegen das siebenkantige granitene Taufbecken gotischen Ursprungs ist (1512).

In der Umgebung von Stadtschlaining gibt es eine Reihe netter Dörfer, wie *Goberling* und *Neustift* (im Norden) oder Altschlaining (im 16. Jh. gegründet) und *Neumarkt im Tauchental*. Hier hat sich, im Turm der Kirche eingelassen, der gut erhaltene Porträtgrabstein eines römischen Weinbauern, dargestellt mit Frau und Tochter, aus der Mitte des 2. Jhs. erhalten.

Ins Gebiet der Batthyány

Das Zentrum des Herrschaftsgebietes der Familie Batthyány war, ungeachtet vieler Besitzungen sowie namhafter Kastelle und Schlösser, die sich in ihrem Besitz befanden, doch die mächtige Burg von Güssing. Hier und in der von ihnen geförderten Stadt stoßen wir daher auch am nachhaltigsten auf ihr Leben und Wirken, hier liegt an der Hauptstraße ihr Kastell, hier gründeten sie aber vor allem auch jenes bedeutende Franziskanerkloster, das sie zur Grablegung der Familie bestimmten.

Güssing, im südlichen Teil des Burgenlandes gelegen, erreicht man über Oberwart, und diesen an der Pinka liegenden Hauptort des gleichnamigen politischen Bezirks wiederum entweder (aus dem Burgenländischen kommend) über Mattersburg und Oberpullendorf auf der hinlänglich bekannten Bundesstraße 50 (die sich in Richtung Güssing als Bundesstraße 57 fortsetzt) oder (aus dem Niederösterreichischen kommend) über Pinkafeld. Wir wählen für unsere Beschreibung diese Zufahrt, weil sie uns in einen noch nicht behandelten Teil des Landes führt.

Pinkafeld

Bereits in der Hallstattzeit besiedelt, taucht Pinkafeld erstmals gegen Ende des 9. Jhs. in karolingischen Urkunden auf und ist damit die älteste uns bekannte deutsche Siedlung des Burgenlandes; in dieser Zeit gehörte der Ort zum Besitz des Erzbistums Salzburg. Die ›Güssinger Fehde‹ von 1289 wirkte sich auf Pinkafeld insofern aus, als damals die um die Wehrkirche bestandene frühmittelalterliche Befestigung zerstört wurde. Auch Pinkafeld gehörte zu jenen Orten, die im Mittelalter eine Schlüsselposition im Ost-West-Handel einnahmen. 1343 erhielt es das Marktrecht, das mit einem Marktzoll verbunden war, und damit vermochten die Bürger den Handelsweg der für Westeuropa bestimmten ungarischen und osteuropäischen Waren zu ihren Gunsten über ihr Territorium zu leiten.

Die Verwüstungen, denen das Burgenland im 16. und 17. Jh. ausgesetzt war, gingen auch an Pinkafeld nicht vorüber: Türken (1529), Bocskay-Rebellen (1605), der Bethlen-Aufstand (1620) und nochmals die Türken (1683) hinterließen ihre Spuren. Im 18. Jh. kam es unter Maria Theresia, die das Tuchmachergewerbe stark förderte, zu einem erheblichen Zuzug böhmischer Handwerker, doch hatten sich zu dieser Zeit auch bereits Gewerbetreibende und Industrielle anderer Branchen hier niedergelassen.

Großbrände zu Beginn des 19. Jhs. sind die Ursache dafür, daß vom alten Hausbestand Pinkafelds kaum noch etwas übriggeblieben ist; bescheidene Reste sieht man am Hauptplatz, in der Hauptstraße und am Rathausplatz; im neuen Rathaus ist auch das *Stadtmuseum* untergebracht, in dem neben Exponaten zur Stadt-, Rechts- und Wirtschaftsgeschichte eine (aus der Stadtpfarrkirche stammende) Weihnachtskrippe aus der Biedermeierzeit (1826) mit 51 Figuren zu sehen ist.

Am alten Rathaus (Rathausplatz) hat sich noch der historische steinerne Pranger samt einer Gerichtstafel erhalten; an dieser Stelle stand ursprünglich der Edelsitz eines Tiroler Landadeligen. Das (schwer aufzufindende) *Batthyány-Schloß* steht am südlichen Stadtrand; von seinem einstigen Aussehen hat es nicht viel bewahren können (heute Landesberufs-

Stadtwappen von Pinkafeld

271

schule). Im frühen 19. Jh. stößt man auf eine Besitzerin, Franziska Gräfin Batthyány, die zu den Verehrerinnen des Clemens Maria Hofbauer gehörte, um den sich in Wien eine bedeutende Romantikergruppe scharte. Das Schloß war im Sommer das Ziel bekannter Geistesgrößen jener Zeit, auch Hofbauer weilte gerne bei den Batthyány.

In der Stadtmitte steht die *katholische Pfarrkirche*, die 1772–86 an der Stelle eines älteren Gotteshauses erbaut und den Heiligen Petrus und Paulus geweiht worden ist. Die hübsch gegliederte Giebelfassade wird von einem Kirchturm mit Zwiebelhelm bekrönt, in den Fassadennischen sieht man die heiligen Ungarnkönige Ladislaus und Stephan. Der Innenraum ist spätbarock ausgestattet (Abb. 99), nur die Kanzel klassizistisch verziert (die Sitzfiguren der Evangelisten werden dem bekannten Wiener Bildhauer Philipp Prokopp zugeordnet). Eindrucksvoll präsentiert sich der Taufbrunnen. – Die *evangelische Pfarrkirche* stammt, wie auch andernorts oft festzustellen, aus der josephinischen Zeit des ausgehenden 18. Jhs.; Joseph II. hatte bekanntlich durch sein Toleranzedikt den Bau nichtkatholischer Kirchen ermöglicht. Die *Kalvarienbergkirche* steht auf einer Anhöhe im Südwesten der Stadt; zu den Künstlern, die ihre Innenausstattung gestalteten, gehört auch der berühmte Salzburger Bildhauer Matthias Steinl.

Oberwart

Fährt man auf der Bundesstraße 63 nach Südosten, gelangt man nach etwa 11 km in die Stadt Oberwart: eine alte Grenzwächtersiedlung, die 1939 zur Stadt erhoben wurde und ihre historische Funktion im Namen und im Stadtwappen in Erinnerung hält. Das aus dem Mittelhochdeutschen übernommene ›-wart‹, eine Übersetzung des magyarischen ›ör‹ (die ungarische Bezeichnung des Ortes ist ›Felsö-Eör‹) bedeutet nichts anderes als Wachtposten und stellt damit die Verbindung zu den schon im 13. Jh. unter die Herrschaft der Grafen von Güssing gekommenen ungarischen Grenzwächtern her, die gegen Ende des 16. Jhs. sogar mit einem Kleinadelsprivileg ausgestattet worden waren. Noch heute heißt das Gebiet von Ober- und Unterwart, das mittlere Pinkatal also, ›die Wart‹ (›Örség‹), und bis heute gibt es in Oberwart und seiner Umgebung auch eine ungarische Minderheit. Das Stadtwappen zeigt zwischen zwei schwarzen mit Wachttürmen bekrönten Felsen einen blaugekleideten Krieger mit schwarzer Mütze und schwarzen Stiefeln, der in der Rechten eine Streitaxt hält. Die Siedlung hat in ihren älteren Teilen den ursprünglich bäuerlichen Charakter noch nicht abgelegt, wobei zu berücksichtigen bleibt, daß Oberwart 1882 durch einen Großbrand schwer in Mitleidenschaft gezogen worden ist.

Die Kirchen der Stadt sind in verschiedener Hinsicht interessant; es gibt eine alte und eine (mit einem Pfarrzentrum vereinigte) moderne katholische Kirche, dazu Kirchen beider evangelischer Konfessionen. Die *alte katholische Kirche* steht in beherrschender Lage, dient heute jedoch nur noch als Aufbahrungskirche bei Begräbnissen. Von dem bereits im 14. Jh. an dieser Stelle nachweisbaren Gotteshaus haben sich neben ein paar mittelalterlichen Mauerteilen nur ein romanisches Fenster und Reste gotischer Wandmalereien erhalten. Die Innenausstattung ist barock; der spätbarocke Hochaltar trägt das Altarbild ›Himmelfahrt Mariens‹ von Stephan Dorfmeister. Der hübsche schlanke Turm, der dem Betrachter ins

Stadtwappen von Oberwart

Auge fällt, wurde 1656 ausgebaut und erhielt um 1800 sein Obergeschoß mit dem Zwiebelhelm.

Die *moderne Kirche*, ein 1967–69 errichteter Glas- und Sichtbetonbau, besitzt natürlich auch eine moderne Innenausstattung. Die Freitreppe zur alten Kirche ist in das beachtenswerte Ensemble kontrastreich eingebunden.

Einer besonderen Erklärung bedarf die Oberwarter *Kalvinistische Kirche* (Abb. 104). Bekanntlich unterstützte die Familie Batthyány anfangs die reformatorischen Bestrebungen. Schon frühzeitig kam es jedoch – um 1587 – zu einem heftigen Glaubensstreit zwischen Lutheranern und Kalvinisten wegen der Abendmahlslehre, und einige Jahrzehnte später (1612) war eine Religionsspaltung nicht mehr zu vermeiden. Zur selben Zeit, da der Kalvinismus siegte, konvertierte der damals zwanzigjährige Adam Batthyány und suchte auf seinen Besitzungen wieder den katholischen Glauben einzuführen; zum Dank dafür erhob ihn Kaiser Ferdinand II. in den Grafenstand. Erst 1769 wurde daher die Bewilligung zum Bau der Kirche erteilt, 1808 erhielt die Kirche auch einen Turm. Heute ist Oberwart die einzige helvetische Pfarre des Burgenlandes, zugleich die älteste seit der Reformation kontinuierlich bestehende reformierte Gemeinde Österreichs und jene, die über das älteste reformierte Gotteshaus verfügt. – Da sich die *evangelische Gemeinde A.B.* in Oberwart nur langsam wieder formierte, entstand auch deren *Kirche* wesentlich später (1812–15).

Nordöstlich von Oberwart liegt **St. Martin in der Wart** mit seinem charakteristischen alten Ortsbild, hübschen Laubenhöfen und einer klassizistisch ausgestalteten Pfarrkirche. Auch der benachbarte Ort **Eisenzicken** verfügt noch über ein gut erhaltenes Ortsbild. In Richtung Stegersbach liegt etwa 7 km südlich von Oberwart das Haufendorf **Kemeten** mit laubengeschmückten Bauernhöfen und einer gut ausgestatteten Pfarrkirche aus dem 18. Jh.

Etwas abseits des Weges liegt, 14 km südlich von Oberwart, jedoch westlich der Bundesstraße, auf einer Anhöhe das Straßendorf **Stinatz**, eine kroatische Marktgemeinde mit behäbigen, nahezu bürgerlich anmutenden Häusern, die mit typisch burgenländischen Bauernhäusern abwechseln. Eine strohgedeckte Wohnhausanlage ist als ›Heimathaus‹ eingerichtet. Stinatz wurde 1576 begründet und damals mit Kroaten besiedelt. Die Kirche stammt aus dem 19. Jh., einzig und allein eine bemerkenswerte Muttergottesstatue ist mit etwa 1700 zu datieren. Das *Heimathaus* ist ein Holzblockbau aus dem beginnenden 19. Jh., stand ursprünglich in der Brunnenstraße und wurde erst Mitte der siebziger Jahre unseres Jahrhunderts an den südöstlichen Ortseingang versetzt (Abb. 101). Eine alte Scheune, ein aus

Oberschützen hierher transferierter Kitting ergänzen das in der Art eines Freilichtmuseums zusammengestellte Ensemble, das mit volkskundlich interessantem Inventar ausgestattet wurde und ganzjährig – allerdings nur gegen Voranmeldung – besichtigt werden kann.

In nächster Nähe liegt am Strembach **Litzelsdorf,** wo es ebenfalls noch charakteristische alte Bauernhöfe gibt, aber auch eine römische Inschrifttafel (1. Jh. n. Chr.) am Kellergebäude des Hauses Nr. 24 sowie eine hübsch eingerichtete Pfarrkirche aus dem Vormärz (1823); die gemalten Kreuzwegstationen sind älter (1764).

Eine andere Sehenswürdigkeit ist das *Salmhofer Museum,* das größte Privatmuseum des Burgenlandes, in Burgauberg-Neudauberg (Nr. 55), 5 km westlich von Stegersbach.

Weiter in Richtung Güssing liegt **Stegersbach.** Das *Schloß* – in der Ortsmitte an der linken Straßenseite hinter Baumgruppen gelegen – ist wieder ein typisches Beispiel dafür, wie im frühen 17. Jh. die Renaissance-Wohnkultur aus Italien in den ostösterreichischen Raum verpflanzt wurde. Heute bildet der zweigeschossige Bau mit seinen hübschen Arkadengängen (Abb. 102) nur mehr den Rest einer ursprünglich weitläufigeren Anlage: das eigentliche Kastell besteht nicht mehr.

Derzeit ist im Gebäude das 1969 eingerichtete *Landschaftsmuseum Südliches Burgenland,* eine Außenstelle des Burgenländischen Landesmuseums, untergebracht. Sein Konzept ist es, eine Gesamtinformation über die drei südlichsten Bezirke des Landes – Oberwart, Güssing und Jennersdorf – zu bieten, die zu den Ebenen des nördlichen Landesteiles durch ihren Waldreichtum und die Hügellandschaft eine reizvolle und abwechslungsreiche Ergänzung darstellen. Die südburgenländische Landschaft und ihr Werden, die Bewohner in ihrer Lebens- und Arbeitsweise, Tiere und Pflanzen, Volkskunst und Hausgeräte gehören zu den Sachgebieten, die in sieben Räumen dargestellt werden. Das Museum wurde als erstes einer Reihe von Museen errichtet, deren jedes einen besonderen Schwerpunkt hat.

Der gesamte Ort Stegersbach gehörte im 13. Jh. zum Verteidigungsbereich der Grafen von Güssing, bis das Befestigungswerk im Verlaufe der ›Güssinger Fehde‹ von Herzog Albrecht I. genommen wurde. Erst danach entstand allmählich das erwähnte weitläufige Kastell. Im 16. Jh. kam die Herrschaft Güssing als königliche Schenkung an die Familie Batthyány, die allerdings um den Besitz von Stegersbach bis 1581 prozessieren mußte. Die heutige architektonische Gestalt des Schlosses dürfte auf Adam Batthyány zurückgehen; es zählt zweifelsohne zu den schönsten Bauwerken des südlichen Burgenlandes.

Stegersbach besitzt auch einen originellen, hypermodernen Kirchenbau, die 1974 geweihte katholische *Heiliggeistkirche,* die – in Form einer aufsteigenden Rundtreppe oder Spirale konzipiert – eine ›Himmelsstiege‹ symbolisieren will.

Will man Barockkirchen sehen, muß man die Umgebung besuchen: Im südlich angrenzenden **Bocksdorf** steht eine schöne Spätbarockkirche (1779), 7 km entfernt (weithin sichtbar am Weg nach Güssing) trifft man in **St. Michael** auf eine aus derselben Zeit stammende Michaelskirche (1778), die ihre Wandmalereien (mit Darstellungen aus dem Alten und Neuen Testament) jedoch erst 1933 erhielt, und in **Olbendorf** (5 km nordöstlich von Stegersbach) befindet sich eine Laurentiuskirche mit schöner barocker Innenausgestaltung. Durch das an Weinbergen und Obstkulturen reiche Land fährt man weiter nach Güssing.

Güssing und seine Burg

Burg und Ort sind historisch und räumlich eng miteinander verbunden. Als der Ungarnkönig Géza II. 1157 den Berg ›Quizun‹ (Güssing) einem steirischen Adeligen namens Walfer
übergab, errichtete dieser auf dem strategisch günstig gelegenen landschaftsbeherrschenden
Porphyrkegel eines erloschenen Vulkans eine (zunächst hölzerne) Burg und begründete
kurz danach ein Benediktinerkloster, das er mit erheblichem Eigenbesitz ausstattete. Damit
war der Grundstock für die spätere mächtige und ausgedehnte Herrschaft Güssing gelegt.
Béla III. von Ungarn entzog dem Kloster Ende des 12. Jhs. seine Besitzungen und ließ eine
steinerne Burg erbauen. Wenn der Berg – unter Mißachtung aller päpstlichen Interventio-
nen! – den Benediktinern weggenommen wurde, so ist dies zwar militärisch erklärbar, weil
der Ungarnkönig seine strategisch einzigartige Lage erkannte, für das Mittelalter mit seinen
strengen religiösen Prinzipien jedoch eine in ihrer Tragweite nicht hoch genug zu bewer-
tende Maßnahme.

Schon die alte hölzerne Burg hatte das sie umgebende, stark versumpfte und schwer
zugängliche Gelände beherrscht und als Grenzburg das Pendant zur steirischen Riegersburg
dargestellt. Die Burg bildete um die Mitte des 13. Jhs. einen festen Bestandteil des ungarischen Verteidigungsgürtels im Westen des Landes; zu dieser Zeit entstand ein mächtiger
Turm, auf dessen Basis der heutige Bergfried steht. Gleichzeitig treten die Grafen von
Güssing in unser Gesichtsfeld, die die Burg konsequent ausbauten. Man darf jedoch neben
der militärischen Komponente nicht übersehen, daß die anfangs bescheidene Herrschaft von
den Güssingern bis ins 14. Jh. gewaltig vergrößert wurde, so daß bald neben dem am Fuße
des Burgberges liegenden gleichnamigen Ort mehr als zwei Dutzend burgenländische Dörfer zum Herrschaftsbereich gehörten. Weiter ist in diesem Zusammenhang zu bedenken,
daß dem Markt Güssing und fünf anderen Dörfern besondere Mautrechte verliehen wurden,
die ihnen beträchtliche Einnahmen sicherten.

Während zur Zeit der Babenberger die Machtposition, die sich die Güssinger aufbauten,
sowohl von den Österreichern als auch von den Ungarn stillschweigend toleriert wurde
(solange sie nicht unmittelbar in die hohe Politik eingriffen), versuchten die Habsburger,
nachdem es ihnen unter Herzog Albrecht I. gelungen war, ihre Stellung in Österreich zu
konsolidieren und selbst das unbotmäßige Wien in seine Schranken zu verweisen, die Macht
der Herren von Güssing, die in den Herren von Mattersdorf Verbündete besaßen, zu
brechen; offenbar konnten sie ihnen die Parteinahme für Ottokar II. von Böhmen, dem
Heinrich II. von Güssing bekanntlich eine Reihe seiner Burgen kampflos übergeben hatte,
nicht verzeihen.

Im Zuge der Güssinger Fehde des Jahres 1289 gelang es Albrecht nicht nur, Burg Güssing
einzunehmen, sondern auch die den Mattersdorfern gehörende (alte) Burg Forchtenstein
(nur Bernstein konnte dem Habsburger widerstehen). Das Ziel Albrechts, den Ungarn und
ihren Verbündeten im südlichen Burgenland ebenso wie ein Jahrzehnt zuvor den Böhmen
für immer alle Hoffnungen auf eine eventuelle Annexion Österreichs zu nehmen, war
jedenfalls erreicht. Der militärische Erfolg, der die Machtverhältnisse in diesem Raum klar-
gestellt hatte, genügte dem österreichischen Herzog; im Frieden von Hainburg mit König

Andreas III. (1291) wurde deshalb die Rückstellung der eroberten Burgen vereinbart, nicht ohne daß allerdings einige – wie das Beispiel Forchtenstein zeigt – zuvor dem Erdboden gleichgemacht worden wären; Kobersdorf und Landsee, die Albrecht ebenfalls bezwungen hatte, entgingen diesem Schicksal. Die wiedergewonnene Position und die daraufhin möglich gewordene weitere territoriale Ausdehnung verführten die Güssinger Grafen allerdings einige Jahrzehnte danach zu einem Aufstand gegen die Ungarn, bei dem sie jedoch ihre Kampfkraft überschätzten; Güssing fiel 1327 in die Hände des ungarischen Königs Karl Robert und blieb bis 1391 königlich-ungarischer Besitz.

1459 wurde Kaiser Friedrich III. auf Güssing zum König von Ungarn gewählt. Damals befand sich die Herrschaft im Besitz des siebenbürgischen Wojwoden Nikolaus Ujlaki, eines wichtigen Vertreters der ›deutschen‹ Partei Ungarns, der auch zahlreiche Magnaten angehörten. Ujlaki verstärkte die Befestigungswerke der Burg, die in der Folgezeit daraufhin neuerlich zum Zankapfel wurde: Habsburger und Ungarn suchten das mächtige Bollwerk den Siebenbürgern zu entreißen, doch ohne Erfolg. Erst nach dem Aussterben der Familie Ujlaki schenkte König Ludwig II. von Ungarn 1524 die Burg seinem Obermundschenk Franz Batthyány – eine Entscheidung, gegen die der damalige Siebenbürger Wojwode und spätere König Johann Zapolya vergebens ankämpfte.

Die an sich unbedeutende Auseinandersetzung um Güssing sollte unerwartet eine historische Dimension erhalten, als nach der Niederlage der Ungarn und dem Tod ihres Königs bei Mohács gegen die Türken (1526) Batthyány wegen seines Gegensatzes zu Zapolya fast zwangsläufig an die Seite Erzherzog Ferdinands von Österreich gedrängt wurde, der diese Treue auch entsprechend zu honorieren wußte, wogegen die Siebenbürger fortan treue Vasallen der Türken waren. Da die Gefahr für Mitteleuropa trotz des Mißerfolgs der Türken vor Wien (1529) nicht gebannt werden konnte – Ungarn, das den Habsburgern nach dem Tode König Ludwigs II. aufgrund der Erbverträge von 1515 zur Gänze hätte zufallen müssen, wurde nur in seinem westlichsten Teil kaiserlich, wogegen die zentralen Teile einschließlich der Hauptstadt Ofen fest in der Hand der Türken waren und der Osten von den mit ihnen verbündeten siebenbürgischen Fürsten kontrolliert wurde –, mußte Güssing im Verlauf des 16. und 17. Jhs. stark ausgebaut werden, wollte es sich behaupten. Diesen Ausbau vollzog die Familie Batthyány, die über Jahrhunderte bis heute im Besitz der Burg blieb. Güssing bildete unter den Batthyány nicht mehr einen ungarischen Vorposten gegen Westen, sondern gliederte sich in den habsburgischen Verteidigungsgürtel gegen die Türken ein.

Auch nach dem Zurückdrängen der Osmanen und dem Aufbau der sogenannten Militärgrenze südlich der Drau blieb das Burgenland ein wichtiges Territorium, weil ohne seine Burgen ein Verteidigungsvakuum entstanden wäre, das die Steiermark schutzlos Angriffen preisgegeben hätte. Gemeinsam mit anderen Adelsfamilien erkannten auch die Batthyány die Notwendigkeit, ihre Festungen immer stärker auszubauen, und in Güssing wurde eine geradezu beispielhafte Leistung erbracht. Erst im 18. Jh., nach den entscheidenden Siegen des Prinzen Eugen auf dem Balkan, ging die Bedeutung der Burgen zurück, und 1775 wurde schließlich verfügt, die in den ›Familienburgen‹ gelagerten Waffen wären dem Staat zu übergeben; damals verlor auch Güssing sein imposantes Arsenal.

Stadtwappen von Güssing

Der Ort war inzwischen eine ›adelige und freie Stadt‹ mit eigenem Stadtrecht geworden und entwickelte sich unter dem Schutz der Batthyány auch zu einem bedeutenden Kulturzentrum. Hier soll zunächst darauf hingewiesen werden, daß sich am ›Hof‹ des humanistisch gebildeten Heerführers Balthasar Batthyány immer wieder Männer der Wissenschaft und Kunst von europäischem Rang einfanden, unter ihnen der berühmte Botaniker Charles de l'Ecluse, besser bekannt als Carolus Clusius, der hier sein richtungweisendes Buch über die pannonische Flora verfaßte (das erste wissenschaftliche Werk dieser Art), und der Maler Pieter Brueghel, der hier seine ›Wiedertäuferpredigt‹ schuf. Balthasar unterhielt auch eine Schule für adelige Jünglinge, betrieb zeitweise eine eigene Druckerei, in der protestantische Schriften gedruckt wurden – er selbst bekannte sich seit etwa 1570 zum kalvinistischen Glauben –, sammelte aber auch wertvolle Drucke und baute sich eine bedeutende Bibliothek auf, die später ins Franziskanerkloster gelangte und dort noch heute als kostbarer Schatz verwahrt wird.

Beschreibung

Die befestigte Burg, heute eine imposante Halbruine, die auf den Batthyányschen Umbau des 16. und 17. Jhs. zurückgeht, ist unmittelbar mit der Befestigung der sich im Norden und Westen halbkreisförmig an den Burgberg schmiegenden Stadt verbunden (Farbabb. 26). Die wahrscheinlich ebenfalls im 16. Jh. erbaute Stadtbefestigung, eine Ringmauer (mit Türmen), umschließt ein dreieckiges Areal, dessen ›Eckpunkte‹ neben der Burg (bei deren erstem Torbau sie ihren Ausgang nimmt) im Norden vom Franziskanerkloster (mit Kirche, Turm und anschließendem Wehrbau) und im Westen vom alten Rathaus (mit grabenseitig erhaltenem Wehrturm) markiert werden. Ein zwischen dem Kloster und dem (noch bestehenden) Batthyány-Kastell gelegenes Stadttor wurde im 20. Jh. demoliert.

Die Burganlage ist ungemein weitläufig. Man erreicht sie zu Fuß aus der Altstadt über den östlich des Batthyány-Kastells beginnenden Clusiusweg oder über eine Fahrstraße, die bei einem kleinen Parkplatz endet. Die Straße verläuft zunächst nach Süden, dann nach Westen und durchbricht auf ihrem Weg die Mauer der Stadtbefestigung, die – deutlich erkennbar – rechterhand hinunter zum Franziskanerkloster verläuft.

Der erste mächtige Torbau bei der ›Scheibelturmbastei‹ trägt die Jahreszahlen 1544 bzw. (am Torbogen) 1672 samt den Initialen der Grafen Christoph und Paul Batthyány. Da die Familieninitialen an den verschiedensten Orten auftauchen, seien sie kurz erläutert. Sie

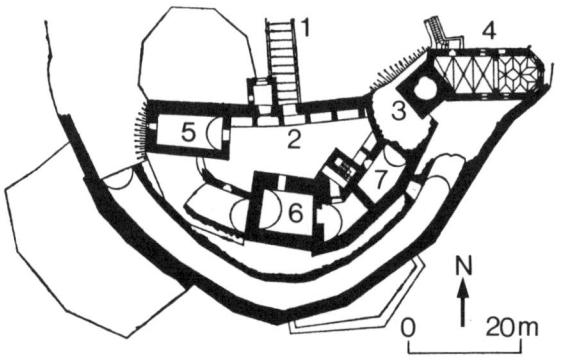

Güssing, Hochburg, Grundriß
1 *Freitreppe*
2 *Burghof*
3 *Bergfried (mit Innerem Hof)*
4 *Burgkapelle*
5 *Gotischer Turm*
6 *Gotischer Turm*
7 *Palas*

bestehen im allgemeinen aus vier Buchstaben, von denen der erste (C) Comes (Graf) bedeu-tet, wogegen die beiden letzten (D B) für ›de Batthyány‹ stehen; dazwischen sieht man den Vornamen (etwa P für Paul).

Nach Durchfahren des ersten Tors erreicht man, an Bastionsmauern vorbei, den Park-platz (dessen Fassungsvermögen man nicht überschätzen sollte!) und (zu Fuß) das zweite Tor. Nach Westen springt die Bastion ›Scharfes Eck‹ vor. Hinter dem Tor öffnet sich dem Blick rechts die teilweise verfallene ›Kanonenhalle‹, eine riesige Kasematte mit Schießschar-ten und Luftlöchern, über der sich der Witwenturm erhebt (links kompliziert geschnittene Schießscharte für ›Rückenschüsse‹). Durch ein kleines Tor kann man einen kleinen Zwinger betreten, in dem sich ein Freilufttheater befindet. Seine Sitzreihen sind aus dem Tuff des Porphyrfelsens herausgehauen, dessen über 300 m hoher Kegel die Burganlage trägt.

Durch ein drittes Tor, das durch den Rauchfeuerturm geschützt wurde, hindurchtretend, steigt der Weg steil an; ehemals war dies ein gedeckter Gang. An seinem Ende erreicht man durch einen gerundeten Tortunnel aus dem 15. Jh. die Vorburg, den alten Äußeren Burghof. Er ist von Befestigungsresten umrahmt, zu denen (ganz rechts) der Ujlaki-Turm gehört, und besitzt (im rechten Teil) eine mit ›1571‹ datierte Zisterne.

Am südlichen Ende des Burghofs führt eine imposante Freitreppe zur Hochburg empor (Abb. 106). Seitlich ihres Fußes sieht man zwei steinerne Tischwangen (›1571‹) mit dem Besitzvermerk der Catharina Batthyány. Geht man an der rechts der Stiege liegenden Bastion, die seinerzeit die Hochburg schützen sollte, vorbei, so erreicht man eine alte Bastei, die zu einer Aussichtsterrasse gestaltet ist und einen weiten Blick ins Land gestattet. Die Hochburg stammt aus verschiedenen Jahrhunderten: Der Bergfried und die Gemäuer der Kapelle (vom Burghof gesehen links) gehören zu den ältesten Teilen der Burganlage, doch sind von der Romanik bis zum Barock alle Baustile vertreten.

In der *Hochburg* wird der enge Hof von dreigeschossigen Wohnbauten umschlossen, die an der Südseite mehrfach geknickt sind. Bemerkenswert erscheint, daß die Räume im Unter-geschoß zum Teil direkt aus dem Felsen gehauen wurden. Die Verbindung zu der am Ostrand errichteten Burgkapelle bildet der Bergfried, dessen Untergeschoß noch romanisch

Burg Güssing, Rüstkammer, Tartsche, Mitte 16. Jh.

ist, wogegen die übrigen Teile (Glockengeschoß, Haube und Glocke selbst) dem 17. Jh. zuzuordnen sind (Abb. 109). Aus dieser Zeit stammt auch das Treppenhaus. In einigen Räumen der Burg ist das (bei Führungen zugängliche) Burgmuseum eingerichtet, das neben Rittersaal, Ahnensaal (Abb. 105) und Rüstkammer auch eine bedeutende Kunstkammer (Renaissance- und Barockkunstwerke) sowie einen Clusius-Gedenkraum umfaßt.

Die *Burgkapelle* wurde im 15. Jh. erbaut. Bei dem in der Westwand erkennbaren Rest eines spätromanischen Portalrahmens könnte es sich um den seinerzeitigen Zugang zur Hochburg handeln. Die Maria Schnee geweihte Kapelle befindet sich im Erdgeschoß eines zweigeschossigen Baues: ein dreijochiger Raum mit kreuzgewölbtem Schiff, mit spitzbogigem Triumphbogen und Netzrippengewölbe im Chor (Abb. 107). Der Hochaltar ist neugotisch (1794), ebenso das Gestühl: beides entspricht der auch andernorts um diese Zeit erkennbaren Regotisierungswelle, die man im Hinblick auf ihren Initiator, den Architekten Johann Ferdinand von Hohenberg, zuweilen als ›Hohenberggotik‹ bezeichnet (Hohenbergs bekanntestes Beispiel der Regotisierung ist die Augustinerkirche in Wien). Der Seitenaltar (1662), auf dem sich zwischen gedrehten Säulen die Figuren der Pestheiligen Rochus und Sebastian befinden, war einst der Hochaltar der östlich der Burg abseits der Altstadt gelegenen katholischen Pfarr- und Friedhofskirche, deren Bau man in die Zeit um 1200 verlegt und die noch Reste ihres romanischen Ursprungs erkennen läßt. Die Truhenorgel der Burgkapelle (1574 käuflich erworben) befindet sich derzeit im Burgmuseum. Verschiedenes erinnert an die Familie Batthyány: an den Wänden Totenschilde (darunter Adam und Paul Batthyány 1659 bzw. 1674) sowie ein barocker Wappengrabstein aus dem 17. Jh. (links).

Rundgang durch die Stadt

Der bedeutendste sakrale Bau in der Stadt ist das an der Hauptstraße gelegene *Franziskanerkloster* mit der *Klosterkirche ›Mariä Heimsuchung‹*. Das Kloster, 1648/49 an der Stelle eines in der ersten Hälfte des 17. Jhs. zerstörten Augustinereremitenklosters errichtet, ist wahrscheinlich ein Werk des kaiserlichen Hofbaumeisters Philiberto Lucchese: ein dreiflügeliger Bau, in der Hofmauer ein Portal mit Zinnengiebel, daneben die mit geschweiftem Giebel

279

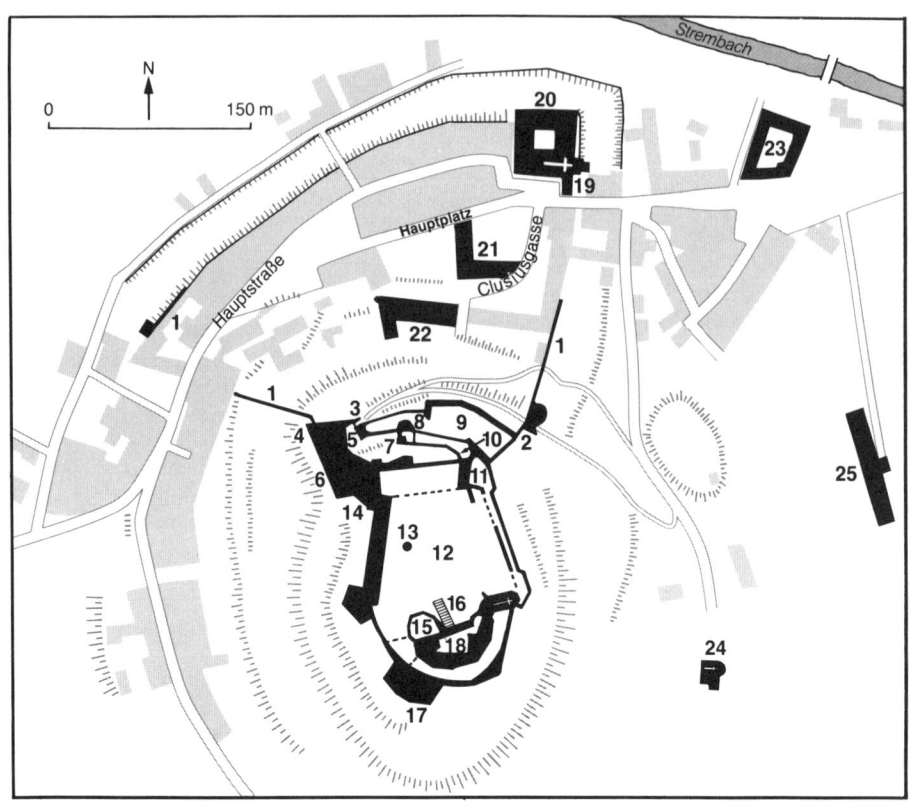

Güssing, Stadt und Burg 1 Stadtmauer 2 Erstes Tor bei der Scheibelturmbastei 3 Zweites Tor 4 Scharfes Eck 5 Kanonenhalle 6 Witwenturm (über der Kanonenhalle) 7 Drittes Tor 8 Rauchfeuerturm 9 Freilufttheater 10 Ehem. gedeckter Aufgang 11 Tortunnel (Adamstor) 12 Äußerer Burghof 13 Zisterne 14 Ujlaki-Turm 15 Bastei vor der Hochburg 16 Freitreppe zur Hochburg 17 Aussichtsterrasse 18 Hochburg (siehe Detailplan) 19 Franziskanerkirche ›Mariä Heimsuchung‹ 20 Franziskanerkloster 21 Kastell Batthyány 22 Ehem. Bezirkshauptmannschaft 23 Ehem. Judengebäude 24 Kath. Pfarr- und Friedhofskirche (Jakobskirche) 25 Schloß Draskovich

versehene Pforte. Die bemerkenswerte Klosterbibliothek geht auf eine Sammlung Balthasar Batthyánys zurück. Die Kirche ist ein großer Bau mit Ostturm (Abb. 108), Kreuzgratgewölbe auf hohen Pilastern, breiter Empore und rundbogigem Triumphbogen. Der Hochaltar, vielleicht nach einem Entwurf Luccheses von Grazer Bildhauern ausgeführt, ahmt ein dreigeschossiges Gebäude nach, in dessen erstem Geschoß sich zwischen gewundenen Säulen das Bild Mariä Heimsuchung (19. Jh.), im zweiten Geschoß eine ›Himmelfahrt Mariä‹ mit acht Heiligenfiguren befinden.

Ein Portal im Chorjoch rechts führt in die aus dem 17. Jh. stammende *Lorettokapelle*, auf deren Altar sich eine ›Schwarze Madonna‹ (mit Glockenmantel) befindet (18. Jh.).

Die Batthyánysche *Familiengruft* (der klassizistische Zugang liegt beim Giebelportal, doch ist die Gruft kaum zugänglich, weil sie von der Familie als privates Refugium betrachtet wird) wurde 1648 begründet und zweimal erweitert. In der Gruft (einer weitläufigen Anlage unter der Kirche) befindet sich – neben etwa 100 einfachen Särgen – der bemerkenswerte Bleisarkophag des Karl Joseph Batthyány (gest. 1772) aus der Hans des Bildhauers Balthasar Ferdinand Moll (u. a. berühmte Sarkophage für Franz Stephan von Lothringen und Maria Theresia, Kaiser Karl VI. und Kaiser Matthias).

An der um den Burgberg herumführenden *Hauptstraße* stehen meist schlichte, ein- oder zweigeschossige Häuser mit teilweise modernisierten Fassaden; im Haus Nr. 46 (mit Biedermeierfassade) hat sich eine originale ›Rauchküche‹ erhalten. Der *Hauptplatz*, nördlich unter dem *Kastell Batthyány* und der *ehem. Bezirkshauptmannschaft* gelegen, war ehedem ein Dorfanger, in dessen Mitte später ein ›Grätzl‹ entstanden ist. Hier stehen einige ältere Häuser, wie Nr. 1 (mit Pfeilerarkaden aus dem Ende des 18. Jhs.) oder Nr. 6, 8 und 10 (Fassadendekor des 19. Jhs.). Das alte Rathaus hat längst seine ursprüngliche Gestalt eingebüßt.

Von der übrigen Stadt ist nur weniges zu berichten. In der P.-Gratian-Leser-Straße befindet sich auf Nr. 15 das schlecht erhaltene *Judengebäude* (erbaut um 1740) mit bemerkenswerten Pfeilerarkaden an der Hofseite und einer Mittelrisalitgliederung straßenseitig. Der obere Teil der Manliusgasse hat sich seinen dörflichen Charakter bewahrt (Nr. 6–16); in der Schloßgasse stehen noch ehemalige Gesindehäuser (Nr. 1–11), in der Stremtalstraße hat sich auf Nr. 2 die alte Hofmühle aus dem ausgehenden 18. Jh. erhalten.

Außerhalb der alten Stadtmauern sind neben dem Judengebäude die alte Pfarrkirche und Schloß Draskovich einen Besuch wert. Die dem hl. Jakob d. Ä. geweihte *Pfarrkirche* liegt östlich der Burg im alten Friedhof: eine romanische Kleinkirche aus der Zeit um 1200 mit

Güssing, Schloß Draskovich, gotischer Flügelaltar in der Schloßkapelle

281

rechteckigem Schiff, drei romanischen Fenstern in der Südwand und niedriger Halbkreis-
apsis und rundbogigem Triumphbogen (darüber ein zum Teil ergänzter romanischer
Schuppenfries).

Schloß Draskovich, erbaut 1804, ist ein klassizistischer Bau mit dreiachsigem Mittelrisalit.
Von Bedeutung ist ein in der Schloßkapelle befindlicher gotischer Flügelaltar (1469), der
Passionsszenen vom Abendmahl bis zum Weltgericht zeigt; es ist der einzige derartige Altar
im ganzen Burgenland. Die Hauptgeschoßräume sind mit Empiremöbeln ausgestattet,
außerdem wird eine bemerkenswerte Porzellansammlung verwahrt. Die Besichtigung ist
nur gegen Voranmeldung möglich.

Nördlich von Güssing dehnt sich ein Forstrevier mit einem *Wildpark* (Eintrittskarten
beim Forsthaus oder in der Forstkanzlei von Schloß Draskovich). Hier werden auf über
100 ha zoologische und jagdwissenschaftliche Versuche durchgeführt, vor allem auch Rück-
züchtungen (Auerochsen, Wildpferde usw.) vorgenommen; der Wildbestand ist hinsichtlich Quantität und Arten überdurchschnittlich, ein Besuch sollte am besten zur Abendzeit
eingeplant werden. Das Beobachten und Fotografieren der Tiere ist von mehreren Aus-
sichtspunkten aus möglich.

Im kleinen Ort *Sulz* (7 km westlich von Güssing) entspringt eine bekannte Mineralquelle
(Tafelwasser). Der *Clusius-Naturpark* (5 km östlich von Güssing) bietet schöne Wanderwege in waldreicher Gegend; der Naturpark liegt beim Stausee vor Urbersdorf.

Das Kellerviertel von Heiligenbrunn

12 km südöstlich von Güssing, bereits nahe an der ungarischen Grenze, liegt am Strembach
Heiligenbrunn, eine Gemeinde mit nur wenigen hundert Bewohnern, die – trotz ihres hohen
Alters (urkundliche Erwähnung bereits 1198) – vor allem durch ihr Kellerviertel berühmt ist.
Obwohl dieses etwas abseits der Hauptstraße liegt, sollte es unbedingt besucht werden. Die
katholische Pfarrkirche des Ortes wurde 1764 anstelle einer mittelalterlichen Kirche erbaut
und ist bescheiden eingerichtet; die Doppelwappen der Familien Batthyány und Erdödy
zieren den Triumphbogen.

Unterhalb der Kirche liegt ein Eichenhain, in dem eine kleine, dem hl. Ulrich geweihte
Wallfahrtskapelle neueren Datums (1926) an jenen ›heiligen Brunnen‹ erinnert, der dem Ort
seinen Namen gab; die alte über der Quelle erbaute Kapelle war Anlaß für die urkundliche
Erwähnung des ausgehenden 12. Jhs. gewesen. Heute entspringt die heilige Quelle vor der
Kapelle, das Kirchenweihfest findet am 4. Juli, dem Fest des hl. Ulrich, statt.

Das historische *Kellerviertel,* das sich oberhalb des Dorfes am Hang des Stifterberges in
einem unter Naturschutz stehenden Edelkastanienwald erstreckt und über eine Fahrstraße
leicht erreichbar ist, unterscheidet sich von ›Freilichtmuseen‹, wie wir sie (vor allem in Bad
Tatzmannsdorf) kennengelernt haben, ganz einfach dadurch, daß es in voller Funktion
geblieben ist. Beiderseits der Straße stehen einige Dutzend bäuerliche Blockhäuser aus Holz,
mit Lehm beworfen, einfach gekalkt und mit Stroh gedeckt – fast durchweg dem 18. und

19. Jh. entstammend (Farbabb. 30). Die Holzhäuser bestehen im allgemeinen aus zwei Räumen, dem Weinlagerraum (von einem ›Keller‹ im eigentlichen Sinn des Wortes kann man nicht sprechen) und dem Preßraum. Die Eichenpfostentüren (oft zum Schutz vor der Hitze durch eine äußere strohgeflochtene Tür verdeckt) tragen verschiedentlich Jahreszahlen und Monogramme, die uns Einblick in die Haus- und Besitzgeschichte gewähren. Neben den ›Kellern‹ sieht man auch noch Erntespeicher: quadratische, einräumige Holzhäuser, die ebenfalls noch genutzt werden.

Heiligenbrunn ist auch die Heimat des geheimnisumwitterten ›Uhudler‹-Weines, eines Direktträgers aus den Rebsorten Isabella, Noah, Ripoteller und Oteller. Buschenschenken laden zum Verweilen und Verkosten der in dieser Gegend gezogenen Weine ein.

Fährt man noch ein Stück weiter in Richtung ungarischer Grenze, so gelangt man nach **Hagensdorf,** dessen malerisches Ortsbild zwar kein besonders hohes Alter aufweist (1843 wurden bei einem Großbrand fast alle Gebäude zerstört), jedoch über zahlreiche charakteristische Streckhöfe aus der Zeit danach verfügt, die teilweise mit Laubengängen ausgestattet sind. Der ›Hausberg‹ (heute Friedhofshügel) nordöstlich des Ortes, der von einem noch erkennbaren Wall umgeben ist und im Norden steil zur Pinka abfällt, wurde bereits im beginnenden 13. Jh. künstlich aufgeschüttet; seine Befestigung diente offenbar zum Schutz einer hier die Pinka überquerenden alten Brücke. – Auch im benachbarten **Luising,** an der hier die Grenze bildenden Pinka gelegen, haben sich noch alte Höfe mit Laubengängen erhalten.

Auf die Hauptstraße zurückkehrend, gelangt man über **Strem,** den Hauptort des unteren Stremtales, und dessen Ortsteil *Moschendorf,* der am Beginn der ›Pinkataler Weinstraße‹ liegt (selbst hier nisten Störche!), nach *Gaas* (mit der Wallfahrtskirche Maria Weinberg, s. S. 288) und *Eberau* (mit seinem bekannten Schloß). Eberau ist für uns auch der Endpunkt jener Strecke, die im folgenden Abschnitt behandelt werden soll.

Von Oberwart nach Eberau

Fährt man von Oberwart – aus welcher Richtung immer man kommt – nach Südosten weiter, so hat man zwei Möglichkeiten, nach Eberau zu gelangen: auf der Hauptstrecke (Bundesstraße 63) über Großpetersdorf und Dürnbach, wobei man vor Schachendorf nach Süden (rechts) abbiegen muß, um über Deutsch Schützen nach Eberau zu gelangen, oder – reizvoller und historisch ergiebiger – über eine Landstraße, die Unterwart, Rotenturm, Jabing und Kohfidisch berührt, um von dort direkt nach Eberau weiterzugehen. Etwas abseits der Route liegt **Güttenbach,** eine kroatische Gemeinde, die in die parkähnliche Landschaft des südlichen Burgenlandes eingebettet ist, vor allem aber deshalb von Interesse ist, weil sie die einzige Pfarrkirche des Burgenlandes besitzt, die in slawischem Stil erbaut worden ist.

Über Großpetersdorf

Etwa auf halbem Weg nach Großpetersdorf lohnt sich ein kleiner Abstecher (links) nach **Siget in der Wart,** einem am Zickenbach gelegenen Breitangerdorf, das im 14. Jh. von ungarischen Bogenschützen angelegt worden ist. Die *katholische Filialkirche ›Zum hl. Ladislaus‹* (Ungarnkönig!) entspricht in ihrem Typus romanischen Kleinkirchen (Abb. 103). Die flache Holzdecke, der schlichte Altar des 18. Jhs., das Bild der Maria Immaculata in ungarischer Tracht (Altarwand), die mittelalterliche Steinkanzel und die Malereien in der Apsis machen einen Blick in das Kirchlein lohnend.

Siget in der Wart, Filialkirche ›Zum hl. Ladislaus‹, Fresken in der Apsis

Auf der Bundesstraße 63 weiterfahrend gelangen wir nach **Großpetersdorf,** das erstmals zu König Ottokars Zeiten 1273 als ›villa Sancti Michaelis‹ genannt, 1846 durch einen Großbrand so gründlich verheert wurde, daß kaum noch alte Häuser aufzufinden sind. Da bei dieser Gelegenheit auch die mittelalterliche Kirche zerstört wurde, stammt die heutige Pfarrkirche trotz ihrer barocken Formen erst aus dem 19. Jh. Immerhin stößt man, so man sich für Details interessiert, im östlichen Ortsgebiet noch auf einige laubengeschmückte Höfe mit Giebeldächern aus dem ausgehenden 19. Jh. (Wiesen- und Feldgasse); im übrigen ist Großpetersdorf heute ein Industrieort und Straßenknotenpunkt.

Das 5 km weiter westlich gelegene Jabing durchfährt man auf der anderen Route. Von Großpetersdorf geht es entweder auf einer kürzeren Landesstraße über Weigersdorf und Hannersdorf nach Burg und von dort, hart an der ungarischen Grenze entlangfahrend, nach Eberau, oder über einen Umweg in Richtung Schachendorf.

Auf dem Weg dorthin kommt man zunächst nach **Dürnbach,** einem bereits zum Gemeindegebiet von Schachendorf gehörenden Breitangerdorf, das im 16. Jh. kroatisch besiedelt wurde. Der Ort besitzt eine bekannte *Wallfahrtskirche* (›Mariä Himmelfahrt‹), deren spätbarockem Saalbau ein einfach gestalteter Turm (mit Zwiebelhelm) vorgelagert ist. Das Kircheninnere wurde um 1900 von einem Benediktinerpater aus Seckau in neuromanischer Beuroner Manier ausgemalt; bemerkenswert ist vor allem auch der große klassizistische Hochaltar aus dem ausgehenden 18. Jh. mit einem Altarbild von Stephan Dorfmeister

(1791), das von Schnitzfiguren flankiert wird (hl. Florian, hl. Antonius). Der Glockenstuhl auf dem Anger, ein Holzblockbau, entspricht zwar in seiner Form der Entstehungszeit (1674), wurde jedoch bereits mehrmals erneuert.

Schachendorf, seit dem 14. Jh. in Urkunden genannt und zu Beginn des 15. Jhs. eine Mautstelle, mußte ebenfalls mit Kroaten neu besiedelt werden und ist noch heute ein rein kroatisches Dorf. Dasselbe gilt für das wenige Kilometer südlich gelegene kleine **Schandorf,** von dessen mittelalterlicher Kirche sich noch romanisches Mauerwerk erhalten hat; bei einer Restaurierung konnte 1978 auch das ursprüngliche Südportal der Kirche aus der Zeit um 1300 freigelegt werden, in dessen Bogenfeld eine ikonenartige Madonna zu sehen ist.

Auf dem anderen Straßenstück befindet sich **Hannersdorf** mit seiner an erhöhter Stelle liegenden spätgotischen *Pfarrkirche* aus der ersten Hälfte des 16. Jhs., die sich in ihrem Baukern erhalten hat. Am nordöstlichen Strebepfeiler der Kirche fällt ein mannshoher, marmorner Löwe aus der Römerzeit (2. Jh.) ins Auge, der hier eingemauert worden ist; an der Fassade erkennt man auch noch ein römisches Relief.

In **Burg,** wo sich die beiden Straßen wieder treffen, sind die aus dem 10. Jh. stammenden Wehranlagen an der Pinka bemerkenswert. Von der im 11. Jh. errichteten, später ausgebauten, jedoch seit dem 16. Jh. verfallenden Burg haben sich nur Ruinen erhalten.

Weiter in Richtung Eberau fahrend, berührt man den wegen seines ausgezeichneten Weines bekannten Ort **Eisenberg an der Pinka** (Farbabb. 31), dem seine ganzjährig geöffneten ›Buschenschenken‹ ein charakteristisches Gepräge geben. Man nennt den Eisenberg zuweilen sogar den schönsten Weinberg des Burgenlandes; von seiner Höhe (415 m) kann der Blick weit nach Ungarn schweifen. Der letzte Ort vor Eberau ist **Deutsch-Schützen,** ebenfalls als Weinbauort bekannt geworden.

Bevor wir uns der zweiten Route, die anfangs dem Lauf der Pinka folgt, widmen, wollen wir zum besseren Verständnis der völkischen Zusammensetzung des südburgenländischen Gebietes kurz einen Blick auf die kroatische Bevölkerung werfen.

Kroaten im Südburgenland

Schon im nördlichen Burgenland konnten wir auf das kroatische Bevölkerungselement des Burgenlandes hinweisen. Als das Grenzland am Ostalpenrand nach der türkischen Invasion der Jahre 1529 und 1532 zu veröden drohte und es nicht gelingen wollte, deutsche Siedler für diese militärisch dauernd bedrohten Gebiete zu gewinnen, entschlossen sich die Familien Batthyány und Zrinyi, ebenso aber auch die Nádasdy und die Harrach im Norden, den vor den Türken aus dem Küstenland bis hierher geflüchteten Kroaten in den verwüsteten Landesteilen ein neue Heimstatt anzubieten und sie zu dauernder Niederlassung zu motivieren. Das kroatische Bevölkerungselement konzentriert sich daher auf jene Gebiete, die in den dreißiger und vierziger Jahren des 16. Jhs. entvölkert waren und neu besiedelt werden mußten: die Brucker, Hainburger, Ebenfurther und Ödenburger Pforte, die nach Osten offene Landschaft um Oberpullendorf samt dem Gebiet um Rechnitz und das Güssinger Gebiet, wo allerdings bereits früher – man nimmt das Jahr 1524 als sicher an – eine Ansiedlung erfolgte; eine zweite (schwächere) Welle – eine Art ›Nachbesiedlung‹ – folgte im 17. Jh., beschränkt jedoch auf den Südhang des Rechnitzer Gebirges, ansonsten war die kroatische Besiedlung in der zweiten Hälfte des 16. Jhs. so gut wie abgeschlossen.

Einige Orte in der hier besprochenen Gegend haben sich ihre einheitliche kroatische Besiedlung bis heute erhalten (z. B. *Schachendorf* samt einigen Dörfern der näheren Umgebung im Osten oder *Stinatz*, um ein besonders markantes Beispiel im westlichen Landesteil zu nennen). Besonders in Stinatz hat sich kroatisches Volkstum erhalten: Die Tamburizzagruppe bietet kroatische Volkslieder (eine sehr bekannte Gruppe gibt es auch in Siegendorf), die Volkstanzgruppe zeigt Schreit- und Springtänze aus dem kroatischen Volksgut. Beide Gruppen treten in historischen Trachten auf; charakteristisch sind die gestärkten weißen Blusen und Röcke sowie die vielen farbenfrohen Tücher. Im Gegensatz zu den malerischen burgenländischen Trachten, die nur noch selten zu sehen sind und oft lediglich als ›Touristenattraktion‹ bei Festen und Veranstaltungen getragen werden, sieht man kroatische Trachten noch häufiger im alltäglichen Leben, wie die Kroaten überhaupt wesentlich stärker an alten Sitten und Gebräuchen festhalten (Abb. 111, 112).

Burgenländische Folklore wird von den Musikvereinen in *Kukmirn* (das während der Obstbaumblüte im Mai viele Besucher anlockt und durch seinen Apfelschnaps nach Calvadosart, eine Spezialität des Ortes, bekannt geworden ist) sowie seinen Ortsteilen *Neusiedl* und *Limbach* geboten, während eine Volkstanzgruppe in *Glasing* beheimatet ist.

Wenden wir uns nun der zweiten von Oberwart ausgehenden Route nach Eberau zu, der zunächst entlang der Pinka verlaufenden Landstraße.

Über Rotenturm und Kohfidisch nach Eberau

Bereits nach 3 km erreicht man das an der Pinka liegende langgestreckte Straßendorf **Unterwart,** eine jener mit freien ungarischen Grenzwächtern besiedelten Ortschaften ›in der Wart‹, in der sich später Kleinadelige niederließen. Mit mittelalterlichen Privilegien ausgestattet, durften sich die Bewohner rühmen, keiner Herrschaft untertan zu sein. Das Ortsbild von Unterwart wird noch durch alte Bauernhöfe geprägt, deren modernisierte Fassaden nicht darüber hinwegtäuschen dürfen, daß sich in den Höfen noch Lauben und Arkaden vorfinden.

Weder die barocke Pfarrkirche, ein kleiner Bau mit nur zum Teil originaler Einrichtung, noch die auf dem Kirchenplatz stehende barocke Mariensäule sind es jedoch, die für den Besucher von besonderem Interesse sind, sondern das ›Heimathaus‹ (Nr. 208), ein Arkadenhaus, das aus einem alten Bauernhaus entstand und dessen besonders schöne Hoflauben beachtenswert sind. In den museal gestalteten Räumen kann man neben bäuerlichem Hausrat und bäuerlichen Geräten auch interessante Gegenstände zur Ortsgeschichte sehen. (Der Schlüssel ist im Haus Nr. 206 zu bekommen; Voranmeldung ist wünschenswert.)

Ohne merkbare Unterbrechung angrenzend liegt der Marktort **Rotenturm,** der (außer der Kirche) durch sein Schloß bekannt geworden ist. Schon im 15. Jh. entwickelte sich die Ortschaft rund um eine damals vorhandene Wasserburg (wahrscheinlich aus dem 13. oder 14. Jh.). Später erfolgte der Umbau zu einem Schloß, das im 17. Jh. abgerissen wurde. Wieder folgte ein neues Schloß, erbaut 1775–80, das bereits 1810 abgetragen wurde. Von allen diesen Bauwerken hat sich praktisch nichts erhalten, ebensowenig von einem beim Schloß liegenden Kastell aus der ersten Hälfte des 19. Jhs., das allerdings erst 1972 der Spitzhacke zum Opfer fiel.

Was man bei einem Besuch vor Augen hat, ist das zwischen 1862 und 1866 erbaute *Schloß*, dessen rotes Mauerwerk durch die Bäume leuchtet, wenn man durch das Gittertor getreten ist. Oberstallmeister Stephan Erdödy hat sich das Schloß von Architekt Anton Weber erbauen lassen. Es präsentiert sich in dem damals recht beliebten ›romantischen Baustil‹: In phantasievoller Symbiose verbinden sich neuromanische mit maurischen Elementen, wobei die reichen Fassadendekors aus hellem Sandstein einen interessanten Kontrast zu den roten Ziegeln bilden. Es gibt Fachleute, die Rotenturm als den »eigenwilligsten Schloßbau des Landes« bezeichnen (Lajta) und besonders auf den bemerkenswerten Eckflügel mit seinem kunstvollen Stufengiebel sowie den campanileartigen Turm mit seiner Säulengalerie im Obergeschoß hinweisen, die im Mittelteil durch eine offene Loggia verbunden sind (Abb. 115). Vestibül und Stiegenhaus sind prunkvoll gestaltet, die Säle weisen Stuck und Fresken auf. Die Anlage des Schloßparks erfolgte ebenfalls im 19. Jh. Das Gästehaus der Erdödy dient heute als Gemeindeamt.

In der barocken *Pfarrkirche*, deren Einrichtung aus dem 18. und 19. Jh. stammt, schmückt den Hochaltar die Kopie eines Gemäldes von Federico Barocci (um 1600); in der Krypta ist die Begräbnisstätte der Grafen Erdödy eingerichtet, die rund ein halbes Jahrtausend in Rotenturm residierten. Ein ehemaliger Meierhof mit Hofarkaden (Nr. 17) und die aus der zweiten Hälfte des 17. Jhs. stammende barocke Mariensäule auf dem Hauptplatz runden das kulturelle Angebot ab. Es sei aber noch auf eine andere – optisch nicht erkennbare – Eigenheit der ›Europagemeinde‹ Rotenturm hingewiesen: Sie entstand nämlich 1970 durch die Zusammenlegung je einer österreichischen, kroatischen und ungarischen Gemeinde.

Nachdem man das sich kilometerweit erstreckende Straßendorf **Jabing**, das am Nordufer der Pinka liegt, durchfahren und auch einige andere kleinere Orte hinter sich gelassen hat, nähert man sich **Kohfidisch**. Das Straßendorf liegt am Westrand des ›Fidischer Waldes‹ und wird bereits 1221 in einer Urkunde erwähnt. Die mehrfach gekrümmte Hauptstraße ist von den landesüblichen Zwerch-, Haken- und Streckhöfen gesäumt, die zum Teil Lauben besitzen, an der westlichen Seite liegen giebelseitig zur Straße Streckhöfe (z. B. 32–35).

Von Bedeutung ist das am südlichen Ortsende gelegene alte *Renaissanceschloß*. Es befindet sich zwar teilweise in keinem sonderlich erfreulichen Erhaltungszustand, ist aber von einem englischen Garten mit unter Naturschutz stehenden alten Bäumen umgeben. Seit dem 16. Jh. befindet sich das Schloß im Besitz der Familie Erdödy. Hier stand ursprünglich ein im 17. Jh. erbauter Meierhof, der gegen Ende des 18. Jhs. erweitert und schließlich im ersten Viertel des 19. Jhs. ausgebaut und eingerichtet wurde. Erst drei Jahrzehnte nach der Verwüstung im Jahre 1945 begann die noch im Gang befindliche Instandsetzung des um einen Ehrenhof angelegten Dreiflügelbaues, dessen Mittelrisalit im Hauptflügel von einem Zeltdach überhöht wird (Abb. 113). Schauseite ist jedoch die Gartenfassade, die einen auf klassizistischen Konsolen liegenden Balkon und reicheren Dekor zeigt.

Der einfache Turm, den man im Ort sieht, ist ein mit einer Kapelle verbundener Glockenturm des 19. Jhs., in dem eine ältere Johannes-Nepomuk-Statue Platz gefunden hat.

Im nahe gelegenen kleinen Ort **Csaterberg**, zu dem sich ein Spaziergang lohnt, wurde ein aus der Zeit Kaiser Hadrians (um 130 n. Chr.) stammender römischer Meilenstein gefunden, der heute in der (neuen) Schule aufgestellt ist; das Dorf besitzt einen von Wald umschlossenen Weinberg.

Nicht ganz 40 km von Oberwart entfernt, kommen wir nach **Eberau**. Die bereits im 14. Jh. erwähnte Wasserburg (1369 als ›castrum‹ bezeichnet), die Hauptattraktion des Ortes, wurde im Laufe der Zeit zu einem Wohnschloß umgestaltet. Noch heute zählt Eberau mit seinen aus dem Mittelalter stammenden Wehranlagen zu den imposantesten befestigten österreichischen Dörfern; die Umwallung geht mit Sicherheit schon auf die babenbergische Zeit des 13. Jhs. zurück, allerdings bezieht sich die erste urkundliche Erwähnung des Ortes (1221) auf die ungarische Bezeichnung Monyorókerek.

Die geographische Lage von Eberau – versumpfte Arme von Pinka und Rodlingbach, die nur auf einem einzigen Weg durchquert werden konnten – machte die Burg zu einer uneinnehmbaren Festung, die von den Bewohnern des ganzen Landstrichs als Fluchtburg geschätzt wurde. Es gibt keinerlei Hinweis darauf, daß Eberau jemals vom Feind bezwungen worden wäre. Die Befestigung des Ortes hat in Österreich Seltenheitswert: dürfte sie doch der einzige (teilweise noch gut erkennbare) Typus sein, der zwischen einer künstlich aufgeschütteten Erdbefestigung und einer Stadtmauer im herkömmlichen Sinn einzuordnen ist.

Das heutige *Schloß Eberau*, das schon aus der Ferne in der flachen Landschaft erkennbar ist, stammt aus dem 17. Jh. und gehörte zeitweise den (protestantischen) Zrinyi, dann den (katholischen) Erdödy. Die Zrinyi waren es auch, die der Burg zu einer kulturgeschichtlichen Bedeutung verhalfen, als sie 1587 dem berühmten protestantischen Drucker Manlius eine Druckerei einrichteten; die Erdödy beendeten 1613 gewaltsam dieses ›Religionsintermezzo‹.

Am Hauptplatz, der sich vor dem Schloß ausdehnt, steht (am Südende) die *katholische Pfarrkirche* mit ihrem spätgotischen Netzrippenchor aus dem 15. Jh. und dem barocken Langhaus (samt Fassadenturm) aus dem 18. Jh.; der barocke Hochaltar mit seinem Säulenaufbau, dem Altarbild ›Hl. Familie‹, den Schnitzfiguren und dem großen Erdödy-Wappen zieht sogleich den Blick des Besuchers auf sich. – Die barocke Dreifaltigkeitssäule und der achteckige Pranger aus dem 17. Jh. sind besondere Zierden des Hauptplatzes.

In der Umgebung von Eberau liegen **Unterbildein** (sehenswerte Pfarrkirche mit gotischem Chor aus der Zeit um 1500, barockem Langhaus und barocker Innenausstattung) und das am Rodlingbach gelegene kroatische Waldhufendorf **St. Kathrein** (mit der über einer wundertätigen Quelle erbauten Magdalenenkapelle).

Südlich von Eberau liegt **Gaas**, weniger wegen seines Ortsbildes interessant, sondern wegen der südlich auf einer Anhöhe des Kulmer Waldes gelegenen Wallfahrtskirche ›*Maria am Weinberg*‹, die als schönstes und bedeutendstes Marienheiligtum des südlichen Burgenlandes bezeichnet wird (Hauptwallfahrtstag ist der 15. August, Mariä Himmelfahrt).

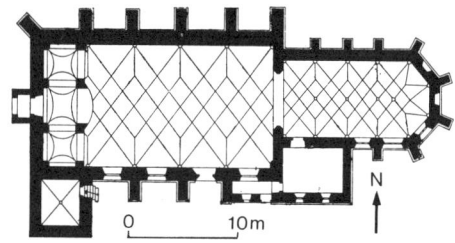

Gaas, Wallfahrtskirche ›Maria am Weinberg‹,
Grundriß

Hat man die 70 Stufen, die zur Kirche emporführen, bezwungen, bietet sich ein weiter Blick ins Land, bis nach Ungarn hinein. Die einschiffige gotische Kirche wurde zwischen 1475 und 1525 gebaut, doch gibt es Hinweise dafür, daß bereits um die Mitte des 12. Jhs. an dieser Stelle eine romanische Kapelle bestanden hat. Chor und Langhaus (Abb. 116) sind von einem verschiedenmaschigen Netzrippengewölbe überspannt, über dem Triumphbogen wurden erst vor kurzem Fresken des 17. Jhs. freigelegt, und auch die Emporenbrüstung weist Wandmalereien auf (musizierende Engel und Heilige, 18. Jh.). Das Gnadenbild der Kirche ist eine qualitätvolle spätgotische Madonna auf der Mondsichel, eine hervorragende Schnitzarbeit aus der Zeit um 1460; sie thront in der Mittelnische des klassizistischen Hochaltars (um 1800). Auch eine ›Säulenmadonna‹ von 1625 (vor dem Sanktuarium) – die einzige ihrer Art im ganzen Burgenland, die an ihrem originalen Platz verblieben ist – und ein gotisches Kruzifix darf man nicht übersehen, ebensowenig die geschnitzten Hochaltarfiguren (neben Joachim und Anna, den Eltern Mariens, die heiligen Ungarnkönige Stephan und Ladislaus).

Unter der Empore werfen wir noch einen Blick auf ein aus dem Jahre 1718 stammendes Votivbild, das nicht nur wegen der Darstellung einer Mariazeller Muttergottes, sondern auch deshalb beachtenswert ist, weil auf ihm noch eine alte Ansicht der Kirche zu sehen ist. Unter der neben der Kirche gelegenen spätgotischen (barock umgestalteten) Kapelle befindet sich ein unterirdischer Karner (Gebeinhaus).

Das gesamte alte Grenzland an Pinka und Raab erhält seinen landschaftlichen Reiz durch seine Hügel- und Terrassenlandschaft, die bereits oststeirischen Charakter aufweist. Die idyllische Gegend ist reich an erholsamen Ausflugszielen und Erholungsdörfern, wobei man auch die sich geruhsam hinziehende ›Pinkataler Weinstraße‹ und das Netz an Radwegen nicht außer acht lassen sollte. Der Eisenberg mit seinen Rebenhängen (im Norden) und das Heiligenbrunner Kellerviertel (im Süden) sind in diesem Zusammenhang nochmals zu nennen.

Im äußersten Süden

Wer die bisher besprochenen Gegenden des Burgenlandes bereits besucht hat und ein weniger bekanntes, doch landschaftlich sehr schönes Gebiet kennenlernen will oder wer sich militärhistorisch für das Schlachtfeld bei Mogersdorf und St. Gotthard an der Raab interessiert, auf dem die Österreicher unter Montecuccoli im Jahre 1664 die Türken vernichtend schlagen konnten, wird sich dem südlichsten Teil des Landes mit seinem Hauptort Jennersdorf zuwenden und bis zum ›Dreiländereck‹ vorstoßen, an dem die Grenzen Österreichs, Ungarns und Jugoslawiens aufeinandertreffen.

Es handelt sich um den Landstrich südlich der Lafnitz, der von der westöstlich fließenden Raab dominiert wird. Vom Hügel- und Terrassenland zwischen Pinka und Lafnitz – im Tal der Lafnitz liegt auch das Erholungsdorf Heiligenkreuz – gelangt man in den äußersten Süden, in das abseits liegende Wandergebiet bei Neuhaus am Klausenbach, in das Hügelland beim Kölbereck, das seine steirischen und slowenischen Einflüsse nicht verleugnen kann und aus diesen seine Eigenart und seinen Reiz schöpft.

Kommt man von Güssing, so geht die Straße zunächst nach Heiligenkreuz, dann weiter über Mogersdorf nach Jennersdorf (das man auch über Eltendorf ansteuern kann) und von hier schließlich über Neumarkt an der Raab (das etwas abseits der Hauptstraße liegt) nach Neuhaus am Klausenbach. Es ist ein überwiegend landschaftlich ansprechendes Gebiet, in das man hier gelangt, in das nur einige wenige kulturell-historisch bemerkenswerte Orte eingestreut sind.

Heiligenkreuz liegt, etwa 13 km von Güssing entfernt, im Lafnitztal, am Übergang des waldreichen Hügellandes zur flachen ungarischen Pußta. Das Engagement seiner Bewohner, den Ort und die Häuser besonders reich mit Blumen zu schmücken, hat Heiligenkreuz schon mehrmals zum Sieg im Wettbewerb um den ›schönsten Ort des Burgenlandes‹ verholfen, und der Tatbestand, daß man sich bemüht, ein ›Erholungsdorf‹ zu schaffen, hat dem Tourismus genützt. Waldwandern, Fischen und Radfahren sind die Möglichkeiten, die der Besucher hier – aber auch in anderen Orten der näheren und weiteren Umgebung – vorfindet, da und dort gibt es auch Schwimmbäder, Tennisplätze und Reitpferde. Im Garten des Gasthofs Gibiser ist ein kleines ›pannonisches Dörfchen‹ zusammengestellt, dessen aus der ersten Hälfte des 18. Jhs. stammende ›Kellerstöckl‹ (strohgedeckte Holzblockbauten mit modernisierter Innenausstattung) als Ferienwohnungen vermietet werden.

Im Ortsteil *Gerersdorf* hat sich in Privatbesitz noch eine komplette bäuerliche Wohnanlage erhalten, bestehend aus Wohnhaus mit offenem Schuppen, Ausgedinge, zwei Vorratsgebäuden, Kitting, Kreuzstadel und Weinkeller mit Preßhaus (›Gerersdorfer Ensemble‹).

In der Nähe des Ortes befindet sich der südlichste offizielle Grenzübergang nach Ungarn.

Die Schlacht bei Mogersdorf

Mogersdorf, rund 7 km östlich von Jennersdorf unmittelbar an der ungarischen Grenze am nördlichen Ufer der hier ein Stück lang die Staatsgrenze bildenden Raab gelegen, ist weniger durch seinen Tourismus als durch die in die Weltgeschichte eingegangene Schlacht bekannt geworden. Die Gedenkstätte am Schlößlberg und andere historische Stätten sind der Anziehungspunkt für alle jene, die sich mit den Türkenkriegen oder einfach mit der Geschichte der frühen Neuzeit beschäftigen; einen offiziellen Grenzübergang nach Ungarn gibt es hier (trotz unmittelbarer Grenzlage) nicht. Die erwähnte Schlacht ist in historischen Darstellungen mit Mogersdorf, nicht selten aber auch mit einem zweiten Ort verbunden: St. Gotthard.

Dieses Nachbardorf – ungarisch Szentgotthárd genannt – liegt bereits in Ungarn, und in seinem Ortsbereich mündet die Lafnitz in die Raab.

Das geschichtlich bedeutsame Jahr ist 1664. Am 1. August errangen hier die kaiserlichen Truppen unter dem Oberbefehl des Feldmarschalls Raimund Graf Montecuccoli einen entscheidenden Sieg über ein vom jungen Großwesir Achmed Köprülü befehligtes übermächtiges türkisches Heer, einen Sieg, der in die Militärgeschichte nicht nur wegen der taktischen Manöver, sondern auch deshalb eingegangen ist, weil dieser Sieg dem Habsburgerreich eine fast zwanzigjährige militärische Ruhepause in den Erblanden verschaffte. Erst 1683 stieß ein neues türkisches Heer unter Kara Mustapha bis nach Wien durch, um in einer letzten großen Kraftanstrengung den Versuch zu unternehmen, die Festung zu nehmen und sich auf diese Weise den Weg nach Mitteleuropa zu öffnen.

Wir wollen die wichtigsten Ereignisse dieses denkwürdigen Tages in Erinnerung rufen. Es hatte bedrohlich begonnen: Mit 120 000 Mann waren die Türken vorgestoßen, hatten bei Gran die kaiserlichen Truppen geschlagen, zwei Festungen erobert, waren auf ihren Streifzügen bis nach Mähren und an die Grenzen der Steiermark vorgedrungen und schickten sich an, neuerlich Wien anzugreifen. Der junge Kaiser – Leopold I. war 1657 im Alter von erst 17 Jahren auf den Thron gekommen – suchte Verbündete, und er fand sie – in Bayern, in Brandenburg und in Sachsen, diplomatisch und moralisch auch im Vatikan. Die ungarischen Adeligen, allen voran die Nádasdy und die Batthyány – die gemeinsam mit den Esterházy, den Zrinyi und anderen Familien zu den ›Türkenhelden‹ zählen –, stellten auf eigene Kosten Truppen zusammen.

Wenn der Kaiser auch stärker war als noch einige Jahrzehnte zuvor, so hatte man doch zwei Nachteile in Kauf zu nehmen: Die Truppen lagen hauptsächlich in den Festungen, konnten also in einer Feldschlacht nur schwer eingesetzt werden, und die Führer waren untereinander zerstritten. In dieser Situation sprach Leopold ein Machtwort und ernannte Feldmarschall Raimund Graf Montecuccoli zum Oberbefehlshaber: einen erfahrenen Heerführer, der im Dienste dreier Kaiser auf zahlreichen europäischen Kriegsschauplätzen gekämpft, sich aber auch als Diplomat bewährt hatte.

Montecuccoli mußte zunächst eine offene Schlacht vermeiden, um nicht der türkischen Übermacht zu erliegen. Geschickt manövrierend hielt er den Großwesir hin und wartete auf das Eintreffen der Reichsarmee unter Markgraf Leopold Wilhelm von Baden und jenes der französischen Truppen. Hatte sich Montecuccoli bis dahin darauf beschränken müssen, Köprülü am Überschreiten der Raab zu hindern, konnte er nun auch die Rückzugslinie der Türken bedrohen; dadurch forderte er den Großwesir zum Angriff heraus, konnte sich aber auf eine selbstgewählte (günstigere) Position stützen. Am 31. Juli 1664 lagerten die Türken mit vierfacher Übermacht am Südufer der Raab und brachten dort Geschütze in Stellung; Montecuccoli stand mit nur 25 000 Mann im Norden der durch Regengüsse ungewöhnlich viel Wasser führenden Raab und Lafnitz, und diese Flüsse gaben ihm Deckung – nach Süden zu (frontal) die Raab, nach Osten hin (am linken Flügel) die Lafnitz.

Am 1. August begannen die Türken mit dem Angriff. Mühelos bezwangen sie um 6 Uhr morgens die Raab und brachten die Verteidiger in arge Bedrängnis, vermochten die kaiserlichen Stellungen zu durchbrechen, Mogersdorf zu erobern und noch weiter vorzudringen. Doch Montecuccolli verlor nicht die Ruhe und ließ die Türken aus den Flanken angreifen; obwohl zeitweilig sogar Mogersdorf zurückgewonnen werden konnte, fiel keine Entscheidung. Die zahlenmäßige Überlegenheit erlaubte es dem Großwesir sogar, östlich und westlich des Schlachtfeldes unverbrauchte Truppen über die Raab zu setzen. Die Lage spitzte sich zu.

»Wenn es ihm gelungen wäre, das Lager im Rücken zu umgehen«, schrieb Montecuccoli in seiner Schlachtenschilderung später, »wäre das christliche Heer unfehlbar geschlagen worden. In solch gefahrvoller Verlegenheit mußte man das Äußerste wagen und einen entscheidenden Entschluß fassen.« Tatsächlich gelang es dem Feldherrn, in einem letzten großangelegten Angriff die Türken zurückzuschlagen. Acht Gräben, in denen sich die Türken verschanzt hatten, mußten genommen werden, doch als die kaiserlichen Truppen dicht geschlossen und unaufhaltsam anrückten, zogen sich die Türken zurück; anfangs geordnet, dann fluchtartig drängten sie zum Fluß und suchten in diesem ihre Rettung. Die durch das Hochwasser angeschwollenen Fluten ließen ihnen aber keine Chance, sie wurden mitgerissen und versanken, als sie das südliche Steilufer nicht erklimmen konnten. Menschen, lebende und tote, dazwischen Pferde, Waffen und Material trieben in der Raab – das Chaos war vollkommen!

Um vier Uhr nachmittags war der Kampf entschieden: Der Sieg war blutig erkämpft, beide Heere hatten hohe Verluste, aber es war der größte Sieg, den ein christliches Heer bis dahin in offener Feldschlacht über die Türken errungen hatte. Eine Woche später wurde in Eisenburg (Vasvár) ein zweijähriger Friede unterzeichnet, der Kaiser Leopold I., der sich am Rhein auch gegen König Ludwig XIV. von Frankreich verteidigen mußte, eine Atempause sicherte, bis Kara Mustapha 1683 vor Wien erschien.

Insgesamt drei Gedenkstätten erinnern an die Schlacht. Da ist einmal das ›Weiße Kreuz‹ im sogenannten Türkenfriedhof am westlichen Ortsrand (1840) mit seinen über einem Massengrab errichteten Inschriften in vier Sprachen (lateinisch, deutsch, ungarisch und französisch). Dann haben wir auf die Annakapelle zu verweisen, einen ebenfalls am westlichen Ortsausgang gelegenen eigenwilligen Rundbau, der schon im 17. Jh. zur Erinnerung an die Schlacht erbaut worden ist (1670); das bemerkenswerte Altarbild der hl. Anna (1664) und eine lateinische Inschrift beziehen sich direkt auf die Türkenschlacht. Man erzählt sich, daß die Kapelle von der Witwe des gefallenen Heerführers Graf Trauttmansdorff gestiftet worden sei, andere wollen hingegen wissen, die Kapelle sei um das – später veränderte – Grabmal eines türkischen Paschas erbaut worden – ja, es ist sogar überliefert, daß sich bis gegen Ende des 19. Jhs. hier alljährlich eine türkische Delegation eingefunden habe, um bei der Kapelle einen Kranz niederzulegen.

Das dritte Erinnerungsmal ist die eigentliche Gedenkstätte auf dem Schlößlberg, der sich nördlich von Mogersdorf erhebt. Man nimmt an, daß sich auf der Bergkuppe gegen Ende des 12. Jhs. ein befestigter Wirtschaftshof des Zisterzienserstiftes St. Gotthard befunden habe, jenes Klosters also, das der ungarische König Béla III. gegründet hatte; aus diesem Gutshof könnte ein befestigtes Kastell hervorgegangen sein. Die Gedenkstätte besteht aus einem 15 m hohen Steinkreuz und einer Kapelle, die man anläßlich der 300-Jahr-Feier 1964 aus den Bauresten einer während des Zweiten Weltkriegs zerstörten neugotischen Kapelle des vorigen Jahrhunderts gebaut hat. In den siebziger Jahren versetzte man noch einen charakteristischen historischen Kreuzstadel aus der Zeit um 1700 auf den Berg und gestaltete ihn zu einem Gedächtnisraum, in dem eine Dokumentation mit Erinnerungsstücken an die Schlacht besichtigt werden kann; der Gedächtnisraum ist ganzjährig geöffnet.

Eine literarische Erinnerung an die große Türkenschlacht ist zwar den meisten Menschen bekannt, allerdings ohne daß sie eine unmittelbare Beziehung herstellen – Rainer Maria Rilke hatte nämlich seinen weltbekannt gewordenen ›Cornet‹ ursprünglich ›1664‹ betitelt gehabt, woraus sich ableitet, daß die Schlacht bei Mogersdorf den historischen Background für sein lyrisches Epos gebildet haben muß. Schließlich fand die Schlacht auch in der Wandmalerei im Triumphbogen der Mogersdorfer Pfarrkirche einen thematischen Niederschlag (1912).

Jennersdorf und Umgebung

Die Bezirkshauptstadt Jennersdorf liegt nördlich der Raab am Fuße des 364 m hohen Tafelberges, von dessen Höhe man einen hübschen, weit in die Landschaft reichenden Rundblick genießt. Die Stadt ist bis heute ein richtiges ›Bergdorf‹ geblieben; jedenfalls haben es sich die Ortsbewohner zur Gewohnheit gemacht, die Fassaden ihrer Häuser fast ausschließlich mit Hochgebirgsmotiven zu bemalen. Ein Spezialitätenrestaurant, ein echt ungarisches strohgedecktes Csarda-Restaurant mit Zigeunermusik, nach verschiedenen Richtungen gehende

Stadtwappen von Jennersdorf

Autobuslinien, gut markierte Wanderwege und zahlreiche Ausflugsmöglichkeiten haben Jennersdorf in jüngerer Zeit touristisch aufgewertet. Der zur Herrschaft des Zisterzienserstiftes St. Gotthard gehörende Markt wurde 1977 zur Stadt erhoben. Die etwas erhöht liegende Kirche ist ein typisch burgenländischer Barockbau (der neugotische Schnitzaltar ist eine Südtiroler Arbeit aus dem Grödnertal, die Barockkanzel weist schönen vergoldeten Rokokodekor auf).

In nur 6 km Entfernung liegt der Wallfahrtsort **Maria Bild,** ein kleiner Kirchweiler oberhalb von Weichselbaum, zu dem seit dem Jahre 1749 Wallfahrten abgehalten werden. Das Gnadenbild ›Maria Pötsch‹ ist eine Kopie des im Wiener Stephansdom befindlichen Originals.

Überquert man die Raab, so gelangt man fast unmittelbar nach **Neumarkt an der Raab** mit seinen charakteristischen strohgedeckten Bauernhäusern. Hier bietet man den Sommergästen, sofern sie musisch interessiert sind, Kurse in Zeichnen, Malen, Musik usw. an. Beachtenswert ist vor allem das in burgenländischem Stil erbaute alte Haus Nr. 24 mit seiner Rauchküche.

Befährt man die kleine Nebenstraße bis an ihr südliches Ende, so kommt man in **Oberdrosen** am nächsten an die Dreiländerecke und das Kölbereck heran. Die ganze Gegend eignet sich ideal für ausgedehnte Wanderungen.

Von Jennersdorf auf der Landesstraße 58 nach Süden fahrend, erreicht man den südlichsten attraktiven Punkt des Burgenlandes, **Neuhaus am Klausenbach.** Der von Wäldern umgebene Marktort wird von einer mittelalterlichen Burgruine überragt, die schon im Jahre 1170 als ›novum castrum‹ erwähnt wird. Einen malerischen Anblick bieten die beiden am Hang des Burgberges liegenden Kirchen mit ihren von Zwiebelhelmen bekrönten Türmen; aber auch im Ort selbst stößt man auf hübsche Häuser (zum Teil mit Laubenhöfen), außerdem (am südlichen Ortsende) auf eine alte Schmiede. Die *Burg* wurde 1467 von Andreas Paumkirchner, dem damaligen Besitzer von Schlaining, erobert und zerstört. Wohl versuchten die Batthyány einen Wiederaufbau, doch setzte im 17. Jh. der endgültige Verfall ein. Nach der Zerstörung der Burg wurde (als Ersatz) noch im 15. Jh. nördlich von Neuhaus ein wehrhaftes Schlößchen errichtet, das ›*Tabor-Schlößchen*‹, das man im 17. Jh. barockisierte (die zweistöckigen Hofarkaden wurden erst 1968 freigelegt); der Rundturm stammt vielleicht noch von der alten Anlage des 15. Jhs.

Wir haben, von Norden immer wieder in den Süden vorstoßend, die Erkundung des östlichen österreichischen Bundeslandes beendet. Hier, am Ostende der österreichischen Alpen und am Beginn der Weite der ungarischen Pußta, haben wir im Burgenland ein Grenzland kennengelernt, das wegen seiner historischen und kunsthistorischen Entwicklung unser Interesse erweckt, das aber auch darüber hinaus – in einem weiteren Sinne – ›Grenzland‹ ist: im erdgeschichtlichen, klimatischen, zoologischen und botanischen Bereich. Auf engem Raum hat sich manches zusammengefügt, das in ganz Europa seine Wurzeln hat: Der alpine, der pannonische und der baltische Raum treffen im Burgenland aufeinander, und jeder hat seine eigene Tier- und Pflanzenwelt, jeder hat die Menschen geprägt und die Geschichte geformt.

Ob wir das Land von Norden nach Süden oder von Westen nach Osten durchfahren, in jedem Fall sehen wir uns mit rasch wechselnden Landschaftsformen konfrontiert: sind uns die einen aus Mitteleuropa geläufig, so muten andere osteuropäisch-asiatisch an und lassen die Weite des Ostens erahnen. In all diesem Nebeneinander liegen Kontrast und Einheit zugleich: Zwischen Österreich und Ungarn gelegen, war das Burgenland zwar den Angriffen beider Parteien ausgesetzt, lag aber doch, und dies erscheint wesentlich, im Herzen der österreichisch-ungarischen Monarchie.

»Üppig und nach allen Windrichtungen hin endlos lag rundherum das in zwanzig und mehr Sprachen murmelnde Reich«, hat es György Sebestyén formuliert, und er schreibt weiter: »Hier, auf lateinischem Boden, wo man das Deutsche mit dem Ungarischen zu vermischen und mit dem Kroatischen zu ergänzen wußte, eine knappe Tagesreise von der Residenzstadt entfernt, war man – gleichsam im Innersten der Zwiebel – beschützt und vom Wellenschlag fremdländischen Drängens abgeschirmt... Wenn wir heute schnell und bequem mit dem Auto durch das Land fahren, müssen wir, um das Vergangene als Teil unserer Gegenwart zu erleben, nicht nur die Schlösser und Burgen besuchen, die Stadtmauern gedankenvoll betasten, sollten wir nicht nur die lebensnahe Zweckmäßigkeit der bäuerlichen Architektur studieren, nein, wir sollten auch im Rhythmus und Ritus des Alltags eine geschichtlich geprägte Lebensform erfassen, in der Magie der festlichen Bräuche die Eigenart des Lebensgefühl erahnen, in den Speisegewohnheiten und im Dialekt, in der Struktur des religiösen und politischen Lebens und in der Beschaffenheit der agrarischen und industriellen Arbeitswelt den *Burgenländer* kennenzulernen.«

Das Burgenland und seine Menschen, das friedliche Zusammenleben völkischer und religiöser Gemeinschaften, die lebendig gehaltene alte Kultur, die Vielfalt der Landschaft: diese und andere Kriterien machen das ›Erlebnis Burgenland‹ zu jenem ›geistigen Abenteuer‹, das wir in unserer hektischen Zeit so oft vermissen.

Glossar

Allegorie Wiedergabe eines abstrakten ethischen Begriffs durch Personifizierung unter Beigabe symbolhafter Attribute.

Altan(e) Plattform (Söller) auf einem Unterbau, die aus den oberen Stockwerken das Heraustreten ins Freie gestattet.

Angerdorf Dörfliche Siedlung, deren hervorstechendstes Merkmal der Anger ist; zuweilen nur Verbreiterung der Durchzugsstraße eines → Straßendorfes.

Apsis Meist halbrunde, überwölbte Altarnische (auch Abschluß, Anbau) am Ende des Kirchenchors.

Architrav Waagerechter Hauptbalken des Gebälks (über Pfeilern oder Säulen).

Arkade Bogenstellung über Säulen und Pfeilern, meist in fortlaufender Reihe, auch mehrgeschossig verwendet.

Atlant (Mz. Atlanten) Männliche Figur(en) als Gebälkträger.

Attika Niedriger, gegliederter Aufsatz über dem Hauptgesims eines Bauwerkes.

Baldachin Beweglicher Tragehimmel, in der Architektur feste Überdachung von Kanzel, Statuen usw.

Baluster Bauchiges Säulchen als Träger eines Geländers oder einer Brüstung (Balustrade!).

Bandelwerk (Bandlwerk) Flächenfüllendes Bandornament des Barock, vielfältig gebrochen und verschlungen in Verbindung mit Ranken.

Banus Ursprünglich Stammeshäuptling, später Verwalter eines Bezirkes, bei den Ungarn seit dem 12. Jh. an der Spitze einer Grenzmark (eines Banats) stehend (dem Markgrafen entsprechend); nach der Türkenzeit blieb nur der Banus von Kroatien bestehen (Beamter der ungarischen Krone).

Baptisterium Taufkapelle oder -kirche.

Barock Europäische Stilepoche im 17. und 18. Jh., für die große Prachtentfaltung mit bewegten, schwellenden Formen der Bauteile typisch ist. Der Frühbarock setzt mit der Gegenreformation zu Beginn des 17. Jhs. ein und wird von italienischen Künstlern dominiert; der Hochbarock beginnt nach der Türkenbelagerung von 1683 und wird von österreichischen Künstlern geprägt; der Spätbarock leitet in der zweiten Hälfte des 18. Jhs. in das Rokoko über und wird durch Franzosen beeinflußt.

Basilika Bedeutendster Kirchentypus des Mittelalters und der Neuzeit (Langhausbau mit mehreren Schiffen, wobei das Mittelschiff höher ist als die Seitenschiffe, → Hallenkirche).

Bastei (Bastion) Eckig oder halbrund vorspringendes Befestigungswerk bei Stadtmauern und Burgbauten (meist zur Aufstellung von Kanonen oder zur besseren Verteidigung des Vorfeldes).

Bergfried (Bergfrit) Hauptturm einer Burg.

Biedermeier Stilrichtung des Vormärz (1815 bis 1848), die besonders im zweiten Viertel des 19. Jhs. durch die Betonung der privaten Sphäre und die freundliche Gestaltung der Innenräume ausgezeichnet ist.

Bildstock Pfeiler aus Holz oder Stein, die an Wegen oder Weggabelungen aufgestellt sind und in ihrem Aufbau (Ädikula) Heiligenstatuen, Kruzifixe oder Vesperbilder enthalten.

Burgstall Platz, an dem sich ein Vorwerk (oder eine Burg) befunden hat.

Chor Abschluß des Kirchenraumes, in dessen Zentrum der Hochaltar und (fallweise) das Chorgestühl (für den priesterlichen Chorgesang) aufgestellt sind.

Docke Puppe; in der Architektur → Baluster.

Empore Galerie- oder tribünenartiger Einbau in der Kirche, meist für die Orgel und die Sänger; in evangelischen Kirchen auch im Langhaus.

Epitaph Totengedächtnisstein.

Feston (Laubschnur, Girlande) Bauornament aus Blumen, Blättern und Früchten.

Fideikommiß (Familienfideikommiß) Unveräußerliches, unteilbares und einer bestimmten Erbfolge (→ Majorat) unterworfenes Familien-(stamm)gut, in der Regel Grundbesitz.

Fossilien Versteinerungen, Reste von Lebewesen der erdgeschichtlichen Vergangenheit (fossil = vorweltlich, versteinert).

Freihof Hof von Adligen und der dazugehörige Bereich, abgabenfrei gegenüber der Grundherrschaft.

Fresko Auf den frischen Verputz (ital. ›al fresco‹) aufgetragene Malerei; die Erdfarben verbinden sich mit der noch feuchten Kalkschicht besonders haltbar.

Fries Schmuckstreifen als Abschluß oder Gliederung einer Wandfläche (Ornamenten- oder Figurenfries).

Gesims Aus der Mauer waagrecht hervortretender, einfacher oder gegliederter Streifen zur Betonung der Bauabschnitte.

Gespan → Komitat.

Gewölbe Decke eines Raumes, die nicht flach, sondern nach oben gebogen (gewölbt) ist. – *Tonnengewölbe:* ungegliederter zylindrischer Wölbungsausschnitt; *Kreuzgratgewölbe:* zwei einan-der kreuzförmig durchdringende Tonnengewölbe; *Kreuzgurtgewölbe:* die Kreuzgrate werden von Gurten getragen; *Kreuzrippengewölbe:* die Schnittlinien werden von profilierten Steinrippen getragen; *Netzrippengewölbe:* jeder Gewölbeabschnitt ist in Facetten zerlegt (Trennlinien von Steinrippen getragen); s. a. Platzlgewölbe.

Glacis Mit Bauverbot belegtes Gebiet vor den Befestigungen (v. a. bei Renaissancebefestigungen).

Gnadenstuhl Darstellung der hl. Dreifaltigkeit: der thronende Gottvater hält den Gekreuzigten, über beiden schwebt die Taube des hl. Geistes.

Gotik Auf die Romanik folgende mittelalterliche Stilepoche (13. bis 16. Jh.), gekennzeichnet durch aufstrebende Linien, durchbrochenes verziertes Mauerwerk, Spitzbögen und große Fenster (auch Rosetten) mit meist farbigem Glas.

Granarium Spätmittelalterliche Bezeichnung für Getreidespeicher.

Grätzel Zentrale Baugruppe auf einem Hauptplatz (oft später eingebaut).

Grenzwächter Von den Ungarn als Grenzschutz eingesetzte Siedler, die mit Privilegien ausgestattet und später in den Kleinadelsrang erhoben wurden.

Grisaille Überwiegend in Grauschattierungen ausgeführte Malerei (zuweilen bräunlich oder steinfarben in feinen Abstufungen).

Gründerzeit Zeitspanne in der 2. Hälfte des 19. Jhs., die mit der Epoche der Industrialisierung zusammenfällt und architektonisch vom → Historismus geprägt wird.

Güterweg Innerbetrieblich erforderliche Wege auf landwirtschaftlich genutzten Flächen (ohne öffentlichen Verkehr).

Hallenkirche Langhauskirche, deren Mittelschiff und Seitenschiffe (zum Unterschied von der → Basilika) gleich hoch sind und unter einem gemeinsamen Dach liegen.

Halsgraben Künstlich eingeschnittener Graben, der den Burghügel zwecks besserer Verteidigungsmöglichkeiten vom übrigen Gelände trennt.

Hintersassen Hörige oder Schutzverwandte, die ihr Gut nicht zu freiem Eigen besaßen.

Historismus Stilepoche des 19. und beginnenden 20. Jhs. (ca. 1840–1914), die durch den Rückgriff auf frühere Stilrichtungen gekennzeichnet ist, diese jedoch mischt und wandelt (v. a. Neogotik, Neorenaissance, Neobarock); die Stilmischungen führen zu weitgehender Eigenständigkeit.

Hofgasse Auf dem Hausgrundstück von der Straße weg verlaufender Zugangsweg zu den tiefgestaffelten Wohnräumen von Streckhöfen.

Joch Von einem Gewölbeabschnitt einheitlich überspannter Raumteil.

Jugendstil Kunstrichtung (1895–1910), die sich von den Formen des → Historismus abkehrt und neue Formen (u. a. im Ornament) schafft.

Kapitell (Kapitäl) Ausladender, plastisch gestalteter oberer Abschluß einer Säule, eines Pfeilers oder Pilasters (dorisch, ionisch, korinthisch).

Karner (Beinhaus) Gebäude (auf dem Friedhof oder neben der Kirche), in dem Skelettreste (von Grababräumungen) zusammengetragen wurden.

Kartusche Zierrahmen für Wappen, Inschriften oder die Anfangsbuchstaben von Namen (Initialen).

Kastell Befestigtes Herrenhaus.

Kitting Ländlicher Blockwerk-Speicher mit hölzernem Spitztonnengewölbe, außen mit dicker Lehmschicht ›verkittet‹; das Strohdach ist abhebbar (Feuerschutz).

Komitat Ursprünglich der von König Stephan I. nach dem Muster der deutschen Grafschaften geschaffene Verwaltungsbezirk, in dem ein Gespan (Obergespan) Verwalter, Richter und Heerführer war.

Konsole Aus der Mauer hervorragender Tragstein als Stütze für Gesimse, Bogen oder Statuen.

Korbbogen Gedrückter barocker Rundbogen.

Krypta Halb unterirdischer Raum unter dem Chor einer Kirche.

Kukuruz Mais.

Kuruzzen Ungarische Bezeichnung für Aufständische.

Lacken Flache salzhaltige Gewässer im Seewinkel mit seltener Flora und Fauna.

Laibung Seitliche Rahmung von Fenstern und Türen.

Langhaus Hauptteil einer Kirche, Versammlungsraum der Gläubigen.

Laterne Von Fenstern durchbrochener Aufbau über dem Scheitel einer Kuppel.

Lisene Geringfügig vortretender senkrechter Streifen zur Gliederung der Fassade (ohne Basis und Kapitell).

Lichtsäule Tabernakelpfeiler der Gotik (meist mit Kreuzigungsrelief oder -gruppe) und einer Öffnung zum Aufziehen einer Lampe; da die Lichtsäulen mit dem Totenkult zusammenhängen, finden sie sich häufig auf den die Kirchen umgebenden Friedhöfen.

Loggia Nach außen geöffneter Bogengang, Laube; offene Säulenhalle vor oder in einem Gebäude.

Majorat Erbfolgeordnung, die dem Erstgeborenen eine Vorrangstellung einräumt (nach dessen Tod je nach Regelung auch dem Zweitältesten oder dem Familienältesten).

Maskaron Maske als Dekorationsmittel, v. a. in der barocken Architekturplastik.

Meierhof Sitz des Beamten, der einer Grundherrschaft vorstand.

Mensa Altarplatte.

Palas Wohntrakt einer Burg (mit Rittersaal, Festsaal und Kemenaten).

Palatin In Ungarn Stellvertreter des Königs.

Parapet Ornamental eingefaßtes Feld an der Fensterbrüstung.

Pawlatsche(n) Offener (meist hölzerner) Gang im Hof eines Wohnhauses, als Zugang zu einzelnen Wohnungen (Pawlatschenhaus, typisch im → Biedermeier).

Pfeiler Senkrechte Stütze mit rechteckigem oder quadratischem Querschnitt (runder Querschnitt → Säule, aus der Wand heraustretend → Pilaster).

Pilaster Flacher, nur wenig aus der Wand vortretender Pfeiler (mit Basis und Kapitell).

Pietà Darstellung der Maria mit dem Leichnam Christi auf dem Schoß, auch Vesperbild genannt.

Platzlgewölbe Zwischen Gurten angeordnetes, nach beiden Seiten schwach gewölbtes Deckengewölbe.

Polygonal Vieleckig.

Portikus Säulengetragener Vorbau.

Presbyterium Den Geistlichen vorbehaltener Kirchenraum vor dem Hochaltar (nicht identisch mit dem Chor).

Querschiff Kirchenschiff, das zwischen Chor und Langhaus quer eingeschoben ist.

Refektorium Speisesaal des Klosters.

Relief Skulptur, die aus einer Fläche (Holz, Stein, Metall usw.) herausgearbeitet ist und mit ihr verbunden bleibt (Hochrelief stärker hervortretend als Flachrelief).

Renaissance Auf die → Gotik folgende, von Italien ausgehende Kunstrichtung des 16. Jhs., die auf Stilelemente der Antike zurückgriff.

Ried(en) Flurbezeichnung für bebaute Grundstücke (auch Hügelabhänge), vor allem im Weinbau gebräuchlich (Lagebezeichnung für Weine).

Risalit Gebäudeteil zur Gliederung und Belebung der Fläche, der in der ganzen Höhe vorspringt (Mittelrisalit, auch Seiten- und Eckrisalite).

Rocaille Aus Muschelformen entwickeltes Grundmotiv der Ornamentik des Rokokostils.

Rokoko Besonders prunkvoller und mit Detailformen überladener, aus dem Spätbarock der 2. Hälfte des 18. Jhs. hervorgegangener Kunststil.

Romanik Mittelalterliche Stilrichtung (10. bis 13. Jh.), in deren Architektur breit gelagerte und steigende Baukörper bestimmend sind (in der sakralen Kunst herrscht die dreischiffige → Basilika vor); typisch sind Rundbogen, gedrungene Säulen mit Würfelkapitellen, Stufenportale, Doppelchöre und Hallenkrypten.

Romantik Aus einer Geisteshaltung des ausgehenden 18. Jhs. erwachsene Richtung der Kunst in der 1. Hälfte des 19. Jhs. (v. a. Malerei und Architektur; romantischer Historismus).

Rustika Absichtlich in rohen oder grob behauenen Quadern belassene Mauer.

Saalkirche Einfacher Kirchenraum ohne Seitenschiffe, seit der Renaissance auch im evangelischen Kirchenbau.

Säule Senkrechte Stütze mit kreisrundem oder ovalem Querschnitt (im Gegensatz zum → Pfeiler).

Schalltopf Gefäßförmiger Resonator zur Verstärkung des Klangs.

Schlußstein Zierstein im Scheitel eines Rippengewölbes (meist mit Skulpturen, Wappen, Ornamenten oder Monogrammen verziert).

Schmerzensmann Malerische und bildhauerische Darstellung des gegeißelten, dornengekrönten Christus.

Schüttkasten Gebäude zur Aufbewahrung von Stroh oder Getreide.

Schwibbogen Freigespannter Bogen zur Verstrebung von parallel verlaufenden Mauern (auch bei langgestreckten Bauernhöfen).

Secessionismus Stilrichtung am Ende des 19. Jhs., deren Vertreter sich von den bestehenden Kunstrichtungen abwandten und neue Wege im Sinne des → Jugendstils gingen.

Sgraffito Kratzmalerei; verschiedenfarbige Putzschichten werden auf die Wand aufgebracht, dann durch verschieden tiefes Kratzen stückweise sichtbar gemacht und für eine Darstellung verwendet.

Söllnerhaus Ländliches Wohnhaus (seit dem 16. Jh.), zu dem angrenzend keinerlei Grundbesitz gehörte; die Söllner hatten nur freien Grundbesitz, teilweise waren sie auch nur Mieter.

Stöckel Kleineres Wohngebäude, meist Nebengebäude von Schlössern.

Straßendorf Dörfliche Siedlung, die beiderseits einer Straße geschlossene Häuserfronten aufweist, hinter denen sich Hausgrundstücke befinden.

Strebepfeiler Mauerpfeiler zur Stützung stark durchbrochener gotischer Wandteile (bes. Kirchen).

Streckhof Mit der Schmalseite zur Straße stehendes, bäuerliches Wohngebäude, das sich tief ins Grundstück ausdehnt (→ Hofgassen).

Stucco lustro (Stuccolustro) Besondere Technik der Freskenmalerei, bei der eine spiegelblanke Oberfläche erzielt wird (nicht zu verwechseln mit → Stuckmarmor).

Stuck Leicht formbare Masse aus Gips, Kalk und Sand, die seit der Barockzeit als Werkstoff für Skulpturen und Reliefs besonders zur Verzierung von Innenräumen Verwendung fand.

Stuckmarmor Polierfähiger Kunstmarmor aus einer Mischung von Gips und Leimwasser, mit Erdfarben durchgefärbt.

Tabernakel Aufbewahrungsort für das Altarsakrament.

Tamburizza Zupfinstrument der kroatischen Volksmusik.

Terrakotta Gebrannter, unglasierter Ton.

Triumphbogen Weitgespannter Bogen, der in der Kirche entweder den Chor oder das Querschiff vom Raum der Laien (Langhaus) trennt.

Tschardaken (Maistschardaken) Hölzerne Speicher für Mais, deren Lattenroste einen Luftdurchzug ermöglichen.

Türkenkreuz Bildstock, der auf die Errettung aus Kriegsnot zurückgeht.

Tympanon Bogenfeld über einem mittelalterlichen Portal (meist mit symbolischem, figuralem oder ornamentalem Relief).

Vesperbild → Pietà.

Vicedom Vertreter des Bischofs in weltlichen Angelegenheiten bzw. Vertreter der Grundherrschaft, der die Finanzverwaltung überwachte.

Villa rustica Römische Landvilla.

Volute Architektonisches Zierstück, spiralig eingerollt (Schnecke); Volutengiebel.

Wagram Durch Erosion entstandene Geländestufe.

Ziehbrunnen Stangenbrunnen des Seewinkels mit langen Schöpfstangen; er gilt fälschlicherweise als ›typisch ungarisch‹.

Zwerchhof Mit dem Giebel (Zwerchgiebel) zur Straße stehender Streckhof, an den straßenseitig ein Trakt mit Hofeinfahrt angebaut ist.

Zwinger Platz zwischen der inneren und äußeren Ringmauer einer mittelalterlichen Burg (oder Stadtbefestigung) oder der zur Vorburg gehörende freie Platz, der zu ritterlichen Übungen verwendet wurde.

Literaturverzeichnis

Bildbände

Löbl, Robert und Schreyer, Helmut (Fotos), Rosnak, Hans (Text): Burgenland, Innsbruck – Wien – München 1980

Guglia, Otto und Schlag, Gerald: Burgenland in alten Ansichten, Wien 1986

Toth, Ludwig Josef und Ludwig, Volker: Arkadenhäuser im südlichen Burgenland, Eisenstadt 1984

Geschichte, Kunst- und Kulturgeschichte

Achleitner, Friedrich: Österreichische Architektur im 20. Jahrhundert, Bd. II: Kärnten, Steiermark, Burgenland, Wien – Salzburg 1983

Dawid, Maria und Egg, Erich: Der österreichische Museumsführer in Farbe. Museen und Sammlungen, Innsbruck – Frankfurt/M. 1985

Ernst, August: Geschichte des Burgenlandes, Wien 1987

Geosits, Stefan: Die burgenländischen Kroaten im Wandel der Zeiten, Wien 1986

Gold, Hugo: Gedenkbuch der untergegangenen Judengemeinden des Burgenlandes, Tel Aviv 1970

Graschitz, Horst: Joseph Haydn und Eisenstadt, Eisenstadt 1982

Hanak, Elfriede (Fotos), Szepesi-Suda, Gertraude (Text): Burgenland. Traditionelles Handwerk, lebendige Volkskunst, Wien 1978

Handbuch der historischen Stätten Österreichs, Bd. I: Donauländer und Burgenland, Stuttgart 1970

Huemer, Gertrud: Einladung ins Burgenland. Ein Begleiter durch burgenländische Kulturstätten, Eisenstadt 1984

Kunsttopographie, Österreichische, Bd. XXIV: Bezirk Eisenstadt (1932), Bd. XL: Bezirk Oberwart (1974)

Lajta, Hans: Burgenland. Ein Kunst- und Kulturlexikon, Wien 1983

Lajta, Hans: Westungarn und Budapest. Ein Kunst- und Kulturlexikon, Wien 1987

Landesfremdenverkehrsverband (Hrsg.): Burgenländisches Wanderbuch, Eisenstadt 1975

Landon, H. C. Robbins: Joseph Haydn. Sein Leben in Bildern und Dokumenten, Wien – München – Zürich – New York 1981

Meyer, Wolfgang und Presich-Petuelli, Liane: Burgenland im Bild der Sage, Eisenstadt 1985

Oettinger, Karl u. a.: Wien, Niederösterreich, Oberösterreich, Burgenland. Baudenkmäler. Reclams Kunstführer, Stuttgart 1981

Prickler, Harald: Burgen und Schlösser, Ruinen und Wehrkirchen im Burgenland, Wien 1972

Reingrabner, Gustav: Evangelisch im Burgenland, Pinkafeld 1981

Robak, Fritz: Kroaten im Burgenland, Wien – München – Zürich 1985

Schmeller, Alfred: Das Burgenland. Seine Kunstwerke, historischen Lebens- und Siedlungsformen, Salzburg 1974

Schmeller-Kitt, Adelheid: Burgenland, Dehio-Handbuch, Wien 1980

Schmidt, Leopold: Die Entdeckung des Burgenlandes im Biedermeier, Eisenstadt 1959

Sebestyén, György: Unterwegs im Burgenland, Eisenstadt 1987

Städteatlas, Österreichischer, Mappe Rust (Harald Prickler), Wien 1988

Städtebuch, Österreichisches, Bd. II: Die Städte des Burgenlandes, Wien 1970

Stockhammer, Robert: Franz Liszt. Im Triumphzug durch Europa, Wien 1986

LITERATURVERZEICHNIS

Natur

Koenig, Otto: Das Buch vom Neusiedlersee, Wien 1961
Löffler, Heinz: Der Seewinkel. Die fast verlorene Landschaft, St. Pölten 1982
Triebl, Rudolf: Vogelwelt am Neusiedlersee, Wien 1983

Küche und Keller

Lajta, Hans: Köstlichkeiten aus Küche und Keller. Burgenland, Wien 1985
Schmidl, Alois: Burgenländisch Pannonisch: Gut kochen, gesund würzen, Eisenstadt – Wien 1984
Schwarzbach, Berti: Das Kochbuch aus dem Burgenland, Münster/Westf. 1981
Waldbott, Marietheres (Text) und Kumpf, Gottfried (Illustrationen): Burgenländisches Kochbuch, Eisenstadt 1987
Waldbott, M. und Kumpf, G.: Burgenländisches Weinbuch, Eisenstadt – Wien 1983

Landkarten

Wanderkarte (Umgebung Neusiedler See)
1:50000, Freytag & Berndt (WK 271), 1987
Straßenkarte Burgenland
1:200000, hrsg. v. Landesfremdenverkehrsverband Burgenland, auf Anforderung kostenlos

Einzeldarstellungen

Eisenstadt
Schloß Esterházy. Geschichte und Beschreibung, Wien 1974
Schmid, Hanns (Hrsg.): Burgenländisches Landesmuseum. Katalog der Schausammlung, Eisenstadt o. J.
Schmid, Hanns: Haydn-Museum Eisenstadt. Katalog, Eisenstadt o. J.
Semmelweis, Karl: Eisenstadt. Ein Führer, Eisenstadt 1982
Forchtenstein
Verwaltung Burg Forchtenstein (Hrsg.): Burg Forchtenstein. Ein Führer, Wien 1984
Halbturn
Waldbott, Marietheres: Halbturn. Roetzers Reiseführer, Eisenstadt o. J.
Kobersdorf
Bolldorf-Reitstätter, Martha: Schloß Kobersdorf, Kobersdorf o. J.
Lockenhaus
Keller, Paul Anton: Ritterburg Lockenhaus. Landschaft und Geschichte, Eisenstadt 1984
Mattersburg
Paul, Hans: Bezirk Mattersburg. Kultureller Wegweiser, Mattersburg 1977
Raiding
Liszt. Museum Katalog, Eisenstadt 1981
Rust
Freistadt Rust. Stadt der Störche und des Weines, Wien 1976
St. Margarethen
Römersteinbruch St. Margarethen, Wien o. J.

Abbildungsnachweis

Farb- und Schwarzweiß-Abbildungen

Wilfried Bahnmüller, Gerretsried   Farbt. 21, 25; Abb. 43, 45, 52, 62, 65, 66, 76

Bundesdenkmalamt (M. Kerth, V. Knuff, E. Mejchar, M. Oberer), Wien   Abb. 3, 6–8, 10–16, 20, 22, 23, 24, 27, 39, 40, 46, 51, 57–61, 63, 64, 68, 70–75, 78, 79, 89–99, 101–105, 107, 116

Burgenländisches Landesmuseum, Eisenstadt   Abb. 17, 18

Felix Czeike, Wien   Abb. 1, 2, 4, 5, 9, 22, 25, 42, 44, 53–56, 67, 69, 80–83, 88, 100, 106, 108, 109, 113, 115

Klaus D. Franke, Hamburg   Abb. 29, 37, 47, 48, 50

Wolfgang Fritz, Köln   Abb. 34

Franz Hubmann, Wien   Abb. 85, 86, 114

IFA-Bilderteam, München   Farbt. 1, 12–17, 23

Foto Klammet, Ohlstadt   Umschlagrückseite, Farbt. 10, 11, 24

Kunsthistorisches Museum, Wien   Farbt. 8

Landesfremdenverkehrsverband für das Burgenland, Eisenstadt   Farbt. 18, 20, 22, 27, 29

Löbl-Schreyer, Bad Tölz   Umschlagvorderseite, Umschlagklappe vorn, Farbt. 2–5, 19, 26–31; Abb. 19, 41, 84, 110–112

Österreichischer Bundesverlag, Wien   Farbt. 6, 7, 9

Günther Paldan, Illmitz   Abb. 31–33, 35, 36

Ursula Pfistermeister, Fürnried   Farbt. 32; Abb. 38, 87

Toni Schneiders, Lindau   Abb. 28, 30

Walter Storto, Leonberg   Abb. 26

Abbildungen im Text

Wilfried Bahnmüller, Gerretsried   Abb. S. 134

Bildarchiv Preußischer Kulturbesitz, Berlin   Abb. S. 39

Burgenländische Landesbibliothek, Eisenstadt   Abb. S. 2, 219, 225, 231

Burgenländisches Landesmuseum, Eisenstadt   Abb. S. 11, 67, 76, 90, 92, 125, 136, 141, 190, 223

Felix Czeike, Wien   Abb. S. 228, 235

Karl-Heinz Jeiter, Aachen   Abb. S. 47, 128, 143, 175, 188, 199, 271, 273, 277, 293

Niederösterreichisches Landesmuseum, Wien   Abb. S. 82

Österreichische Nationalbibliothek, Wien   Abb. S. 34, 241

Österreichisches Staatsarchiv, Kriegsarchiv, Wien   Abb. S. 16

Planarchiv des Bundesdenkmalamtes, Wien   Abb. S. 27, 29, 30, 44, 78, 85, 87, 118, 129, 131, 138, 177, 180, 185, 189, 192, 197, 217, 220, 222, 236, 247, 268, 270, 278, 279, 280, 281, 284, 289

Ullstein Bilderdienst, Berlin   Abb. S. 95, 229

Wiener Stadt- und Landesarchiv   Abb. S. 14, 28, 183

Raum für Reisenotizen

Praktische Reisehinweise

Allgemeines

Das Burgenland ist seit 1921 ein Bundesland der Republik Österreich, hat 269 771 Einwohner (Volkszählung 1981), besitzt eine Fläche von 3965 km², liegt im östlichsten Teil von Österreich, verfügt über zehn Städte (neben der Landeshauptstadt Eisenstadt die Freistadt Rust und die Städte Frauenkirchen, Güssing, Oberpullendorf, Jennersdorf, Mattersburg, Neusiedl am See, Oberwart und Pinkafeld) und grenzt im Norden und Westen an das Bundesland Niederösterreich, im Westen an das Bundesland Steiermark sowie im Nordosten an die ČSSR, im Osten an Ungarn und im Süden an Jugoslawien.

Die Ausdehnung von Norden nach Süden beträgt 166 km, diejenige von Westen nach Osten schwankt beträchtlich und beläuft sich an der schmalsten Stelle (bei Sieggraben) kaum 5 km. Gebirgszüge, teils Ausläufer der Ostalpen, teils kristalline Horste, sind das Leithagebirge, das Rosaliengebirge, das Ödenburger Gebirge und das Günser Gebirge. Die Landschaften wechseln von der Parndorfer Heide und dem Seewinkel über den Neusiedler See bis zum Oberpullendorfer Becken und der Hügel- und Terrassenlandschaft des Südens, die ins steirisch-slowenische Hügelland überleitet, beträchtlich und bilden starke Kontraste.

Hauptflüsse sind die Leitha, die Wulka, der Stoober Bach und die Rabnitz, die Güns, die Pinka, der Strembach, die Lafnitz und die Raab, die (mit Ausnahme der in den Neusiedler See fließenden Wulka) durchwegs in die Donau münden. Der Neusiedler See hat eine Fläche von (durchschnittlich) 320 km² (davon liegen 88 km² in Ungarn); die offene (nicht verschilfte) Wasserfläche umfaßt rund 152 km² (davon 22 km² in Ungarn). Im Burgenland gibt es 15 Vollnaturschutzgebiete mit einer Fläche von 1122 ha und sechs Teilnaturschutzgebiete mit einer Fläche von 202 ha.

Die Bevölkerung setzt sich aus 91 % deutschsprachigen Burgenländern sowie Minderheiten zusammen (7 % Kroaten, 1,5 % Magyaren, 0,5 % sonstige). 84,4 % der Bevölkerung sind römisch-katholisch, 14,2 % protestantisch (davon 13,6 % A. B. und 0,6 % H. B.).

Eisenstadt, seit 1925 Landeshauptstadt, hat 10 102 Einwohner (Volkszählung 1981), ist Sitz des Burgenländischen Landtages und des Eisenstädter Gemeinderates, der Burgenländischen Landesregierung, der Landesbehörden und des Eisenstädter Magistrats sowie eines römisch-katholischen Bischofs (seit 1960) und eines evangelischen Superintendenten, weiters Sitz der Bezirkshauptmannschaft, der Sicherheitsdirektion und einer Zweigstelle der Oesterreichischen Nationalbank. In Eisenstadt befinden sich auch das Burgenländische Landesarchiv, die Burgenländische Landesbibliothek und das Burgenländische Landesmuseum sowie weitere kulturelle Einrichtungen. Eisenstadt ist Freistadt und Stadt mit eigenem Statut, außerdem nimmt es eine Garnison auf.

Geographische Hinweise: Tiefste Fläche des Burgenlandes ist der Neusiedler See (115 m), tiefster Punkt der Seewinkel bei Apetlon (117 m), höchster Punkt der Geschriebenstein im Günser Gebirge (884 m über dem Meeresspiegel).

Information

Landesfremdenverkehrsverband für das Burgenland
A-7000 Eisenstadt
Schloß Esterházy
∅ (02682) 3384

Amt der Burgenländischen Landesregierung
Abt. VI/3: Fremdenverkehr
A-7001 Eisenstadt
Landhaus
∅ (02682) 600

Österreichische Fremdenverkehrswerbung
A-1040 Wien
Margaretenstraße 1
∅ (0222) 588 66-0

Außenstellen
Bundesrepublik Deutschland
D-1000 Berlin 30
Tauentzinstraße 16
∅ (030) 248035

D-2000 Hamburg 13
Tesdorpfstraße 19
∅ (040) 4102013

D-5000 Köln 1
Komödienstraße 1
∅ (0221) 233238

D-6000 Frankfurt am Main
Roßmarkt 12
∅ (0611) 20698

D-7000 Stuttgart
Rotebühlplatz 20d
∅ (0711) 226082/83

D-8000 München 2
Rosental 21/3
∅ (089) 2607035

D-8000 München 70
Kapellenweg 6
∅ (089) 773021/22

Italien
I-20122 Milano
Via Larga 20
∅ (02) 803532, 867221

I-00187 Roma
Via Barberini 91–93
∅ (06) 4754658

Niederlande
NL-1017 Amsterdam
Singel 464
∅ (020) 255933

Schweiz
CH-8005 Zürich
Neugasse 247
∅ (01) 443331/32

Kurdirektion Bad Tatzmannsdorf
A-7431 Bad Tatzmannsdorf
Joseph-Haydn-Platz 1

Kurdirektion Bad Sauerbrunn
A-7202 Bad Sauerbrunn

Gemeindeämter aller burgenländischen Fremdenverkehrsgemeinden.

Kostenlose Informationsbroschüren
Regelmäßig erscheinen u. a.: Imagepro-
spekte, Burgenland-Information, Hotelver-
zeichnis, Veranstaltungskalender, Kultur-
termine, Radeln im Burgenland (mit Rad-
wanderkarte), Burgenlandwanderkarten,
Weinstraßen und eine Straßenkarte
(1 : 200 000). Spezialinformationen erhält
man auf Anfrage.

Anreise

Mit dem Auto
Über Wien
Auf der Westautobahn (A 1) über Salzburg
und Linz nach Wien (Auhof). Von Wien
fährt man (je nach Ziel) über die Flughafen-
autobahn (A 4) nach Schwechat und weiter
über Bruck an der Leitha zum Neusiedler
See oder über die Bundesstraße 16 von Favoriten über Ebreichsdorf in Richtung Eisenstadt und Rust oder über die Südautobahn (A 2) über Wiener Neustadt (Ausfahrt)
ins mittlere bzw. über Friedberg (Ausfahrt)
ins südliche Burgenland.
Über Graz
Über die Südautobahn (A 2) von Graz in
Richtung Wien mit Ausfahrten Pinkafeld
(südliches Burgenland) bzw. Wiener Neustadt (mittleres Burgenland samt Eisenstadt). Außerdem kann man das südliche
Burgenland auf der Bundesstraße 307 (Graz
– Gleisdorf – Fürstenfeld) oder auf anderen
untergeordneten Straßen erreichen.
Nördliches Burgenland
Will man Wien rasch umfahren, verläßt man
die Westautobahn bei Altlengbach und fährt
über die A 21 (Richtungsangabe ›Wien Süd/

Ost‹) über Heiligenkreuz zur Südautobahn
(A 2), auf dieser Richtung Wien, um über
die ›Süd-Ost-Tangente‹ (A 23) – Richtungsangabe ›Budapest‹ (vor der Stadteinfahrt
links halten!) – auf die Bundesstraße 16
(Ausfahrt ›Favoriten‹) oder die A 4 (Ausfahrt ›Flughafen – Budapest‹) zu gelangen.

Eisenstadt erreicht man von Wien auf verschiedenen Wegen:
Über die B 16 von Favoriten aus (Laxenburg
– Ebreichsdorf – Wimpassing – Hornstein)
bzw. (als Variante) von Weigelsdorf (rechts
abbiegen!) über die A 3.
Über Wiener Neustadt (für den Norden
weniger empfehlenswert, sofern nicht eine
Besichtigung von Wiener Neustadt – Burg,
Dom, Altstadt – eingeplant wird) Richtung
Mattersburg (S 4) und weiter Richtung Eisenstadt (S 31).
Von Ebreichsdorf über Unterwaltersdorf
und Leithaprodersdorf auf landschaftlich
sehr schöner Strecke (Leithagebirge, Loretto, Stotzing).

Weitere Ziele im nördlichen Burgenland
Kittsee erreicht man von Wien über Fischa-
mend, Bad Deutsch Altenburg, Hainburg
und Wolfstal, von Eisenstadt über Neusiedl
am See und Gattendorf.
Donnerskirchen und Purbach erreicht man
auch über eine weniger befahrene Strecke,
die von Wien über Himberg, Götzendorf
und Hof ebenfalls das Leithagebirge überquert.
Den Seewinkel erreicht man – auf welchen
Zufahrtswegen auch immer – über Neusiedl
am See und Weiden am See.
Mittleres Burgenland
Auf der Südautobahn (A 2) wählt man die
Ausfahrt Wiener Neustadt West (durch die

Stadt) oder Ausfahrt Wiener Neustadt Süd in Richtung ›Mattersburg‹ (S 4) und weiter nach Markt St. Martin (S 31) und Oberpullendorf (Bundesstraße 61).

Südliches Burgenland
Will man nicht das mittlere Burgenland durchfahren, wählt man auf der Südautobahn (A 2) die Ausfahrt Friedberg (südlich des Wechsels) und fährt in Richtung Pinkafeld weiter nach Oberwart, Güssing oder Eberau.

Mit der Bahn
Bundesbahnzüge von Wien nach Neusiedl am See (im Stundentakt ab dem Südbahnhof).
Lokale Fahrpläne erhältlich.
Zentrale Zugauskunft: ∅ 17 17.

Mit dem Autobus
Abfahrt vom *Autobusbahnhof Wien-Mitte.*
Lokale Fahrpläne erhältlich, außerdem Österreichisches Kursbuch, Teil Ost. Da die Streckenführungen bei Bussen naturgemäß schwieriger verlaufen, sind Busfahrpläne mit besonderer Aufmerksamkeit zu lesen. Man unterscheidet zwischen Routen von Postautobussen, Bussen der ÖBB und Privatlinien.
Zentrale Busauskunft: ∅ 75 01.
Auskünfte erteilen auch alle Postverkehrsbüros und das Burgenländische Landesreisebüro.

Mit dem Flugzeug
Flughafen Wien-Schwechat; Leihwagenmiete möglich.

Grenzpapiere
Nach *Österreich* (für Ausländer): Gültiger Reisepaß oder Personalausweis.

Nach *Ungarn:* Österreichische Staatsbürger: Reisepaß (maximal 5 Jahre nach Ablauf der Gültigkeitsdauer) und Grenzformular (wird an der Grenze ausgefüllt abgegeben). Bundesdeutsche und Schweizer Staatsbürger: Gültiger Reisepaß mit Visum (für dieses erforderlich: Reisepaß, Visumformular, zwei Fotos); das Visum kann im Heimatland oder in Wien (Botschaft der Volksrepublik Ungarn, 1, Bankgasse 4–6, oder Reisebüro Ibúsz, 1, Kärntner Straße 26) erlangt werden (in Wien ca. zwei Tage Wartezeit).

Offizielle Grenzübergänge nach Ungarn (von Norden nach Süden): Nickelsdorf (Hegyeshalom) in Richtung Raab – Budapest; Klingenbach und Deutschkreutz (beide in Richtung Ödenburg-Sopron); Rattersdorf (in Richtung Güns-Köszeg); Schachendorf (in Richtung Steinamanger-Szombathely); Heiligenkreuz (südlichster Übergang). In der Saison an Wochenenden oft längere Wartezeiten!

Adressen

Im Österreichischen Amtskalender (bei Ämtern und Behörden), aber auch im Amtlichen Telefonbuch (Burgenland).

Apotheken

Im allgemeinen montags bis freitags von 8 bis 12 Uhr und 14 bis 18 Uhr, samstags von 8 bis 12 Uhr geöffnet. Nacht- und Sonntagsdienst turnusweise.

Aussichtspunkte

Landschaft
Geschriebenstein (884 m, höchster Berg des Burgenlandes): Marienwarte, an der Zufahrt Margarethenwarte
Eisenberg (415 m): Blick nach Ungarn
Leithagebirge: verschiedene Aussichtspunkte mit Blick über Neusiedler See
Ruster Höhenzug (beim Steinbruch St. Margarethen): Blick über Neusiedler See
Tafelberg bei Jennersdorf (364 m)

Gebäude
Rust: Turm der katholischen Pfarrkirche
Maria am Weinberg (Wallfahrtskirche): Ausblick in die Pußta
Burg Bernstein (Bastei): Rundblick in Richtung Burgenland und Wechselgebiet
Burg Forchtenstein: Blick in die Umgebung
Burg Güssing (Aussichtsterrasse auf ehem. Bastei): Blick in die Umgebung

Bergbahnen: Keine.

Ausstellungen

Siehe Museen. An verschiedenen Orten des Burgenlandes werden alljährlich wechselnde Sonderausstellungen gezeigt. Schloß Halbturn und das Landesmuseum in Eisenstadt gehören zu den Fixveranstaltern, aber auch auf Schlössern (z. B. Burg Schlaining) werden immer wieder landesbezogene historische und volkskundliche Ausstellungen präsentiert.

Autofahren

Kraftfahrvereinigungen
ARBÖ (Zentrale: Wien 15, Mariahilfer Straße 180).
Niederlassungen im Burgenland: Eisenstadt, Heiligenkreuz, Mattersburg, Neusiedl am See, Oberpullendorf und Oberwart.
Pannendienst: ∅ 123 (gilt für ganz Österreich). Pauschalgebühr für Nichtmitglieder S 670,– (Mitglieder frei).
ÖAMTC (Zentrale: Wien 1, Schubertring 7). Stützpunkte im Burgenland: Eisenstadt, Bruck an der Leitha (Niederösterreich, an der burgenländischen Grenze), Güssing, Mattersburg, Neusiedl am See, Oberpullendorf, Oberwart, Pinkafeld.
Pannendienst: ∅ 120 (gilt für ganz Österreich). Pauschalgebühr für Nichtmitglieder S 665,– (Mitglieder sowie Mitglieder des ADAC frei).
Autobahn: Notrufsäulen.

Verkehrsvorschriften (Auswahl)
Geschwindigkeitsbegrenzungen: Ortsgebiet 50 km/h (nur Ausnahmen beschildert); Süd-Ost-Tangente (Wien) 80 km/h; Bundesstraßen 100 km/h; Schnellstraßen (autobahnähnliche Verkehrswege) 120 km/h (oder laut Beschilderung); Autobahnen 130 km/h (Höchstgeschwindigkeit, nicht Richtgeschwindigkeit!).

Internationale Fahrregeln und international geltende Verkehrsschilder. Absoluter Vorrang für Fußgeher auf Schutzstreifen. *0,8 Promille Alkohol* für Lenker als Höchstgrenze in *Österreich, 0,0 Promille in Ungarn!*

Kurzparkzonen (›Blaue Zonen‹) sind in burgenländischen Städten (sofern vorhanden) nicht gebührenpflichtig, doch ist eine Parkscheibe hinter der Windschutzscheibe anzubringen (Höchstparkdauer 1,5 Std.); in Wien Gebührenpflicht.

Brauchtum

Am 6. Jänner sammeln Kinder, als ›Heilige Drei Könige‹ verkleidet, für christliche Aktivitäten in aller Welt. Im Fasching (s. d.) haben sich etliche Bräuche erhalten. Am Karfreitag ziehen in vielen Orten die ›Ratscherbuben‹ von Haus zu Haus. Am 11. November (Martinstag) gibt es Festlichkeiten zu Ehren des burgenländischen Landespatrons (Martinigans). Am 27. Dezember (Johannestag) erfolgt traditionsgemäß die ›Weinweihe‹.

In vielen Orten werden außerdem *Kirtage* mit Musik, Tanz, Wein und Kirtagsmärkten abgehalten (z. B. Ende April der Georgikirtag in Pinkafeld, im Juni bzw. Juli der Krämermarkt in Oberpullendorf und die Kirtage in Stinatz, Neumarkt, Rohrbrunn und Parndorf sowie der Peterskirtag in Oberpetersdorf, im August das Türkenfest in Purbach, im September der Kirtag in Unterpetersdorf und nochmals ein Großkirtag in Pinkafeld), im Sommer in verschiedenen Orten *Blumenfeste* (berühmt das Gladiolenfest in Neusiedl am See) und im Herbst in Weinanbaugebieten *Weinlesefeste* sowie *Erntedankfeste* (z. B. in Schützen am Gebirge, St. Margarethen). Ein bedeutender historischer Brauch ist das Neckenmarkter Fahnenschwingen.

Volkstanz- und Trachtengruppen gibt es in Markt Allhau, Loipersbach, Lutzmannsburg, Mörbisch, Rechnitz und Walbersdorf (deutschsprachig), Mitterpullendorf (bekannteste ungarische Trachtengruppe) und Baumgarten, Hornstein, Klingenbach, Nikitsch, Schachendorf, Siegendorf, Trausdorf und Unterpullendorf (kroatische Tamburizzakapellen). Die beliebten Zigeunerkapellen sind ›importiert‹. Trachten werden außerhalb von Veranstaltungen nur noch in wenigen Orten getragen, vor allem an Festtagen; die burgenländischen Trachten sind von Kroatien und Ungarn beeinflußt. Detailinformation: Veranstaltungskalender Burgenland.

Das *Fest des hl. Martin,* das am 11. November gefeiert wird und an dem die ›Weinkönigin‹ teilnimmt, ist für das Burgenland ein bedeutender Tag. Der hl. Martin ist der Landespatron des Burgenlandes (Schulen und Ämter haben an diesem Tag geschlossen!), und die Gastronomie des Landes lädt zum traditionellen ›Martigansl‹-Essen ein. Aus touristischen und kommerziellen Erwägungen haben sich im Burgenland ›Martinigansl-Wochen‹ eingebürgert, die meist von Ende Oktober bis um den 20. November abgehalten werden. Vor allem die zur Aktionsgemeinschaft ›Pannonische Küche‹ zusammengeschlossenen 35 Betriebe kredenzen die Gänse in vielerlei Variationen.

Der Zusammenhang zwischen dem hl. Martin und der Gans bedarf einer Erklärung: Die Legende berichtet, daß der römische Soldat und spätere Mönch Martinus, als er zum Bischof von Tours gewählt werden sollte, sich aus Bescheidenheit in einem Gänsestall versteckte, um der Wahl zu entgehen. Die schnatternde Gänseschar verriet ihn aber, und die Gänse müssen seither ihren ›Verrat‹ mit dem Leben bezahlen. Die Historie weiß es allerdings anders zu deuten: Am 11. November mußten die Bauern früher junge Gänse als Zehnt abliefern und ermöglichten daher den festlichen Schmaus.

Der Martinstag ist auch für die Winzer ein Stichtag: am 11. November wird zum erstenmal mit dem jungen Wein angestoßen! Aus dem Most und Sturm (Federweiß) hat sich bis zu diesem Tag der ›Heurige‹ entwickelt. Um Martini wird der Wein oftmals vom Pfarrer gesegnet, das Österreichische Weininstitut hingegen vollzieht die offizielle ›Weintaufe‹, an der auch die ›Weinkönigin‹ teilnimmt.

Einkaufen, Souvenirs

In Eisenstadt und den anderen Städten, ebenso in bedeutenden Fremdenverkehrsgemeinden gibt es ein reiches Angebot an landeseigenen Erzeugnissen, unter denen *Korbwaren* (Zentrum Piringsdorf, aber Produktion auch in anderen Orten), *Töpferwaren* (Zentrum Stoob mit seinen berühmt gewordenen ›Plutzern‹) und *Edelserpentin* (Vorkommen in Bernstein) eine besondere Rolle spielen. Vielfach werden die Erzeugnisse in eigenen ›Souvenirläden‹ (der größte befindet sich beim Römersteinbruch in St. Margarethen) angeboten.

Fasching

Was in nördlicheren Breiten der Karneval, das ist in Österreich (und natürlich auch im Burgenland) der Fasching. Neben den zahlreichen örtlichen Ballveranstaltungen (Feuerwehr, Fußballklubs, Gesangvereine, Jäger usw.) haben sich in einzelnen burgenländischen Orten auch traditionelle Faschingsbräuche erhalten oder sie wurden wieder zum Leben erweckt.

Dazu gehört das ›Blochziehen‹; hat es im Ort im vergangenen Jahr keine Hochzeit gegeben, dann wird ein ›Bloch‹ (ein großer Nadelbaum), als Braut geschmückt, gemeinsam mit einem unverheirateten Burschen durch den Ort gezogen, wobei das begleitende Ritual einer echten Hochzeit ähnelt. Gegen Ende des Faschings werden in einigen Orten Umzüge veranstaltet. Am Aschermittwoch wird der Fasching ›begraben‹: unter großem Wehgeheul nimmt man von diesem lustigen Gesellen Abschied, indem man symbolisch eine Strohpuppe verbrennt.

Kulinarische Genüsse – wie Krapfen und Heringe – dürfen natürlich nicht fehlen. Die Faschingskrapfen und die ihnen ähnlichen, ohne Marmelade hergestellten, jedoch knusprigeren ›Gebackenen Mäuse‹ sind (nicht nur im Burgenland) typische Mehlspeisen dieser Saison.

Neueren Ursprungs ist der ›Heringsschmaus‹, der zum Faschingsausklang in Restaurants und Gasthäusern mehr oder weniger aufwendig dargeboten wird – als ›letztes Schlemmen‹ vor der Fastenzeit!

In Mörbisch und anderen Orten am Neusiedler See hat sich auch der Brauch des Eiswanderns zur Faschingszeit eingebürgert; man halte sich diesbezüglich jedoch (wegen der Tragfähigkeit des Eises) an die regelmäßig ausgegebenen Meldungen der Gemeindeämter und des lokalen Rundfunks.

Festspiele

Donnerskirchen

Pannonische Konzerttage (›Musikalischer Weinsommer‹; Juli und August) im Martinschlössel.

Eisenstadt

Haydn-Tage (Juni und September); Aufführung von Haydn-Werken im Schloß Esterházy und in der Bergkirche. Parallel dazu finden auch Veranstaltungen im Schloß Eszterhaza im ungarischen Fertöd statt.

Kobersdorf

Schloßspiele nach dem Prinzip einer ›Pannonischen Collage‹ im Arkadenhof, bei Schlechtwetter im Schloßkeller (Juli); Komödien, Märchen, Ballett, Musikveranstaltungen.

Lockenhaus

Kammermusik-Festival in der Pfarrkirche und auf der Burg (Juli) mit Gidon Kremer. Es ist eine Besonderheit des vom Lockenhauser Pfarrer Josef Herowitsch und vom Violinvirtuosen Gidon Kremer begründeten Musikfestes, daß zu seinem Beginn lediglich ein musikalischer Rahmen feststeht, wogegen das endgültige Programm erst im Verlauf des Festes erarbeitet wird; dadurch wirkt es lebendiger als vergleichbare andere Veranstaltungen.

Mörbisch

Seefestspiele auf der Seebühne (Juli und August); Operetten.

St. Margarethen

Passionsspiele im Römersteinbruch (Sommer); alle fünf Jahre (1991, 1996).

Fischen siehe unter ›Sportliche Aktivitäten‹

Hobbykurse (Auswahl):

Bad Tatzmannsdorf: Bauernmalerei (ganzjährig).
Breitenbrunn: Töpferei (März – November).
Eisenstadt: Himmelsbeobachtungen in der Sternwartekuppel (ganzjährig, außer ftg, 20 Uhr; Burgenländisches Landesmuseum).
Hornstein: Töpferkurse (April – September).
Illmitz: Ornithologische Führungen (Mitte April – Mitte Juli, September); eine Woche Aufenthalt mit Übernachtung und Frühstück, Fahrrad, Fußwanderung zu den Naturschutzgebieten. – Malkurs (Juli – August). – Fußwanderungen, Fahrradtouren, Pferdewagen- und Bootsfahrten zu den Naturschutzgebieten mit einheimischem Führer (fixe Termine und nach Vereinbarung; Auskunft: Fremdenverkehrsbüro Illmitz).
Neufeld: Tenniskurse für Jugendliche (8–14 Jahre).
Neumarkt an der Raab: Musische Sommerkurse (Juli – Mitte August).
Neusiedl am See: Bauernmalerei, Hinterglasmalerei, Stoffdruck (Kulturvereinigung Nördliches Burgenland, Hauptplatz 50).
Pamhagen: Weinseminar, Kräuterspaziergang, Strohflechten, Seidenmalerei (Feriendorf Pannonia).

Pinkafeld: Pannonisches Musik-ABC (Musikferienwoche des Gesangvereins Pinkafeld, Julius-Raab-Straße 10). Ende August.
Podersdorf: Ornithologische Führungen mit Pferdewagen (fr 8.30 Uhr) oder Fahrrad (mo 8.30 Uhr); Anmeldung: Fremdenverkehrsamt. – Töpfern und Werken mit Ton. – Glasritzen (Anfänger- und Fortgeschrittenenkurse). Auskunft für alle Kurse: Fremdenverkehrsamt.
St. Margarethen: Töpferkurse (Modellieren; ganzjährig).
Siegendorf: Malerei und Bauernmalerei auf Papier und Holz (ganzjährig).
Steinberg-Dörfl: Bauern- und Hinterglasmalerei (Juni – September).
Stoob: Töpfern als Kunst und Hobby (ganzjährig). – Töpferkurse – Hobbytöpfern (Mai – September).

Klima

Im nördlichen Burgenland mit seinem pannonischen Klima wird die höchste Sonnenscheindauer von ganz Mitteleuropa erreicht; dementsprechend gibt es auch die höchsten Durchschnittstemperaturen von Österreich sowie lange niederschlagsfreie Abschnitte. Die Luftfeuchtigkeit ist allerdings wegen der starken Wasserverdunstung des Neusiedler Sees verhältnismäßig hoch.

Obwohl der Frühling etwas später als anderswo einsetzt, ist die Baumblüte (z. B. Donnerskirchen oder Rosaliengebirge) berühmt. Das Klima erlaubt auch den feldmäßigen Anbau von Salat, Gemüse und Ananaserdbeeren mit ausgezeichneten Erträgen. Der Herbst ist bis tief in den Oktober hinein

warm bis mild. Diese klimatischen Gegebenheiten machen das Burgenland zu einem der wichtigsten österreichischen Weinbaugebiete. Im mittleren und südlichen Burgenland gibt es relativ höhere Niederschlagsmengen. Im Hügelland sind die Sommer weniger heiß.

Küche

Die burgenländische Küche wird von der slowakischen, kroatischen und ungarischen Küche stark beeinflußt. Der Hauptunterschied zu anderen Zubereitungsarten liegt in der Gewürzauswahl; die burgenländische Küche bevorzugt starke Gewürze mit besonderem Aroma in erheblicher Dosierung, wobei besonders Zwiebeln, Knoblauch und Paprika Verwendung finden. Fische werden überwiegend rund um den Neusiedler See angeboten, wobei dem Zander (Fogosch) die Hauptrolle zufällt. Es gibt eine Reihe guter Kochbücher (s. unter Literatur).

Kuren

Bad Tatzmannsdorf: Herz-, Kreislauf- und Frauenleiden. Auskünfte: A-7431 Kurverwaltung.
Mönchhof, Marienkron: Kneipp-Kuren. Auskünfte: Kneippkurheim Marienkron, A-7123 Mönchhof.
Neusiedl am See: Gesundheits- und Schönheitsaufenthalte. Auskünfte: A-7100 Neusiedl am See, Gemeindeamt.

Bad Sauerbrunn: Erkrankungen der ableitenden Harnwege (Trinkkuren). Auskünfte: A-7202 Bad Sauerbrunn.

Lehrpfade

Naturlehrpfad Donnerskirchen
An den Hängen des Leithagebirges werden mehr als 50 Pflanzenarten gezeigt, die in Verbindung mit einem kleinen Kräuter- und Wurzelgarten einen Überblick über die Vegetation des Neusiedler See-Gebietes mit seiner subtropischen Klimazone bietet (darunter andernorts bereits ausgestorbene Pflanzen). – Kirschblüte in Donnerskirchen: eine der berühmtesten Obstblüten der Welt (April–Mai), ein wirkliches Naturereignis.

Wildpark Güssing (Forstrevier Punitz)
In den Gehegen (300 ha in Punitz, 7 ha im Schloßpark neben der Bundesstraße) werden u. a. Auerochsen (Rückzüchtung des ausgestorbenen Urs), Tarpane (europäische graue Wildpferde), Büffel (in Südeuropa heimische schwarze Wasserbüffel), Dyboskyhirsche (aus Korea), mazedonische Zwergesel, Mufflons, ungarische Zackelschafe und Steppenrinder sowie Rot- und Schwarzwild (Wildschweine) gehalten. Zugänglich ganzjährig, Besuch zur Abendzeit empfehlenswert. (Information: Gutsverwaltung Draskovich, Güssing.)

Naturlehrpfad Illmitz
In einigen Stationen kann man unweit der Biologischen Station einen Überblick über Fauna und Flora des Seewinkels gewinnen.

Steintische mit eingravierten Motiven sind frei zugänglich. (Information: Fremdenverkehrsbüro Illmitz.)

Steppentierpark Pamhagen (im Seewinkel)
Möglichst unberührt gelassenes Stück Steppe, in dem sich ein Großteil der Tiere im Freien befindet (Wassergeflügel, Steppenrinder, ungarische Wollschweine, Wildpferde, Greifvögel, Wölfe usw.). Zugänglich April–Oktober tgl. ab 9 Uhr. (Information: Kaufhaus Acs, Hauptstr. 83.)

Storch- und Vogelpflegestation Parndorf
(Burgenländischer Tierschutzverein)
Besichtigung von einheimischen Vogelarten (Störche, Reiher, Greifvögel, Schwäne). Zugänglich ganzjährig tgl. 9–19 Uhr. (Information: Elfriede Kernstock, Am Bahnhof 5.)

Märchenwald St. Margarethen
35 Märchengruppen in Lebensgröße, Tierpark, Ponyreiten, Kinderspielplatz.

Burglehrpfad Burg Schlaining
Im Areal des Burgberges und teilweise in der Burg selbst kann man die Bauabschnitte des Gebäudekomplexes sowie bodenständige Pflanzen kennenlernen. (Information: Burgkastellan.)

Willersdorfer Schlucht
Lehrwanderweg von Willersdorf (Ortsteil von Oberschützen) bis zum Dreiländereck. Hier werden 50 verschiedene Baum- und Straucharten beschrieben, die für das Gebiet typisch sind.

Weinlehrpfade (Horitschon, Oggau) siehe unter ›Wein‹.

Mineralwasserquellen

Bad Tatzmannsdorf: ›Martinsquelle‹ (im Kurmittelhaus und im Kurpark kostenlos).
Bad Sauerbrunn: Trinken frei, Abfüllen pro Liter S 2,–.
Deutschkreutz: ›Juvina‹ im Handel, Trinken am Ort kostenlos, Abfüllen pro Flasche S 1,–.
Edelstal: ›Römerquelle‹ im Handel.
Großhöflein: Schwefelquelle, kostenlos.
Güssing: ›Güssinger‹ im Handel, Trinken frei.
Illmitz: ›St. Bartholomäus-Quelle‹, Trinken frei.
Kobersdorf: ›Waldquelle‹, Trinken frei, Quelle im Elisabethpark: Trinken frei, Abfüllen pro Flasche S 1,–.
Mörbisch: ›Karolinenquelle‹ in der Seeanlage, Trinken frei.
Oberschützen: ›Sixtina‹, Trinken frei.
Piringsdorf: Trinken und Abfüllen frei.
Pöttsching: ›Sixtusquelle‹ im Handel.

Museen, Sammlungen, Burgen

Die Öffnungszeiten können Änderungen unterworfen sein. E = Eintrittsgebühr (soweit bekannt), F = Führungen, K = Katalog (Museumsführer).

Bad Tatzmannsdorf
Burgenländisches Freilichtmuseum
Am Kurpark (20 000 m²)
Ganzjährig zugänglich.
Ländliche Wohn- und Wirtschaftsgebäude des 17. und 20. Jhs., überwiegend aus dem mittleren und südlichen Burgenland (mit Originalinventar). Objekte mit Erläuterungstafeln versehen. E.

Bernstein
Burg
1. 4.–31. 10. tgl. 8–12, 13–17 Uhr.
Sammlungen: Familiensammlung Almasy (Bilder, Möbel), Burgsammlung (Waffen, Rüstungen, Folterwerkzeuge). Frei zugänglich nur Burggraben (Alchimistenküche, Brunnen usw.) und Rittersaal (Restaurant); die übrigen Räume sind Hotelgästen vorbehalten. F (Voranmeldung), K.

Felsenmuseum
Hauptplatz 5
März–Dezember tgl. 9–12, 13.30–17 Uhr.
Bergwerksteil (über 100 m langer unterirdischer Stollen, in dem Bearbeitungsmethoden besichtigt werden können) und Ausstellung (1. Stock). Gewinnung und Bearbeitung des Edelserpentins (samt Geschichte des Bergbaues in der Umgebung von Bernstein), Raritäten österreichischer Mineralien (Bergkristallkluft vom Hohen Sonnblick), Meisterwerke aus Edelserpentin, Malereien von Otto Potsch, Dia-Schau. E.

Norisch-pannonische Hügelgräber
Nördlich des Ortsausganges
Jederzeit zugänglich. Hügelgräberkultur aus dem 1. und 2. Jh. n. Chr.

Breitenbrunn
Turmmuseum, Prangerstr. 2
Ostern–Oktober di–so 9–12, 13–17 Uhr.
1. Stock: Ortsgeschichte; 2. Stock: Geologie des Leithagebirges, Bärenhöhle (Höhlenbärskelett); 3. Stock: Breitenbrunner Stein; 4. Stock: Steinbrüche; 5. Stock: Karten und Sagen. E.

Burgauberg-Neudauberg
Volkskundliches Privatmuseum
Neudauberg Nr. 55
Eigentümer Franz Salmhofer (Anmeldung)
Ganzjährig tgl. 8–18 Uhr.
7500 Exponate: Bäuerliche Geräte, Militaria, Orden, Münzen, Dokumente. E (Spende).

Bruckneudorf
Freilichtmuseum ›Mittelalterliche Kirchenruine Chunigesbrunn‹
Jederzeit frei zugänglich.

Deutschkreutz
Gedenkraum für den Komponisten Karl Goldmark
Hauptstr. 54
April–September tgl. 8–16 Uhr.

Eisenstadt
Burgenländisches Landesmuseum
Museumgasse 1–5
Di–so 9–12, 13–17 Uhr.
Geologisch-Paläontologische Sammlung (Mineralien, Fossilien, eiszeitliche Tierwelt);
Archäologische Sammlung (äußerst reichhaltig, u. a. Venus von Draßburg, Grabfund Neusiedl am See mit ältestem Goldschmuck Österreichs, Kriegergrab Siegendorf, Kultgegenstände der Hallstattkultur aus Donnerskirchen und Loretto, christliche Altarplatte aus Donnerskirchen, awarischer Goldschmuck, antike Münzen, Lapidarium, römische Mosaikfußböden aus Bruckneudorf);
Kulturhistorische Sammlung (Archivalien, Handschriften, Rechtsarchäologie, Judaica, Militaria, Zeitgeschichte; ältere ›Haydn-Orgel‹ und Liszts ›Blauer Salon‹ aus dem Wiener Schottenhof);
Zoologisch-botanische Sammlung (Fische, Baumarten, Eier- und Gelegsammlung, Schmetterlinge);
Volkskundliche Sammlung (Siedlungs- und Hausformen, Gegenstände der Religionsausübung, Brauchtum, Möbel und Hausrat, Keramik, Geschirr, Gegenstände der Holz- und Flachsverarbeitung, Ackerbau- und Erntegeräte usw.).
Bibliothek (nicht öffentl.). E.

Außenstellen (Details siehe unter den einzelnen Orten)

Haydn-Museum (Eisenstadt, Joseph-Haydn-Gasse 21).

Seemuseum Neusiedl am See (Neusiedl am See): detaillierte Darstellung des Lebensraums Neusiedler See – Seewinkel, Vogelpräparate, Ton-Dia-Schau mit Vogelstimmen.

Turmmuseum Breitenbrunn (Breitenbrunn, Türkenturm): Geologie der Steinbrüche des Leithagebirges, Neusiedler See im historischen Kartenbild.

Heimathaus Mörbisch (Mörbisch, Hauptstr. 55): Winzerhaus mit Originaleinrichtung in einem Streckhof.

Franz-Liszt-Museum (Raiding, Lisztstr. 41): Erinnerungsstücke an den Komponisten.

Naturkundliches Museum Lockenhaus (Lockenhaus, Hauptstr. 15): überregionale botanische, mineralogische und zoologische Sammlung.

Freilichtmuseum Bad Tatzmannsdorf (Bad Tatzmannsdorf, Bahnhofstr., beim Kurpark): typische mittel- und südburgenländische Bauernhäuser, Wirtschaftsgebäude usw.

Landschaftsmuseum Südliches Burgenland (Stegersbach, Kastell): geologische, biologische, archäologische, kulturhistorische und volkskundliche Exponate aus den Bezirken Oberwart, Güssing und Jennersdorf.

Naturdenkmal Sandgrube Steinbrunn

Steinmuseum Landsee

Pingenfeld Unterpullendorf-Zerwald: Ur- und frühgeschichtliche Eisenerzgewinnungsstätte.

Burgenländisches Feuerwehrmuseum
Leithabergstr. 41
Mo–do 9–12, 13–16 Uhr, fr 9–13 Uhr (so, ftg nach Voranmeldung).
Historische Feuerwehrwagen und -geräte; E, K. Anmeldung erwünscht.

Diözesanmuseum
Joseph-Haydn-Gasse 31
Mai–September mi–sa 10–13, 14–17 Uhr, so, ftg 13–17 Uhr.
Geschichte der Diözese, religiöse Kunstgegenstände; F (nach Voranmeldung für Gruppen), K.

Haydn-Museum
Joseph-Haydn-Gasse 21
Ostern – Ende Oktober 9–12, 13–17 Uhr tgl. (im Winter Gruppen ab 10 Personen gegen Voranmeldung).
Erinnerungsstücke an Joseph Haydn (Wohnhaus 1766–78), Streichinstrumente, Hammerklavier, Autographen, Stiche, Erstdrucke, Tonband mit Musikbeispielen; F, K.

Österreichisches Jüdisches Museum
Wertheimerhaus, Unterbergstr. 6
April–26. 10. di–so 10–17 Uhr.
Kulturgeschichtlich-historische Dokumentation, Synagoge; E, F (lfd.), K.

Landessternwarte
Dr.-Renner-Str. 1
Do 20 Uhr (Sommerzeit: 21 Uhr).

Schloß Esterházy
Esterházyplatz
Ganzjährig.
Haydnsaal, Empiresaal, Repräsentationsräume; F (9–16 Uhr, jede volle Stunde), K.
Burgenländisches Landesmuseum
Di–sa 10–12, 13–17 Uhr, so, ftg 13–17 Uhr.
F (nach Voranmeldung), K.

Haydn-Mausoleum
Bergkirche, Kalvarienbergplatz
1. 4.–31. 10. tgl. 9–12, 14–17 Uhr. E.

Haydn-Gartenhäuschen
Bürgerspitalgasse
Jederzeit frei zu besichtigen.

Forchtenstein
Burgsammlungen
1. 4.–31. 10. tgl. 8–12, 13–16 Uhr, März, November sa, so, ftg. 8–12, 13–15 Uhr, Dezember–Februar. Gruppen nach Voranmeldung.
Esterházysches Arsenal, Rittersaal, Jagdkammer, Waffen, Türkenbeute, Fahnen, Möbel, Karossen, Ahnengalerie, Rechtsaltertümer; E, F, K.

Gerersdorf
Ensemble von zehn strohgedeckten *Holzblockbauten* mit originaler Einrichtung (Fläche ca. 8000 m^2).
März–November sa, so 10–17 Uhr.

Glashütten
Erdbeben- und Wetterstation
Frei zugänglich.

Güssing
Burgmuseum
1. 4.–31. 10. di–so 9–11, 13–17 Uhr.
Ahnensaal, Rüstkammer (Restbestände),
Museum (Kunst des Barock und der Renaissance), Folterwerkzeuge, Gläsersammlung;
E, F (obligatorisch).

Halbturn
Schloß
Kunstausstellungen (jährl. wechselnde
Landesausstellungen)
Mai–Oktober tgl. 9–18 Uhr; E, F, K.

Heiligenbrunn
Freilichtmuseum
Kellerviertel, ca. 120 Gebäude
Frei zugänglich. F (Voranmeldung beim
Fremdenverkehrsverband).

Illmitz
Seemuseum
Seekeller, Strandbad
Ostern–Oktober tgl.
Säugetiere und Vögel des Neusiedler Sees;
Eintritt frei.

Jois
Ortskundliches Museum
Gemeindeamt, Untere Hauptstr. 23
Juli–August mi 17–19, so 10–12 Uhr, Gruppen nach Voranmeldung jederzeit.
Volkskundliche Sammlung, Ortsgeschichte, Jagd, Fischerei, Wohnen um 1900; E.

Kittsee
Ethnographisches Museum (Schloß)

Tgl. 10–16 Uhr.
Volkskundliche Sammlung Ost- und Südosteuropa. F nach Voranmeldung, K.

Kobersdorf
Heimathaus
Waldg. 13
Ganzjährig mi 10–16 Uhr, so 11–12 Uhr,
andere Termine nach Voranmeldung.
Rauchküche, Wohnräume (mit bäuerlichem
Hausrat), Wagenschuppen, Werkzeuge,
Trachten; Ortsgeschichte. Ehem. ungarisches Zollamtsgebäude im Stil eines burgenländischen Laubenhauses. F.

Schloß
Schloßanlage (karoling. Verteidigungsgürtel), Fresken 14. Jh., Stuckarbeiten 17. Jh.,
Schloßkapelle; Sammlung (Möbel, Gemälde, Kutschen) aus dem Familienbesitz.
F (April–Oktober sa, so 13 Uhr), K.

Landsee (Markt St. Martin)
Burgruine
Allgemein zugänglich.

Burgenländisches Steinmuseum (St. Martin-Landsee)
Ca. 3000 m^2; frei begehbar. Gesteine des
Burgenlandes.

Gedächtnisstätte Mida Huber (Heimatdichterin)
Untergebracht in der letzten Wohnung (St.
Martin-Landsee); ganzjährig (nach Bedarf).
F (nach Bedarf).

Leithaprodersdorf
Gschlößl (Freilichtanlage)
Frei zugängliche Ringwallanlage, Ausgrabungsfunde, Schautafel.

Litzelsdorf
Heimathaus
Obere Bergen 108
Tgl. (Schlüssel im Gemeindeamt).
Strohgedecktes Bauernhaus (1826); Bäuerliche Wohn- und Arbeitswelt.
Eintritt frei.

Lockenhaus
Burg
Tgl. 8–17 Uhr. Rittersaal, Kultraum usw., F (obligatorisch), K.

Paul-Anton-Keller-Museum (Burg)
Ganzjährig 8–12, 13–17 Uhr. Heimatdichter, ehem. Besitzer der Burg.

Schulmuseum
Lockenhaus-Langeck, Hauptstraße 29
Geschichte und Entwicklung des Schulwesens im Burgenland.

Naturkundliches Museum
Hauptstr. 15
Ostern–31. 10., di–sa 9–17 Uhr.
Botanische, mineralogische und zoologische Sammlung (zugleich Lehrmittelbehelf). E.

Lutzmannsburg
Museum Ernst Weber
Hauptstraße 16
Tgl. 8–18 Uhr. Lutzmannsburger Trachten.
E (Spende).

Mattersburg
Stadtmuseum
Hauptplatz 14
April–Oktober sa 10–12 Uhr, so, ftg 10–12, 14–16 Uhr.
Heimatkundliche Sammlung (bäuerliche und handwerkliche Geräte). F (bei Bedarf)

Mogersdorf
Kreuzstadelmuseum auf dem Schlößlberg
Tgl. 10–20 Uhr.
Bilddokumentation zur Türkenschlacht vom 1. 8. 1664. F (Anmeldung im Gemeindeamt).

Mörbisch
Heimathaus
Hauptstraße 53
Ostern–31. 10., tgl. 9–12, 13–17 Uhr.
Wohn- und Arbeitswelt einer Weinhauerfamilie (altes Winzerhaus mit Originaleinrichtung: Vorhaus, Stuben, Preßhaus, Keller, Stall, Schüttkasten). F (obligatorisch).

Moschendorf
Weinmuseum (Freilichtmuseum)
Frei zugänglich (nach Vereinbarung).
Weinkeller (um 1900), fünf Gebäude; alte Weinbaugeräte, ländlicher Hausrat, Werkzeuge. F (nach Voranmeldung).

Neuhaus am Klausenbach
Heimatmuseum – Schloß Tabor (Nr. 1)
Mai–31. 10., so, ftg 14–17 Uhr (mo–sa nach Vereinbarung). E, F (Anmeldung im Gemeindeamt).

Neumarkt an der Raab
Atelierhaus und alte Dorfschule (Nr. 24)
Zugänglich nach Voranmeldung. Eingerichtetes Bauernhaus (alte Rauchküche); Dorfschule (als Dorfgalerie eingerichtet).

Kernölmuseum (Nr. 9)
Zugänglich nach Voranmeldung. Kernölmühle des Südburgenlandes (18. Jh.). F (nach Voranmeldung).

Neusiedl am See
Pannonisches Privatmuseum Karl Eidler
Kalvarienbergstr. 40
1. 5.–31. 10. mo–fr 14.30–18.30, sa, so, ftg
10–12, 14.30–18.30 Uhr.
Kultur des pannonischen Raums (Burgenland, Westungarn), teilweise Freilichtmuseum, Trachten, Hausrat, bäuerliche und
gewerbliche Geräte, sakrale Gegenstände,
Dokumente. F.

Seemuseum (Strandbad)
Ostern–31. 10. tgl. 9–12, 13–17 Uhr.
Fauna und Flora des Neusiedler Sees und
seiner Umgebung (Schwerpunkt Vogel-
welt), Fischerei, Naturschutz, Freigehege;
Ton-Dias mit Vogelstimmen. E, F.

Werkstubengalerie
Hauptplatz 50
Tgl. 17–21 Uhr.
Ausstellungen der Kulturvereinigung
Nördliches Burgenland.

Nikitsch
Dorfmuseum
Hauptstr. 25
Tgl. 9–20 Uhr.
Keramik und Arbeitsgeräte. E (Spende).

Oberpullendorf
*Schauraum ›Ur- und frühgeschichtliche Ei-
senindustrie‹*
Rathaus
Mo–do 8–16, fr 8–12 Uhr, sa, so gegen Vor-
anmeldung (Rathaus).
Eisengewinnung, Eisenverhüttung (von den
Kelten bis zum Mittelalter).

Oberschützen
Heimathaus (Nr. 226)

Fr 8–12, 14–17 Uhr (oder nach Voranmeldung 0 33 53/3 42).
Landwirtschaftliche Geräte. F (fr).

Pinkafeld
Stadtmuseum
Hauptpl. 1
Ostern–31. 10. mo–fr (außer ftg) 8–12,
13–16 Uhr, sa, so, ftg nur Gruppenführung
(nach Voranmeldung).
Archäologie (Grabfunde der Römerzeit),
Stadtgeschichte (Rechtswesen, Zunftwe-
sen), große Weihnachtskrippe (1826). Ein-
tritt frei.

Podersdorf am See
Windmühle
Mühlstr. 26
Juni–August tgl. 17–19 Uhr, Mai und Sep-
tember so 17–19 Uhr (ohne Voranmel-
dung).
Windmühle (4 Stockwerke) mit Einrich-
tung. E, F (Juni–August tgl., sonst Voran-
meldung).
Genoveva-Haus
Neusiedlerstr. 7
Juni–September tgl. 10–12, 15–20 Uhr.
Naive Kunst (Verkaufsausstellung).

Pöttelsdorf
Dorfmuseum
Ortsteil Zemendorf, Bachzeile 58
Jederzeit zugänglich (Schlüssel Bachzeile 5).
Stube, Küche, Stall usw. bäuerliche Einrich-
tungsgegenstände, landwirtschaftliche Ge-
räte.

Potzneusiedl
Österreichisches Ikonenmuseum
Schloß
Tgl. 10–17 Uhr. F (Sa, So), K.

Keramik-Porzellan-Museum
Schloß
Tgl. 10–17 Uhr.
Keramik und Porzellan aus der Manufaktur Zsolnay in Fünfkirchen (Ungarn). F (sa, so auf Wunsch), K.

Raiding
Franz-Liszt-Museum
Lisztstraße 41
Ostern–31. 10. tgl. 9–16 Uhr (Winter: Gruppen nach Vereinbarung).
Erinnerungsstücke (Noten, Autographen, Dokumente, Fotos), Ahnentafel der Familie Liszt, Porträtbüste von Kaspar Zumbusch; Musikveranstaltungen. E, F (nach Voranmeldung), K.

Rust
Seevogel-Museum
Am Hafen 2
1. 4.–15. 11. ganztägig.
Vogelwelt am Neusiedler See (seltene Präparate).

Fischerkirche
Tgl. 10–12, 14–18 Uhr.
Älteste Kirche des Burgenlandes (12. Jh.).

St. Margarethen
Freilichtmuseum Römersteinbruch
Fläche fast 150 000 m²; tgl. 9–18 Uhr.
Steinbruch, Steinskulpturen moderner Künstler, Fossilien, Passionsspielbühne. K.

Passionsspielmuseum
Siegendorfer Str. 23, neben dem Pfarrkindergarten
Ganzjährig (Voranmeldung im Pfarramt).
54 Großdias der Passionsspiele im Römersteinbruch.

Foto- und Krippenausstellung
Hauptstr. 20
Tgl. 10–12, 14–19 Uhr.
Ortsgeschichte, Weihnachtskrippen. Eintritt frei.

Siegendorf
Freilichtmuseum
Frühbronzezeitliche Hügelgräber im Schuschenwald
Frei zugänglich (Beschilderung zur Selbstführung). Bestattungssitten (vier rekonstruierte Grabhügel).

Zuckermuseum
Rathausplatz 2
1. 4.–30. 9. di–fr 16–19 Uhr.

Siget in der Wart
Heimatmuseum (Nr. 82)
Tgl. 8–17 Uhr.
Volkskundliche Privatsammlung (u. a. auch Rechenbuch 1782, Bibel 1582, handgeschriebenes Gebetbuch 1516). K.

Stadtschlaining
Burg
Rochusplatz 1
Ostern–31. 10. di–so 9–12, 13–17 Uhr.
Kunsteisengußsammlung (ca. 1000 Objekte), Waffen, Bauernmöbel, Geräte; Prunkräume (Batthyánytrakt), Burglehrpfad, Burgtaverne. E, F (9, 10, 11, 13, 14, 15, 16 Uhr).

Synagoge
Hauptplatz 3

Stegersbach
Landschaftsmuseum Südliches Burgenland
Schloß (ehem. Kastell)
Ostern–31. 10. di–so 9–12, 13–17 Uhr.

Geologische, biologische, archäologische, kulturhistorische und volkskundliche Sammlung (Objekte aus den Bezirken Oberwart, Güssing und Jennersdorf); Relief des südlichen Burgenlandes. E, K.

Stinatz
Heimathaus
Hauptstraße 23
Tgl. (Anmeldung; ✆ 033 58/24 33)
Gebrauchsartikel des Dorflebens (Einrichtungsgegenstände, Brauchtum). F.

Stoob
Töpfermuseum
Altes Töpferhaus, Hauptstr. 85
Juni–August tgl. ganztägig (ansonsten nach Voranmeldung im Gemeindeamt oder in der Raiffeisenbank).
Keramikerzeugung (fußbetriebene Töpferscheibe, Brennofen), Kachelofen, Zier- und Gebrauchskeramik, Rauchküche. F (für Gruppen; Anmeldung im Gemeindeamt).

Evangelisches Diözesanmuseum
Hauptstr. 140
So, ftg nach dem Gottesdienst (etwa 10.30 Uhr), sonst nach Voranmeldung.
Geschichte des Protestantismus im Burgenland und in Westungarn. F (Voranmeldung), K.

Strem
Weinmuseum
Ganzjährig (nach Vereinbarung).
Alte Kellerbauten, Geräte, Einrichtungsgegenstände. E (Spende).

Unterpullendorf-Zerwald
Freilichtanlage (Bodendenkmal)
Frei zugänglich. Ur- und frühgeschichtliche Eisengewinnung, Spuren des keltischen und römischen Eisenerzbergbaues (›Trichterpinten‹, runde trichterförmige Gruben) auf einer Fläche von 26 400 m²; Schautafel mit Plan und erläuterndem Text. – *Schauraum* (Ausgrabungsfunde) im Rathaus (Hauptstr. 9): mo–do 8–16, fr 8–12 Uhr.

Unterwart
Heimathaus (Nr. 208)
Tgl. (Anmeldung; Schlüssel im Haus Nr. 206.)
Arkadenhaus mit Einrichtung, Lebens- und Wirtschaftsgeräte der magyarischen Bevölkerung des Burgenlandes. F, E (Spende), (VA).

Winden
Bärenhöhle (Naturhöhle)
Frei zugänglich.

Musikveranstaltungen

Die Seefestspiele in Mörbisch, die Haydnkonzerte in Eisenstadt und das abwechslungsreiche Musikangebot im Kurzentrum Bad Tatzmannsdorf (mit Ensembles aus verschiedenen Teilen des Burgenlandes) sowie das Kammermusik-Festival (mit Gidon Kremer) in Lockenhaus sind die aus dem gesamten Angebot herausragenden musikalischen Ereignisse (s. auch Festspiele).

Neben diesen sollten jedoch die übrigen Veranstaltungen nicht übersehen werden. Das Burgenland ist reich an Musikschulen (Oberschützen, Stegersbach, Rechnitz), deren Schüler mit Konzerten an die Öffentlichkeit treten, Trachtenkapellen (z. B. Rechnitz), Stadtkapellen (z. B. Pinkafeld und Oberwart) sowie Blasmusikensembles (z. B. Burgenländischer Blasmusikverband, Jugendblasmusik Pinkafeld, Blasmusikkapelle Bernstein). In Eisenstadt gibt es von Mai bis Oktober im Schloß Esterházy Haydn-Konzerte, zusätzlich Haydn-Tage; außerdem ist der Internationale Musiksommer eine bereits eingeführte Veranstaltung. Auch auf einigen Schlössern gibt es Musik- oder Theaterveranstaltungen (z. B. Schloßspiele in Kobersdorf, Schloßkonzerte in Halbturn und Kittsee). In der Ruster Fischerkirche werden Konzerte bei Kerzenschein veranstaltet.

Über das (jährlich wechselnde) Angebot informiert ein vom Landesfremdenverkehrsverband herausgegebener ›Veranstaltungskalender‹.

Naturschutz

Fast ein Viertel der Fläche des Burgenlandes steht unter Schutz, wobei man zwischen Voll- und Teilnaturschutzgebieten sowie Landschaftsschutzgebieten unterscheidet, zu denen der Neusiedler See und seine Umgebung, das Rosaliengebirge, das Umland von Bernstein, Lockenhaus und Rechnitz, das Südburgenländische Hügel- und Terrassenland und das Kellerviertel Heiligenbrunn gehören.

Vollnaturschutzgebiete dürfen nicht betreten werden (Kennzeichnung der Grenzen durch Tafeln mit dem Landeswappen); von den 15 Vollnaturschutzgebieten des Burgenlandes liegen 13 um den Neusiedler See. In Voll- und Teilnaturschutzgebieten genießen Pflanzen, Tiere und ihre Lebensräume

besonderen Schutz. Es empfiehlt sich, bei naturkundlichen Wanderungen ein Fernglas mitzunehmen, weil man sich oftmals den Tieren nicht allzusehr nähern darf.

Nähere Auskünfte über Naturschutz erteilen das Amt der Burgenländischen Landesregierung, Abt. Naturschutz, A-7000 Eisenstadt, Landhaus, und die Biologische Station Neusiedler See bei Illmitz. Der Prospekt ›Naturerlebnis Burgenland‹ informiert über die Gebiete und gibt Verhaltensrichtlinien für den Besuch von Naturschutzgebieten.

Dazu gehören im besonderen die Beachtung von Fahrverboten, die Beschränkung auf Radwege und das Vermeiden wilden Campierens, aber auch die Beaufsichtigung von Hunden (Leinenführung), die Beachtung des Pflückverbotes von Pflanzen (sie dürfen weder von ihrem Standort entfernt noch beschädigt oder gar vernichtet werden), das Vermeiden der Beunruhigung von Tieren (sie dürfen weder gefangen oder getötet noch verfolgt oder belästigt werden, auch nicht durch Fotografieren aus nächster Nähe) und die Achtung ihrer Nester und Brutstätten, die Einhaltung der gebotenen Ruhe (nicht nur während der Nachtstunden) und die Reinhaltung der Gebiete (keine Abfälle wegwerfen).

Notrufe

Rettung	144
Ärzte-Notdienst	141
Österr.	
Ärzteflugambulanz	0222/439995
Gendarmerie (Polizei)	133
Giftnotfälle	0222/434343

Reisezeit

Das Burgenland bereist man am besten zwischen März und Oktober. Die Wahl der Reisezeit richtet sich individuell nach der Zielsetzung des Besuchs (Baumblüte im Frühjahr, Badeurlaub in den Sommermonaten, Weinlese, Wanderungen oder Radwanderungen im Herbst, Kunsturlaub nach Belieben). Außerhalb der Hauptreisezeit (Schulferien) ist das Reisen bequemer.

Die Sehenswürdigkeiten (siehe Museen, Sammlungen, Burgen) sind im allgemeinen von Ostern bis Ende Oktober zugänglich, sofern es sich nicht um ganzjährig geöffnete öffentliche Sammlungen handelt.

Rundflüge

Sie werden von den Flugplätzen in *Eisenstadt-Trausdorf* (Auskunft: A-7061, Flugplatz Trausdorf; A-7000 Eisenstadt, Fremdenverkehrsverband), *Güssing-Punitz* (Auskunft: Reinhard Kremsner, A-7535 St. Michael) und *Pinkafeld* (Auskunft: Friedl Schachinger, A-7423 Pinkafeld, oder Dir. Hans Werthner, A-7432 Oberschützen) veranstaltet (Rundflüge, Burgenflüge, Neusiedler See und Alpenflüge mit modernen Motorflugzeugen und Motorseglern). Österreichische Staatsbürger können den Privatpilotenschein erwerben.

Schiffsverkehr auf dem Neusiedler See

April bis November, teils nach Fahrplan, teils nach Voranmeldung und Wunsch.

Rundfahrten, Linienverbindung zwischen Mörbisch und Illmitz mit Motorschiffen (interessant für Radfahrer, die den See umfahren haben), Abendfahrten (mit Veranstaltungen); kombinierte Fahrten (vom West- ans Ostufer und dort mit Kutschen ins Naturschutzgebiet, ›Gulaschparty‹ am See usw.). Unsinkbare Schiffe (Katamarane), Taxiboote (bis 12 Personen). Ausgangspunkte alle Häfen am Neusiedler See.

Sportliche Aktivitäten

Fischen
Zur Ausübung der Sportfischerei ist eine amtliche burgenländische Fischereikarte erforderlich (wird von den Bezirksverwaltungsbehörden ausgestellt; Gastkarte S 225,– inkl. Stempelgebühren, Jahreskarte S 280,–), außerdem muß die Erlaubnis des Fischwasserinhabers eingeholt werden (gebührenpflichtig).

In folgenden Orten gibt es Fischgewässer (in Klammer: Fischereierlaubnis):
Andau, Baggersee (A-7163, Badeseerestaurant Pusztasee).
Apetlon, Neusiedler See (Leopold Thell, A-7143, Wallernerstraße 24).
Bad Tatzmannsdorf, Waldteich (A-7431, Kurverwaltung).
Breitenbrunn, Neusiedler See (Maria Siber, A-7091 Kirchengasse 25a).
Bruckneudorf, Leitha (A-2460, Verband der österreichischen Arbeiter-Fischerei-Vereine, 1080 Wien, Lenaugasse 14).
Eltendorf, Lafnitz (Fluß), Schotterteiche (Eduard Hoffmann, A-7563 Königsdorf 221).

Frauenkirchen, Teich Richtung Mönchhof (Josef Weisz, A-7132, Neustiftstraße 73).

Gattendorf, Leitha (Fischereiverein Gattendorf-Zurndorf).

Grafenschachen, Lafnitz im Ortsteil Neustift (Josef Schmidt, A-7423, Neustift a. d. Lafnitz 64, Gasthof Schmidt, für Pensionsgäste 50 % Ermäßigung).

Großwarasdorf, Baggerteich im Ortsteil Nebersdorf (Rudolf Golubits, A-7304, Nebersdorfer Hauptstraße 95, Schloßwirt).

Güssing, Stausee Urbersdorf (Fremdenverkehrsverband, A-7540, Hauptplatz 4).

Halbturn, Schotterteich (Franz Luntzer, A-7131, Erzherzog-Friedrich-Straße 53).

Heiligenbrunn, Fischteich im Ortsteil Deutsch-Bieling (Pension Schwabenhof, A-7522, Hagensdorf 22).

Heiligenkreuz im Lafnitztal, Lafnitz und Rustenbach (Karl Reitzer, A-7561, Heiligenkreuz i. L. 197). – Baggersee ›Pfeiffer‹ (Rudolf Pfeiffer, Nr. 232). – Baggersee der Gemeinde (Fremdenverkehrs- und Verschönerungsverein).

Hirm, Fischteich (Ing. G. Kremsner, A-7024, Feldgasse 2).

Horitschon, Sportfischanlage (Josef Duschanek, A-7312, Günser Straße 12).

Illmitz, zwei Schotterteiche (Helmut Lang, A-7142, Quergasse 5).

Jennersdorf, Raab (Firma Vossen-Frottier-GmbH., Hr. Horvath, A-8380 Jennersdorf).

Kukmirn, Fischteich (Gasthof Werner Hoanzl, A-7543, Kukmirn 53).

Litzelsdorf, Teichanlage, ›Neustifttal‹.

Loipersbach, vier Fischteiche (Karl Fass, A-7222, Rohrbach, Hauptstraße).

Mannersdorf a. d. Rabnitz, Teiche (Alfred Schuh, A-7444 Hauptstraße 7).

Markt Allhau, Lafnitz, Stögersbach (Eduard Ziermann, A-7411 Allhau 266; Herbert Krutzer, Allhau 241).

Mogersdorf, Raab (Firma Vossen-Frottier-GmbH., Pförtner, A-8380 Jennersdorf).

Mörbisch am See, Neusiedler See (Schiffahrtsbüro Drescher, A-7072 Blumentalgasse 22; Schiffahrtsbüro Weiß, Hauptstraße 9).

Neusiedl am See, Neusiedler See (Firma Leban, A-7100 Seebad; Café Mücke, Seestraße 66). – Panzergraben, Ganslsee (Gottfried Weidhofer, Seestraße 72).

Oggau, Neusiedler See (Burgenländischer Fischereiverband, A-7063, Seegasse 58a und 74).

Pamhagen, Badesee, Fischteich (A-7152, Feriendorf Pannonia).

Podersdorf, Grundlacke und Neusiedler See (A-7141, Fremdenverkehrsamt).

Purbach, Neusiedler See (A-7083, Bootshafen).

Rechnitz, Stausee (Karl Zotlöterer, A-7471, Herrengasse 24).

Rotenturm an der Pinka, Fischerteich Hammerschmidt (Helmut Bayer, 7400 Oberwart, Wiener Straße 22).

Rudersdorf, Teich (Franz Pokits, A-7571, Rudersdorf 326).

Rust, Neusiedler See (Magistrat Rust, A-7071, Conradplatz 1).

St. Andrä am Zicksee, Zicksee (A-7161, Würstelstand Zicksee).

St. Michael, Badesee Rauchwart und Hochwasserrückhaltebecken (A-7535, Gasthof Zsifkovits-Wukovits).

Siegendorf, Fischteich im Ortsteil Zagersdorf (Leopold Hainy, A-7011 Zagersdorf, Kirchengasse 7).

Tadten, vier Teiche in einer Schottergrube (Robert Zwickl, A-7162, Friedhofsplatz 9).

Weiden am See, Neusiedler See (Gemeinde-amt, A-7121, Raiffeisenplatz 5).
Winden am See, Neusiedler See (Robert Hoffmann, A-7092, Brucker Straße 30).
Wolfau, Lafnitz (Johann Pfeiffer, A-7412, Wolfau 203).

Golf
Donnerskirchen (18 Loch-Golfplatz, Eröff-nung 1988)

Radwandern
Mit rund 5000 Kilometer Radwegen, die zum größten Teil asphaltiert und abseits von Straßen liegen, hat sich das Burgenland zu einem idealen Radwanderland entwickelt. An rund 30 Orten und auf den Bahnhöfen Eisenstadt, Bruck an der Leitha und Neu-siedl am See können Räder stunden- oder tageweise gemietet werden. Streckenpläne sind verschiedentlich erhältlich. Im Seewin-kel (Radwanderwege vom Ausgangspunkt Illmitz) können eigene Radwanderurlaube gebucht werden; angeboten werden auch ›Radtouren‹ (Burgenland-Radtour, Mine-ralwassertour, Archäologische Radtour) mit Reiseleitern und technischer Betreuung.

Die wichtigsten *Radwanderwege* sind:
Rund um den Neusiedler See (92 km): Zwi-schen Mörbisch und Illmitz gegebenenfalls Schiffsverbindung für die Rückfahrt;
Rund um Tadten (15 km): Auf asphaltierten Güterwegen in ebenem Gelände durch Weingärten und Gemüsefelder;
Rund um Bad Tatzmannsdorf: Radrund-kurs, auch als Erweiterung zum Kurange-bot. (Information: Kurverwaltung.)
Region Güssing (ca. 100 km): Weitver-zweigtes Netz (auf wenig befahrenen Stra-ßen in einer sanft-hügeligen Landschaft un-ter Einbeziehung der Pinkataler Weinstra-ße. Streckenpläne erhältlich.);

Von Jennersdorf zur Therme Loipersdorf (20 km): Radrundwanderweg;
Lafnitztal (Ausgangspunkt Rudersdorf): Zwei markierte Radwanderwege;
Panoramatour Südburgenland (20 km): Über einen Höhenrücken im Lafnitztal nach Fürstenfeld und durch Aulandschaften zurück nach Rudersdorf.

Reiten
Reiten kann man im Burgenland praktisch das ganze Jahr. In 26 Orten des Landes gibt es Reitställe, in denen man Pferde anmieten oder das eigene Pferd einstellen kann. In einigen Reiterhöfen werden (teils im Freien, teils in Hallen) Turniere abgehalten. Außer-dem gibt es Reitkurse für Jugendliche, An-fänger und Fortgeschrittene.

Neben Ausritten sind auch Ausfahrten mit Kutschen (bei Schneelage mit Schlitten) möglich. Naturschutzvorschriften sind zu beachten!

Tennis
In 83 Orten gibt es Tennisplätze im Freien, in zwölf Orten in Hallen (Eisenstadt, Gra-fenschachen, Hirm, Horitschon, Klingen-bach, Markt St. Martin, Mönchhof, Nek-kenmarkt, Neudörfl, Neusiedl am See, Oberpullendorf, Oslip, Pamhagen).

Wandern
Die Hochsaison der Wanderer ist der *Herbst.* Im Burgenland werden zwischen September und November komplette Wan-derurlaube angeboten, außerdem Wander-strecken, die zwischen 10 und 20 Kilometer lang sind. Ausgangspunkte sind beispiels-weise Frauenkirchen im Seewinkel, Wiesen bei Mattersburg, Pinkafeld und die Umge-bung von Jennersdorf. Die Strecken verlau-

fen entweder in der Ebene (Seewinkel) oder in sanfter hügeliger Landschaft.

Das Burgenland wird vom Europäischen Fernwanderweg E 4 (Pyrenäen – Jura – Neusiedler See) und von den Österreichischen Weitwanderwegen Nr. 02 (Zentralalpenweg) und Nr. 07 (Ostösterreichischer Grenzlandweg) durchzogen. In den meisten Fremdenverkehrsgemeinden und in allen Regionen gibt es markierte Wanderwege. – Information: Regionalwanderkarten des Landesfremdenverkehrsverbandes.

Wassersport

Bäder: Freibäder sind über das ganze Burgenland verteilt. Seebäder gibt es nicht nur am Neusiedler See, sondern auch an verschiedenen Badeseen, Badeteichen und Stauseen. Hallenbäder findet man in Bad Tatzmannsdorf, Eisenstadt, Neusiedl am See, Pinkafeld, Sauerbrunn (nur für Kurgäste!), Andrä und Westhof, Hotelbäder in verschiedenen Hotels des Landes. Schaffelbad (für 11 Personen): Feriendorf Pannonia (Wasser aus der St.-Martins-Quelle).

Elektroboote: In allen Orten am See.

Tretboote: Neusiedler See.

Rudern: Neusiedler See, Zicksee, Neufelder See (Boote in den Strandbädern).

Segeln: Nur in den Neusiedler-See-Strandbädern.

Surfen (Miete von Surfbrettern möglich): Surf- und Segelschulen gibt es in vielen Orten am Neusiedler und Neufelder See.

Tauchen: Tauchzentrum Neufelder See (Tauchschule).

Wasserski: Weiden am See, Purbach am See, Mörbisch und Podersdorf.

Tier- und Wildparks siehe unter ›Lehrpfade‹

Trinkgeld

Der (offizielle) Bedienungszuschlag (meist 10%) ist in den Rechnungsbeträgen der Fremdenverkehrsbetriebe (Restaurants) enthalten; je nach Betrieb ist er jedoch auf den Speisekarten bereits eingerechnet (Inklusivpreise) oder er wird zugeschlagen (Hinweis auf den Speisekarten beachten!). Darüber hinaus ist es üblich, einen freiwilligen Betrag (etwa durch Aufrundung des Rechnungsbetrages) zu geben, sofern man mit dem Service zufrieden war oder Dienstleistungen in Anspruch genommen hat, die üblicherweise nicht vorgesehen sind (etwa Erfragung von Sehenswürdigkeiten, Unterkunftsmöglichkeiten, Verkehrsverbindungen u. dgl.).

Trinkgelder erwarten auch Aufsichtsorgane in Privatmuseen (wenn sie um Erläuterungen gebeten werden), Burgführer, Taxifahrer, Fiaker usw. Offiziell oder offiziös tätigen Personen in Städten und Gemeinden sollte kein Trinkgeld angeboten werden.

Unterkunft

Campingplätze

Die zehn Campingplätze des Burgenlandes befinden sich überwiegend rund um den Neusiedler See, außerdem in Forchtenstein, Bernstein, St. Martin und Jennersdorf.

Alle Campingplätze sind mit Trinkwasser, elektrischem Strom, Toilettenanlagen, warmen Duschen und Bademöglichkeiten (Schwimmbäder, Kinderbecken) und Kinderspielplätzen (ausgenommen St. Martin)

versehen. Wohnwagen sind allgemein zugelassen (elektrischer Strom für Wohnwagen
möglich); Parken ist erlaubt (ausgenommen
Jennersdorf); Hunde sind zugelassen in
Bernstein, Donnerskirchen, Forchtenstein
(an der Leine), Oggau, Podersdorf (an der
Leine), Purbach und Rust.

In der folgenden Auflistung sind nur Aus-
stattungen vermerkt, die die obigen Angaben überschreiten (A = Anmeldung, B =
Betriebszeit):

Bernstein
7800 m², Waldlage (Sand-, Kies- und Grasboden), A: Maria Vacha, A-7434, Badgasse
25 oder Gemeindeamt), B: 1.5.–30.9. –
Kochgelegenheit, Lebensmittelhandlung,
Buffet.

Donnerskirchen
5000 m², Waldlage, A: Gemeindeamt, A-
7082, Hauptstraße 31, B: 1.5.–30.9. (bei
guter Witterung auch länger). – Restaurant,
Tennisplätze.

Forchtenstein
Stausee; 15000 m², Waldlage, Grasboden,
am Seeufer (Seebad), A: Campingplatz oder
Gemeindeamt (A-7212). – Restaurant, Lebensmittelgeschäft; Bushaltestelle.

Jennersdorf
2000 m², Grasboden, A: Freizeitzentrum
(Kasse des Freibades) oder Gemeindeamt
(A-8380), B: Mai–September. – Restaurant.

Markt St. Martin
5000 m², Waldlage, Grasboden, am Bach-
ufer, A: Gemeindeamt, A-7341, Hauptstraße 59, B: 1.5.–1.10. – Restaurant, Tennisplätze (in der Nähe).

Oggau
Neusiedler See; 120000 m², Grasboden, A:
Oggauer Erholungs- und Camping-GmbH
oder Firma Gemeiner (A-7063), B:
1.4.–31.10. – Restaurant, Lebensmittelgeschäft, Tennisplätze.

Podersdorf
Neusiedler See; 70000 m², Sand-, Kies- und
Grasboden, am Seeufer (Strandbad), A: Ge-
meindeamt, A-7141, Hauptstraße 2, B:
April–Mitte Oktober. – Mietwohnwagen,
Bootsliegeplatz, Surfrevier, Verleih von
Booten und Surfbrettern, Waschmaschinen.

Purbach
Neusiedler See; 75000 m², Grasboden, A:
Freizeitanlage Türkenhain (A-7083), B:
1.4.–31.10. – Restaurant, Lebensmittelge-
schäft, Tennisplätze, Schwimmbad geheizt,
Sauna, Jugendherberge.

Rust
Neusiedler See; 50000 m², Grasboden, am
Seeufer (Strandbad), A: Ruster Freizeitcen-
ter (A-7071), B: 1.4.–31.10. – Restaurant,
Lebensmittelgeschäft.

St. Andrä am Zicksee
Seewinkel; 50000 m², Grasboden, am Seeufer (Strandbad), A: Gemeindeamt (A-
7161), B: 1.5.–30.9. – Restaurant; Bushaltestelle.

Die Campingplätze sind gebührenpflichtig.
Richtpreise: Erwachsene S 20,– bis 40,–,
Kinder S 10,– bis 20,– pro Tag; Strom nach
Verbrauch oder pauschaliert; Auto, Zelt

oder Wohnwagen durchschnittlich S 25,–
bis 35,–; fallweise Duschmarken und Orts-
taxen (geringfügig).

Hotels, Pensionen und Ferienwohnungen
gibt es im Burgenland in großer Zahl. Hotels und Pensionen sind nach internationaler
Gepflogenheit klassifiziert (Ein- bis Vier-
sternbetriebe); man unterscheidet zwischen
NF (Nächtigung und Frühstück), HP
(Halbpension) und VP (Vollpension).

Drei- und Vierstern-Betriebe gibt es in
Bad Tatzmannsdorf (A-7431), Draßburg
(A-7021), Eisenstadt (A-7000), Gols (A-
7122), Heiligenbrunn (A-7522), Heiligenkreuz (A-7561), Jennersdorf (A-8380), Jois
(A-7093), Mönchhof (A-7123), Mörbisch
(A-7072), Neusiedl am See (A-7100), Pamhagen (A-7152), Podersdorf (A-7141), Purbach (A-7083), Rust (A-7071), Strem (A-
7522) und Weiden am See (A-7121).

Ferienwohnungen werden vermietet in
Apetlon (A-7143), Bad Tatzmannsdorf (A-
7431), Bernstein (A-7434). Breitenbrunn
(A-7091), Donnerskirchen (A-7082), Güssing (A-7540), Illmitz (A-7142), Jennersdorf (A-8380), Litzelsdorf (A-7532), Mini-
hof-Liebau (A-8384), Mönchhof (A-7123),
Mörbisch (A-7072), Neusiedl am See (A-
7100), Oggau (A-7063), Pamhagen (A-
7152), Podersdorf am See (A-7141), Purbach am Neusiedler See (A-7083), Ritzing
(A-7323), Rudersdorf (A-7571), Rust (A-
7071), St. Andrä am Zicksee (A-7161), St.
Margarethen (A-7062), Sauerbrunn (A-
7202), Strem (A-7522), Wallern (A-7151)
und Weiden am See (A-7121).

Nähere Angaben entnimmt man dem
jährlich vom *Landesfremdenverkehrsamt
für das Burgenland* (A-7000 Eisenstadt,
Schloß Esterházy, ✆ 02682/3384, Telex

17726 blreg a, BRD-BTX 5010011) heraus-
gegebenen Prospekt ›Hotels, Pensionen,
Ferienwohnungen‹. Auskünfte erteilen
auch die Städte und Ortsgemeinden (Post-
leitzahlen siehe oben).

Jugendherbergen

Jugendgästehaus Neufeld
A-7035 Steinbrunn-Zillingtal, Gemeinde
Neufeld; März–Oktober, 72 Betten.
Jugendherberge Neusiedl am See
A-7100 Herberggasse 1, Verein Jugendher-
berge, Jänner–Oktober, 80 Betten.
Jugendherberge Purbach
A-7083, Firma Gmeiner, 1.5.–30.9., 110
Betten.
Jugendherberge der Freistadt Rust
A-7071 Magistrat Rust; April–Oktober, 84
Betten.

Verkehrsverbindungen

Auto
Die Straßen sind durchweg gut ausgebaut,
z. T. als Schnellstraßen konzipiert.

Bus
Es verkehren Linien der Bundespost und
der Österreichischen Bundesbahnen sowie
Privatlinien. Für Postautobusse gilt das
›Österreichische Kursbuch, Teil Ost‹, für
Bundesbahnbusse gibt es Regionalfahrplä-
ne; über Privatlinien orientiert man sich am
besten am Ort. Busfahrpläne sind wegen der
komplizierteren Streckenführung schwieriger lesbar als Bahnfahrpläne, doch dürften
sich daraus keine unüberbrückbaren
Schwierigkeiten ergeben; eine Landkarte
kann gute Hilfe leisten. Notfalls stehen fast

überall Informationsstellen zur Verfügung oder man wendet sich an das Buspersonal.

Fahrpläne erhält man beim Landesreisebüro, in den Fremdenverkehrsbüros und in den Postverkehrsbüros. *Telefonische Auskünfte:* Zentrale Busauskunft ✆ 7501.

Bahn

Bahnverbindungen sind dem ›Österreichischen Kursbuch, Teil Ost‹ zu entnehmen. Zentrale Zugauskunft: ✆ 1717. Von Wien nach Neusiedl am See verkehren im Stundentakt Bundesbahnzüge (ab Südbahnhof).

Oldtimerzug nach Ungarn (ein europäisches Unikum): Nostalgiefahrten mit Dampflokomotiven und historischen Zügen der Raab-Ödenburg-Bahnen. Von Neusiedl am See (Zubringerbusse!) geht es über Weiden und Frauenkirchen zum Grenzübergang Pamhagen (der üblicherweise nicht geöffnet ist) und weiter nach Fertöd (Schloß Eszterhaza), Nagycenk und Sopron (Ödenburg). Die Rückfahrt erfolgt über Klingenbach (Grenzübergang) nach Neusiedl am See.

Fiaker

Fiakerfahrten in Eisenstadt (Kleine Rundfahrt und Joseph-Haydn-Rundfahrt). Standplätze: Schloß, Bergkirche. Gespanne im traditionellen Stil des Hauses Esterházy.

Wandern siehe unter ›Sportliche Aktivitäten‹

Wein

Das Burgenland ist, wie wissenschaftliche Forschungen erwiesen haben, das älteste Weinland Europas. Nicht erst die Römer haben, wie man immer wieder hört, die Weinrebe in den pannonischen Raum gebracht, sondern bereits die Kelten pflanzten vor rund 3000 Jahren im Burgenland Wein und kelterten diesen zu einem alkoholhaltigen Getränk.

Heute verfügt das Burgenland mit rund 22000 Hektar (220 km^2) über ein Drittel der gesamten Weinanbaufläche Österreichs. Mehr als 16000 burgenländische Weinbaubetriebe (zu einem erheblichen Teil alteingesessene Familienbetriebe mit langer Qualitätstradition) erzeugen ca. 38 Prozent der Weinernte Österreichs. Die Anbauflächen erstrecken sich über das ganze Land, doch spricht man insbesondere von vier ›Weinstraßen‹: der *Seewinkel-Weinstraße,* der *Neusiedler See-Weinstraße,* der *Rotweinstraße* und der *Pinkataler Weinstraße.*

Das milde pannonische Klima, die lange Sonnenscheindauer und vor allem der Neusiedler See als Klimaregulator tragen wesentlich dazu bei, daß im Burgenland überwiegend qualitativ hochwertige Trauben geerntet werden können und die aus ihnen gewonnenen Weine häufig international prämiert werden. Um ein bestimmtes Qualitätsniveau zu garantieren, sind nur wenige Traubensorten zur Auspflanzung zugelassen. Die wichtigsten davon sind:

Rotwein: Blaufränkisch (typischer burgenländischer Rotwein), vor allem in den Gebieten um Oggau, Pöttelsdorf, Neckenmarkt, Horitschon, Lutzmannsburg und Deutsch Schützen-Eisenberg.

Weißweine: Welschriesling (duftig, mit pikanter Säure), Neuburger (vollmundig, mit milder Würze), Müller Thurgau (blumigspritzig oder extraktreich-kräftig je nach Reife), Weißburgunder (harmonischer Spitzenwein mit zart-feiner Burgunderblume),

Rheinriesling (feiner Sortenwein mit zarter Säure und charakteristischem Bukett), Grüner Veltliner (fruchtig, süffig bis kräftig, mit angenehmer Säure), Muskat-Ottonel (vollelegant mit zartem bis kräftigem Sortencharakter) und Traminer (goldgelb, vollmundig mit ausgeprägtem feinem Aroma).

In verschiedenen Orten werden Weingartenführungen, Kellerwanderungen, Weinrunden am Winzerhof, Weinseminare, Lehrweinverkostungen (kommentierte Weinproben) und dergleichen angeboten, natürlich gibt es auch ›Weinfeste‹ in Form von Volksfesten (z. B. in Gols). Alljährlich findet in Eisenstadt auch die ›Burgenländische Weinwoche‹ (das ›Fest der 1000 Weine‹) statt (August–September). In einigen Gegenden des Landes (z. B. in Donnerskirchen oder Rust) werden die Weinfeste mit Musikveranstaltungen verbunden; in Rust finden beispielsweise Hofkonzerte bei Weinbauern statt.

In Oggau gibt es einen Weinwanderlehrpfad (3 km langer Wanderweg mit Informationen über Weinbau), in Horitschon einen Rotweinlehrpfad (1,5 km langer Wanderweg mit Informationen über Weinbau und Weinkultur samt Möglichkeiten zur Weinprobe). Prospekte: Weinland Burgenland, Weinstraßen-Fibel.

Register

Personen

Agnes, Königin von Ungarn (Gemahlin Andreas' II.) 143
Agoult, Marie d', Gräfin 229
Albert, Herzog von Sachsen-Teschen 181
Albrecht I. von Habsburg, Herzog 14, 33, 34, 35, 185, 193, 219, 222, 233, 240, 267, 274, 275
Albrecht IV. von Habsburg, Herzog 80
Albrecht VI. von Habsburg, Herzog 194, 219, 267
Alt, Jakob 115
Alt, Rudolf 115
Altomonte, Martino 28, 29, 174
Ambrosi, Gustinus 91
Andreas II., König von Ungarn 174
Andreas III., König von Ungarn 185, 194, 276
Anjou, Karl Robert von, König von Ungarn 35, 233, 276
Antonius von Padua 266
Arndt, Ernst Moritz 17
Attila, König 12
Augustiner 173, 218, 238
Augustus, römischer Kaiser 12
Awaren 12, 46

Babenberger 13, *32f.,* 127, 186, 200, 224, 233, 243, 267, 275
Baiern 12, 32, 46, 187
Bartoletti, Sebastiano 81
Batthyány, Fam. 17, 27, 36, *41ff.,* 68, 186, 230, 240, 241, 242, 244, 245, 246, 248, 268, 270, 272, 273, 274, 276, 279, 285, 291, 294
Batthyány, Adam Graf 44, 238, 245, 265, 266, 273, 274
Batthyány, Balthasar Graf 15, *42f.,* 268, 277, 280
Batthyány, Catharina 278
Batthyány, Christoph Graf 277

Batthyány, Eleonore Gräfin 44, 45, 241, 246
Batthyány, Franz Graf 25, 41, 268, 276
Batthyány, Franziska Gräfin 45, 272
Batthyány, Karl Joseph Graf 281
Batthyány, Ludwig Graf 41
Batthyány, Paul Graf 277
Batthyány-Strattmann, Fam. 186
Batthyány-Strattmann, Karl-Joseph 45
Beethoven, Ludwig van 18, 74, 84, 113, 228
Béla III., König von Ungarn 275, 292
Bela IV., König von Ungarn 33, 185
Berlioz, Hector 229
Bertoni, Wander 142
Bethlen, Gabor (Gabriel), Fürst von Siebenbürgen 16, 37, 38, 195, 226
Beythe, Stephan 43
Bocskai, Stephan Fürst 16, 65
Böhmen 13, 126
Boier 12
Brand, Johann Christian 114
Braun-Hogenberg 114
Brown, Edward 18
Brueghel, Pieter 277
Bülow, Heinrich von 229

Canevale, Isidor 82
Canova, Antonio 29, 84
Carl, Erzherzog 181
Carlone, Künstlerfamilie 29, 38, 86
Carlone, Carlo Antonio 29, 81, 82, 94
Carlone, Carlo Martino 29, 81, 86
Carlone, Domenico 195
Cherubini, Luigi 229
Chopin, Frédéric 229
Clusius, Carolus (Ecluse, Charles le l') 43, 277
Columba, Luca Antonio 178
Conti, Pierre Antonio 178
Corvinus, Matthias, König von Ungarn *14,* 42, 48, 128, 194, 243, 267
Cuspinian, Johannes 15
Czerny, Carl 228

332

333

PERSONENREGISTER

Heinrich II., Graf von Güssing   34, 233, 267, 275

Heinrich II. ›Jasomirgott‹, Markgraf, seit 1156 Herzog   32, 200

Herold, Balthasar   83

Hetzendorf von Hohenberg, Johann Ferdinand   279

Hildebrandt, Johann Lukas von   28, *180*

Hillebrand, Franz Anton   181, 182

Hoefnagel, Jacob   81, 114

Hofbauer, Clemens Maria   45, 272

Hofer, Ludwig   94

Hoffmann von Fallersleben, August Heinrich   113

Hügel, Elias   116, 144

Hummel, Johann Nepomuk   40, 113

Hunnen   12, 46

Hunyadi, Johann   14

Hyrtl, Joseph   67, 94

Illésy, Fam.   227

Illig, Udo   268

Illyrer   11

Innozenz IX., Papst   86

Ivan, Banus von Slavonien   233, 267

Jesuiten   42

Johannes Nepomuk, hl.   73

Joseph II., Kaiser   39, 74, 221, 224

Kalvinisten   273

Kanizsai, Herren von (Familie)   14, 35, *47f.*, 80, 86, 230, 233, 234, 243, 267

Kanizsai, Johann   47

Kanizsai, Johannes, Erzbischof von Gran   48

Kanizsai, Stefan, Bischof von Agram   47, 80, 230

Kanizsai, Ursula   230, 234, 238

Kara Mustapha   17, 66, 291, 292

Karl der Große   12, 46

Karl V., Kaiser   42, 72

Karl VI., Kaiser   39, 179, 180, 181, 182

Karl Borromäus, hl.   72, 73

Karolyi, Kuruzzenführer   129

Kedl, Rudolf   188, 241

Keller, Paul Anton   235, 236

Kelten   11, 12, 46, 142

Kéry, Fam.   224

Kéry, Franz Graf   223

Khlesl, Melchior, Kardinal   16, 26, 44

Kölbl, Benedikt   244

Königsberg, Fam.   243, 244, 245, 246

Königsberg, Christoph von   244, 245, 265

Königsberg, Ehrenreich von   243

Königsberg, Hans von   243, 244

Königsstein, Ludwig   265

Köppl, Christian   90

Köppl, Wolfgang   90

Koprülü, Achmed, Großwesir   291

Konrad II., Kaiser   32

Konrad III., Kaiser   32

Kossuth, Lajos   41

Kroaten   15, 43, 195, 227, 273, 285

Krones, Therese   67

Kuenringer   33

Kuruzzen   36, 66, 129, 143, 169, 171, 173, 221, 234, 246

Laborde, Alexander Marquis de   114

Landgraff, Hans Frank von   176

Landsee, Herren zu   220

Langobarden   12

Lajta, Hans   143

Ledentu, Johann   34, 241

Lehmden, Anton   230, 232

Lenau, Nikolaus   18

Le Nôtre, André   191

Leopold I., Kaiser   17, 39, 81, 88, 130, 175, 181, 195, 197, 231, 245, 291, 292

Leopold IV., Herzog   80

Leopold III., Markgraf   32, 46

Leopold IV., Markgraf   32

Leopold VI. ›der Glorreiche‹ Herzog   222

Leopold Wilhelm von Baden, Markgraf   291

List, Adam   227

Listy, Johann   185, 186

Listy, Ladislaus   186

Liszt, Cosima   229

Liszt, Franz   68, 74, 94, 186, 187, 200, 227, *228ff.*

Lörincz, Meister   194

Lucchese, Philiberto   38, 245, 279, 280

Ludwig I., König von Ungarn   47

Ludwig II., König von Ungarn   15, 41, 48, 179, 220, 276

Ludwig XIV., König von Frankreich   292

Luther, Martin   15

Magyaren   13, 32, 184

Manlius, Johann(es)   15, 43, 288

Margareta Theresia (Gemahlin Kaiser Leopolds I.)   88

Orte

DuMont Kunst-Reiseführer

»Kunst- und kulturgeschichtlich Interessierten sind die DuMont Kunst-Reiseführer unentbehrliche Reisebegleiter geworden. Denn sie vermitteln, Text und Bild meist trefflich kombiniert, fundierte Einführungen in Geschichte und Kultur der jeweiligen Länder oder Städte, und sie erweisen sich gleichzeitig als praktische Führer.« *Süddeutsche Zeitung*

Alle Titel in dieser Reihe:

- Ägypten und Sinai
- Entdeckungsreisen in Ägypten 1815–1819
- Algerien Arabien
- Entdeckungsreisen in Südarabien
- Belgien
- Die Ardennen (Frühjahr '88)
- Bhutan (Frühjahr '88)
- Brasilien
- Bulgarien
- Bundesrepublik Deutschland
- Das Allgäu
- Das Bergische Land
- Bodensee und Oberschwaben
- Bremen, Bremerhaven und das nördliche Niedersachsen
- Die Eifel
- Franken
- Hannover und das südliche Niedersachsen
- Hessen
- Hunsrück und Naheland
- Kölns romanische Kirchen
- Die Mosel
- München
- Münster und das Münsterland
- Zwischen Neckar und Donau
- Oberbayern
- Oberpfalz, Bayerischer Wald, Niederbayern
- Ostfriesland
- Die Pfalz
- Der Rhein von Mainz bis Köln
- Das Ruhrgebiet
- Sauerland
- Schleswig-Holstein
- Der Schwarzwald und das Oberrheinland
- Sylt, Helgoland, Amrum, Föhr
- Der Westerwald
- Östliches Westfalen
- Württemberg-Hohenzollern
- Volksrepublik China
- DDR
- Dänemark
- Frankreich
- Auvergne und Zentralmassiv
- Die Bretagne
- Burgund
- Côte d'Azur
- Das Elsaß
- Frankreich für Pferdefreunde
- Frankreichs gotische Kathedralen
- Korsika
- Languedoc–Roussillon
- Das Tal der Loire
- Lothringen
- Die Normandie
- Paris und die Ile de France
- Führer Musée d'Orsay, Paris
- Périgord und Atlantikküste
- Das Poitou
- Die Provence
- Drei Jahrtausende Provence
- Licht der Provence
- Savoyen
- Südwest-Frankreich
- Griechenland
- Hellas
- Athen
- Die griechischen Inseln
- Alte Kirchen und Klöster Griechenlands
- Tempel und Stätten der Götter Griechenlands
- Korfu
- Kreta
- Rhodos
- Großbritannien
- Englische Kathedralen
- Die Kanalinseln und die Insel Wight
- London
- Schottland
- Süd-England
- Wales
- Guatemala
- Holland
- Indien
- Ladakh und Zanskar
- Indonesien
- Bali
- Irland
- Island (Sommer '88)
- Israel
- Das Heilige Land
- Italien
- Apulien
- Elba
- Das etruskische Italien
- Florenz
- Gardasee, Verona, Trentino
- Lombardei und Oberitalienische Seen
- Die Marken
- Ober-Italien
- Die italienische Riviera
- Von Pavia nach Rom
- Rom – Ein Reisebegleiter
- Rom in 1000 Bildern
- Das antike Rom
- Sardinien
- Sizilien
- Südtirol
- Toscana
- Umbrien
- Venedig
- Die Villen im Veneto
- Japan
- Nippon
- Der Jemen
- Jordanien
- Jugoslawien
- Karibische Inseln
- Kenya
- Luxemburg
- Malaysia und Singapur (Frühjahr '88)
- Malta und Gozo
- Marokko
- Mexiko
- Unbekanntes Mexiko
- Nepal
- Österreich
- Burgenland (Frühjahr '88)
- Kärnten und Steiermark
- Salzburg, Salzkammergut, Oberösterreich
- Tirol
- Wien und Umgebung
- Pakistan
- Papua-Neuguinea
- Portugal
- Madeira
- Rumänien
- Die Sahara
- Sahel: Senegal, Mauretanien, Mali, Niger
- Die Schweiz
- Tessin
- Das Wallis
- Skandinavien
- Sowjetunion
- Georgien und Armenien (Sommer '88)
- Kunst in Rußland
- Moskau und Leningrad
- Sowjetischer Orient
- Spanien
- Die Kanarischen Inseln
- Katalonien
- Mallorca – Menorca
- Nordwestspanien
- Spaniens Südosten – Die Levante
- Südspanien für Pferdefreunde
- Zentral-Spanien
- Sudan
- Südamerika
- Südkorea
- Syrien
- Thailand und Burma
- Tunesien
- USA – Der Südwesten
- Zypern (Frühjahr '88)

Alle Bände mit vielen, zum Teil farbigen Abbildungen; dazu Zeichnungen, Karten, Grundrisse, praktische Reisehinweise.

»Richtig reisen«

Ägypten
Algerische Sahara
Amsterdam
Arabische Halbinsel
Australien
Bahamas
Von Bangkok nach Bali
Belgien mit dem Rad
(Sommer '88)
Berlin
Bornholm (Frühjahr '88)
Budapest
Cuba
Elsaß
Ferner Osten
Finnland
Florida
Frankreich für Feinschmecker
(Sommer '88)
Friaul – Triest – Venetien
Graz und die Steiermark
Griechenland
Delphi, Athen, Nord- und Mittelgriechenland,
Inseln
Griechische Inseln
Großbritannien
Hawaii
Holland
Hongkong
Mit Macau und Kanton
Ibiza/Formentera
Nord-Indien
Süd-Indien
Indonesien (Sommer '88)
Irland
Istanbul
Jamaica
Kairo
Kalifornien
Kanada und Alaska
Ost-Kanada
West-Kanada und Alaska
Kreta
»Richtig wandern«: Kykladen
London
Los Angeles
Madagaskar
Malediven
»Richtig wandern«: Mallorca
(Frühjahr '88)

Marokko
Mauritius
Mexiko
Moskau
München
Nepal
Neu-England
Neuseeland
New Mexico
Santa Fé – Rio Grande – Taos
New Orleans
und die Südstaaten Louisiana, Mississippi,
Alabama, Tennessee, Georgia
New York
Norwegen
Ostafrika
Kenya und Tanzania mit Uganda, Rwanda
und Burundi
Paris
Paris für Feinschmecker
Philippinen
Portugal
Réunion
»Richtig wandern«: Rhodos
Rom
San Francisco
Die Schweiz und ihre Städte
Seychellen
Sizilien
Sri Lanka (Ceylon)
Südamerika 1
Kolumbien, Ekuador, Peru, Bolivien
Südamerika 2
Argentinien, Chile, Uruguay, Paraguay
Südamerika 3
Brasilien, Venezuela, die Guayanas
Texas
Thailand
Toscana
»Richtig wandern«: Toscana und Latium
Türkei
Tunesien
Venedig
Wallis
Wien (Frühjahr '88)
Zypern